新旧对照
精准解读
实务指导

最新公司法
条文解读

丁　琛　孙旭辉　编著

知识产权出版社

全国百佳图书出版单位

——北京——

图书在版编目（CIP）数据

最新公司法条文解读／丁琛，孙旭辉编著．—北京：知识产权出版社，2024.5
ISBN 978 - 7 - 5130 - 9343 - 9

Ⅰ.①最… Ⅱ.①丁… ②孙… Ⅲ.①公司法—法律解释—中国
Ⅳ.①D922.291.915

中国国家版本馆 CIP 数据核字（2024）第 077212 号

责任编辑：彭小华　　　　　　　责任校对：王　岩
封面设计：孙　宇　　　　　　　责任印制：刘译文

最新公司法条文解读

丁　琛　孙旭辉　编著

出版发行：知识产权出版社有限责任公司		网　　址：http：//www.ipph.cn	
社　　址：北京市海淀区气象路 50 号院		邮　　编：100081	
责编电话：010 - 82000860 转 8115		责编邮箱：huapxh@sina.com	
发行电话：010 - 82000860 转 8101/8102		发行传真：010 - 82000893/82005070/82000270	
印　　刷：天津嘉恒印务有限公司		经　　销：新华书店、各大网上书店及相关专业书店	
开　　本：880mm×1230mm　1/32		印　　张：14.5	
版　　次：2024 年 5 月第 1 版		印　　次：2024 年 5 月第 1 次印刷	
字　　数：350 千字		定　　价：88.00 元	

ISBN 978 - 7 - 5130 - 9343 - 9

序

当代社会，无论东方还是西方，每一个公民和组织的行为都要受到国家法律的约束，唯有如此，才能保证社会的良性发展。公司作为现代社会最重要的组织形式之一，同样要有一部法律对其进行全面规范，这就是公司法。在市场经济条件下，公司又是最重要的市场主体，制定一部科学、完善的公司法，对于确立现代企业制度，完善企业法人制度，规范公司的组织和行为，保护公司、股东、职工和债权人的合法权益，维护社会经济秩序，促进和保障社会经济的发展，意义重大。

历经三年多，系统修订的新《公司法》于2023年12月29日经十四届全国人大常委会第七次会议审议通过，自2024年7月1日起正式施行。全国4300余万家有限公司、50余万家股份公司、5300余家上市公司基础制度发生重大变革！新《公司法》共15章266条，较之原《公司法》实际增加、修改条文占比超过75%，在股东出资责任与权益保护、公司资本制度、公司治理制度、公司决议效力、公司登记、公司债券等规定方面均有较大变化。

"博学之，明辨之，笃行之"，作为实务工作者，全面深入学习领会公司法，并在具体工作中正确适用，亦是应有之义。我作为一个从事了三十余年实务工作的法律工作者，一直担任国内某大型公司的总法律顾问，在具体适用公司法的过程中，对公司法的理论和实务产生了浓厚的兴趣。回忆1996年受恩于王保树先生，为我从事公司法的启蒙奠定了扎实的基础，又得益于长期担任中国政法大学法律硕士学院兼职教授的工作机会，通过授课、研究、交流，从中汲取了营养，为我的公司法探索之路提供了重要的支撑。我的同事孙旭辉女士亦长期从事与公司法相关的实务工作，并对新《公司法》进行了深入的学习研究，承担了本书大部分的撰写工作。值此新《公司法》出台之际，我们在认真学习研究的基础上，把自己对新法的理解与领悟编辑成册，一飨同样对公司法感兴趣有需要的读者，也算倾尽所学对公司法的贯彻落实尽一份责任。

在对公司法条款进行新旧对比的基础上进行重点解读，是本书的最大特点。新《公司法》266个条文中，共有230个条文是新增或有修改，其中163个是新增或实质修改条文，针对这些新增和重点的实质修改，我们从立法背景、实践争议、起草过程、理论证成、立法原意等方面进行全面论述，以有助于大家更好地理解这些修改变化。

对实务中的一些焦点问题进行梳理，以"实务问题"的形式展现出来，是本书的另一特色。从理论到实践历来是法律适用的难题，我们基于自身长期的实践经验，结合本次公司法重点修改，梳理实务问题，为读者在实践中更好地适用公司法提供必要的实务指引。

注意与现有法律法规的横向对比衔接，亦是本书的着力点之一。公司法是商事领域的基石性法律，与之相关，还存在大量证券、会计等方面的法律法规，均需适用公司法的理论与实践来支撑，同样，在具体适用公司法相关条文时，亦需要与这些法律法规相指引对照。本书力图在解读相关条文时，把相关的法律法规加以引述对比，方便读者在实践中的具体运用。

由于我和孙旭辉女士更多地侧重于对公司法的实务运用，理论证成方面是我们的相对短板，在写作的过程中，有幸得到了扈纪华教授、王毓莹教授、郝作成研究员的指导和点拨，在此深表谢意。知识产权出版社彭小华先生为本书的出版殚精竭虑，提供了大量的合理化建议，在此一并致谢！

陆游有言：古人学问无遗力，少年功夫老始成；纸上得来终觉浅，绝知此事要躬行。法律知识学习探索的道路永无止境，本书的集结成册，既是对过往的总结，也是继续前行的新起点，我们愿秉承法律人精益求精的专业精神，在公司法理论与实务的来回转致中，不负时代、砥砺前行！

丁　琛

2024 年 2 月于北京

目录

CONTENTS

第一章

总　则

第一条　为了规范公司的组织和行为，保护公司、股东、职工和债权人的合法权益，完善中国特色现代企业制度，弘扬企业家精神，维护社会经济秩序，促进社会主义市场经济的发展，根据宪法，制定本法。

【原法条文】

第一条　为了规范公司的组织和行为，保护公司、股东和债权人的合法权益，维护社会经济秩序，促进社会主义市场经济的发展，制定本法。

【条文主旨】

本条是关于《中华人民共和国公司法》（以下简称《公司法》）立法宗旨的规定。

【重点解读】

本条在原《公司法》第一条的基础上增加了"职工"二字，完善了保护职工合法权益的规定，并增加了"完善中国特色现代企业制度，弘扬企业家精神""根据宪法"等文字内容。

本次修订《公司法》是贯彻落实党中央关于深化国有企业改革、优化营商环境、加强产权保护、促进资本市场健康发展等重大决策部署的需要，也是适应实践发展、不断完善公司法律制度的需要。习近平总书记在党的二十大报告中指出："完善中国特色现代企业制度，弘扬企业家精神，加快建设世界一流企业。"本次修订《公司法》，对于完善中国特色现代企业制度、推动经济高质量发展具有重要意义。

中国特色社会主义法律体系是以宪法为核心的法律体系。宪法是国家根本法，是中国特色社会主义法律体系的总依据。本条中"根据宪法，制定本法"的表述，一方面彰显宪法在中国特色社会主义法律体系的核心地位，即宪法是《公司法》制定的依据，另一方面体现本次修订《公司法》是加快推进中国特色社会主义法治体系建设的重要举措。

《公司法》是规范公司设立、组织、运营、解散及其他内部、外部关系的法律，不仅调整内部关系中的公司及其股东、股东相互之间、职工参与公司民主管理的法律关系，还涉及外部关系中的公司与第三人、公司股东与第三人之间的法律关系。规范公司的组织和行为，保护公司、股东、职工和债权人的合法权益，维护社会经济秩序，促进社会主义市场经济的发展，是《公司法》立法的基本宗旨，也是《公司法》立法目的的应有内涵。

第二条　本法所称公司，是指依照本法在中华人民共和国境内设立的有限责任公司和股份有限公司。

【原法条文】

第二条　本法所称公司是指依照本法在中国境内设立的有限责任公司和股份有限公司。

【条文主旨】

本条是关于公司法调整范围的规定。

【重点解读】

本条将原《公司法》第二条中的"中国"二字修改为"中华人民共和国",更严肃规范。

本条规定有两方面含义:其一,我国《公司法》规定了有限责任公司和股份有限公司两种形式;其二,不依我国《公司法》、不在我国境内设立的公司,不属于我国《公司法》上的公司。

1950年颁布的《私营企业暂行条例》,是我国第一部规定公司形式的法规。它借鉴了各国公司法确定的公司形式,规定了无限公司、有限公司、两合公司、股份有限公司、股份两合公司。我国1994年7月1日起施行的《公司法》,根据中国特色社会主义基本经济制度和市场经济实际情况,规定了有限责任公司和股份有限公司,没有规定无限公司、两合公司、股份两合公司;而实践证明,有限责任公司和股份有限公司两种公司形式能够满足社会主义市场经济发展的需要,故该规定得以沿用。

第三条 公司是企业法人,有独立的法人财产,享有法人财产权。公司以其全部财产对公司的债务承担责任。

公司的合法权益受法律保护,不受侵犯。

【原法条文】

第三条第一款 公司是企业法人,有独立的法人财产,享有法人财产权。公司以其全部财产对公司的债务承担责任。

第五条第二款 公司的合法权益受法律保护,不受侵犯。

【条文主旨】

本条是关于公司法律地位和公司合法权益受法律保护的规定。

【重点解读】

本条第一款沿用了原《公司法》第三条第一款关于公司独立法

人人格的规定，本条第二款沿用了原《公司法》第五条第二款关于公司合法权益受法律保护的规定。通过法条整合，科学构建了有关公司权益的公司独立法人人格、公司合法权益受法律保护的基本规定。

本条确认了公司企业法人的法律地位，保证了公司可以独立从事经营活动，独立地享有财产权益和其他权利，独立承担责任。法人的责任能力是法人的本质属性之一，体现了所有者与经营者的分离以及有限财产责任。我国几十年来的立法主导思想是坚持法人的有限责任，将公司的责任限定于公司的财产，避免投资者、股东个人的其他财产受到影响，从而有助于投资者积极加入公司法人参与社会经济活动，并且满足社会经济发展和个人生活保护的双重需要。因此，本条第一款规定公司以其全部财产对公司的债务承担责任。

《中华人民共和国民法典》（以下简称《民法典》）第三条规定："民事主体的人身权利、财产权利以及其他合法权益受法律保护，任何组织或者个人不得侵犯。"本条第二款进一步规定公司是独立享有财产权利和其他合法权益的法人，其合法权益受到法律保护，任何组织或者个人不得侵犯，体现了《公司法》对公司财产权制度的高度重视。规定侵犯公司合法权益的，应当受到法律追究。

第四条　有限责任公司的股东以其认缴的出资额为限对公司承担责任；股份有限公司的股东以其认购的股份为限对公司承担责任。

公司股东对公司依法享有资产收益、参与重大决策和选择管理者等权利。

【原法条文】

第三条第二款　有限责任公司的股东以其认缴的出资额为限对公司

承担责任；股份有限公司的股东以其认购的股份为限对公司承担责任。

第四条 公司股东依法享有资产收益、参与重大决策和选择管理者等权利。

【条文主旨】

本条是关于公司股东责任形式和股东权利的规定。

【重点解读】

本条第一款沿用了原《公司法》第三条第二款关于股东承担有限责任的规定，本条第二款基本沿用了原《公司法》第四条关于股东权利的规定，增加了"对公司"的表述，旨在强调股东在公司层面的权利。通过法条整合，科学构建了股东权益的基本规定，与新《公司法》第三条公司权益的基本规定相得益彰。

本条第一款规定了公司的股东对公司承担有限责任，责任范围以其认缴的出资额或认购的股份为限。根据公司法理论，股东的出资与公司的财产是分离的，股东将其出资投入公司，即转化为公司财产，公司作为独立法人，有其独立的法人人格，以其全部财产独立承担责任，意味着，公司的债权人不能追索股东的个人财产，只能向公司追偿。通过这种责任分离，构建了现代公司法的基本制度：股东有限责任与公司独立法人人格。股东以其认缴的出资额或认购的股份对公司承担有限责任，公司以其全部财产对外承担责任，以充分保护债权人的利益。当然，任何原则或制度都存在例外情形，当法律构建的制度、价值目标遭受破坏、冲击，如出现股东滥用股东权利损害公司或者其他股东利益，以及公司股东滥用公司法人独立地位和股东有限责任，逃避债务，严重损害公司债权人利益时，则应当"揭开公司面纱""穿透股东的有限责任"，要求股东依法承担责任，以保护债权人、其他股东和公司的利益。

本条第二款规定了公司股东对公司依法享有资产收益、参与重大决策和选择管理者等权利。股东享有的资产收益权，是指股东以其出资通过公司盈余分配获取红利的权利。根据《公司法》有关规定，有限责任公司按照股东实缴的出资比例分配利润，而全体股东可以约定不按照出资比例分配利润；股份有限公司按照股东所持有的股份比例分配利润，而公司章程可以另有约定。参与重大决策权，主要包括：增加或者减少注册资本，发行公司债券，公司合并、分立、解散、清算、变更组织形式，对外投资，对外提供担保，制定、修改公司章程等。选择管理者权，包括：选举和更换董事、监事，决定董事、监事的报酬。此外，《公司法》还在其他条款规定了股东对公司享有的权利，包括：优先购买权，优先增资权，股权、股份转让权，异议股东回购请求权，股权继承权，股东表决权，召集、主持股东会会议权，临时提案权，知情权，股东诉讼权，以及公司章程规定的权利等。《公司法》规定的股东权利为法定权利，除非法律明文规定，否则不得予以剥夺。

【实务问题】

实务中，需要关注的是，由于有限责任公司封闭运行的特点，信息披露公示性较弱，本条规定的有限责任公司股东认缴出资，一般指公司登记机关登记、公司章程记载的认缴出资，是否包括仅在出资协议、投资协议中约定，未在公司登记机关登记、未在公司章程记载的所有情形的认缴出资，应当区分不同情形予以考虑。本条所称的有限责任公司股东认缴出资，应当是指公司登记机关登记、公司章程记载的认缴出资。股东未按期足额缴纳的，承担公司法上的责任。对于未在公司登记机关登记、未在公司章程记载的认缴出资，股东未按期足额缴纳出资的，并不是无法进行司法规制，这种情形下认缴出资的股东应当承担出资协议、投资协议的合同责任，只不过，这样的责任不涉及公司债权人保护问题，其他股东也无须承担连带补足的责任。

第五条 设立公司应当依法制定公司章程。公司章程对公司、股东、董事、监事、高级管理人员具有约束力。

【原法条文】

第十一条 设立公司必须依法制定公司章程。公司章程对公司、股东、董事、监事、高级管理人员具有约束力。

【条文主旨】

本条是关于公司章程的规定。

【重点解读】

本条仅将原《公司法》第十一条的"必须"修改为"应当"。

章程是规定公司组织和行为最为重要的文件,依法制定公司章程是公司设立的必要条件。根据《公司法》有关规定,有限责任公司章程应当由股东共同制定。股份有限公司章程,因设立方式不同,制定主体和程序也有所不同。设立方式分为发起设立和募集设立,采用发起方式设立的股份有限公司,其章程应当由发起人共同制订;采用募集方式设立的股份有限公司,发起人应当自公司设立时应发行股份的股款缴足之日起三十日内召开公司成立大会,并将拟定的公司章程草案提交成立大会审议。成立大会应当有持有表决权过半数的认股人出席方可举行,经出席会议的认股人所持表决权过半数通过。此外,公司章程应当以书面形式订立,并由股东、发起人签名或盖章。

新《公司法》第四十六条、第九十五条列举规定的事项,是有限责任公司、股份有限公司章程法定或绝对记载事项,而章程规定缺少《公司法》列举规定事项的,并不影响整个章程的效力,相关事项依照《公司法》规定。股东、发起人可以在法定记载事项之外规定其他或任意事项,但不得违反法律法规,违反法律法规的事项无效。

公司章程由股东、发起人共同制定，是体现股东共同意志的规则文件，涉及公司、公司内部股东、董事、监事、高级管理人员多方主体的权利义务关系和行为规则，对公司、股东、董事、监事、高级管理人员具有约束力。

第六条　公司应当有自己的名称。公司名称应当符合国家有关规定。

公司的名称权受法律保护。

【条文主旨】

本条是关于公司名称权的规定。

【重点解读】

本条为新增条款。

《民法典》第五十八条第二款规定，法人应当有自己的名称、组织机构、住所、财产或者经费。公司名称是公司确定和代表自身并区别于其他市场主体的标识。《企业名称登记管理规定》规定，企业只能登记一个企业名称，企业名称受法律保护；企业名称应当使用规范汉字，民族自治地方的企业名称可以同时使用本民族自治地方通用的民族文字；企业名称由行政区划名称、字号、行业或者经营特点、组织形式组成；跨省、自治区、直辖市经营的企业，其名称可以不含行政区划名称，跨行业综合经营的企业，其名称可以不含行业或者经营特点。《企业名称登记管理规定实施办法》规定，企业名称中的字号应当具有显著性。因此，一般而言，符合国家有关规定的公司名称应当由行政区划名称、字号、组织形式组成，使用规范汉字，且具有显著性，以标识自己的公司，并与其他市场主体相区别。

《民法典》确认公司作为法人组织，享有具有人格属性、以人格利益为客体的人身权利，即公司的人格权，准确地说，公司享有作为具体人格权的名称权，并受法律保护。《民法典》第九百九十一条规定："民事主体的人格权受法律保护，任何组织或者个人不得侵害。"第一千零一十三条规定："法人、非法人组织享有名称权，有权依法决定、使用、变更、转让或者许可使用自己的名称。"本条第二款规定公司的名称权受法律保护，是指公司享有禁止任何组织或者个人对自己的名称权进行非法干预或侵害的权利。公司名称权是一种对世权，可以对抗任何不特定人的非法干预，当受到侵害时，公司依法有权要求加害人承担停止侵害、排除妨碍、消除影响、赔偿损失等侵权责任。

【实务问题】

需要注意的是，公司作为法人组织享有名称权，必须依法或者合理使用，且不得侵害他人的在先权利。《最高人民法院关于审理注册商标、企业名称与在先权利冲突的民事纠纷案件若干问题的规定》第二条规定："原告以他人企业名称与其在先的企业名称相同或者近似，足以使相关公众对其商品的来源产生混淆，违反反不正当竞争法第六条第（二）项的规定为由提起诉讼，符合民事诉讼法第一百一十九条规定的，人民法院应当受理。"第四条规定："被诉企业名称侵犯注册商标专用权或者构成不正当竞争的，人民法院可以根据原告的诉讼请求和案件具体情况，确定被告承担停止使用、规范使用等民事责任。"《最高人民法院关于审理商标民事纠纷案件适用法律若干问题的解释》第一条规定："下列行为属于商标法第五十七条第（七）项规定的给他人注册商标专用权造成其他损害的行为：（一）将与他人注册商标相同或者相近似的文字作为企业的字号在相同或者类似商品上突出使用，容易使相关公众产生误认的……"以上规定表明，即使公司名称已经登记机关核准登记，但公司对其名称未依法使用或者合理使用，与他人在先的企业名称相同或者相近，足以使相关公众对其商品的来源产生混淆，或者将与他人注册商标相同或者相近似的文字作为企业的字号在相同或者类似商品上突出使用，容易使相关公众产生误认等情形的，仍然有可能涉嫌侵害他人的在先权利、商标权，要承担反不正当竞争法、商标法上的侵权责任。

第七条 依照本法设立的有限责任公司，应当在公司名称中标明有限责任公司或者有限公司字样。

依照本法设立的股份有限公司，应当在公司名称中标明股份有限公司或者股份公司字样。

【原法条文】

第八条 依照本法设立的有限责任公司，必须在公司名称中标明有限责任公司或者有限公司字样。

依照本法设立的股份有限公司，必须在公司名称中标明股份有限公司或者股份公司字样。

【条文主旨】

本条是关于公司名称的规定。

【重点解读】

本条沿用了原《公司法》第八条规定，仅将"必须"修改为"应当"，用词更规范。

为使社会公众从公司名称就能确定公司组织结构、责任形式，维护公司及交易相对人的合法权益，保障交易安全，本条规定有限责任公司应当在公司名称中标明有限责任公司或者有限公司字样；股份有限公司应当在公司名称中标明股份有限公司或者股份公司字样。

第八条　公司以其主要办事机构所在地为住所。

【条文主旨】

本条是关于公司住所的规定。

【重点解读】

本条沿用了原《公司法》第十条规定，没有修改。

公司应当有住所，这是公司设立登记的必要条件之一。规定公司以其主要办事机构所在地为住所，具有以下意义：其一，是明确公司住所的依据，便于社会公众确定公司住所。其二，是确定民事诉讼管辖的依据。根据《中华人民共和国民事诉讼法》（以下简称《民事诉讼法》）及其司法解释的规定，因公司设立、确认股东资格、分配利润、解散等纠纷提起的诉讼，以及因股东名册记载、请求变更公司登记、股东知情权、公司决议、公司合并、公司分立、公司减资、公司增资等纠纷提起的诉讼，由公司住所地人民法院管辖。其三，是确定法律文书送达处所的依据。

各国公司法确定公司住所标准有所不同，主要有"管理中心"标准、"营业中心"标准、"章程规定"标准。如《德国公司法》规定，章程住所必须是一个国内住所，但管理住所今后可以是在外国。我国《公司法》对公司住所未采用"章程规定"标准，而是以"公司主要办事机构"为住所标准，即以公司的主要办事机构所在地为公司住所，公司登记以及章程规定的住所，应当依主要办事机构所在地确定。《民法典》亦规定法人以其主要办事机构所在地为住所。依法需要办理法人登记的，应当将其主要办事机构所在地登记为住所。

【实务问题】

一般情况下，公司的主要办事机构所在地、注册地、登记地是一致的。实践中，经常出现公司实际的主要办事机构所在地与注册登记不一致或者主要办事机构搬离注册登记地而未办理变更登记的情况，产生实际的主要办事机构所在地与注册登记不一致的问题。为此，《民事诉讼法》司法解释规定，法人或者其他组织的主要办事机构所在地不能确定的，法人或者其他组织的注册地或者登记地为住所地。在公司只有一个办事机构的情况下，该办事机构所在地为公司法和民事诉讼法上的住所。公司主要办事机构所在地，是指执行公司的业务活动、决定和处理组织事务的机构所在地。因公司是法律拟制的法人主体，其经营活动、决策意思的形成，由公司机关决定。根据《公司法》规定，股东会是公司的权力机构，董事会是公司的执行机构，法定代表人是代表公司意志的机关之一，这些机构的所在地构成公司法和民事诉讼法上的主要办事机构所在地。

第九条 公司的经营范围由公司章程规定。公司可以修改公司章程，变更经营范围。

公司的经营范围中属于法律、行政法规规定须经批准的项目，应当依法经过批准。

【原法条文】

第十二条 公司的经营范围由公司章程规定，并依法登记。公司可以修改公司章程，改变经营范围，但是应当办理变更登记。

公司的经营范围中属于法律、行政法规规定须经批准的项目，应当依法经过批准。

【条文主旨】

本条是关于公司经营范围的规定。

【重点解读】

本条删除了原《公司法》第十二条第一款中"并依法登记"

第一章　总　　则 | 013

"但是应当办理变更登记"的表述，并将"改变"经营范围修改为"变更"经营范围，用词更规范。

公司的营业范围由公司章程规定，且是公司必备登记事项之一。公司的经营范围与公司目的、宗旨密切相关。公司章程规定经营范围的意义在于：便于投资者和股东了解资金投入方向，预测投资风险；厘清公司发展前景和业务方向；相对人可依据公司章程判断交易是否超越公司经营范围。公司在经营中调整经营范围的，应当修改公司章程，并在公司登记机关办理变更登记。

本条第二款规定的"公司的经营范围中属于法律、行政法规规定须经批准的项目，应当依法经过批准"，是指银行、保险、证券、信托以及某些特殊行业依照相关法律、法规的规定，需要经过主管机关审查批准方可设立。

【实务问题】

实务中需要注意，公司超越章程规定的经营范围与相对人签订的合同，除违反法律、法规禁止性经营规定外，并不导致合同无效，但是，对表见代表、超越代理权限、善意相对人等问题的判断，可能会有一定的影响。如公司章程规定超出经营范围的交易或者合同须经董事会决议的，相对人明知公司章程的相关规定，仍然与法定代表人签署超越公司经营范围的合同的，法定代表人的行为难以构成表见代表，而相对人的行为则难言善意。

第十条　公司的法定代表人按照公司章程的规定，由代表公司执行公司事务的董事或者经理担任。

担任法定代表人的董事或者经理辞任的，视为同时辞去法定代表人。

法定代表人辞任的，公司应当在法定代表人辞任之日起三十日内确定新的法定代表人。

【原法条文】

第十三条　公司法定代表人依照公司章程的规定，由董事长、执行董事或者经理担任，并依法登记。公司法定代表人变更，应当办理变更登记。

【条文主旨】

本条是关于公司法定代表人任选范围及辞任的规定。

【重点解读】

本条第一款保留了原《公司法》第十三条中"公司法定代表人依照公司章程的规定"，将"依照"用词修改为"按照"；将"由董事长、执行董事或者经理担任"修改为"由代表公司执行公司事务的董事或者经理担任"。新《公司法》优化了法律条文的表述，文义表示更加科学精简。相较于原《公司法》，扩大了法定代表人的任选范围，概括规定"由代表公司执行公司事务的董事或者经理"担任法定代表人。同时，由于新《公司法》已专章增设第二章"公司登记"，且新《公司法》第三十二条规定："公司登记事项包括：……（五）法定代表人的姓名……"第三十四条第一款规定："公司登记事项发生变更的，应当依法办理变更登记。"故本条删除了原《公司法》第十三条中"并依法登记。公司法定代表人变更，应当办理变更登记"的表述。此外，本条第二款、第三款为新增条款。由此，新《公司法》完整构建了法定代表人任选范围、交叉任职的辞任视为对法定代表人的法定辞任以及限期确定新的法定代表人的规则体系。

本条第一款规定有三个方面含义：其一，公司的法定代表人由公司章程规定；其二，法定代表人是代表公司执行公司事务的人；其三，法定代表人由代表公司执行公司事务的董事或者经理担任。原《公司法》第十三条规定，公司法定代表人由董事长、执行董事或者经理担任。董事长必然是董事，无论是董事长、执行董事还是经理担任公司法定代表人，必须符合代表公司执行公司事务的要求。新《公司法》本条第一款"公司法定代表人由代表公司执行公司事务的董事或者经理担任"的表述，更为准确。

国外公司法中，一般规定公司的董事有权代表公司，同时允许以章程规定将公司代表权授予一名或者几名董事行使。我国《民法典》第六十一条规定，依照法律或者法人章程的规定，代表法人从事民事活动的负责人，为法人的法定代表人。可见，我国并未采用国外立法模式，而是实行单一法定代表人制。公司为法律规定的拟制法人组织，客观上必须有对外代表公司、执行公司事务的自然人。《公司法》尊重公司意思自治，进一步明确规定公司的法定代表人由公司章程规定，但不允许公司章程将公司代表权任意授权，公司法定代表人只能由代表公司执行公司事务的董事或者经理担任。

依照新《公司法》规定，公司法定代表人由代表公司执行事务的董事或者经理担任。无论担任法定代表人的董事、经理辞任是自身原因还是不被公司信任，自该董事、经理辞任生效之日起，该董事、经理已不具有相应身份，特别是不具有执行事务的身份和职责。为此，本条第二款规定，担任法定代表人的董事或者经理辞任的，视为同时辞去法定代表人。意味着，相对人知悉董事、经理兼任公司法定代表人的，自相对人知道或者应当知道该董事、经理辞任之日起，视为知道或者应当知道该人同时辞去法定代表人身份。

法定代表人辞任，将使公司没有法定代表人。为防止该问题存在时间过长，本条第三款规定，公司应当在法定代表人辞任之日起三十日内确定新的法定代表人。依照新《公司法》规定，法定代表人的产生、变更办法是章程法定记载事项，公司应当按照章程规定确定新的法定代表人，并向登记机关申请变更登记。

第十一条 法定代表人以公司名义从事的民事活动，其法律后果由公司承受。

公司章程或者股东会对法定代表人职权的限制，不得对抗善意相对人。

法定代表人因执行职务造成他人损害的，由公司承担民事责任。公司承担民事责任后，依照法律或者公司章程的规定，可以向有过错的法定代表人追偿。

【条文主旨】

本条是关于公司法定代表人行为的法律后果的规定。

【重点解读】

本条为新增条款。

我国《民法典》第六十一条第二款、第三款规定，法定代表人以法人名义从事的民事活动，其法律后果由法人承受。法人章程或者法人权力机构对法定代表人代表权的限制，不得对抗善意相对人。第六十二条规定，法定代表人因执行职务造成他人损害的，由法人承担民事责任。法人承担民事责任后，依照法律或者法人章程的规定，可以向有过错的法定代表人追偿。关于公司法定代表人法律后果，新《公司法》沿用了《民法典》的规定。

为维护交易安全，保护善意相对人的信赖利益，本条第二款规定，公司章程或者股东会对法定代表人职权的限制，不得对抗善意相对人。公司章程或者股东会对法定代表人职权进行的限制，在公司内部是有效的，该限制的效力能否对抗外部相对人，取决于相对人是否善意。在相对人不知道或者不应当知道存在相关限制时，法定代表人以公司名义从事的民事活动，公司承受法律后果，且不能主张法律后果不归属于公司；在相对人知道或者应当知道相关限制时，法律后果不归属于公司，应当类推适用无权代理制度，由法定代表人个人承担责任，公司不承担责任。

　　根据法定代表人理论，公司法定代表人是对外代表公司的人，与公司是一个人格，为同一主体，法定代表人以公司名义从事的民事活动，其法律后果由公司承受，法定代表人因执行职务造成他人损害的，由公司承担民事责任。同时，法定代表人不得超越法律或者公司章程规定的权限行使代表权，应当忠实、勤勉履行义务，这是对法定代表人的必然要求。本条第三款规定了法定代表人职务侵权行为的民事责任，因执行职务造成他人损害的，公司作为法人主体承担民事责任。公司承担民事责任后，依照法律或者公司章程的规定，可以向有过错的法定代表人追偿。

　　第十二条　有限责任公司变更为股份有限公司，应当符合本法规定的股份有限公司的条件。股份有限公司变更为有限责任公司，应当符合本法规定的有限责任公司的条件。

　　有限责任公司变更为股份有限公司的，或者股份有限公司变更为有限责任公司的，公司变更前的债权、债务由变更后的公司承继。

【条文主旨】

　　本条是关于公司形式变更及债权债务承继的规定。

【重点解读】

　　本条沿用了原《公司法》第九条的规定，没有修改。

　　对于《公司法》规定的有限责任公司、股份有限公司，《公司法》允许变更公司形式，即有限责任公司可以变更为股份有限公司，股份有限公司可以变更为有限责任公司。由于有限责任公司、股份有限公司在股东人数、设立条件、公司资本、内部组织机构、开放性程度等方面存在不同，本条第一款明确规定，有限责任公司变更为股份有限公司，应当符合本法规定的股份有限公司的条件。股份有限公司变更为有限责任公司，应当符合本法规定的有限责任公司的条件。

本条所称的"符合本法规定的条件"，不仅指《公司法》有关有限责任公司、股份有限公司的具体设立条件，还应当符合《公司法》有关有限责任公司、股份有限公司的设立程序。具体而言，有限责任公司变更为股份有限公司的，根据《公司法》第五章"股份有限公司的设立和组织机构"有关规定，除符合股份有限公司名称、住所、内部组织机构方面规定外，还应符合以下条件：应当有一人以上二百人以下为发起人，其中应当有半数以上的发起人在中华人民共和国境内有住所；发起人应当签订发起人协议，共同制订公司章程；股份发行、筹办事务、注册资本符合法定要求；公司成立大会对法定事项作出决议；依法办理变更登记等。股份有限公司变更为有限责任公司的，根据《公司法》第三章"有限责任公司的设立和组织机构"的规定，除符合有限责任公司名称、住所、内部组织机构方面规定外，还应符合以下条件：由一个以上五十个以下股东出资设立；由股东共同制定公司章程；全体股东认缴的出资额由股东按照公司章程的规定自公司成立之日起五年内缴足；依法办理变更登记等。

公司变更形式，仅是其调整组织形式的法律手段，不会导致其权利义务消灭，更不会导致其法人资格消灭，其仍然需要以其全部财产独立承担民事责任。因此，本条第二款规定，有限责任公司变更为股份有限公司的，或者股份有限公司变更为有限责任公司的，公司变更前的债权、债务由变更后的公司承继。

第十三条　公司可以设立子公司。子公司具有法人资格，依法独立承担民事责任。

公司可以设立分公司。分公司不具有法人资格，其民事责任

由公司承担。

【原法条文】

第十四条 公司可以设立分公司。设立分公司，应当向公司登记机关申请登记，领取营业执照。分公司不具有法人资格，其民事责任由公司承担。

公司可以设立子公司，子公司具有法人资格，依法独立承担民事责任。

【条文主旨】

本条是关于公司设立子公司、分公司的规定。

【重点解读】

本条保留了原《公司法》第十四条中关于公司可以设立子公司、分公司及其法律地位、民事责任的规定，由于新《公司法》已专章增设第二章"公司登记"，且新《公司法》第三十八条规定："公司设立分公司，应当向公司登记机关申请登记，领取营业执照。"故本条删除了原《公司法》第十四条"设立分公司，应当向公司登记机关申请登记，领取营业执照"的表述。同时，调整了原《公司法》分公司规定在前、子公司规定在后的条款顺序，更为符合法律体系规范。

本条第一款规定公司可以设立子公司，子公司具有法人资格，依法独立承担民事责任。母公司出资持有子公司全部或一定比例股份，或者以其他方式实际控制子公司，从而对子公司有控制权。虽然母公司对子公司有控制权，但子公司是独立法人，必须依法设立，并符合公司法规定的公司条件。因此，子公司应当以自己的名义从事民事活动，独立承担民事责任。

本条第二款规定公司可以设立分公司。分公司是公司的组成部分，是公司在一定区域内设立的从事经营或者其他业务活动的非法人组织，故而具有一定的独立性。从组织和管理形态而言，虽然分公司有自己的名称，但其名称反映的是与公司的隶属关系；分公司可以从事经营及业务活动，但没有独立的章程，其经营活动的权限来自公司的授权；分公司有自己的财产，但其财产属于公司。因此，分公司不具有独立的法人资格，不能独立承担民事责任，其民事责任由公司承担。有限责任公司、股份有限公司设立分公司，应当向公司登记机关申请登记，领取营业执照，只有领取营业执照的分公司才能以自己的名义从事民事活动，并作为民事诉讼的当事人。没有依法设立、没有领取营业执照的分公司，不能以自己的名义从事民事活动，不能成为民事诉讼的当事人，只能以公司作为民事诉讼的当事人。

第十四条　公司可以向其他企业投资。

法律规定公司不得成为对所投资企业的债务承担连带责任的出资人的，从其规定。

【原法条文】

第十五条　公司可以向其他企业投资；但是，除法律另有规定外，不得成为对所投资企业的债务承担连带责任的出资人。

【条文主旨】

本条是关于公司转投资及其限制的规定。

【重点解读】

本条保留了原《公司法》第十五条"公司可以向其他企业投资"的规定，单列为第一款；将"但是，除法律另有规定外，不得成为对所投资企业的债务承担连带责任的出资人"修改为"法律规定公司不得成为对所投资企业的债务承担连带责任的出资人的，从其规定"，并单列为第二款，文字表述由原则上禁止变为原则上允许，除非法律另有规定。

原《公司法》的立法倾向是公司不得成为对所投资企业的债务承担连带责任的出资人，仅以法律另有规定为例外情形。之所以这样规定，主要是考虑到公司对外投资具有的风险性，如果允许投资公司承担无限责任，有可能直接导致公司破产或利益受到重大损失，进而损害公司股东和债权人的利益，危害社会经济秩序的稳定。然而，转投资限制制度在实施中并没有有效发挥作用，未能达到保护公司股东和债权人的目的，而且限制了公司对外投资、并购、扩张的需求，不利于活跃资本市场和公司经营发展。

对公司转投资松绑，放开公司对外投资限制，一直是《公司法》修改的方向之一。本条第一款规定"公司可以向其他企业投资"，表明立法鼓励公司对外投资，意味着公司可以成为对所投资企业的债务承担连带责任的出资人，第二款保留了在法律有明确规定时的例外情形。如《中华人民共和国合伙企业法》第三条规定了国有独资公司、国有企业、上市公司以及公益性的事业单位、社会团体不得成为合伙企业的普通合伙人，即为法律有明确规定的情形。

第十五条　公司向其他企业投资或者为他人提供担保，按照公司章程的规定，由董事会或者股东会决议；公司章程对投资或者担保的总额及单项投资或者担保的数额有限额规定的，不得超过规定的限额。

公司为公司股东或者实际控制人提供担保的，应当经股东会决议。

前款规定的股东或者受前款规定的实际控制人支配的股东，不得参加前款规定事项的表决。该项表决由出席会议的其他股东所持表决权的过半数通过。

【原法条文】

第十六条　公司向其他企业投资或者为他人提供担保，依照公司章程的规定，由董事会或者股东会、股东大会决议；公司章程对投资或者担保的总额及单项投资或者担保的数额有限额规定的，不得超过规定的限额。

公司为公司股东或者实际控制人提供担保的，必须经股东会或者股东大会决议。

前款规定的股东或者受前款规定的实际控制人支配的股东，不得参加前款规定事项的表决。该项表决由出席会议的其他股东所持表决权的过半数通过。

【条文主旨】

本条是关于公司向其他企业投资或者提供担保的规定。

【重点解读】

本条沿用了原《公司法》第十六条规定，仅在文字方面，将"依照""必须"修改为"按照""应当"，删除了"或者股东大会"的表述，用词更规范。

根据本条第一款规定，对公司向其他企业投资或者为他人提供担保的问题，公司章程可以作出规定，同时，公司的行为应当符合以下要求：其一，须经有决策权的公司决议机关作出决议，是董事会还是股东会决议，取决于公司章程的规定；其二，公司章程对投资或者担保的总额及单项投资或者担保的数额有限额规定的，不得超过规定的限额。公司与母公司、子公司、关联公司发生的投资或者担保关系，适用本条"向其他企业投资或者为他人提供担保"的规定。

公司为股东或者实际控制人提供担保，与公司及其他股东的利益发生冲突，因此需要在股东会层面形成股东决议。同时，应当防止控股股东滥用"资本多数决"，以股东会决议的方式不当谋取利益，故有必要对其表决权进行限制。本条第二款、第三款规定，公司为股东或者实际控制人提供担保的，应当经股东会决议，并且关联股东应回避表决，表决由出席会议的其他股东所持表决权的过半数通过。本条第二款、第三款的规定，有五方面含义：其一，《公司法》允许公司为公司股东或者实际控制人提供担保，但须受到本条第二款、第三款规定的特别限制；其二，该事项应当经股东会决议，公司章程不得予以排斥，也不得由董事会作出决议；其三，公司为其提供担保的股东或者实际控制人支配的股东，应当回避表决，不得参加该事项的表决；其四，该事项由出席会议的其他股东所持表决权的过半数表决通过；其五，本条第二款、第三款规定为《公司法》强制性规定，违反该规定的行为或决议均属无效。

【实务问题】

实务中，违反公司章程规定，未经董事会或者股东会决议、超越公司章程规定的权限为他人提供担保，在公司内部相关责任人应当承担责任自不待言，对与公司交易的相对人是否发生效力，对于保护交易安全、维护债权人利益以及公司作为担保人是否承担责任具有重要意义。《最高人民法院关于适用〈中华人民共和国民法典〉有关担保制度的解释》规定，法定代表人未经公司决议程序对外提供担保的，构成越权代表，在此情形下，若交易相对人是善意的，担保合同对公司发生效力。若交易相对人是非善意的，担保合同对公司不发生效力，但不意味着公司不承担任何责任，公司有过错的，仍然要承担缔约过失性质的损害赔偿责任，公司作为担保人承担不超过债务人不能清偿部分的三分之一或二分之一。对于交易相对人善意的认定，《最高人民法院关于适用〈中华人民共和国民法典〉有关担保制度的解释》确定了相对人履行合理审查义务标准，并未采用相对人履行形式审查义务标准，意味着，相对人应当对公司章程进行合理的形式审查。从审查标准而言，相对人的审查义务至少应包括：具有符合公司章程的适格决议；股东或者董事的身份属实。公司章程未规定是股东会决议还是董事会决议的，对相对人而言，应当认为股东会决议或者董事会决议均是适格决议；公司章程规定由董事会决议的，根据"举轻以明重"的解释规则，应当认为股东会决议也是适格决议。公司章程规定由股东会决议的，仅有董事会的决议，则构成越权代表。

此外，本条中所称的"担保"，不仅包括《民法典》明确规定的保证和担保物权之典型担保，即保证、抵押、质押、留置权方式的担保，也包括《民法典》规定的所有权保留、融资租赁、保理等具有担保功能的非典型担保，以及《民法典》没有明确规定，但具有担保物权功能或者保证意思表示的其他非典型担保，如让与担保、差额补足、流动性支持等。

第十六条　公司应当保护职工的合法权益，依法与职工签订劳动合同，参加社会保险，加强劳动保护，实现安全生产。

公司应当采用多种形式，加强公司职工的职业教育和岗位培训，提高职工素质。

【原法条文】

第十七条　公司必须保护职工的合法权益，依法与职工签订劳动合同，参加社会保险，加强劳动保护，实现安全生产。

公司应当采用多种形式，加强公司职工的职业教育和岗位培训，提高职工素质。

【条文主旨】

本条是关于公司职工权益保护和职业教育的规定。

【重点解读】

本条沿用了原《公司法》第十七条规定，仅将"必须"修改为"应当"，用词更为规范。

本条第一款规定，公司有法定义务保护职工的合法权益，包括：

依法与职工签订劳动合同；依法参加社会保险；加强劳动保护；实现安全生产。根据《中华人民共和国劳动法》（以下简称《劳动法》）有关规定，公司与劳动者订立和变更劳动合同，应当遵循平等自愿、协商一致的原则，不得违反法律、行政法规的规定；劳动者享有平等就业和选择职业的权利、取得劳动报酬的权利、休息休假的权利、获得劳动安全卫生保护的权利、接受职业技能培训的权利、享受社会保险和福利的权利、提请劳动争议处理的权利以及法律规定的其他劳动权利；劳动者依法享受社会保险待遇；公司必须建立、健全劳动安全卫生制度，严格执行国家劳动安全卫生规程和标准，对劳动者进行劳动安全卫生教育，防止劳动过程中的事故，减少职业危害。根据《中华人民共和国社会保险法》（以下简称《社会保险法》）有关规定，中华人民共和国境内的用人单位和个人依法缴纳社会保险费，个人依法享受社会保险待遇。当然，就本条规定而言，公司应当保护的职工合法权益，不仅包括《劳动法》《社会保险法》等赋予职工的权益，也包括其他法律、法规中赋予职工的权益。作为公司的法定义务，公司违反法律规定，侵害职工合法权益的，应当承担法律责任。

本条第二款规定，公司应当采用多种形式，加强公司职工的职业教育和岗位培训，提高职工素质。加强职工的职业教育和岗位培训，是公司的法定义务；享有职业教育和岗位培训，也是劳动者的法定权利。根据《劳动法》有关规定，用人单位应当建立职业培训制度，按照国家规定提取和使用职业培训经费，根据本单位实际，有计划地对劳动者进行职业培训。

第十七条　公司职工依照《中华人民共和国工会法》组织工会，开展工会活动，维护职工合法权益。公司应当为本公司工会提供必要的活动条件。公司工会代表职工就职工的劳动报酬、工

作时间、休息休假、劳动安全卫生和保险福利等事项依法与公司签订集体合同。

公司依照宪法和有关法律的规定，建立健全以职工代表大会为基本形式的民主管理制度，通过职工代表大会或者其他形式，实行民主管理。

公司研究决定改制、解散、申请破产以及经营方面的重大问题、制定重要的规章制度时，应当听取公司工会的意见，并通过职工代表大会或者其他形式听取职工的意见和建议。

【原法条文】

第十八条　公司职工依照《中华人民共和国工会法》组织工会，开展工会活动，维护职工合法权益。公司应当为本公司工会提供必要的活动条件。公司工会代表职工就职工的劳动报酬、工作时间、福利、保险和劳动安全卫生等事项依法与公司签订集体合同。

公司依照宪法和有关法律的规定，通过职工代表大会或者其他形式，实行民主管理。

公司研究决定改制以及经营方面的重大问题、制定重要的规章制度时，应当听取公司工会的意见，并通过职工代表大会或者其他形式听取职工的意见和建议。

【条文主旨】

本条是关于公司职工组织工会和职工参与管理的规定。

【重点解读】

本条在原《公司法》第十八条规定的基础上，在第一款增加了"休息休假"的表述，将"福利、保险"修改为"保险福利"；在第二款增加了"建立健全以职工代表大会为基本形式的民主管理制度"规定；在第三款增加了"解散、申请破产"的表述。

本条第一款规定，表明公司职工依照《中华人民共和国工会法》（以下简称《工会法》）组织工会受法律保护，工会依法开展活动，维护公司职工的合法权益，公司应当为本公司工会提供必要的活动条件，支持公司工会的活动。在劳动关系方面，公司工会应当以《工会法》《劳动法》为依据，代表职工与公司平等协商，就职工的劳动报酬、工作时间、休息休假、保险福利和劳动安全卫生等事项依法与公司签订集体合同。

《公司法》在职工参与公司管理方面必须反映现代企业制度的要求。《中华人民共和国宪法》规定，国有企业依照法律规定，通过职工代表大会和其他形式，实行民主管理；集体经济组织实行民主管理，依照法律规定选举和罢免管理人员，决定经营管理的重大问题。《工会法》规定，工会依照法律规定通过职工代表大会或者其他形式，组织职工参与本单位的民主选举、民主协商、民主决策、民主管理和民主监督。本条第二款规定了"公司依照宪法和有关法律的规定，通过职工代表大会或者其他形式，实行民主管理。"并增加了"建立健全以职工代表大会为基本形式的民主管理制度"的规定，这旨在反映建立健全现代企业制度中民主管理制度的根本要求。

公司职工参与公司经营管理，主要体现在职工对公司经营管理的信息参与、经营管理的监督和管理参与两个层面。《工会法》规定，企业、事业单位、社会组织研究经营管理和发展的重大问题应当听取工会的意见。为此，从职工对公司经营管理的信息参与层面，本条第三款规定，公司研究决定改制、解散、申请破产以及经营方面的重大问题、制定重要的规章制度时，应当听取公司工会的意见，并通过职工代表大会或者其他形式听取职工的意见和建议。此外，从职工对公司经营管理的监督和管理层面，职工代表参与公司治理。根据新《公司法》第六十八条规定，有限责任公司董事会成员为三人以上，其成员中可以有公司职工代表；职工人数三百人以上的有限责任公司，除依法设监事会并有公司职工代表的外，其董事会成员中应当有公司职工代表；董事会中的职工代表由公司职工通过职工代表大会、职工大会或者其他形式民主选举产生。第一百七十三条规定，国有独资公司的董事会成员中，应当过半数为外部董事，并应当有公司职工代表。董事会成员由履行出资人职责的机构委派；但是，董事会成员中的职工代表由公司职工代表大会选举产生。

第十八条　在公司中，根据中国共产党章程的规定，设立中国共产党的组织，开展党的活动。公司应当为党组织的活动提供必要条件。

【条文主旨】

本条是关于在公司中设立中国共产党党组织及其活动的规定。

【重点解读】

本条沿用了原《公司法》第十九条规定，没有修改。

《宪法》规定，社会主义制度是中华人民共和国的根本制度，中国共产党领导是中国特色社会主义最本质的特征。《中国共产党章程》规定，中国共产党的领导是中国特色社会主义最本质的特征，是中国特色社会主义制度的最大优势，党是最高政治领导力量。企业、农村、机关、学校、医院、科研院所、街道社区、社会组织、人民解放军连队和其他基层单位，凡是有正式党员三人以上的，都应当成立党的基层组织。国有企业党委（党组）发挥领导作用，把方向、管大局、保落实，依照规定讨论和决定企业重大事项。国有企业和集体企业中党的基层组织，围绕企业生产经营开展工作。保证监督党和国家的方针、政策在本企业的贯彻执行；支持股东会、董事会、监事会和经理（厂长）依法行使职权；全心全意依靠职工群众，支持职工代表大会开展工作；参与企业重大问题的决策；加强党组织的自身建设，领导思想政治工作、精神文明建设、统一战线工作和工会、共青团、妇女组织等群团组织。非公有制经济组织中党的基层组织，贯彻党的方针政策，引导和监督企业遵守国家的法律法规，领导工会、共青团等群团组织，团结凝聚职工群众，维护各方的合法权益，促进企业健康发展。

为贯彻党的方针政策，引导和监督公司遵守国家的法律法规，维护各方的合法权益，促进公司健康发展，根据本条以及《中国共产党章程》规定，在公司中设立党的组织，凡是有正式党员三人以上的，都应当成立党的基层组织，开展党的活动，公司应当为党组织的活动提供必要条件。

第十九条　公司从事经营活动，应当遵守法律法规，遵守社会公德、商业道德，诚实守信，接受政府和社会公众的监督。

【原法条文】

第五条第一款　公司从事经营活动，必须遵守法律、行政法规，遵守社会公德、商业道德，诚实守信，接受政府和社会公众的监督，承担社会责任。

【条文主旨】

本条是关于公司经营活动基本原则的规定。

【重点解读】

本条保留了原《公司法》第五条第一款"公司从事经营活动，必须遵守法律、行政法规，遵守社会公德、商业道德，诚实守信，接受政府和社会公众的监督"的规定，仅将"必须"修改为"应当"，"法律、行政法规"修改为"法律法规"；将"承担社会责任"规定调整至新《公司法》第二十条关于"公司社会责任"的规定。

本条规定公司从事经营活动，应当遵守法律法规，是民事活动合法性原则在《公司法》中的体现。本条规定的遵守社会公德、商业道德、诚实守信，是指公司作为民事主体从事经营活动，应当遵守社会公共道德规范和商业道德规范，同时，应当遵守诚实信用的民法基本原则，公司在行使民事权利、履行民事义务、承担民事责任时，应当诚实、信守承诺。本条将高度抽象性和概括性的遵守社会公德、商业道德、诚实守信等原则确定为法律规范，不仅有利于促使公司树立良好的商业信誉、诚实守信、维护社会公众利益和经济秩序，还可以克服成文法的局限，赋予司法活动能动性和法律适用的空间，补充法律规定的不足，规制违法行为，平衡民事主体之间的利益。

本条规定的公司从事经营活动，应当接受政府和社会公众的监督，这是从外部督促公司遵守法律、诚实守信，维护社会公众利益和经济秩序的有效措施。如新《公司法》第二章"公司登记"的有关规定，第十四章"法律责任"中公司登记机关对公司违法行为处罚的有关规定，均体现了政府有关部门的监督。新《公司法》规定的企业信息系统公示事项；上市公司应当依法披露股东、实际控制人的信息；股份有限公司向社会公开募集股份，应当公告招股说明书；公开发行股票的股份有限公司应当公告其财务会计报告等，均体现了社会公众的监督。

第二十条　公司从事经营活动，应当充分考虑公司职工、消费者等利益相关者的利益以及生态环境保护等社会公共利益，承担社会责任。

国家鼓励公司参与社会公益活动，公布社会责任报告。

【原法条文】

第五条第一款　公司从事经营活动，必须遵守法律、行政法规，遵守社会公德、商业道德，诚实守信，接受政府和社会公众的监督，承担社会责任。

【条文主旨】

本条是关于公司社会责任的规定。

【重点解读】

原《公司法》第五条出现了"承担社会责任"的表述，但没有规定具体内涵，本条实际为新增条款。本条采用了"充分考虑""国家鼓励"的表述，表明本条属于倡导性规范，即倡导公司采用本条规定的行为模式。

公司社会责任源于商事公司社会责任原则和公司治理原则。其基本理论是，公司不能脱离社会而孤立地存在，不能仅追求公司盈利和股东利益最大化，还应当兼具社会服务功能。从公司的社会属性来看，公司应当主动承担社会责任，在遵守法律法规、履行法定义务的基础上，充分考虑公司职工、消费者等利益相关者的利益以及生态环境等社会公共利益。公司不仅具有营利性，更肩负着社会责任。在创造经济价值、实现自身发展的同时，应当考虑公司经营对利益相关方的影响，坚持以人为本，促进社会和谐，有效利用资源，保护生态环境，保障可持续发展，最大限度地创造经济、社会和环境的综合价值。

本条第一款中规定的"生态环境保护"具有重要的现实意义。我国环境污染、资源消耗问题越来越突出。党的十八大将生态文明建设纳入中国特色社会主义事业"五位一体"总体布局，提出建设美丽中国目标；党的十八届三中全会通过的《中共中央关于全面深化改革若干重大问题的决定》首次确立了生态文明制度体系；"十三五"规划贯穿了绿色发展新理念。《民法典》第九条规定："民事主体从事民事活动，应当有利于节约资源、保护生态环境。"为此，本条第一款引入了"生态环境保护"原则。

本条第二款有两方面含义。一是鼓励公司参与社会公益活动，即在遵守法律规定的前提下，开展以下社会公益活动：扶贫、济困；扶老、救孤、恤病、助残、优抚；救助自然灾害、事故灾难和公共卫生事件等突发事件造成的损害；促进教育、科学、文化、卫生、体育等事业的发展；防治污染和其他公害，保护和改善生态环境等。二是鼓励公司公布社会责任报告，包括：建立健全社会责任报告发布制度；定期发布报告和专项报告；综合运用传统媒体和新型媒体等手段，通过多种方式加强社会责任日常信息披露，及时与利益相关方沟通，争取社会各界的理解和支持；建立健全利益相关方参与机制，积极采取职工代表大会、信息告知、研讨会、对话交流、共同行动等多种方式，推动利益相关方参与企业有关重大决策和相关活动。国务院国有资产监督管理委员会发布的《关于国有企业更好履行社会责任的指导意见》从总体要求、深化社会责任理念、明确社会责任议题、将社会责任融入企业运营、加强社会责任沟通、加强社会责任工作保障等六个方面提出了具体指导意见。

虽然本条为倡导性原则规范，但已贯彻到具体的法律规定中。公司违反本条规定，侵害公司职工、消费者等利益相关者利益的，可以适用《劳动法》《中华人民共和国消费者权益保护法》《民法典》侵权责任制度的法律规定；污染环境、破坏生态的，可以适用《民法典》第七章的法律规定。本条的价值和意义在于，为公司从事经营活动确立了承担社会责任的价值导向，为司法实践中进行法律适用、法律解释、法律漏洞填补以及在利益冲突时的价值判断和选择，提供了法律适用指引。

第二十一条　公司股东应当遵守法律、行政法规和公司章程，依法行使股东权利，不得滥用股东权利损害公司或者其他股东的利益。

公司股东滥用股东权利给公司或者其他股东造成损失的，应当承担赔偿责任。

【原法条文】

第二十条 公司股东应当遵守法律、行政法规和公司章程，依法行使股东权利，不得滥用股东权利损害公司或者其他股东的利益；不得滥用公司法人独立地位和股东有限责任损害公司债权人的利益。

公司股东滥用股东权利给公司或者其他股东造成损失的，应当依法承担赔偿责任。

公司股东滥用公司法人独立地位和股东有限责任，逃避债务，严重损害公司债权人利益的，应当对公司债务承担连带责任。

【条文主旨】

本条是关于股东不得滥用股东权利损害公司或者其他股东利益的规定。

【重点解读】

股东滥用股东权利，在公司内部关系中损害公司或者其他股东利益，而在公司外部关系中损害公司债权人利益，原《公司法》第二十条涵盖了这两种情形。本条保留了原《公司法》第二十条股东滥用股东权利、对公司或者其他股东承担赔偿责任的内容，规定了股东滥用股东权利，在公司内部对公司或者其他股东承担赔偿责任；将公司股东滥用公司法人独立地位和股东有限责任，对公司债务承担连带责任的内容，调整至新《公司法》第二十三条，规定股东滥用公司法人独立地位和股东有限责任，对公司外部债权人承担责任，立法结构和层次更为清晰。

公司股东滥用股东权利，如股东伙同他人采取不正当手段剥夺属于公司的商业机会；未经公司决议机关决议程序为自己提供担保；控股股东无视公司章程规定，不经法定程序，强令管理层出售公司资产；控股股东不经法定程序，剥夺中小股东优先购买权、优先增资权等，损害公司或者其他股东利益，给公司或者其他股东造成损失的，应当依法承担赔偿责任。

【实务问题】

由于《公司法》《民法典》并未对何为"滥用"股东权利进行规定，实务中，一般认为可以从以下几个方面作出认定：第一，滥用权利的前提是存在合法权利，其行使权利在形式上是合法的，如行使股东会表决权、依据章程的特别授权行使权利等，但其行使权利的目的背离了法律或者章程赋予其权利的目的；第二，其行使权利使自己取得不正当收益；第三，发生了公司或者股东利益受损的后果。但是，不能认为控股股东实施的所有对中小股东不利的行为都是滥用权利，也不能将控股股东利用资本多数决的公司决策机制的决议行为，都认为属于滥用权利。只有在有证据证明控股股东利用资本多数决控制股东会，进而操纵董事会，使公司的经营决策服从自己的意志，侵害公司和其他股东的利益，才能认定控股股东滥用股东权利。

另外，应当区分股东滥用权利的行为侵害的对象是公司还是股东。股东权利受到侵害的，受侵害的股东依法可以直接提起诉讼；受侵害的是公司的，即使股东权益间接受损，股东也不能越过公司直接主张股东权益损失，在公司不起诉时，应当通过股东代表诉讼的方式解决，并且，股东代表诉讼胜诉的利益归属公司。

第二十二条　公司的控股股东、实际控制人、董事、监事、高级管理人员不得利用关联关系损害公司利益。

违反前款规定，给公司造成损失的，应当承担赔偿责任。

【条文主旨】

本条是关于规范关联交易的规定。

【重点解读】

本条沿用了原《公司法》第二十一条规定，没有修改。

关联交易一般是指具有投资关系或者合同关系的不同主体之间所进行的交易。《公司法》并不否定或者禁止关联交易。公平、公允的关联交易可以稳定公司经营，分散经营风险，但是，不公平、不公允的关联交易则损害公司、股东和公司债权人的利益。为此，各国立法都有调整关联关系、保护公司以及公司债权人的规定。我国公司股权结构中控股或者实际控制情形大量存在，控股股东、实际控制人利用关联交易损害公司、中小股东以及公司债权人的情况屡见不鲜，这已成为我国公司法人治理结构中面临的棘手问题。本条第一款规定，旨在规制公司的控股股东、实际控制人、董事、监事、高级管理人员利用其关联关系损害公司利益的行为，保护公司、中小股东以及公司债权人的利益。

本条第二款规定了关联交易的责任承担问题，公司的控股股东、实际控制人、董事、监事、高级管理人员利用关联关系损害公司利益，给公司造成损失的，应当承担赔偿责任。

实际上，我国《公司法》已建立了调整、规制关联关系的较为完备的规范体系。除本条原则性规定外，新《公司法》第十五条第三款规定，公司为股东或者实际控制人提供担保，关联股东应当回避表决；第一百三十九条规定，上市公司董事与董事会决议所涉事项的企业或者个人有关联关系的，关联董事不得表决；第一百八十三条至一百八十五条规定，经董事会或者股东会决议，董事、监事、高级管理人员与公司交易、谋取公司商业机会、自营与其任职公司同类的业务，关联董事不得表决；第八十九条、第一百六十二条、第二百一十九条规定，异议股东、中小股东有权请求公司按照合理的价格收购其股权等。

我国财政部门、税务部门、证券监管部门也从财政、税收、上市公司监管等方面对公司的关联交易行为作出了规定。

第二十三条 公司股东滥用公司法人独立地位和股东有限责任，逃避债务，严重损害公司债权人利益的，应当对公司债务承担连带责任。

股东利用其控制的两个以上公司实施前款规定行为的，各公司应当对任一公司的债务承担连带责任。

只有一个股东的公司，股东不能证明公司财产独立于股东自己的财产的，应当对公司债务承担连带责任。

【原法条文】

第二十条第三款 公司股东滥用公司法人独立地位和股东有限责任，逃避债务，严重损害公司债权人利益的，应当对公司债务承担连带责任。

第六十三条 一人有限责任公司的股东不能证明公司财产独立于股东自己的财产的，应当对公司债务承担连带责任。

【条文主旨】

本条是关于公司法人人格否认的规定。

【重点解读】

本条第一款沿用了原《公司法》第二十条第三款规定，没有修改；第二款为新增条款；第三款在原《公司法》第六十三条基础上将"一人有限责任公司"扩大为"只有一个股东的公司"。

公司法人人格独立、股东有限责任是《公司法》的立法基石。公司具有独立的法人人格，依法独立从事民事活动，以公司财产独立承担责任；股东依约缴纳对公司的出资，即转化为公司资产，股东个人财产与其出资相分离，因其出资享有股东权益，并以其出资为限对公司承担有限责任。对债权人而言，公司的独立财产是其实现债权的一般担保。但在经济生活中，为了追求高额利润或者逃避债务，常常出现公司股东滥用公司法人独立地位和股东有限责任，如人格混同、财产混同、不正当控制等情形，导致公司实际上失去了独立法人地位。股东的有限责任被滥用，公司债权人面临极大的交易风险。本着权利、义务相一致原则，为有效保护债权人的利益，维护正常的交易秩序，在符合法定条件时，可以认定股东滥用公司法人独立地位和股东有限责任，否认公司独立人格，"揭开公司的面纱"，将公司股东与公司视为一体，追究股东和公司共同的法律责任。本条第一款规定，公司股东滥用公司法人独立地位和股东有限责任，逃避债务，严重损害公司债权人利益的，应当对公司债务承担连带责任，即是公司法人人格否认制度的基本法律规范。

原《公司法》第二十条第三款规定了适用公司法人人格否认的基本原则。在实务中，常常出现公司控股股东或者实际控制人对公司过度支配与控制，操纵公司决策过程，或者滥用控制权，在母子公司之间、子公司之间进行利益输送的情况，这些都属于公司股东滥用公司法人独立地位和股东有限责任的行为，应当予以否认，但原《公司法》第二十条第三款规定的基本原则，无法扩张适用，难以形成对债权人的有效保护。本次修改在吸收《全国法院民商事审判工作纪要》成果的基础上，增加了本条第二款"横向否认"的规定，有限度地将法人人格否认扩大到横向人格否认，即股东利用其控制的两个以上公司实施前款规定行为的，各公司应当对任一公司的债务承担连带责任。此外，新《公司法》没有规定逆向法人人格否认制度，即没有规定公司对股东的债权人承担连带责任。这主要是考虑到，如果规定逆向法人人格否认制度，将公司的财产用于清偿股东个人债务，将影响公司的清偿能力，损害公司债权人以及公司其他股东的利益，而对股东的债权人，完全可以通过诉讼以及强制执行包括股权在内的股东财产的方式予以保护。

本次修改《公司法》，取消了一人有限责任公司专节，删除原《公司法》第五十七条至第六十条、第六十二条关于一人有限责任公司的特别规定。鉴于一人公司只有一名股东的特点，容易出现股东操纵一人公司、公司与股东财产混同情形，股东不能证明公司财产独立于股东自己财产的，同样符合公司法人人格否认的原理，应当否认一人公司的法人人格。本条第三款沿用了"股东不能证明公司财产独立于股东自己的财产的，应当对公司债务承担连带责任"的表述，将原《公司法》中的"一人有限责任公司"修改扩大为"只有一个股东的公司"，以适用一人有限责任公司、一人股份有限公司情形。

第二十四条 公司股东会、董事会、监事会召开会议和表决可以采用电子通信方式，公司章程另有规定的除外。

【条文主旨】

本条是关于公司召开会议和表决可以采用电子通信方式的规定。

【重点解读】

本条为新增条文。

原《公司法》规定，股东会、董事会、监事会的议事方式和表决程序，除本法有规定的外，由公司章程规定。条文中所称的"议事方式"是指公司决议机关以什么方式就所议事项进行讨论并作出决议，所称的"表决程序"是指公司决议机关对所议事项作出决定的步骤、方式。虽然"议事方式"和"表决程序"包括"会议形式""表决形式"，但主要侧重于参加会议的通知、会议的召集和主持、讨论问题的方式、有效出席人数、议事议程的提出和确定、审议规则、表决方式等。在网络技术得到应用之前，公司决议机关的"会议形式"和"表决形式"多采用现场会议形式。

随着现代信息技术手段不断发展和完善，出现了通过电子技术传输信息方法的电子通信。客户可以根据不同的需求，选择视频会议、即时通信、语音消息、图像消息、即时消息、电子邮件、社交媒体、网站，手机应用、移动信息服务等方式进行信息传输。由于电子通信具有传输快捷、及时的技术优势，已成为当今社会生活中重要的交流、沟通方式。《中华人民共和国电子签名法》规定：本法所称电子签名，是指数据电文中以电子形式所含、所附用于识别签名人身份并表明签名人认可其中内容的数据；本法所称数据电文，是指以电子、光学、磁或者类似手段生成、发送、接收或者储存的信息；能够有形地表现所载内容，并可以随时调取查用的数据电文，视为符合法律、法规要求的书面形式。由此表明，公司股东会、董事会、监事会召开会议和表决形式可以采用电子通信方式。

为了消除实践中对电子通信方式法律形式的争议，本条专门规定了公司股东会、董事会、监事会召开会议和表决形式可以采用电子通信方式。本条有三个方面含义：其一，《公司法》授权公司章程对股东会、董事会、监事会的"会议形式"和"表决形式"作出规定；其二，股东会、董事会、监事会召开会议和表决的形式可以采用电子通信方式，但公司章程另有规定的除外，另有规定的情形包括公司章程规定排斥电子通信方式，允许采用电子通信方式，但对该方式表决的事项范围加以限制等；其三，如公司章程对"会议形式"和"表决形式"没有明确规定的，则意味着公司可以采用电子通信方式召开股东会、董事会、监事会会议，进行表决。

【实务问题】

实务中，公司章程可以规定采用现场会议、电子通信方式或者其他方式召开股东会、董事会、监事会并表决。另外，虽然电子通信方式具有传输快捷、及时的技术优势，但从《公司法》宗旨出发，决议机关采用电子通信方式召开会议和表决，应当以该方式能够保障股东、董事、监事在会议中充分发表意见为前提。

第二十五条 公司股东会、董事会的决议内容违反法律、行政法规的无效。

【原法条文】

第二十二条第一款 公司股东会或者股东大会、董事会的决议内容违反法律、行政法规的无效。

【条文主旨】

本条是关于公司决议无效的规定。

【重点解读】

原《公司法》第二十二条规定了公司决议的无效和撤销。本次修改将原《公司法》第二十二条第一款关于公司决议无效的规定保留，仅删除"或者股东大会"的表述，并以本条单列；将原《公司法》第二十二条第二款、第三款关于公司决议撤销的规定进行修改，单列为新《公司法》第二十六条，更符合法律规范的逻辑体系。

本条规定了公司股东会、董事会的决议内容违反法律、行政法规的强制性规定的，其内容无效。有限责任公司、股份有限公司的股东会是公司的权力机构，董事会是公司的执行机构，股东会、董事会依法作出的决议不仅在公司内部对公司、股东、董事具有约束力，而且对利益相关者、公司外部债权人也产生重大影响。公司股东会、董事会的决议内容违反法律、行政法规的无效，该决议自始不产生法律效力。

【实务问题】

需要注意认为凡是违反法律、行政法规的行为都无效的观点并不正确。《民法典》第一百五十三条规定，违反法律、行政法规的强制性规定的民事法律行为无效。但是，该强制性规定不导致该民事法律行为无效的除外。从《民法典》第一百五十三条表述看，违反法律、行政法规的强制性规定的行为，原则上无效，以有效为例外情形。一般认为，《民法典》所称的强制性规定，仅指公法上的强制性规定，违反公法强制性规定的行为无效，公法上的否定性评价，必然带来私法上的否定效力。同时，《民法典》以及其他法律、行政法规、司法解释规定不因违反强制性规定无效的，属于《民法典》第一百五十三条"但书"的不影响效力的情形。因此，对本条规定的理解，应当认为原则上公司股东会、董事会的决议内容违反法律、行政法规强制性规定的无效，但需注意《民法典》以及其他法律、行政法规、司法解释是否规定有不因违反强制性规定无效的情形。如依据《民法典》第五百零四条规定，公司法定代表人超越权限对外订立的担保合同，除相对人知道或者应当知道法定代表人超越权限外，该法定代表人行为有效，订立的合同对公司发生效力。但相对人知道或者应当知道法定代表人超越权限的，对公司不发生效力。与强制性规定相区别，行为违反法律、行政法规倡导性规定或者权限性规定的，一般认为该行为有效，如违反新《公司法》第二十条"公司应当承担社会责任"规定的，并不因此无效。

第二十六条　**公司股东会、董事会的会议召集程序、表决方式违反法律、行政法规或者公司章程，或者决议内容违反公司章程的，股东自决议作出之日起六十日内，可以请求人民法院撤销。但是，股东会、董事会的会议召集程序或者表决方式仅有轻微瑕疵，对决议未产生实质影响的除外。**

未被通知参加股东会会议的股东自知道或者应当知道股东会决议作出之日起六十日内，可以请求人民法院撤销；自决议作出之日起一年内没有行使撤销权的，撤销权消灭。

【原法条文】

第二十二条第二款　股东会或者股东大会、董事会的会议召集程序、表决方式违反法律、行政法规或者公司章程，或者决议内容违反公司章程的，股东可以自决议作出之日起六十日内，请求人民法院撤销。

第二十二条第三款　股东依照前款规定提起诉讼的，人民法院可以应公司的请求，要求股东提供相应担保。

【条文主旨】

本条是关于公司决议撤销的规定。

【重点解读】

本条第一款在原《公司法》第二十二条第二款基础上，删除了"或者股东大会"的表述，增加了"但书"规定；删除了原《公司法》第二十二条第三款"股东依照前款规定提起诉讼的，人民法院可以应公司的请求，要求股东提供相应担保"的规定；本条第二款增加了撤销权灭失期间的规定。

根据本条第一款规定，其一，公司股东会、董事会决议可撤销的范围限于以下几种：就公司决议的程序而言，会议召集程序、表决方式违反了法律、行政法规或者公司章程；就公司决议的内容而言，决议内容违反了公司章程。公司股东会、董事会会议决议内容违反法律、行政法规的无效，不是可撤销。其二，能够行使撤销权的主体仅限于股东，不包括公司董事、监事或者高级管理人员，以避免其他主体通过任意启动决议撤销的诉讼程序干预公司意志及影响所涉法律关系的稳定。其三，撤销权的行使期限为六十日。其四，股东必须向人民法院请求撤销，公司章程不得规定以及当事人不得合意请求仲裁机构裁决，也不得采用通知的方式行使撤销权。

本条第一款规定吸收了《公司法》司法解释的成果。《最高人民法院关于适用〈中华人民共和国公司法〉若干问题的规定（四）》第四条规定："股东请求撤销股东会或者股东大会、董事会决议，符合民法典第八十五条、公司法第二十二条第二款规定的，人民法院应当予以支持，但会议召集程序或者表决方式仅有轻微瑕疵，且对决议未产生实质影响的，人民法院不予支持。"本条第一款规定，需要同时具备"仅有轻微瑕疵""对决议未产生实质影响"两个条件，人民法院才不予支持。如股东会、董事会表决计算错误，但不影响达到法定或者章程规定的表决权比例的决议有效通过的，则决议不因此而被撤销。

本条第二款规定了未被通知参加股东会会议股东的救济及撤销权的灭失。参加股东会会议是股东行使表决权的前提，也是股东固有的权利，不可被剥夺，不通知股东参加股东会会议属于重大程序瑕疵。为防止控股股东、实际控制人就公司重大事项决议故意不通知股东参加股东会会议，利用资本多数决以符合公司章程的表决权数通过决议，造成决议已成立但可能难以撤销的情况，侵害小股东权益，本条第二款规定："未被通知参加股东会会议的股东自知道或者应当知道股东会决议作出之日起六十日内，可以请求人民法院撤销。"同时，从平衡各方利益、维护交易安全的角度考虑，撤销权必须在一定期限内行使，即"除斥期间"。除斥期间一旦经过，则撤销权消灭，可撤销的民事法律行为确定地成为有效的民事法律行为。为了防止股东会决议效力久拖不决影响公司或者第三人，本条第二款规定："自决议作出之日起一年内没有行使撤销权的，撤销权消灭。"撤销权灭失，则可撤销的股东会决议确定为有效。

此外，原《公司法》第二十二条第三款规定："股东依照前款规定提起诉讼的，人民法院可以应公司的请求，要求股东提供相应担保。"原《公司法》要求股东提起诉讼提供担保是为了防止股东滥用诉权影响公司经营。但是，要求股东提供诉讼担保，会造成股东与公司权利义务不平衡，对股东提起诉讼维权形成障碍。本次《公司法》修订导向侧重规制控股股东、实际控制人滥用权利的行为，新《公司法》删除了上述规定以降低股东提起决议可撤销诉讼的门槛。

【实务问题】

可撤销行为的法律效力，既不是无效，也不是效力待定，而是从撤销成立之日起被撤销。因此，可撤销的决议在未被撤销以前是有效的。在决议被撤销成立之日起，自始没有法律约束力。

第二十七条　有下列情形之一的，公司股东会、董事会的决议不成立：

（一）未召开股东会、董事会会议作出决议；

（二）股东会、董事会会议未对决议事项进行表决；

（三）出席会议的人数或者所持表决权数未达到本法或者公司章程规定的人数或者所持表决权数；

（四）同意决议事项的人数或者所持表决权数未达到本法或者公司章程规定的人数或者所持表决权数。

【条文主旨】

本条是关于公司决议不成立的规定。

【重点解读】

本条为新增条文。

原《公司法》及《民法典》均没有营利性法人或者公司决议不成立的规定。《民法典》规定民事法律行为有成立生效、可撤销、无效三种效力状态，立法机关对股东会、董事会决议瑕疵细化分类，将可撤销、无效的效力分为不成立、可撤销、无效三类情形，旨在从程序上保护股东的权益。本条部分吸收了《公司法》司法解释的成果。《最高人民法院关于适用〈中华人民共和国公司法〉若干问题的规定（四）》第五条规定："股东会或者股东大会、董事会决议存在下列情形之一，当事人主张决议不成立的，人民法院应当予以支持：（一）公司未召开会议的，但依据公司法第三十七条第二款或者公司章程规定可以不召开股东会或者股东大会而直接作出决定，并由全体股东在决定文件上签名、盖章的除外；（二）会议未对决议事项进行表决的；（三）出席会议的人数或者股东所持表决权不符合公司法或者公司章程规定的；（四）会议的表决结果未达到公司法或者公司章程规定的通过比例的；（五）导致决议不成立的其他情形。"但与上述司法解释不同之处是，本条没有采用上述司法解释中规定的"导致决议不成立的其他情形"这一兜底性条款。法律制定或者修改不同于司法解释，法律制定或者修改需要上升到法律规范的效力位阶，应当尽可能明确并普遍适用，并尽可能避免过度扩张。本次《公司法》修订，立法机关已全面构建了股东会、董事会决议瑕疵及救济的具体规定，从立法体系上看，对于可撤销、无效的决议，没有兜底性条款的规定。

　　根据本条规定，未召开股东会、董事会会议作出决议，实际上是虚构决议；股东会、董事会会议未对决议事项进行表决，是指召开了股东会、董事会会议，但没有形成决议，实际上是虚构决议结果；出席会议的人数或者所持表决权数未达到本法或者公司章程规定的人数或者所持表决权数，是指出席会议的股东人数或者代表公司有表决权的股份数量未达到《公司法》或者公司章程规定的要求，而出席会议的董事人数未达到《公司法》或者公司章程规定的人数要求，应视为未召开会议；同意决议事项的人数或者所持表决权数未达到本法或者公司章程规定的人数或者所持表决权数，是指决议在表决时，同意决议事项的人数或者所持表决权数未达到《公司法》或者公司章程规定的多数决，应视为股东会、董事会未作出任何意思表示，决议不成立。因此，本条规定限于公司股东会、董事会决议存在严重程序瑕疵，因欠缺成立要件而不成立的情形，应视为决议不存在。如决议内容违反法律、行政法规或者公司章程规定的，则属于无效或可撤销的情形。

【实务问题】

需要注意，《公司法》并未对股东会、董事会的决议不成立的诉讼主体作出限定。与可撤销的公司决议的诉讼主体仅限于股东不同，《最高人民法院关于适用〈中华人民共和国公司法〉若干问题的规定（四）》第一条规定，对股东会、董事会的决议不成立的诉讼主体包括股东、董事、监事，以及高级管理人员、职工、债权人等，但需要是与股东会、董事会的决议有直接利害关系、符合《民事诉讼法》规定的人，才是法律上适格的诉讼主体。

第二十八条　公司股东会、董事会决议被人民法院宣告无效、撤销或者确认不成立的，公司应当向公司登记机关申请撤销根据该决议已办理的登记。

股东会、董事会决议被人民法院宣告无效、撤销或者确认不成立的，公司根据该决议与善意相对人形成的民事法律关系不受影响。

【原法条文】

第二十二条第四款　公司根据股东会或者股东大会、董事会决议已办理变更登记的，人民法院宣告该决议无效或者撤销该决议后，公司应当向公司登记机关申请撤销变更登记。

【条文主旨】

本条是关于公司决议无效、撤销或者确认不成立的法律后果的规定。

【重点解读】

本条第一款在原《公司法》第二十二条第四款基础上进行了完善性修改，本条第二款增加了"与善意相对人形成的民事法律关系不受影响"的规定。

本条第一款规定，公司股东会、董事会决议被人民法院宣告无效、撤销或者确认不成立的，公司应当向公司登记机关申请撤销根据该决议已办理的登记。本条第一款在原《公司法》第二十二条第四款规定的基础上，在股东会、董事会决议被人民法院宣告无效、撤销这两种情形之外，增加了需要纳入调整的"确认不成立"的情形。公司股东会、董事会决议被人民法院宣告无效、撤销，视为自始即不存在，公司股东会、董事会决议被人民法院确认不成立，视为事实不存在。因此，在公司根据决议已办理变更登记的情况下，应当向公司登记机关申请撤销已办理的变更登记，以使人民法院的生效裁决得以实现，并使社会公众知悉变动的事实状态。当然，如果公司尚未根据决议办理变更登记，则决议在人民法院裁决生效之日起，即已产生宣告无效、撤销或者确认不成立的法律效力，公司无须向公司登记机关办理手续。

本条第二款规定，股东会、董事会决议被人民法院宣告无效、撤销或者确认不成立的，公司根据该决议与善意相对人形成的民事法律关系不受影响。股东会、董事会决议被人民法院宣告无效、撤销或者确认不成立后，公司根据决议与相对人之间形成的法律关系是否受到影响，取决于相对人是否善意无过失。如果相对人在与公司成立法律关系时知道或者应当知道股东会、董事会决议存在无效、撤销或者不成立情形的，则难言善意；如果相对人在与公司成立法律关系时已尽到合理审查义务，也不存在重大过失的，则为善意，第三人与公司成立的法律关系，不受人民法院宣告无效、撤销或者确认不成立的影响。

第二章

公司登记

第二十九条　设立公司，应当依法向公司登记机关申请设立登记。

法律、行政法规规定设立公司必须报经批准的，应当在公司登记前依法办理批准手续。

【原法条文】

第六条　设立公司，应当依法向公司登记机关申请设立登记。符合本法规定的设立条件的，由公司登记机关分别登记为有限责任公司或者股份有限公司；不符合本法规定的设立条件的，不得登记为有限责任公司或者股份有限公司。

法律、行政法规规定设立公司必须报经批准的，应当在公司登记前依法办理批准手续。

【条文主旨】

本条是关于公司设立登记的规定。

【重点解读】

本条保留原《公司法》第六条第一款"设立公司，应当依法向公司登记机关申请设立登记"以及第二款"法律、行政法规规定设立公司必须报经批准的，应当在公司登记前依法办理批准手续"的内容，成为关于公司设立登记的法律规范；将原《公司法》第六条第一款"符合本法规定的设立条件的，由公司登记机关分别登记为有限责任公司或者股份有限公司；不符合本法规定的设立条件的，不得登记为有限责任公司或者股份有限公司"的内容单独列为新《公司法》第三十一条，成为关于公司登记机关依法登记的法律规范。

公司是法律认可的法人，需要依法设立，才能成立。我国法律对公司设立采用准则主义为主，核准主义为例外的原则。即普通公司设立适用准则主义，设立人可以依据《公司法》预先设定的条件和程序设立公司，只要符合法定条件与程序，直接向公司登记机关申请设立登记，依法登记后成立，取得法人资格；例外情形下的特殊公司，适用核准主义，设立登记前须取得主管机关的审批，至于哪些特殊公司的设立需要办理批准手续，由法律、行政法规进行规定，通常这类特殊公司集中在商业银行、信托、保险、证券等金融行业。公司设立登记是公司成立，并取得法人资格的前提条件，未经公司登记机关登记的公司不具有民事权利能力和民事行为能力。同时，一经公司登记机关对公司设立申请予以登记，即表明公司成立的法律事实已生效。因此，本条第一款规定，设立公司，应当依法向公司登记机关申请设立登记。

本条第二款规定体现了例外情形的特殊公司设立采用核准主义的原则。根据有关法律、行政法规以及国务院决定设立的行政许可，涉及公共安全、人民群众健康、生命和财产安全、国家金融秩序和安全、环境和能源保护、社会公众利益等经营项目，银行、证券、保险、危险化学品经营等市场主体，设立前必须取得有关部门前置审批，并在批准文件规定的有效期内进行市场主体设立登记。

第三十条　申请设立公司，应当提交设立登记申请书、公司章程等文件，提交的相关材料应当真实、合法和有效。

申请材料不齐全或者不符合法定形式的，公司登记机关应当一次性告知需要补正的材料。

【原法条文】

第二十九条 股东认足公司章程规定的出资后，由全体股东指定的代表或者共同委托的代理人向公司登记机关报送公司登记申请书、公司章程等文件，申请设立登记。

第八十三条第三款 发起人认足公司章程规定的出资后，应当选举董事会和监事会，由董事会向公司登记机关报送公司章程以及法律、行政法规规定的其他文件，申请设立登记。

【条文主旨】

本条是关于设立公司应提交的材料的规定。

【重点解读】

本条吸收《中华人民共和国市场主体登记管理条例》第三章"登记规范"的有关规定，将原《公司法》第二十九条关于有限责任公司设立登记文件、第八十三条第三款股份有限公司设立登记文件的规定，修改为专门的设立公司申请材料的规定。

本条第一款所称的"等"文件，是指法律、行政法规和国务院市场监督管理部门规定提交的其他材料。

公司登记机关须对公司设立申请文件进行形式审查，因此，法律要求提交的相关材料应当真实、合法和有效，即申请人对提交材料的真实性、合法性和有效性负责。根据新《公司法》第三十九条、第二百五十条规定，虚报注册资本、提交虚假材料或者采取其他欺诈手段隐瞒重要事实取得公司登记的，公司登记机关应当依法予以撤销，或者由公司登记机关责令改正，对虚报注册资本的公司，处以虚报注册资本金额百分之五以上百分之十五以下的罚款；对提交虚假材料或者采取其他欺诈手段隐瞒重要事实的公司，处以五万元以上二百万元以下的罚款；情节严重的，吊销营业执照；对直接负责的主管人员和其他直接责任人员处以三万元以上三十万元以下的罚款。

需要注意的是，本条第一款中没有对提交设立登记手续的"申请人"作出规定。应当认为，股份有限公司设立，根据新《公司法》第一百零六条规定，董事会应当授权代表，于公司成立大会结束后三十日内向公司登记机关申请设立登记，董事会授权的代表为"申请人"；有限责任公司设立，"申请人"为全体发起人（股东），根据《中华人民共和国市场主体登记管理条例》有关规定，申请人可以委托其他自然人或者中介机构代为办理登记。

本条第二款所称的申请材料不全，是指申请材料的数量、种类没有达到法定要求；所称的不符合法定形式，是指申请人提供的材料在形式上不符合法定要求。对于这两种情形的材料瑕疵，公司登记机关应当一次性告知需要补正的材料。

第三十一条　申请设立公司，符合本法规定的设立条件的，由公司登记机关分别登记为有限责任公司或者股份有限公司；不符合本法规定的设立条件的，不得登记为有限责任公司或者股份有限公司。

【原法条文】

第六条第一款　设立公司，应当依法向公司登记机关申请设立登记。符合本法规定的设立条件的，由公司登记机关分别登记为有限责任公司或者股份有限公司；不符合本法规定的设立条件的，不得登记为有限责任公司或者股份有限公司。

【条文主旨】

本条是关于公司登记机关依法登记的规定。

【重点解读】

本条保留了原《公司法》第六条第一款中"符合本法规定的设立条件的，由公司登记机关分别登记为有限责任公司或者股份有限公司；不符合本法规定的设立条件的，不得登记为有限责任公司或者股份有限公司"的内容，增加了"申请设立公司"的限定用语，单独列为公司登记机关依法登记的法律规定。

公司登记机关依法决定是否准予公司登记。一般而言，申请设立公司登记有以下条件：（1）有符合要求的公司名称，公司名称一般由四部分依次组成：行政区划、字号、行业特点、组织形式。（2）有符合要求的股东，有限公司股东人数为一个以上五十个以下；股份有限公司发起人符合法定人数，应当有一人以上二百人以下的发起人，发起人中需有过半数在中国境内有住所；国家出资公司的投资人为各级人民政府授权履行出资人职责的国有资产监督管理机构或者其他部门、机构。（3）有符合要求的出资，股东可以用货币以及实物、知识产权、土地使用权、股权、债权等非货币财产作价出资。（4）有符合要求的公司章程。（5）有符合要求的住所。（6）从事的经营项目应符合国家规定，法律、行政法规规定应当报经批准以及国务院决定设立的行政许可，设立前必须取得有关部门前置审批。

公司登记机关对不符合《公司法》规定条件的申请予以登记，或者对符合《公司法》规定条件的申请不予登记的，根据新《公司法》第二百五十八条、第二百六十四条相关规定，应当对负有责任的领导人员和直接责任人员依法给予政务处分，构成犯罪的，依法追究刑事责任。

第三十二条　公司登记事项包括：

（一）名称；

（二）住所；

（三）注册资本；

（四）经营范围；

（五）法定代表人的姓名；

（六）有限责任公司股东、股份有限公司发起人的姓名或者名称。

公司登记机关应当将前款规定的公司登记事项通过国家企业信用信息公示系统向社会公示。

【原法条文】

第六条第三款　公众可以向公司登记机关申请查询公司登记事项，公司登记机关应当提供查询服务。

【条文主旨】

本条是关于公司登记事项的规定。

【重点解读】

本条第一款为新增条款，吸收了《中华人民共和国市场主体登记管理条例》第二章"登记事项"的有关规定，成为公司登记事项的法律规范；为落实优化营商环境举措，并体现公司登记事项公示效力，本条第二款对原《公司法》第六条第三款"公众可以向公司登记机关申请查询公司登记事项，公司登记机关应当提供查询服务"的规定进行了修改，修改为"公司登记机关应当将前款规定的公司登记事项通过国家企业信用信息公示系统向社会公示"。

包括公司在内的市场主体登记类别分为设立登记、变更登记和注销登记。设立登记指市场主体的创设人为设立市场主体而向登记机关提出申请，并由登记机关办理登记的法律行为；变更登记可以分为市场主体类型的变更登记和市场主体相关事项的变更登记；市场主体因解散、被宣告破产或者其他法定事由需要终止的，应当依法向登记机关申请注销登记，经登记机关注销登记，市场主体终止。登记事项是市场主体必须向登记机关和社会提供的基本信息，在市场主体登记制度中处于核心地位。

在我国，市场主体登记具有生效效力和公示效力。生效效力是指市场主体登记具有使相关法律事实生效的效力。公示效力可以分为公信效力和对抗效力，公信效力指经过公示的登记事项有被推定为真实、合法、有效，并为社会一般公众所信赖的效力，善意第三人得以登记事实对抗登记义务人；对抗效力指经过公示的登记事项，可以推定为一般社会公众所知，登记义务人得以登记事实对抗第三人。由于登记事项是市场主体必须向登记机关和社会提供的基本信息，因而具有公示效力。

【实务问题】

实务中，需要注意的是，根据《中华人民共和国市场主体登记管理条例》第九条规定，下列事项不属于公司登记机关的登记事项，而是属于公司登记机关的备案事项：（1）公司章程；（2）经营期限；（3）有限责任公司股东或者股份有限公司发起人认缴的出资数额；（4）公司董事、监事、高级管理人员；（5）公司登记联络员或者外商投资企业法律文件送达接受人；（6）公司受益所有人相关信息；（7）法律、行政法规规定的其他事项。虽然备案事项同样属于市场主体需要向主管机关和社会提供的信息，但其重要性不如登记事项，也不具有登记机关登记的相关法律事实生效的效力。

第三十三条　依法设立的公司，由公司登记机关发给公司营业执照。公司营业执照签发日期为公司成立日期。

公司营业执照应当载明公司的名称、住所、注册资本、经营范围、法定代表人姓名等事项。

公司登记机关可以发给电子营业执照。电子营业执照与纸质

营业执照具有同等法律效力。

【原法条文】

第七条　依法设立的公司，由公司登记机关发给公司营业执照。公司营业执照签发日期为公司成立日期。

公司营业执照应当载明公司的名称、住所、注册资本、经营范围、法定代表人姓名等事项。

公司营业执照记载的事项发生变更的，公司应当依法办理变更登记，由公司登记机关换发营业执照。

【条文主旨】

本条是关于公司营业执照的规定。

【重点解读】

本条在原《公司法》第七条第一款、第二款基础上，专门增加了"电子营业执照"的规定，并将原《公司法》第七条第三款关于营业执照记载事项变更的规定单列为新《公司法》第三十六条。

本条第一款规定，有三方面含义：其一，营业执照具有法人资格和营业资格的双重功能，依法设立、公司登记机关颁发给营业执照的公司，方具有法人资格，取得从事经营活动的合法身份；未办理设立登记及未取得营业执照的公司，不具有法人资格，不得以公司名义参与民事活动。其二，营业执照由市场监督管理部门统一制作和颁发，其他任何单位和个人均无权制作和颁发。其三，公司的成立日期为营业执照签发日期，签发日期是公司登记机关确认通过的日期，不是领取营业执照的日期。

本条第二款规定了公司营业执照应当载明的事项。其中，"等"事项是指公司成立日期、统一社会信用代码、公司登记机关。

《工商总局关于全面推进企业电子营业执照工作的意见》规定：电子营业执照是以工商总局为全国统一信任源点，载有市场主体登记信息的法律电子证件，由工商行政管理部门依据国家有关法律法规、按照统一标准规范核发，与纸质营业执照具有同等法律效力。本条第三款"公司登记机关可以发给电子营业执照"的表述，表明是否颁发电子营业执照，取决于公司的意愿，不是公司登记机关必须履行的义务。但"电子营业执照与纸质营业执照具有同等法律效力"。

第三十四条　公司登记事项发生变更的，应当依法办理变更登记。

公司登记事项未经登记或者未经变更登记，不得对抗善意相对人。

【条文主旨】

本条是关于公司变更登记及登记对抗效力的规定。

【重点解读】

原《公司法》关于公司变更登记的规定，散见于营业执照、经营范围、法定代表人、股东姓名或者名称、股份有限公司发行新股、公司合并或者分立、增加或者减少注册资本等事项。未经登记不得对抗善意第三人的规定，仅见于原《公司法》第三十二条第三款规定的股东的姓名或者名称变更的情形。本条实际为新增条款，对公司变更登记及登记对抗效力进行了概括性规定。

公司登记是公示公司法人相关事项的重要法律制度，通过将公司的重要事项登记于公司登记机关，方便公司登记机关对公司进行监督管理，又由于登记事项具有权威性和推定的法律事实效力，对社会公众产生公信力，可以产生保护交易安全的效果。由此，公司登记事项发生变更的，要求公司依法办理变更登记。本条第一款规定所指的公司登记事项发生变更，包括公司主体类型变更登记和公司相关事项变更登记。公司主体类型变更登记，如有限责任公司变更为股份有限公司，股份有限公司变更为有限责任公司，公司合并、分立等。公司相关事项变更登记，包括：公司名称，经营范围，住所，注册资本或者出资额，法定代表人，有限责任公司的股东、股份有限公司的发起人的姓名或者名称，营业执照记载的事项等，都属于重要的公司事项。

一般情况下，公司登记事项未经登记或者未经变更登记的，即使已形成事实状态与公司登记机关登记的事项不一致的情形，但对于社会公众而言，依赖于公司登记机关登记事项的可信任性和公信力，其合法权益应得以保护。因此，公司登记事项未经登记或者未经变更登记，不得对抗善意相对人。

第三十五条　公司申请变更登记，应当向公司登记机关提交公司法定代表人签署的变更登记申请书、依法作出的变更决议或者决定等文件。

公司变更登记事项涉及修改公司章程的，应当提交修改后的公司章程。

公司变更法定代表人的，变更登记申请书由变更后的法定代表人签署。

【条文主旨】

本条是关于公司变更登记应提交的材料的规定。

【重点解读】

本条为新增条款。

对于公司申请变更登记事项，本条第一款强化了法定代表人当然代表公司的效力，规定"应当向公司登记机关提交公司法定代表人签署的变更登记申请书"，并未要求加盖公司公章，同时，要求提交依法作出的变更决议或者决定以及公司登记机关要求的其他文件。

根据本条第二款规定，公司名称、注册资本、股东姓名或者名称等登记事项发生变化，必然涉及修改公司章程，因公司章程的重要性，有必要要求提交修改后的章程或者章程修正案。

基于法律上的考量，公司变更法定代表人的决议一经作出，即成立生效，故公司决议作出后的法定代表人具有代表公司签署文件的法定权限。从实务上看，原法定代表人拒不签署变更登记文件，往往导致变更法定代表人的事项无法登记，进而造成"人人争夺""人章争夺""章章争夺"的纷争，产生诸多诉累。本条第三款的规定对于解决实务问题具有积极意义。此外，新《公司法》规定，法定代表人的产生、变更办法属于公司章程法定记载事项，公司变更法定代表人应当依据章程规定作出，因此，对于变更公司法定代表人的登记事项，仍然需要提交符合公司章程的变更决议或者决定文件。

第三十六条　公司营业执照记载的事项发生变更的，公司办理变更登记后，由公司登记机关换发营业执照。

【原法条文】

第七条第三款　公司营业执照记载的事项发生变更的，公司应当依法办理变更登记，由公司登记机关换发营业执照。

【条文主旨】

本条是关于公司办理变更登记后换发营业执照的规定。

【重点解读】

本条基本沿用了原《公司法》第七条第三款规定，仅删除了"应当依法"的表述。

公司营业执照是公司依法成立，可以开展经营活动的法律凭证和重要依据。公司变更登记事项，凡涉及营业执照记载事项的，公司登记机关应当重新核发营业执照，便于公司正常开展经营活动，以及社会公众准确了解变更后的公司信息。

第三十七条 公司因解散、被宣告破产或者其他法定事由需要终止的，应当依法向公司登记机关申请注销登记，由公司登记机关公告公司终止。

【原法条文】

第一百七十九条 公司合并或者分立，登记事项发生变更的，应当依法向公司登记机关办理变更登记；公司解散的，应当依法办理公司注销登记；设立新公司的，应当依法办理公司设立登记。

【条文主旨】

本条是关于公司注销登记的规定。

【重点解读】

原《公司法》没有专门的公司注销登记条款，本条在原《公司法》第一百七十九条规定中表述的"公司解散的，应当依法办理公司注销登记"基础上进行扩充，增加了"被宣告破产或者其他法定事由需要终止的"公司注销登记事由，形成了专门的公司注销登记的法律规范。

公司终止，是公司法人人格消灭。公司终止后，其民事权利能力和民事行为能力随之消灭，公司存续期间所发生的一切法律关系消灭。为防止草率终止公司法人扰乱社会经济秩序，损害第三人的信赖利益，法律须严格规定公司终止的事由，并要求经一系列法定程序进行。其实体和程序要件为：法律规定的解散事由出现；依法定清算程序进行清算；向登记机关办理注销登记；登记机关公告其终止。公司自申请注销登记之日起，不得从事与注销无关的经营活动，自公司登记机关予以注销登记之日起，公司终止。

关于公司解散，可分为自愿解散和强制解散。自愿解散，指依公司或者股东自己的意愿而导致的公司解散，新《公司法》第二百二十九条列举的自愿解散情形包括：公司章程规定的营业期限届满或者公司章程规定的其他解散事由出现，股东会决议解散，因公司合并或者分立需要解散。强制解散，指非依公司或股东自己的意愿，而是基于政府有关机关的决定命令或者人民法院裁决而导致的公司解散，可分为行政决定解散和司法裁决解散。新《公司法》第二百二十九条列举的强制解散情形中，包括依法被吊销营业执照、责令关闭或者被撤销的行政决定解散，以及人民法院依照该法第二百三十一条规定予以解散的司法裁决解散。关于公司被宣告破产而终止，指根据《中华人民共和国企业破产法》（以下简称《企业破产法》）有关规定，公司不能清偿债务，并且资产不足以清偿全部债务或者明显缺乏清偿能力的，经人民法院审查属实，且公司没有进行和解或重整，被人民法院宣告破产。

此外，根据《中华人民共和国市场主体登记管理条例》有关规定，人民法院裁定公司强制清算或者裁定公司宣告破产的，有关清算组、破产管理人可以持人民法院终结强制清算程序的裁定或者终结破产程序的裁定，直接向公司登记机关申请办理注销登记。强制清算的公司或者破产清算的公司无须提交清算报告，也无须公司将承诺书及注销登记申请通过国家企业信用信息公示系统进行公示。

第三十八条　公司设立分公司，应当向公司登记机关申请登记，领取营业执照。

【原法条文】

第十四条第一款　公司可以设立分公司。设立分公司，应当向公司登记机关申请登记，领取营业执照。分公司不具有法人资格，其民事责任由公司承担。

【条文主旨】

本条是关于分公司登记的规定。

【重点解读】

本条保留了原《公司法》第十四条"设立分公司，应当向公司登记机关申请登记，领取营业执照"的规定，形成了专门的有关分公司登记的法律规范，将原《公司法》第十四条"分公司不具有法人资格，其民事责任由公司承担"的规定调整至新《公司法》第十三条关于子公司、分公司的规定。

分公司是公司在一定区域内设立的从事经营或者其他业务活动的非法人组织，是公司的组成部分，也是公司的分支机构。分公司不具有独立的法人资格，不能独立承担民事责任，其民事责任由公司承担。只有领取营业执照的分公司才能以自己的名义从事民事活动，并作为民事诉讼的当事人。没有依法设立、没有领取营业执照的分公司，不能以自己的名义从事民事活动，不能成为民事诉讼的当事人，只能以公司作为民事诉讼的当事人。

根据《中华人民共和国市场主体登记管理条例》《中华人民共和国市场主体登记管理条例实施细则》有关规定，分公司登记事项包括：名称、类型、经营范围、经营场所、负责人姓名。分公司登记按照"属地原则"，分公司登记机关为其经营场所所在地登记机关，而不是公司住所所在地的登记机关。公司应当自决定作出之日起三十日内向分公司所在地登记机关申请办理登记。

第三十九条　虚报注册资本、提交虚假材料或者采取其他欺诈手段隐瞒重要事实取得公司设立登记的，公司登记机关应当依照法律、行政法规的规定予以撤销。

【原法条文】

第一百九十八条　违反本法规定，虚报注册资本、提交虚假材料或者采取其他欺诈手段隐瞒重要事实取得公司登记的，由公司登记机关责令改正，对虚报注册资本的公司，处以虚报注册资本金额百分之五以上百分之十五以下的罚款；对提交虚假材料或者采取其他欺诈手段隐瞒重要事实的公司，处以五万元以上五十万元以下的罚款；情节严重的，撤销公司登记或者吊销营业执照。

【条文主旨】

本条是关于撤销公司虚假取得设立登记的规定。

【重点解读】

对于虚报注册资本、提交虚假材料或者采取其他欺诈手段隐瞒重要事实取得公司登记的违法行为，原《公司法》第一百九十八条规定的处理方式包括处以罚款、吊销营业执照等行政处罚措施，以及采取"撤销公司登记"的行政处理措施。根据《全国人民代表大会常务委员会法制工作委员会关于公司法第一百九十八条"撤销公司登记"法律性质问题的答复意见》，撤销被许可人以欺骗等不正当手段取得的行政许可，是对违法行为的纠正，不属于行政处罚。撤销公司设立登记是公司登记机关对设立人违法登记行为的纠正；吊销公司营业执照是公司登记机关对公司经营资格的剥夺。为厘清两种不同法律性质的处理方式，本次修改在原《公司法》第一百九十八条规定的基础上，以本条单列撤销公司设立登记的行政处理的规定，以第二百五十条单列行政处罚的规定。

鉴于撤销公司设立登记将导致公司终止的法律后果，一般性登记瑕疵不属于可撤销的事由，公司登记机关可以责令改正。只有违反法律、行政法规规定的公司设立登记行为，才能予以撤销。本条规定了虚假取得公司设立登记可撤销的三类事由：一是虚报注册资本；二是提交虚假材料，即公司登记机关依据设立人提供的虚假材料确认了公司登记；三是采取其他欺诈手段隐瞒重要事实的。除本条规定之外的其他事由，不属于可撤销公司登记的法定事由。符合以上法定事由的常见情形，如为谋取不正当利益，以冒用他人身份、伪造签字印章等方式，提交虚假材料或者采取其他欺诈手段隐瞒重要事实取得公司设立登记。

本条未对撤销公司虚假取得设立登记的申请人作出规定。根据《中华人民共和国市场主体登记管理条例》有关规定，受虚假公司设立登记影响的自然人、法人和其他组织可以向公司登记机关提出撤销公司登记的申请。另外，从行政机关对虚假登记公司的行为进行纠正的法律性质，以及本条"公司登记机关应当依法予以撤销"的表述，应当认为，公司登记机关对虚假设立登记公司的行为调查属实的，可以依职权撤销公司设立登记。

需要注意的是，《中华人民共和国市场主体登记管理条例》专门规定了登记机关可以不予撤销虚假登记的情形，包括：撤销市场主体登记可能对社会公共利益造成重大损害；撤销市场主体登记后无法恢复到登记前的状态；法律、行政法规规定的其他情形。此外，对虚假登记的直接责任人明确了自市场主体登记被撤销之日起三年内不得再次申请市场主体登记的信用惩戒措施。

第四十条 公司应当按照规定通过国家企业信用信息公示系统公示下列事项：

（一）有限责任公司股东认缴和实缴的出资额、出资方式和出资日期，股份有限公司发起人认购的股份数；

（二）有限责任公司股东、股份有限公司发起人的股权、股份变更信息；

（三）行政许可取得、变更、注销等信息；

（四）法律、行政法规规定的其他信息。

公司应当确保前款公示信息真实、准确、完整。

【条文主旨】

本条是关于公司应通过公示系统公示相关事项的规定。

【重点解读】

本条为新增条款，目的是强化公司信息披露，对公司重要的事项予以公示，使社会公众知悉公司的相关信息，从而对公司进行有效监督。

本条第一款规定，有三方面含义：其一，公司按照规定对其重要事项向社会公示，是公司的义务。其二，规定了公司向社会公示的事项。其中，法律、行政法规规定的其他信息，包括知识产权出质登记信息、公司受到行政处罚的信息等。其三，公司登记机关建立了统一的企业信息公示系统，公司应当通过国家企业信用信息公示系统予以公示。

需要注意到，本次修订《公司法》，为解决《公司法》实践中出现的"注册资本注水"，股东承诺的认缴资本数额巨大、缴付期限畸长等问题，从完善公司资本制度出发，新《公司法》第四十七条规定，有限责任公司股东出资期限不得超过五年；第九十八条规定，股份有限公司发起人应当在公司成立前按照其认购的股份全额缴纳股款。而从公司信息、信用角度，本条第一款前两项规定，具有重要的现实意义，由此，社会公众可以从公司股东的实缴出资额、出资期限、股权变更等信息判断公司的资本状况和信用。

根据本条第二款的规定，应当认为，公司应当对本条第一款列举的事项通过国家企业信用信息公示系统公示，并且必须确保公示信息真实、准确、完整，这是对公司的强制性法律要求，也是公司重要的法律义务。违反该规定的，应当承担法律责任。为此，新《公司法》第二百五十一条规定，公司未依照本法第四十条规定公示有关信息或者不如实公示有关信息的，由公司登记机关责令改正，可以处以一万元以上五万元以下的罚款。情节严重的，处以五万元以上二十万元以下的罚款；对直接负责的主管人员和其他直接责任人员处以一万元以上十万元以下的罚款。

【实务问题】

实务中，需要注意的是有关公司章程信息的问题。公司登记机关对公司登记的事项是公司必须向公司登记机关和社会提供的基本信息，应当由公司登记机关通过国家企业信用信息公示系统进行公示。根据《中华人民共和国市场主体登记管理条例》规定，公司章程是备案事项，不是登记事项。由于备案事项同样属于公司需要向公司登记机关和社会提供的信息，《企业信息公示暂行条例》规定，企业备案信息属于工商行政管理部门应当通过企业信用信息公示系统公示的信息。从《公司法》实践来看，虽然公司章程体现的是公司的意思自治，但其为公司最为重要的治理文件，对维护交易安全、保证社会公众信赖利益也有极大影响。本次修改未将公司章程明确规定为向公众公示的信息，如公司登记机关未进行公示，查询人需要依据相关规定从公司登记机关管理的公司档案中查询。

第四十一条　公司登记机关应当优化公司登记办理流程，提高公司登记效率，加强信息化建设，推行网上办理等便捷方式，提升公司登记便利化水平。

国务院市场监督管理部门根据本法和有关法律、行政法规的规定，制定公司登记注册的具体办法。

【条文主旨】

本条是关于公司登记机关提升登记便利化的规定。

【重点解读】

本条为新增条款，目的是要求公司登记机关优化登记流程，提高登记效率和便利化水平，以及授权国务院市场监督管理部门根据本法和有关法律、行政法规的规定，制定公司登记注册的具体办法。

本条第一款规定旨在落实优化营商环境，最大限度减少政府对市场资源的直接配置，切实降低制度性交易成本，为公司设立、运营、投资营造稳定、公平、透明、可预期的制度环境，加快建设现代经济体系，推动经济高质量发展的有关要求。信息化是提高公司登记机关管理能力的重要技术支撑，为此，本条第一款进一步规定，公司登记机关应当加强信息化建设，推行网上办理等便捷方式，提升公司登记便利化水平。此外，《中华人民共和国市场主体登记管理条例》第六条规定，登记机关应当优化市场主体登记办理流程，提高市场主体登记效率，推行当场办结、一次办结、限时办结等制度，实现集中办理、就近办理、网上办理、异地可办，提升市场主体登记便利化程度。

因本次《公司法》全面修订，《中华人民共和国市场主体管理条例》《中华人民共和国市场主体登记管理条例实施细则》有关规定，已不能满足国务院市场监督管理部门对公司登记注册的管理需要，本条第二款的规定，为国务院市场监督管理部门制定公司登记注册的具体办法预留了空间。

第三章

有限责任公司的设立和组织机构

第一节 设 立

第四十二条 有限责任公司由一个以上五十个以下股东出资设立。

【原法条文】

第二十四条 有限责任公司由五十个以下股东出资设立。

【条文主旨】

本条是关于有限责任公司股东人数的规定。

【重点解读】

本条在原《公司法》第二十四条基础上增加了"一个以上"的表述。

有限责任公司股东人数没有下限，一名股东的有限责任公司应当被允许。根据原《公司法》第五十七条规定，一人有限责任公司的股东仅限于自然人或者法人，非法人组织或者其他人不能成为一人有限责任公司的股东。但是，由于"民事主体在民事活动中的法律地位一律平等"是民法的基本原则，《公司法》已无须再对一人有限责任公司的股东资格进行限制，故本次修改删除了一人有限责任公司的特别规定专节（包括原《公司法》第五十七条规定），并在原《公司法》第二十四条规定基础上增加了"一个以上"的表述。

虽然《公司法》没有对有限责任公司的股东资格问题进行规定，但是，股东作为民事主体必须具有民事权利能力和民事行为能力，这是毫无疑问的。根据《民法典》规定，民事主体有法人、非法人组织、自然人三种类型。就法人而言，包括有限责任公司、股份有限公司和其他企业法人等营利法人；事业单位、社会团体、基金会、社会服务机构等非营利法人；机关法人、农村集体经济组织法人、城镇农村的合作经济组织法人、基层群众性自治组织法人等特别法人。就非法人组织而言，包括个人独资企业、合伙企业、不具有法人资格的专业服务机构等。因此，如果法律、行政法规没有另行规定，原则上，具有民事权利能力和民事行为能力的法人和自然人，以及能够以自己的名义从事民事活动的非法人组织，都具有有限责任公司股东的资格。

【实务问题】

实务中，需要注意，无民事行为能力人和限制民事行为能力人不能参与公司设立，不宜成为公司的发起人（股东）。法律及廉政纪律禁止设立公司的自然人，如国家公务员及其配偶、子女、检察官、法官等不得作为公司的发起人或股东。法律及政策文件禁止设立公司的法人，如机关法人、党政部门、军队等不得作为公司的发起人或股东。银行、保险、非银行金融机构等特殊行业，往往对股东资格有相关规定，如《保险公司股权管理办法》规定，事业单位和社会团体只能成为保险公司财务 I 类股东；对财务 II 类股东、战略类股东、控制类股东，有营利性、净资产等方面的要求。

第四十三条 **有限责任公司设立时的股东可以签订设立协议，明确各自在公司设立过程中的权利和义务。**

【条文主旨】

本条是关于有限责任公司股东签订设立协议的规定。

【重点解读】

本条为新增条文。

本条旨在规定有限责任公司设立时的股东可以签订设立协议，对公司名称、经营范围、注册资本、出资形式、各自在公司设立过程中的工作职责和权限、履行设立职责的责任承担、发起人之间的责任承担、公司未成立的责任承担，以及设立费用等内容的权利和义务，进行明确约定。由于本条采用了"可以"的表述，表明其是任意性规范，不是强制性规范。

就公司设立活动而言，新《公司法》第四十四条规定的有限责任公司设立时的股东为设立公司从事活动的法律后果承担、公司设立失败的股东责任等，属于强制性规范，如果有限责任公司设立时的股东签订的设立协议，违反新《公司法》第四十四条规定，则为无效。同时，在设立协议不违反法律、行政法规的情形下，设立协议在设立时的股东之间产生合伙协议性质的合同效力，对公司设立时的所有股东具有法律约束力。

【实务问题】

实务中，有限责任公司设立时的发起人（股东）往往以设立协议为基础制定公司章程，设立协议的基本内容通常都为公司章程所吸收。需要注意的是，有限责任公司设立后，发起人（股东）签订的设立协议约定的内容与公司章程不一致的，以谁为准的问题。首先，依据公司法内部关系与外部关系相区分原则，对于外部善意相对人而言，应当以公司章程为准。其次，在公司股东之间，应视为是对设立协议的变更，故原则上应当以公司章程的规定为准。最后，如果设立协议的效力延及公司存续期间，且设立协议有特别约定以其为准的，则公司股东之间应遵从设立协议的特别约定。另外，设立协议约定公司设立后设立协议失效或废止的，根据《民法典》第一百五十八条规定，应视为是附解除条件的民事法律行为，自条件成就时失效。有限责任公司发起人（股东）签订的设立协议，在公司设立后设立协议即失效、终止，设立协议不再是确定公司设立时的股东之间的权利义务的依据。

第四十四条　有限责任公司设立时的股东为设立公司从事的民事活动，其法律后果由公司承受。

公司未成立的，其法律后果由公司设立时的股东承受；设立时的股东为二人以上的，享有连带债权，承担连带债务。

设立时的股东为设立公司以自己的名义从事民事活动产生的民事责任，第三人有权选择请求公司或者公司设立时的股东承担。

设立时的股东因履行公司设立职责造成他人损害的，公司或者无过错的股东承担赔偿责任后，可以向有过错的股东追偿。

【条文主旨】

本条是关于有限责任公司设立行为法律后果的规定。

【重点解读】

本条为新增条款，对有限责任公司设立中的股东的法律责任问题进行了全面规定，包括：股东行为的法律后果承担、公司未成立时的股东连带责任、第三人对公司或者股东的请求权、对过错责任股东的追偿。本条是《民法典》第七十五条关于设立人为设立法人从事民事活动产生的民事责任如何承担的规定，以及第六十二条关于代表人职务侵权行为的民事责任的规定，在《公司法》中的具体体现。

公司需要设立人以设立公司为目的从事相应的行为才能成立。

设立中的公司尚不具有民事权利能力和民事行为能力，需要设立人对外代表设立中的公司，对内履行设立义务，从事以公司设立为目的的民事活动。就有限责任公司而言，往往设立人、发起人即是股东，即使设立人、发起人不是公司的股东，其设立公司的利益也归属于设立时的股东或者设立后的公司。因此，本条第一款规定，有限责任公司设立时的股东为设立公司从事的活动，其法律后果由公司承受。本条规定有三方面含义：其一，公司设立时的股东必须以设立公司为目的从事民事活动，不以设立公司为目的，而是为自己利益目的，以自己名义从事的民事行为产生的责任，不应当由公司承担。其二，公司设立时的股东从事的民事活动并不仅指民事法律行为，如对外签订合同、设立公司登记等，还包括其他民事活动。其他民事活动产生的法律责任，如建造办公场所造成他人损害的侵权责任、雇佣工作人员产生的工伤赔偿责任等也由公司承受。其三，公司依法成立的，法律后果由公司承担。

设立中的公司股东之间是合伙关系，作为合伙人享有连带债权，承担连带债务。设立中的公司不具有民事权利能力和民事行为能力，公司未成立的，应当由设立时的股东承担法律后果，由设立时的股东承担连带责任。

由于股东行为的民事责任，包括合同责任、违约责任，也包括对第三人的侵权责任，因此，对于股东以自己的名义，但为设立公司从事的民事活动如何承担责任，本条第三款专门予以规定。需要注意的是，本款采用"第三人"的相对广义的主体定义，并未限缩为"善意相对人"或者"相对人"。股东以自己的名义对外签订合同或者产生侵权责任，该股东是合同当事人或者侵权加害人，应允许第三人以自己的名义要求该股东承担责任。同时，该股东虽然是以自己的名义对外签订合同，但因其以设立公司为目的或者因履行公司设立职责行为导致侵权后果，从保护第三人合理信赖利益的角度而言，亦应允许设立后的公司承担责任。为此，立法机关采用了公司或者公司设立时的股东承担责任的救济模式，即第三人有权选择请求设立后的公司或者公司设立时的股东承担责任。

本条第四款规定的侵权责任必须具备两个条件：一是设立时的股东因履行公司设立职责的行为造成他人损害。所谓"履行公司设立职责的行为"，不仅包括职务行为，也包括与职务行为有牵连的行为。二是设立时的股东的侵权行为一般应具备侵权责任构成要件，即符合侵权行为有违法性，产生损害后果，侵权行为与损害后果之间具有因果关系，以及行为人有过错的构成要件。公司或者无过错的股东对有过错的股东的侵权行为承担赔偿责任后，有权根据法律、设立协议或者公司章程的规定，向有过错的股东追偿。

第四十五条　设立有限责任公司，应当由股东共同制定公司章程。

【原法条文】

第二十三条　设立有限责任公司，应当具备下列条件：

（一）股东符合法定人数；

（二）有符合公司章程规定的全体股东认缴的出资额；

（三）股东共同制定公司章程；

（四）有公司名称，建立符合有限责任公司要求的组织机构；

（五）有公司住所。

【条文主旨】

本条是关于有限责任公司股东制定公司章程的规定。

【重点解读】

本条源自原《公司法》第二十三条第（三）项规定，将有限责任公司股东共同制定公司章程单列为一条，彰显了本法对公司章程的重视及公司章程在本法中的地位，也是新《公司法》第五条原则规定的设立公司应当依法制定公司章程在有限责任公司的具体体现。

本条规定有三方面含义：其一，公司章程是有限责任公司设立的法定条件之一。其二，公司章程必须由全体股东共同制定，体现全体股东一致的意思表示。其三，本条中所称的"公司章程"，是指有限责任公司设立时的公司章程，不是有限责任公司设立后股东以"资本多数决"修改的公司章程。

【实务问题】

实务中，需要注意的是，股东共同制定的公司章程，不得实质性剥夺股东的法定权利。因为在权利渊源上，法律明文规定的股东权利是股东固有的法定权利，不是法律授权公司章程规定的股东权利，不允许以公司章程的规定予以排斥。如，股东参加股东会会议的权利，新《公司法》第五十七条规定的股东查阅公司章程、股东名册、股东会会议记录、董事会会议记录、监事会会议记录、财务会计报告、公司会计账簿、会计凭证等知情权，第八十四条规定的股东对外转让股权时其他股东的优先购买权，第二百二十七条规定的有限责任公司增资时股东的优先增资权等，均属于股东固有的法定权利。公司章程规定股东不得参加股东会会议的、公司章程规定股东只能查阅公司决议机关记录的，均属于实质性剥夺股东的法定权利，公司章程相关规定无效。此外，即使股东放弃优先购买权、优先增资权，法定权利也不因股东主动放弃而丧失，股东对优先购买权、优先增资权的自由处分，仅限于股东是否实际行使权利，其意思上的主动放弃并不能产生权利灭失的后果。

第四十六条　有限责任公司章程应当载明下列事项：
（一）公司名称和住所；
（二）公司经营范围；

（三）公司注册资本；

（四）股东的姓名或者名称；

（五）股东的出资额、出资方式和出资日期；

（六）公司的机构及其产生办法、职权、议事规则；

（七）公司法定代表人的产生、变更办法；

（八）股东会认为需要规定的其他事项。

股东应当在公司章程上签名或者盖章。

【原法条文】

第二十五条　有限责任公司章程应当载明下列事项：

（一）公司名称和住所；

（二）公司经营范围；

（三）公司注册资本；

（四）股东的姓名或者名称；

（五）股东的出资方式、出资额和出资时间；

（六）公司的机构及其产生办法、职权、议事规则；

（七）公司法定代表人；

（八）股东会会议认为需要规定的其他事项。

股东应当在公司章程上签名、盖章。

【条文主旨】

本条是关于有限责任公司章程法定记载事项的规定。

【重点解读】

本条在原《公司法》第二十五条基础上，将第一款第（五）项中的"出资时间"修改为"出资日期"，删除了第（八）项中的"会议"二字，用词更为严谨；将第一款第（七）项中的"法定代表人"修改为"法定代表人的产生、变更办法"，不再要求公司章程载明法定代表人，但要求公司章程必须载明法定代表人的产生和变更办法，细化法定代表人的产生、变更规则；将第二款中的"签名、盖章"修改为"签名或者盖章"，表述更为准确。

本条第一款规定了有限责任公司章程应当载明的七项法定事项，其中的出资方式指股东在有限责任公司出资的种类，如货币或者实物、知识产权、土地使用权、股权、债权等；出资额指股东在有限责任公司认缴的出资金额，而股东以非货币出资的，指非货币出资所对应的价值金额；出资日期指股东出资的具体日期，包括股东首次出资的日期以及公司成立后股东分期缴付出资的具体日期。需要注意的是，根据本条第一款规定，法定代表人的产生、变更办法是公司章程必须记载的事项，而法定代表人不再是章程必须记载的事项，因此，公司章程未记载法定代表人的，公司变更法定代表人后，无须变更公司章程。

本条第一款第（八）项赋予了有限责任公司章程规定授权事项、任意事项的自由空间。授权事项是指《公司法》授权公司章程可以规定或者可以另行规定的事项，包括：（1）新《公司法》第十五条规定的，公司向其他企业投资或者为他人提供担保，由公司章程规定董事会或者股东会决议。（2）第五十九条、第六十七条、第七十八条规定的，股东会、董事会、监事会可以行使公司章程规定的其他职权。（3）第六十四条规定的，有限责任公司召开股东会会议十五日前通知全体股东，但是公司章程可以另有规定。（4）第六十五条规定的，公司章程可以规定有限责任公司股东不按出资比例行使表决权。（5）第六十六条、第七十三条、第八十一条、第一百三十二条、第一百二十一条规定的，《公司法》规定之外，股东会、董事会、监事会、审计委员会的议事方式和表决程序，由公司章程规定。（6）第六十八条规定的，有限责任公司的董事长、副董事长的产生办法由公司章程规定。（7）第七十条规定的，董事任期由公司章程规定，但每届任期不得超过三年。（8）第七十四条、第一百二十六条规定的，经理根据公司章程的规定或者董事会的授权行使职权。（9）第八十四条、第一百五十七条规定的，公司章程可以对股权转让另有规定，对受限股份转让作出规定。（10）第九十条、第一百六十七条规定的，公司章程可以对自然人股东死亡后股东资格继承另有规定。（11）第一百零三条规定的，以发起设立方式设立股份有限公司成立大会的召开和表决程序由公司章程或者发起人协议规定。（12）第一百一十条规定的，对于股份有限公司股东行使知情权的持股要求，公司章程可以规定较低的持股比例。（13）第一百一十三条规定的，公司章程可以规定股份有限公司召开临时股东会会议的其他情形。（14）第一百二十一条规定的，公司章程可以规定在股份有限公司中设置其他委员会。（15）第一百四十六条规定的，股份有限公司章程可以对需经类别股股东会议决议的其他事项作出规定。（16）第一百六十三条规定的，股份有限公司章程可以对"财务资助"事项作出规定。（17）第二百零九条规定的，有限责任公司章程应当将财务会计报告送交各股东的期限作出规定。（18）第二百一十条规定的，对于有限责任公司按照股东实缴的出资比例分配利润，股份有限公司按照股东所持的股份比例分配利润，但是公司章程可以另有规定。（19）第二百一十五条规定的，公司聘用、解聘承办公司审计业务的会计师事务所，按照公司章程规定，由股东会、董事会或者监事会决定。（20）第二百一十五条规定的，公司章程可以对股份有限公司作出非等比例减资的规定。（21）第二百二十七条规定的，股份有限公司为增加资本发行新股时，公司章程可以赋予股东优先认购权。（22）第二百三十二条规定的，清算组由董事组成，但是公司章程可以另有规定。（23）第二百六十五条规定的，公司章程可以规定高级管理人员中的其他人员。除上述授权事项外，公司章程还可以规定认为有必要载明的其他任意事项。

本条第二款规定股东应当在公司章程上签名或者盖章，这不仅是法定要求，也是股东身份及其意思表示的表征和凭证。

第四十七条　有限责任公司的注册资本为在公司登记机关登记的全体股东认缴的出资额。全体股东认缴的出资额由股东按照公司章程的规定自公司成立之日起五年内缴足。

法律、行政法规以及国务院决定对有限责任公司注册资本实缴、注册资本最低限额、股东出资期限另有规定的，从其规定。

【原法条文】

第二十六条　有限责任公司的注册资本为在公司登记机关登记的全体股东认缴的出资额。

法律、行政法规以及国务院决定对有限责任公司注册资本实缴、注册资本最低限额另有规定的，从其规定。

【条文主旨】

本条是关于有限责任公司注册资本的规定。

【重点解读】

本条在原《公司法》第二十六条第一款基础上，增加了"全体股东认缴的出资额由股东按照公司章程的规定自公司成立之日起五年内缴足"的规定；在原《公司法》第二十六条第二款规定的"法律、行政法规以及国务院决定对有限责任公司注册资本实缴、注册资本最低限额另有规定的，从其规定"基础上，增加了"股东出资期限"的表述。

根据公司法理论，关于公司资本有三大原则：资本确定原则、资本维持原则和资本不变原则。资本确定原则是指公司设立时，必须在公司章程中明确载明公司的资本总额，并由股东全部认足。我国《公司法》立法最初采用法定最低注册资本制，要求股东一次性实缴出资。2005 年修订的《公司法》取消了法定最低注册资本制，改为分期实缴制，2005年《公司法》第二十六条规定：有限责任公司的注册资本为在公司登记机关登记的全体股东认缴的出资额。公司全体股东的首次出资额不得低于注册资本的百分之二十，也不得低于法定的注册资本最低限额，其余部分由股东自公司成立之日起两年内缴足；其中，投资公司可以在五年内缴足。有限责任公司注册资本的最低限额为人民币三万元。法律、行政法规对有限责任公司注册资本的最低限额有较高规定的，从其规定。2013年修正的《公司法》确定为完全的认缴资本制，2013年《公司法》第二十六条规定：有限责任公司的注册资本为在公司登记机关登记的全体股东认缴的出资额。法律、行政法规以及国务院决定对有限责任公司注册资本实缴、注册资本最低限额另有规定的，从其规定。

从《公司法》实践来看，认缴资本制有利推动了广大投资者的投资，提高了资本效率，进而起到了促进社会经济发展的作用。近年来，一些投资人利用认缴资本制大量设立"空壳"公司，虚化公司注册资本，严重影响了公司债权人对注册资本的信赖，不利于社会经济秩序的稳定和发展。立法机关在本条第一款中专门增加"全体股东认缴的出资额由股东按照公司章程的规定自公司成立之日起五年内缴足"的规定，可以促使投资人理性认知投资风险，强化确定公司资本，保护债权人的信赖利益。本条第一款的规定，应当从两个层面看：首先，有限责任公司的注册资本为在公司登记机关登记的全体股东认缴的出资额的总和，属于法定注册资本，是全体股东认缴的出资，并非股东实际缴纳的出资。其次，全体股东认缴的出资额由股东按照公司章程的规定自公司成立之日起五年内缴足，股东足额缴付出资的最长期限为五年，自公司成立之日起计算期限，即从公司营业执照签发之日起计算，公司章程规定的股东实缴出资的期限不得超过本条第一款规定的期限。

特殊行业公司，如银行业金融机构、期货公司、信托公司、基金管理公司、金融租赁公司、典当行、小额贷款公司、保险资产管理公司、直销企业、对外劳务合作企业、劳务派遣企业等，根据法律法规以及国务院有关规定，对这些公司的注册资本最低限额、实缴都作出了限制性规定。因此，本条第二款对此作出特殊规定。另外，本条第二款出现的"股东出资期限"的表述，是用来解决新法、旧法衔接的问题，涉及新《公司法》施行后存量公司、新设公司注册资本的法律要求，并未按照"新旧划断原则"处理，而是以新《公司法》第二百六十六条第二款规定，新《公司法》施行前已登记设立的公司，出资期限超过新《公司法》规定期限的，除法律、行政法规或者国务院另有规定外，应当逐步调整至新《公司法》规定的期限以内，具体实施办法由国务院规定。由此，本条第二款中关于另有规定的股东出资期限，与新《公司法》第二百六十六条第二款规定进行了衔接。

第四十八条　股东可以用货币出资，也可以用实物、知识产权、土地使用权、股权、债权等可以用货币估价并可以依法转让的非货币财产作价出资；但是，法律、行政法规规定不得作为出资的财产除外。

对作为出资的非货币财产应当评估作价，核实财产，不得高估或者低估作价。法律、行政法规对评估作价有规定的，从其规定。

【原法条文】

第二十七条　股东可以用货币出资，也可以用实物、知识产权、土地使用权等可以用货币估价并可以依法转让的非货币财产作价出资；但是，法律、行政法规规定不得作为出资的财产除外。

对作为出资的非货币财产应当评估作价，核实财产，不得高估或者低估作价。法律、行政法规对评估作价有规定的，从其规定。

【条文主旨】

本条是关于有限责任公司股东出资方式、非货币财产出资评估及其限制的规定。

【重点解读】

本条在原《公司法》第二十七条基础上，增加了股东可以用"股权、债权"出资的规定。实际上，原《公司法》第二十七条规定的股东可以用实物、知识产权、土地使用权"等"可以用货币估价并可以依法转让的非货币财产作价出资，已包括股东可以用"股权、债权"出资的内涵，为消除实务中的争议，本次修改《公司法》，以法律形式进一步明确规定了股东可以用"股权、债权"出资。

股东对公司的出资可以分为货币出资、非货币财产出资两种方式。关于货币出资，股东可以用人民币出资，也可以用可自由兑换的外币出资。我国的法定货币为人民币，因此，《中华人民共和国市场主体登记管理条例》规定，除法律、行政法规或者国务院决定另有规定的外，一般市场主体的注册资本或者出资额以人民币表示。股东以外币出资时，作为其出资数额的外币与人民币之间的折算，应按缴款当日中国人民银行公布的汇率的中间价计算。非货币财产出资，包括实物、知识产权、土地使用权、股权、债权等。就知识产权出资而言，根据《民法典》第一百二十三条规定的知识产权客体，如作品、发明、实用新型、外观设计、商标、地理标志、商业秘密、集成电路布图设计、植物新品种，以及法律规定的其他客体，可以作为知识产权出资。就土地使用权出资而言，国有土地和农民集体所有的土地，依法明确给单位或者个人使用的，土地使用权可以作为出资。就股权出资而言，因股东身份依法享有的对公司的权益，可以作为对公司的出资。符合法定出资条件的股权，既可以是本公司的股权，也可以是其他公司的股权。就债权出资而言，债权人基于合同约定或者法律规定所享有的权益，可以作为债权出资。但是，上述非货币财产并非当然能够作为出资。根据本条第一款规定，以非货币财产出资的，须同时满足两个条件：一是可以用货币估价，二是可以依法转让。如劳务服务，无论是已提供的劳务服务或者将来提供的劳务服务，较难量化为货币价额，影响资本的确定性，就不得作为出资。《中华人民共和国市场主体登记管理条例》规定，不得以劳务、信用、自然人姓名、商誉、特许经营或者设定担保的财产等作价出资。

本条第二款的规定有五方面含义：其一，对作为出资的非货币财产"应当"评估作价，并非强制性规定，旨在管理、规范非货币财产出资方式，但违反该规定的，应承担相应的法律责任；其二，非货币财产作价出资，指股东出资时非货币财产的评估价额，出资后因市场变化或者其他客观因素导致非货币财产贬值的，不属于股东出资不足，亦不属于对非货币财产的高估或者低估；其三，董事会以及董事负有核实财产的义务，义务人未履行义务给公司造成损失的，承担赔偿责任；其四，不得高估或者低估作价，作为出资的非货币财产的实际价额显著低于所认缴的出资的，该股东承担补缴差额的责任；其五，法律、行政法规对评估作价有规定的，从其规定，如《国有资产评估管理办法》专门对国有资产评估进行了规定。

【实务问题】

实务中，需要注意股东以债权出资的问题。股东以债权出资，通常有两种情形：一是股东以其对公司的债权进行出资或者实施债转股；二是外部债权人以对第三人的债权对公司出资。2022 年 3 月 1 日，《中华人民共和国市场主体登记管理条例》《中华人民共和国市场主体登记管理条例实施细则》发布实施，以股权或债权出资的限制得以放宽。但是，《中华人民共和国市场主体登记管理条例实施细则》第十三条第三款规定，依法以境内公司股权或者债权出资的，应当权属清楚、权能完整，依法可以评估、转让，符合公司章程规定。由此，出于对债权确定性的考虑，应注意两种情况：一是股东以其对公司的债权进行出资或者实施债转股的，一般确定性较大，经评估作价，以合同方式进行"交付"，向公司登记机关办理变更登记。二是外部债权人以对第三人的债权对公司出资的，往往不确定性较大，以经人民法院生效判决或者仲裁机构裁决确认为宜；公司破产重整或者和解的，应列入经人民法院批准的重整计划或者裁定认可的和解协议。

第四十九条　股东应当按期足额缴纳公司章程规定的各自所认缴的出资额。

股东以货币出资的，应当将货币出资足额存入有限责任公司在银行开设的账户；以非货币财产出资的，应当依法办理其财产权的转移手续。

股东未按期足额缴纳出资的，除应当向公司足额缴纳外，还应当对给公司造成的损失承担赔偿责任。

【原法条文】

第二十八条　股东应当按期足额缴纳公司章程中规定的各自所认缴的出资额。股东以货币出资的，应当将货币出资足额存入有限责任公司在银行开设的账户；以非货币财产出资的，应当依法办理其财产权的转移手续。

股东不按照前款规定缴纳出资的，除应当向公司足额缴纳外，还应当向已按期足额缴纳出资的股东承担违约责任。

【条文主旨】

本条是关于有限责任公司股东按期足额缴纳出资、出资交付以及对公司赔偿责任的规定。

【重点解读】

本条第一款、第二款沿用了原《公司法》第二十八条第一款规定，并以第一款规定有限责任公司股东应当按期足额缴纳出资，以第二款规定其交付义务，逻辑规范更为清晰；本条第三款为新增条款，规定股东不按规定缴纳出资的，除应当向公司足额缴纳外，还应当对给公司造成的损失承担赔偿责任。基于本次修订《公司法》侧重规定法定责任制度，对于有限责任公司股东、股份有限公司发起人未履行出资义务的违约责任，已有《民法典》合同制度予以调整，且属于公司股东之间自由约定的范畴，故新《公司法》不再对此作出规定，删除了原《公司法》第二十八条第二款的规定。

公司的注册资本为在公司登记机关登记的全体股东认缴的出资额的总和。股东出资制度与公司资本制度密切联系，股东未履行或者未全面履行出资义务，将严重影响公司资本的确定性。本条第一款规定有三方面含义：其一，股东按期足额缴纳公司章程规定的各自所认缴的出资额，不仅是股东的约定义务，更是股东首要的法定义务。股东未能履行该义务的，将对公司资本产生严重影响，股东应当继续履行出资义务，并承担法律责任，如对公司造成损失的赔偿责任、对其他股东的违约责任，甚至股东权益"失权"的后果。其二，股东按期缴纳出资，缴纳期限由公司章程规定，但公司章程规定的缴纳期限不得超过自公司成立之日起五年。其三，股东对其认缴的出资享有期限利益，原则上，未届公司章程规定的出资缴纳期限时，股东无须缴纳出资。

根据本条第二款规定，股东对其出资负有"交付"义务。具体而言，股东以货币出资的，应当将货币出资足额存入有限责任公司在银行开设的账户；公司章程规定分期缴付出资的，股东必须按期足额将其认缴的出资存入有限责任公司在银行开设的账户。股东以实物、知识产权、土地使用权、股权、债权等符合法定条件的非货币财产出资的，应当依法办理其财产权的转移手续，将股东出资的非货币财产登记为公司资本：以动产出资的，移交实物；以不动产所有权出资的，办理所有权转让登记手续；以知识产权出资的，向国家知识产权局办理权属变更登记手续；以土地使用权出资的，必须向土地行政管理机关办理土地使用权转让登记手续；以股权、债权出资的，以出资证明书、股东名册、公司章程等文件完成转移手续，并向公司登记机关申请备案登记。

股东违反本条第二款规定的"交付"义务的，除应当承担违约责任、赔偿责任外，还应当承担行政责任。为此，新《公司法》第二百五十二条有专门规定。

本条第三款为新增条文，旨在完善、补充股东全面履行出资的责任制度。

【实务问题】

实务中，需要注意不动产等非货币财产出资的转移手续与实际交付的问题。由于以房屋、土地使用权、知识产权等财产作为出资需要办理转移手续的特殊性，可能出现两种情形：一是虽然办理了转移登记手续，但股东未向公司实际交付财产或权利；二是股东实际向公司交付了财产或权利，但未办理转移登记手续。对此问题，首先以实际交付为标准，其次考虑未办理转移登记手续的违约程度。如果办理了转移登记手续，但股东未向公司实际交付财产或权利，或者无法办理权属变更手续造成公司无法占有、使用、利用的，因公司未能利用该等财产，公司的经营及收益与该等财产没有关系，应视为股东未履行出资义务，故股东不享有或者丧失相应的股东权益，并应承担未履行出资义务的责任。如果股东实际向公司交付了财产或权利，虽然公司的经营及收益必然凝结了该等财产的价值，但因未办理转移登记手续，造成公司无法享有该等财产的所有权，特别是影响公司对该等财产的处分权，应视为股东未全面履行出资义务。嗣后股东补办了转移登记手续的，自实际交付使用起享有股东权益；股东在合理期限内未补办转移登记手续的，应承担未全面履行出资义务的责任。

第五十条　有限责任公司设立时，股东未按照公司章程规定实际缴纳出资，或者实际出资的非货币财产的实际价额显著低于所认缴的出资额的，设立时的其他股东与该股东在出资不足的范围内承担连带责任。

【原法条文】

第三十条　有限责任公司成立后，发现作为设立公司出资的非货币财产的实际价额显著低于公司章程所定价额的，应当由交付该出资的股东补足其差额；公司设立时的其他股东承担连带责任。

【条文主旨】

本条是关于有限责任公司设立时股东出资不实以及非货币财产出资不实的规定。

【重点解读】

对于有限公司设立时股东未履行出资义务的责任问题，原《公司法》第三十条仅限于股东出资的非货币财产的实际价额显著低于公司章程所定价额的情形，并为此严格要求公司设立时的其他股东承担连带责任。本条"扩张"规定至货币出资及非货币出资。

从本条规定的表述看，所规范的是发起设立公司时股东应缴付出资而未实际缴付的特定情形，并没有指向认缴情形。本条规定有以下三方面含义：其一，时间节点为公司设立时，公司章程规定了股东应当实际缴付出资部分，无论是一次性全部缴付，还是部分实际缴付。对于公司章程规定公司设立后股东实缴出资的，如公司章程规定公司设立后股东在出资期限内缴付或者分期缴付出资的，则不属于本条规范的对象。其二，本条所规范的情形有两类，一是股东未按照公司章程规定实际缴纳出资，包括货币出资和非货币出资；二是以实物、知识产权、土地使用权、股权、债权等实际出资的非货币财产的实际价额显著低于所认缴的出资额，即非货币财产出资不实。其三，设立时的其他股东与该股东在出资不足的范围内相互承担连带责任。对于公司设立后因增资、受让、承继等取得公司股权的新股东，不属于本条规范的主体。新《公司法》第四十八条规定，股东可以用实物、知识产权、土地使用权、股权、债权等可以用货币估价并可以依法转让的非货币财产作价出资，对作为出资的非货币财产应当评估作价，核实财产，不得高估或者低估作价。结合本条规定，股东以非货币财产作价出资的，应当评估作价，但无论是否经过评估作价，只要符合非货币财产的实际价额显著低于所认缴的出资额这一实质要件，即构成股东未全面履行出资义务。本条没有对"显著低于"作出规定，一般认为，非货币财产实际价额与公司章程确定的价额差额过大，已经达到影响公司资本确定和资本充实的程度，即可以视为"显著低于"。当然，股东以非货币财产作价出资后因市场变化或者其他客观因素导致非货币财产贬值的，不应当认为股东的非货币财产出资实际价额显著低于所认缴的出资额。

【实务问题】

实务中，需要注意以知识产权出资的问题。根据我国知识产权法律制度，专利、商标、著作权、植物新品种、集成电路布图设计等知识产权具有法律保护期限，如发明专利权的期限为二十年，实用新型专利权的期限为十年，外观设计专利权的期限为十五年，均自申请日起计算；注册商标的有效期为十年，自核准注册之日起计算，每次续展注册的有效期为十年；自然人的作品，其发表权及其他权利的保护期为作者终生及其死亡后五十年；品种权的保护期限，自授权之日起，藤本植物、林木、果树和观赏树木为二十年，其他植物为十五年；布图设计专有权的保护期为十年等。如果发起设立有限责任公司的股东以具有较长保护期限的知识产权作价出资，在作价出资后即因不符合法律规定的条件而被宣告无效的，则因自始不符合法律规定的条件而无效，不属于市场变化或者其他客观因素导致，可能面临实际出资的非货币财产实际价额显著低于所认缴出资额的问题。

第五十一条　有限责任公司成立后，董事会应当对股东的出资情况进行核查，发现股东未按期足额缴纳公司章程规定的出资的，应当由公司向该股东发出书面催缴书，催缴出资。

未及时履行前款规定的义务，给公司造成损失的，负有责任的董事应当承担赔偿责任。

【条文主旨】

本条是关于有限责任公司董事会对股东出资核查、催缴以及董事责任的规定。

【重点解读】

本条为新增条文，系新《公司法》在完善股东全面履行出资义务制度设计的基础上，专门规定了有限责任公司董事会对股东出资核查和催缴义务，且明确了负有责任的董事的赔偿责任。

董事会作为公司的执行机构，行使对公司事务的决策权和监督权。公司董事对公司负有忠实义务和勤勉义务。我国《公司法》所称的忠实义务，是指董事、监事、高级管理人员应当采取措施避免自身利益与公司利益冲突，不得利用职权谋取不正当利益。所称的勤勉义务，是指董事、监事、高级管理人员执行职务，应当为公司的最大利益尽到管理者通常应有的合理注意。董事会对股东的出资情况予以核查，督促股东全面履行出资义务，是其应有职责；董事为公司的最大利益尽到管理者通常应有的合理注意，是其勤勉义务应有的内容。股东全面履行出资义务，是股东首要的合同义务和法定义务，是公司资本确定的重要保障。

本条第一款规定，有四方面含义：其一，有限责任公司成立后，对股东的出资情况进行核查，是董事会的法定义务。其二，对股东的出资情况进行核查所指向的股东，不仅指发起设立时的股东，也包括有限责任公司成立后的股东，如受让股东、增资股东、承继股东；所指向的出资情况，包括有限责任公司发起设立时的认缴出资缴付、有限责任公司成立后的增资缴付等。其三，所针对的是发现股东未按期足额缴纳公司章程规定的出资的情况，该等情况包括股东未按期履行出资或者未按期足额履行出资。其四，对未按期足额缴纳公司章程规定的出资，董事会亦负有法定的催缴义务，催缴方式是，应当由公司向该股东发出书面催缴书，催缴出资。

公司董事会应当积极履行核查股东出资的法定义务，对股东未全面履行出资的，必须履行催缴义务，由公司以书面通知的方式进行催缴。董事会对股东未全面履行出资的情况置若罔闻、懈怠或者疏忽，给公司造成损失的，赔偿责任主体为负有责任的董事，并非董事会或者全体董事。关于负有责任的董事，通常认为，包括执行公司事务的董事以及对此负有职责的董事。此处的赔偿责任应当是负有责任的董事根据其过错程度应承担的赔偿责任，而不是连带责任。

本条规定的责任主体为董事，并未直接规定监事、高级管理人员的责任。但是，董事、监事、高级管理人员负有对公司的勤勉义务，特别是监事会作为监督机关，负有检查公司财务、向股东会会议提出提案的职责。因此，就股东未履行出资义务的责任主体问题，监事、高级管理人员违反勤勉义务，给公司造成损失的，监事、高级管理人员亦是责任主体。

第五十二条　股东未按照公司章程规定的出资日期缴纳出资，公司依照前条第一款规定发出书面催缴书催缴出资的，可以载明缴纳出资的宽限期；宽限期自公司发出催缴书之日起，不得少于六十日。宽限期届满，股东仍未履行出资义务的，公司经董事会决议可以向该股东发出失权通知，通知应当以书面形式发出。自通知发出之日起，该股东丧失其未缴纳出资的股权。

依照前款规定丧失的股权应当依法转让，或者相应减少注册资本并注销该股权；六个月内未转让或者注销的，由公司其他股东按照其出资比例足额缴纳相应出资。

股东对失权有异议的，应当自接到失权通知之日起三十日内，向人民法院提起诉讼。

【条文主旨】

本条是关于有限责任公司未履行出资义务的股东失权的规定。

【重点解读】

本条为新增条文，旨在构建有限责任公司未履行出资义务的股东的失权制度。

德国公司法规定，一个延迟缴付出资的股东可以被驱逐出公司，前提条件是设置一个带有警告将其驱逐出公司的宽限期；通过失权，该股东的股份份额并不会消失；被驱逐出公司的股东仍然继续对拖欠的金额承担责任，如果该股东支付了拖欠的金额，则获得相应的股东权利；如果这些措施都不能获得成功，则应公开拍卖该股东的股份。美国公司法也有类似的股东失权制度。我国原《公司法》没有规定股东失权制度。在司法实践中，股东未履行出资义务，经公司催告缴纳，该股东在合理期限内仍未缴纳，此时公司通过章程或者股东会决议解除该股东的股东资格将其除名是否合理，最高人民法院专门征求了全国人大常委会法工委的意见，全国人大常委会法工委不持异议，认为其符合公司法精神。但是，司法实践中的"股东除名规则"并非本条构建的股东失权制度，两者的法律内涵和条件截然不同。

立法机关针对我国股东出资行为有待加强的实际情况，借鉴国外公司法律制度经验，在本条建立了股东欠缴出资的失权制度。鉴于股东失权制度产生股东失去未缴纳出资股权的严重后果，应当对股东失权的程序和条件进行限定。根据本条第一款规定，股东失权制度有以下内涵：其一，本条所针对的行为是公司成立后股东未按照公司章程规定的出资日期缴纳出资的行为，是在认缴出资制度下建立的股东失权制度。其二，股东未按期足额缴纳公司章程规定的出资的，应当由公司向该股东发出书面催缴通知书，催缴出资，此为要式条件。依据新《公司法》第五十一条第一款规定，公司董事会是核查义务人和催缴义务人。其三，本条中"可以"的用词，表明公司可以在书面催缴书中给欠缴出资的股东一个缴纳出资的宽限期，也可以不给出这样的宽限期。但是，公司在书面催缴书中载明缴纳出资宽限期的，该宽限期自公司发出催缴书之日起，不得少于六十日。其四，公司的书面催缴书中未载明宽限期的以书面催缴书的日期届满，载明宽限期的以宽限期届满，股东仍未履行出资义务的，公司经董事会决议可以向该股东发出失权通知，通知应当以书面形式发出。本条专门规定"经董事会决议"而不是"经股东会决议"，表明本条规定的股东失权制度是一项法定制度，在可以依据该法定制度作出股东失权处理时，由董事会作出决议即可，无须股东会决议的意思表示，董事会是股东失权规则的行权主体。其五，自通知发出之日起，该股东丧失其未缴纳出资的股权。该股东可能丧失部分股权，也可能丧失全部股权，以其未缴纳的出资对应的股权为限。在此，本条规定较为罕见地采用了通知"发出主义"，并未采用通常的通知"到达主义"，意味着，自公司书面失权通知发出之日起，而不是到达之日起，该股东即丧失了其未缴纳出资所对应的股权。

依据公司资本维持原则和资本不变原则，在公司存续期内，应当维持相当于注册资本的财产，并且未经法定程序，法律不允许失权股东利用股东失权制度抽回其出资。为此，本条第二款规定，丧失的股权应当依法转让，包括公司股东之间的转让，以及将丧失的股权向公司股东以外的人转让，依照新《公司法》第八十四条规定。此外，也可以相应减少注册资本并注销该股权，但是必须依《公司法》规定办理减资程序，不允许失权股东随意抽回出资。而且，上述转让或者注销股权必须在六个月内，即自公司发出书面失权通知之日起六个月内进行；六个月内未转让或者注销的，公司其他股东必须按照其出资比例足额缴纳相应出资，以维持公司资本。

为防止公司或者公司董事会利用股东失权制度侵害股东利益，本条第三款规定了对失权股东的救济程序。该款规定的"三十日"期限类似除斥期间，超过该期限的，人民法院不再予以救济和保护。此外，《民事诉讼法》第二十七条规定，因公司设立、确认股东资格、分配利润、解散等纠纷提起的诉讼，由公司住所地人民法院管辖。股东对失权提起的诉讼，属于第二十七条规定的"等"公司诉讼，因此，股东对失权提起的诉讼，应当由公司住所地人民法院管辖。

【实务问题】

实务中，需要注意的是，股东部分失权而公司进行相应减少注册资本处理，该股东是否应当在股东会决议减少注册资本事项时回避表决。笔者认为，除新《公司法》第十五条第三款规定的公司为公司股东或者实际控制人支配的股东提供担保，该股东应当回避表决外，新《公司法》并未构建股东或者关联股东回避表决制度。对于股东因失权而丧失的股权，公司有三种处理方式：一是依法转让；二是相应减少注册资本并注销该股权；三是六个月内未转让或者注销的，由公司其他股东按照其出资比例足额缴纳相应出资。公司选择作出相应减少注册资本处理的，必须经股东会决议。如果股东全部失权，由于该股东已不具有股东身份和权益，其没有表决权，其表决权不应当计入表决权总数；如果股东仅丧失部分股权，该股东仍然具有股东身份和未丧失的股东权益，其参加股东会是固有的权利，不应被剥夺，但因股东会决议的减少注册资本事项与该股东失权事项存在利益冲突，该股东应当回避表决，其表决权不计入表决权总数。

第五十三条　公司成立后，股东不得抽逃出资。

违反前款规定的，股东应当返还抽逃的出资；给公司造成损失的，负有责任的董事、监事、高级管理人员应当与该股东承担连带赔偿责任。

【原法条文】

第三十五条　公司成立后，股东不得抽逃出资。

【条文主旨】

本条是关于有限责任公司股东不得抽逃出资以及董事、监事、高级管理人员责任的规定。

【重点解读】

本条第一款沿用了原《公司法》第三十五条规定，本条第二款为新增条款。

抽逃出资，是指公司成立后，股东未经法定程序，从公司抽回相当于已缴纳出资额的财产，虚假维持公司资本的行为。该行为违反了公司资本制度，侵蚀了公司资本，严重冲击股东承担有限责任的法律基础，不仅侵害了公司利益，而且损害了其他股东和债权人的利益，由此造成的公司资本充实的假象，破坏了交易安全。在大部分股东抽逃出资的情形中，抽逃出资后，股东仍持有公司股份。即使股东不再持有公司的股份，但股东撤回出资未经法定减资程序，如股东为了抽回出资，明知不符合公司回购的法定情形，而将股份转让给公司，公司也未进行减资，已构成虚假维持公司资本，仍然属于股东抽回出资的行为。各国立法对股东抽逃出资的行为都采取了严厉的态度。本条第一款的含义有三个方面：一是股东抽逃出资指向的时间节点是公司成立后，公司没有成立或者公司成立前已撤回出资，该出资不属于法律意义上的股东对公司的出资，即使可能构成股东未出资或者虚假出资，这也是两个不同法律性质的行为。二是公司成立后，股东不得抽回出资，是指股东不得抽回已缴付公司的出资；对于股东认缴或者未缴付的出资，不存在抽回出资的问题。三是本条第一款中所称的"出资"，不仅包括公司设立时已缴纳的注册资本部分的股东出资，还包括公司成立后增资时已缴纳的出资。

股东抽逃出资，实质上是对公司财产的侵权行为。基于董事、监事、高级管理人员对公司负有忠实义务、勤勉义务，对于股东抽逃出资的侵权行为，董事、监事、高级管理人员亦是责任主体。为完善我国公司资本制度，强化对股东出资行为的规范，新《公司法》本条第二款规定了负有责任的董事、监事、高级管理人员的连带赔偿责任。

第五十四条　公司不能清偿到期债务的，公司或者已到期债权的债权人有权要求已认缴出资但未届出资期限的股东提前缴纳出资。

【条文主旨】

本条是关于有限责任公司股东出资加速到期的规定。

【重点解读】

本条为新增条文，旨在强化有限责任公司股东出资的行为规范。

对于公司注册资本认缴制下的股东出资加速到期，实践中一直有较大争议。一种观点认为，在公司已经丧失清偿能力而不能向债务人清偿到期债务时，股东享有的期限利益就应当丧失，单个或者部分债权人请求股东出资加速到期的，法院应当予以支持。第二种观点认为，在法律没有剥夺股东期限利益的情形下，法院不宜支持股东以其认缴的出资额向债权人承担清偿责任。第三种观点认为，在非破产与解散情形下，股东出资原则上不应加速到期，但应当允许一些例外情况的存在。在新《公司法》出台之前，最高法院持审慎态度，倾向于第三种观点。为此，最高法院以《企业破产法》为法律依据，在《全国法院民商事审判工作会议纪要》中规定："在注册资本认缴制下，股东依法享有期限利益。债权人以公司不能清偿到期债务为由，请求未届出资期限的股东在未出资范围内对公司不能清偿的债务承担补充赔偿责任的，人民法院不予支持。但是，下列情形除外：（1）公司作为被执行人的案件，人民法院穷尽执行措施无财产可供执行，已具备破产原因，但不申请破产的；（2）在公司债务产生后，公司股东（大）会决议或以其他方式延长股东出资期限的。"

显然，上述司法解释以公司破产边界或者解散要件构建了例外情形的股东出资加速到期规则，并且，以穿透股东向公司承担缴付出资责任的方式，直接要求股东对债权人承担补充赔偿责任。根据《企业破产法》规定，企业破产应当同时具备两个条件：一是企业法人不能清偿到期债务，二是资产不足以清偿全部债务或者明显缺乏清偿能力。本次修订《公司法》，立法机关在股东认缴出资制度下构建了股东出资加速到期制度，这是在有限责任公司股东出资期限不得超过五年规定的基础上进一步督促股东出资的强化手段，不同于公司破产或者解散。立法机关以公司不能清偿到期债务为核心要件构建股东出资加速到期制度，可以强化股东出资的行为规范，解决"主观清偿不能"的问题，避免股东滥用期限利益，这对完善我国公司资本制度，具有重要的现实意义。本条规定的含义有四个方面：其一，股东出资加速到期的法律制度，以"公司不能清偿到期债务"为核心要件，并不以公司破产边界或者解散为要件。该要件为客观标准，只要"公司不能清偿债务"，即符合该要件，不论公司主观上的考虑如何。当然，该核心要件的适用标准，尚需司法实践具体运用。其二，股东出资的对象是公司，受侵害的对象是公司，也危及了到期债权的债权人的利益，故该项请求权的主体是公司和到期债权的债权人，未到期债权的债权人不在此列。其三，请求权人有权在股东认缴出资的范围内，要求未届缴资期限的股东提前缴纳出资，包括到期应缴未缴的出资，以及分期缴纳尚未届满缴纳期限的出资。其四，本条旨在规定股东对公司的出资责任，并未规定出资加速到期的股东对公司债权人承担责任。股东加速到期的出资归公司，公司以其资产对到期债权的债权人承担责任。

【实务问题】

需要注意对"不能清偿债务"的认定问题，《最高人民法院关于适用〈中华人民共和国企业破产法〉若干问题的规定（一）》的规定，仍有借鉴意义。一般认为，同时满足以下条件的，可以认定"不能清偿债务"：债权债务关系依法成立；债务履行期限已经届满；债务人未能或者未完全清偿债务。出现下列具体情形的，如因资金严重不足或者财产不能变现等原因，无法清偿债务的；法定代表人下落不明且无其他人员负责管理公司财产，无法清偿债务的；经人民法院强制执行，无法清偿的；长期亏损且经营扭亏困难，无法清偿债务的，可能被认定"不能清偿债务"。此外，股东认缴出资已临近出资期限，无法清偿债务的，应当被认定为"不能清偿债务"。

第五十五条　有限责任公司成立后，应当向股东签发出资证明书，记载下列事项：

（一）公司名称；

（二）公司成立日期；

（三）公司注册资本；

（四）股东的姓名或者名称、认缴和实缴的出资额、出资方式和出资日期；

（五）出资证明书的编号和核发日期。

出资证明书由法定代表人签名，并由公司盖章。

【原法条文】

第三十一条　有限责任公司成立后，应当向股东签发出资证明书。

出资证明书应当载明下列事项：

（一）公司名称；

（二）公司成立日期；

（三）公司注册资本；

（四）股东的姓名或者名称、缴纳的出资额和出资日期；

（五）出资证明书的编号和核发日期。

出资证明书由公司盖章。

【条文主旨】

本条是关于有限责任公司股东出资证明书的规定。

【重点解读】

本条在原《公司法》第三十一条的基础上，将"出资证明书应当载明"修改为"记载"；将原第（四）项中的"缴纳"修改为

"认缴和实缴"，并增加了"出资方式"的规定；对于出资证明书，增加了"由法定代表人签名"的规定。

出资证明书是公司签发的证明出资人依法履行缴付出资义务，成为有限责任公司股东的重要凭证，是股东对公司享有权利、承担责任的重要依据。本条第一款规定的出资证明书应当于有限责任公司成立后签发，公司的成立日期为公司营业执照签发日期。

出资证明书只有经过法定代表人签名、公司盖章，才具有法律效力，没有法定代表人签名或者没有公司盖章的出资证明书，因不具备法定的形式要件，不发生法律效力。

【实务问题】

需要注意的是，对出资证明书是否为确认出资人享有股东资格或股东身份的直接依据，一直存在争议。一般认为，确认股东资格或身份的判断原则，分为形式要件标准和实质要件标准。形式要件是公司章程、股东名册、公司登记机关的记载，实质要件是签署公司出资协议、实际出资、取得出资证明书、实际享有股东权利等。符合形式要件标准的，除冒用登记、骗取登记外，即可直接确认股东资格或身份。其中，公司章程的记载可以作为确认股东资格或身份的依据；股东名册的记载具有权利推定效力、对抗效力、免责效力；公司登记机关的记载是证明股东资格或身份的表面证据。在不具备形式要件的情况下，如果符合股东资格的实质要件，也可以确认为公司股东。故在发生股东资格或身份争议时，不能仅依据出资证明书确认股东资格或身份，还需符合实际出资、实际享有股东权利等实质要件。

第五十六条　有限责任公司应当置备股东名册，记载下列事项：

（一）股东的姓名或者名称及住所；

（二）股东认缴和实缴的出资额、出资方式和出资日期；

（三）出资证明书编号；

（四）取得和丧失股东资格的日期。

记载于股东名册的股东，可以依股东名册主张行使股东权利。

【原法条文】

第三十二条　有限责任公司应当置备股东名册，记载下列事项：

（一）股东的姓名或者名称及住所；

（二）股东的出资额；

（三）出资证明书编号。

记载于股东名册的股东，可以依股东名册主张行使股东权利。

公司应当将股东的姓名或者名称向公司登记机关登记；登记事项发生变更的，应当办理变更登记。未经登记或者变更登记的，不得对抗第三人。

【条文主旨】

本条是关于有限责任公司股东名册的规定。

【重点解读】

本条第一款在原《公司法》第三十二条第一款基础上，新增了"股东认缴和实缴的出资额、出资方式和出资日期""取得和丧失股东资格的日期"的规定；本条第二款沿用了原《公司法》第三十二条第二款的规定；因新《公司法》第三十二条和第三十五条的规定，已覆盖了原《公司法》第三十二条第三款的内容，故该款被删除了。

股东名册是指有限责任公司依照法律规定，对公司股东资格、身份及其出资情况进行登记的法律文件。置备股东名册，并将股东记载于股东名册，是有限责任公司的法定义务。本条第一款规定了需要明确记载股东认缴的出资数额和实缴的出资数额、具体出资方式（如货币、实物、知识产权、土地使用权、股权、债权等）、出资日期，这些是股东是否按照公司章程规定履行出资义务，以及股东是否以其出资享有股东权利的重要依据。

在股东名册上记载为股东的，推定为公司股东，就股东与公司之间而言，股东可以凭借股东名册的记载行使股东权利。故股东名册的记载是股东被确认为公司股东的直接依据。当出资证明书的记载与股东名册的记载不一致时，应当以股东名册的记载为准，股东名册具有确定效力、权利推定效力。

【实务问题】

需要注意股东的出资来源是否影响股东资格或身份认定。一般认为，股东出资来源与股东资格认定不属于同一法律关系，股东的出资来源并不必然影响股东资格或身份认定。《最高人民法院关于适用〈中华人民共和国公司法〉若干问题的规定（三）》第七条第一款规定，出资人以不享有处分权的财产出资，当事人之间对于出资行为效力产生争议的，人民法院可以参照民法典第三百一十一条规定的善意取得制度予以认定。第二款规定，以贪污、受贿、侵占、挪用等违法犯罪所得的货币出资后取得股权的，不否认其取得的股权权益或效力，对违法犯罪行为予以追究时，应当采取拍卖或者变卖的方式处置其股权。可见，出资人以不享有处分权的财产出资的，可以适用善意取得制度，承认股权转让的结果；出资人以非法所得货币出资的，以此形成的股权有效，同时，为了平衡受害人的利益，应当剥夺该出资人的股东资格，通过拍卖或者变卖等方式处置其股权，所得价款用于补偿受害人的损失。此外，公司章程特别规定股东不得以借贷、信托资金出资且有处理规定的，属于公司和股东的意思自治，公司及股东之间应当遵守该规定。

第五十七条　股东有权查阅、复制公司章程、股东名册、股东会会议记录、董事会会议决议、监事会会议决议和财务会计

报告。

股东可以要求查阅公司会计账簿、会计凭证。股东要求查阅公司会计账簿、会计凭证的，应当向公司提出书面请求，说明目的。公司有合理根据认为股东查阅会计账簿、会计凭证有不正当目的，可能损害公司合法利益的，可以拒绝提供查阅，并应当自股东提出书面请求之日起十五日内书面答复股东并说明理由。公司拒绝提供查阅的，股东可以向人民法院提起诉讼。

股东查阅前款规定的材料，可以委托会计师事务所、律师事务所等中介机构进行。

股东及其委托的会计师事务所、律师事务所等中介机构查阅、复制有关材料，应当遵守有关保护国家秘密、商业秘密、个人隐私、个人信息等法律、行政法规的规定。

股东要求查阅、复制公司全资子公司相关材料的，适用前四款的规定。

【原法条文】

第三十三条　股东有权查阅、复制公司章程、股东会会议记录、董事会会议决议、监事会会议决议和财务会计报告。

股东可以要求查阅公司会计账簿。股东要求查阅公司会计账簿的，应当向公司提出书面请求，说明目的。公司有合理根据认为股东查阅会计账簿有不正当目的，可能损害公司合法利益的，可以拒绝提供查阅，并应当自股东提出书面请求之日起十五日内书面答复股东并说明理由。公司拒绝提供查阅的，股东可以请求人民法院要求公司提供查阅。

【条文主旨】

本条是关于有限责任公司股东查阅权、复制权的规定。

【重点解读】

本条在原《公司法》第三十三条基础上，在第一款中增加了股东有权查阅、复制"股东名册"的表述。在本条第二款中规定股东有权查阅"会计凭证";对于股东拒绝查阅的,将原《公司法》规定的"股东可以请求人民法院要求公司提供查阅"修改为"股东可以向人民法院提起诉讼"。第三款、第四款为新增条款。第五款新增了允许股东查阅、复制全资子公司相关材料的规定。

　　股东知情权是指股东获取公司信息、了解公司情况的权利。股东知情权属于股东的法定权利,是股东实体权利和诉讼权利能够有效行使的前提。股东知情权包括查阅权、复制权、质询权以及其他获得公司相关信息的权利。股东依法行使查阅权、复制权,是股东知情权最为重要的体现和保障。

　　本条第二款对股东查阅会计账簿、会计凭证进行了规定。会计账簿由具有一定格式、相互联系的账页所组成,以会计凭证为依据,全面、系统、连续地记录一个企业、单位经济业务事项的会计簿籍。设置和登记会计账簿,是重要的会计核算基础工作,是连接会计凭证和会计报表的中间环节。《中华人民共和国会计法》(以下简称《会计法》)第十五条规定:"会计账簿登记,必须以经过审核的会计凭证为依据,并符合有关法律、行政法规和国家统一的会计制度的规定。会计账簿包括总账、明细账、日记账和其他辅助性账簿。"可见,股东可以查阅的会计账簿有总账、明细账、日记账和其他辅助性账簿。会计凭证是指记录经济业务发生或者完成情况的书面证明,会计凭证既是会计账簿形成的基础依据,又是验证会计账簿对公司财务状况的记录是否完整准确的依据,能够真实反映公司的资金活动和经营状况。《会计法》第十四条第一款规定:"会计凭证包括原始凭证和记账凭证。"第五款规定:"记账凭证应当根据经过审核的原始凭证及有关资料编制。"因此,股东可以查阅的会计凭证有原始凭证(即单据)、记账凭证。

　　股东查阅权的核心内容是公司重要财务信息和经营管理信息。

法律列举的股东可以查阅的公司材料，不具有一定财务知识和法律知识的股东较难看懂，在没有专业第三人辅助的情况下，股东知情权必将难以有效行使。故本次修改吸收了最高人民法院《公司法》相关司法解释的成果，在第三款专门作出规定。

股东可以查阅的公司材料，往往涉及公司的商业秘密，从保障股东知情权与防止滥用知情权角度均衡考虑，有必要对中介机构的保密义务专门进行规定。本条第四款规定对此予以规定。

立法机关认为，基于母公司对全资子公司"支配控制"的特殊性，以知情权的视角将其视为"同一主体"，有利于保护股东知情权，防止母公司利用子公司主体架构规避股东查阅权的行使。同时，新《公司法》第一百八十九条第四款规定股东对公司全资子公司的董事、监事、高级管理人员可以提起代表诉讼，为确保该代表诉讼制度的有效实施，亦有必要将股东知情权范围扩大到全资子公司。为此，本条第五款专门对此作出规定，股东可以查阅、复制公司全资子公司相关材料，这是股东的法定权利。所称的"公司相关材料"，即本条第一款、第二款规定的材料范围，程序、方式等适用本条前四款的规定。

【实务问题】

需要注意本条中所称的"个人信息"的问题。《民法典》第一千零三十四条第一款规定："自然人的个人信息受法律保护。"第二款规定："个人信息是以电子或者其他方式记录的能够单独或者与其他信息结合识别特定自然人的各种信息，包括自然人的姓名、出生日期、身份证件号码、生物识别信息、住址、电话号码、电子邮箱、健康信息、行踪信息等。"第三款规定："个人信息中的私密信息，适用有关隐私权的规定；没有规定的，适用有关个人信息保护的规定。"《中华人民共和国个人信息法》第二条规定："自然人的个人信息受法律保护，任何组织、个人不得侵害自然人的个人信息权益。"第二十八条第一款规定："敏感个人信息是一旦泄露或者非法使用，容易导致自然人的人格尊严受到侵害或者人身、财产安全受到危害的个人信息，包括生物识别、宗教信仰、特定身份、医疗健康、金融账户、行踪轨迹等信息，以及不满十四周岁未成年人的个人信息。"以上规定确立了受保护的个人信息范围。同时，个人信息中通过特定形式体现出来的有关自然人的病历、财产状况、身体缺陷、遗传特征、档案材料、生理识别信息、行踪信息等私密信息，受隐私权、个人信息权的交叉保护；对个人信息中的敏感信息，严格保护。

第二节　组织机构

第五十八条　有限责任公司股东会由全体股东组成。股东会是公司的权力机构，依照本法行使职权。

【条文主旨】

本条是关于有限责任公司股东会的组成及地位的规定。

【重点解读】

本条沿用了原《公司法》第三十六条规定，没有修改。

股东会是公司的权力机关。全体股东组成股东会，股东参加股东会作出自己的意思表示，是股东法定权利。股东会必须依照《公司法》规定行使职权，其职权渊源有三个方面：一是《公司法》明确列举规定的职权，如，新《公司法》第五十九条规定了股东会八项法定职权，并规定股东会可以授权董事会对发行公司债券作出决议。二是公司章程规定的职权。对于股东会法定职权之外的职权范围，需要公司章程明确规定，但公司章程不得剥夺、限制股东的法定权利。三是《公司法》和公司章程没有明确规定，但涉及股东法定权利，符合

《公司法》宗旨且应当由股东会决定的其他职权。

第五十九条　股东会行使下列职权：

（一）选举和更换董事、监事，决定有关董事、监事的报酬事项；

（二）审议批准董事会的报告；

（三）审议批准监事会的报告；

（四）审议批准公司的利润分配方案和弥补亏损方案；

（五）对公司增加或者减少注册资本作出决议；

（六）对发行公司债券作出决议；

（七）对公司合并、分立、解散、清算或者变更公司形式作出决议；

（八）修改公司章程；

（九）公司章程规定的其他职权。

股东会可以授权董事会对发行公司债券作出决议。

对本条第一款所列事项股东以书面形式一致表示同意的，可以不召开股东会会议，直接作出决定，并由全体股东在决定文件上签名或者盖章。

【原法条文】

第三十七条　股东会行使下列职权：

（一）决定公司的经营方针和投资计划；

（二）选举和更换非由职工代表担任的董事、监事，决定有关董事、监事的报酬事项；

（三）审议批准董事会的报告；

（四）审议批准监事会或者监事的报告；

（五）审议批准公司的年度财务预算方案、决算方案；

（六）审议批准公司的利润分配方案和弥补亏损方案；

（七）对公司增加或者减少注册资本作出决议；

（八）对发行公司债券作出决议；

（九）对公司合并、分立、解散、清算或者变更公司形式作出决议；

（十）修改公司章程；

（十一）公司章程规定的其他职权。

对前款所列事项股东以书面形式一致表示同意的，可以不召开股东会会议，直接作出决定，并由全体股东在决定文件上签名、盖章。

【条文主旨】

本条是关于有限责任公司股东会职权的规定。

【重点解读】

本条第一款在原《公司法》第三十七条第一款基础上，删除了股东会行使的两项职权"决定公司的经营方针和投资计划""审议批准公司的年度财务预算方案、决算方案"，以及"非由职工代表担任的""或者监事"等文字；第二款增加了"股东会可以授权董事会对发行公司债券作出决议"的规定；第三款沿用了原《公司法》第三十七条第二款规定，增加了"或者"二字。

公司内部治理的核心基础是通过公司组织机构实现对公司的治理，故公司组织机构的设置、各组织机构的职责和职能划分尤为重要。目前，一些国家开始从"股东会中心主义"过渡到"董事会中心主义"，或者实行"董事会中心主义"，即削弱股东会的权力，突出董事会在公司治理中的地位，董事会成为集业务经营、业务管理与业务监督于一身的机关。

本条的规定反映出立法机关优化公司组织机构职能，进一步体现现代公司法中所有权与经营权分离，赋予董事会更大业务经营和业务管理空间，同时保持适度的股东决策和适当监督的倾向。

本条第一款列举规定了股东会的八项法定职权，并以兜底方式概括规定了股东会具有公司章程规定的其他职权。就股东会的八项法定职权，可以从以下方面解读：一是人事权。选举和更换董事、监事，决定有关董事、监事的报酬事项是股东会的法定职权，董事会、监事会、法定代表人均无权决定。其中，虽然本次修改删除了原《公司法》第三十七条第一款第（二）项中"非由职工代表担任"的表述，但从新《公司法》立法体系看，第十七条规定了职工代表大会为基本形式的民主管理制度，第六十八条、第七十六条专门规定了董事会、监事会中的职工代表由公司职工通过职工代表大会、职工大会或者其他形式民主选举产生。故决定职工代表具体人员担任公司董事、监事，不属于股东会的职权，需要通过职工代表大会、职工大会或者其他形式民主选举决定。二是对董事会、监事会报告的审议批准权，体现了所有者对经营者、监督者的权力制衡。三是对公司重大资产事项的决定权，包括：审议批准公司的利润分配方案和弥补亏损方案；对公司增加或者减少注册资本作出决议；对发行公司债券作出决议。四是对公司及其组织形式的决定权，公司合并、分立、解散、清算或者变更公司形式，必须由股东会作出决议。五是修改章程权。公司章程由公司设立时全体股东共同制定，体现全体股东的意思，对公司章程的修改，必须由股东会决议。此外，根据新《公司法》第十五条规定，公司为公司股东或者实际控制人提供担保的，属于法定的股东会决议事项。

本条第三款规定了股东会的书面议事和决定方式。

【实务问题】

需要注意董事报酬的问题。董事、监事的"报酬"是受《劳动法》调整还是属于股东会决定的事项，时有争议。《公司法》规定股东会决定有关董事、监事的报酬事项，该报酬是其基于《公司法》的要求履行董事、监事职责而获得的对价，公司的董事本身与公司不具有劳动关系，无须接受公司劳动关系意义上的管理、指挥、监督，由此产生的争议应当由《公司法》调整。但是，当担任公司董事的人员其身份具有多重性，如既担任公司董事，又担任公司总经理、销售总监等职务时，其履行岗位职责便获得了劳动者身份，由此产生的争议应当受到《劳动法》的调整。公司的高级管理人员平时仍需要接受公司的考勤管理、业绩考核、工作指挥，属于劳动者范畴，与用人单位存在劳动关系，其合法获得劳动报酬的权利受到《劳动法》的保护。

第六十条　只有一个股东的有限责任公司不设股东会。股东作出前条第一款所列事项的决定时，应当采用书面形式，并由股东签名或者盖章后置备于公司。

【原法条文】

第六十一条　一人有限责任公司不设股东会。股东作出本法第三十七条第一款所列决定时，应当采用书面形式，并由股东签名后置备于公司。

【条文主旨】

本条是关于一人有限责任公司股东决议的规定。

【重点解读】

本条在原《公司法》第六十一条基础上，将"一人有限责任公司"修改为"只有一个股东的有限责任公司"的表述，并增加了"或者盖章"的表述。

鉴于只有一个股东的有限责任公司具有特殊性，本条专门对其股东决议作出规定。本条规定，有三个方面的含义：其一，一个股东的有限责任公司由于只有一个股东，已无专门组成公司权力机关的必要，故法律规定其不设股东会。其二，《公司法》奠定了公司法人人格独立、财产独立以及股东有限责任的法律制度，即使只有一个股东的有限责任公司，也必须符合《公司法》的制度规范，否则，将无法与非法人的市场主体相区别。为此，要求该股东在行使法律赋予的对公司重大事项的决定权时，必须以书面形式作出，以体现为公司的意思表示，保证公司决策的规范性。本条中的"决定"，是指新《公司法》第五十九条列举规定的人事权、审议批准权、公司重大资产事项决定权、对公司及其组织形式的决定权、修改章程权等事项。其三，股东的书面决定，须由股东签名或者盖章后置备于公司，便于第三人了解和查询，起到信息公示的作用，从而保护相对人的交易安全。

【实务问题】

需要注意的是，只有一个股东的有限公司的股东对公司重大事项决定未采用书面形式的，是否构成公司法人人格否认的问题。本条规定的本意，在于表明只有一个股东的有限公司的股东，其决策应当符合《公司法》规范。如果只有一个股东的有限公司的股东对公司重大事项决定未采用书面形式的，原则上仅表明该公司的股东决策程序不规范，尚不能推定出股东个人财产与公司财产混同的结论。但是，鉴于只有一个股东的有限公司的特殊性，当其股东对公司重大事项的决定存在法律瑕疵，同时，其股东又不能证明公司的财产独立于自己的财产时，则会导致公司法人人格否认的后果，股东对公司的债务承担连带责任。

第六十一条　首次股东会会议由出资最多的股东召集和主持，依照本法规定行使职权。

【条文主旨】

本条是关于有限责任公司股东会首次会议召集和主持的规定。

【重点解读】

本条沿用了原《公司法》第三十八条规定。

本条所称的"出资最多的股东"，是指公司注册资本中认缴出资最多的股东，公司的利益对其影响最大，从而有理由相信其更有关注度和责任感。"出资最多的股东"应当负责首次股东会召开之前的筹备、组织、文件准备、通知等工作，保证首次股东会顺利召开，并主持股东会会议，依照《公司法》、公司章程规定的议事方式和表决程序作出决议。本条中规定"依照本法规定行使职权"，有三方面含义：其一，股东会会议不因由谁召集和主持而有所不同，必须依照《公司法》规定行使职权。其二，首次股东会会议决议事项，应符合新《公司法》第五十九条以及公司章程规定的股东会职权范围。其三，首次股东会会议的议事方式和表决程序等，依照《公司法》和公司章程规定。

第六十二条　股东会会议分为定期会议和临时会议。

定期会议应当按照公司章程的规定按时召开。代表十分之一以上表决权的股东、三分之一以上的董事或者监事会提议召开临时会议的，应当召开临时会议。

【原法条文】

第三十九条　股东会会议分为定期会议和临时会议。

定期会议应当依照公司章程的规定按时召开。代表十分之一以上表决权的股东，三分之一以上的董事，监事会或者不设监事会的公司的监事提议召开临时会议的，应当召开临时会议。

【条文主旨】

本条是关于有限责任公司股东会定期会议和临时会议的规定。

【重点解读】

本条基本沿用了原《公司法》第三十九条规定，删除了"不设监事会的公司的监事"的表述。

我国《公司法》没有对有限责任公司股东会定期会议作出规

定，由公司章程规定股东会定期会议。本条第二款所称的"以上"包含本数。

需要注意的是股东会临时会议的提议产生后，关于股东会会议的召集和主持，应当依照新《公司法》第六十三条规定。

第六十三条 股东会会议由董事会召集，董事长主持；董事长不能履行职务或者不履行职务的，由副董事长主持；副董事长不能履行职务或者不履行职务的，由过半数的董事共同推举一名董事主持。

董事会不能履行或者不履行召集股东会会议职责的，由监事会召集和主持；监事会不召集和主持的，代表十分之一以上表决权的股东可以自行召集和主持。

【原法条文】

第四十条 有限责任公司设立董事会的，股东会会议由董事会召集，董事长主持；董事长不能履行职务或者不履行职务的，由副董事长主持；副董事长不能履行职务或者不履行职务的，由半数以上董事共同推举一名董事主持。

有限责任公司不设董事会的，股东会会议由执行董事召集和主持。

董事会或者执行董事不能履行或者不履行召集股东会会议职责的，由监事会或者不设监事会的公司的监事召集和主持；监事会或者监事不召集和主持的，代表十分之一以上表决权的股东可以自行召集和主持。

【条文主旨】

本条是关于有限责任公司股东会会议召集和主持的规定。

【重点解读】

本条基本沿用了原第四十条规定，删除了"有限责任公司设立董事会的""执行董事"的表述，删除了原法第二款的规定，将

"半数以上的董事"修改为"过半数的董事"的表述。

从股东会会议的召集维度看，根据本条规定，董事长、副董事长、董事没有召集股东会会议的权利；董事会、监事会、代表十分之一以上表决权的股东有召集股东会的权利，但须以本条规定的条件按次序行使。

从股东会会议主持的维度看，股东会会议由董事长、副董事长、过半数董事共同推举的一名董事以本条规定的条件按次序主持。本条所称"过半数"指超过半数，不是原《公司法》第四十条第一款规定的包括半数在内的"半数以上"。

【实务问题】

需要注意的是，股东会会议召集程序存在法律瑕疵的，并不必然被撤销。如董事会不能履行或者不履行召集股东会会议职责时，过半数的董事共同推举了一名董事召集并主持了股东会会议，且股东到场参会，形成了有效决议。在此情形下，虽然董事没有召集股东会会议的权利，依照本条规定的次序会议应由监事会召集，过半数的董事共同推举的董事召集股东会会议存在召集程序错误，但股东到场参会，形成了有效决议，且该召集程序错误未对股东会决议产生实质影响，股东请求撤销决议的，人民法院不予支持。如果股东以召集程序错误拒绝参加股东会会议，导致出席会议的人数或者所持表决权数未达到《公司法》或者公司章程规定的人数或者所持表决权数，则召集程序应当被撤销。

第六十四条　召开股东会会议，应当于会议召开十五日前通知全体股东；但是，公司章程另有规定或者全体股东另有约定的除外。

股东会应当对所议事项的决定作成会议记录，出席会议的股东应当在会议记录上签名或者盖章。

【原法条文】

第四十一条　召开股东会会议，应当于会议召开十五日前通知全体股东；但是，公司章程另有规定或者全体股东另有约定的除外。

股东会应当对所议事项的决定作成会议记录，出席会议的股东应当在会议记录上签名。

【条文主旨】

本条是关于有限责任公司股东会通知期限和记录的规定。

【重点解读】

本条沿用原法第四十一条规定，仅在第二款增加了"或者盖章"的表述。

本条第一款规定有以下四方面含义：其一，有限责任公司召开股东会，应当于会议召开十五日前通知，除法律或者法律授权公司章程可以另有规定外，不得少于该通知期限。其二，通知主体即是股东会召集人。其三，被通知的对象是全体股东。如果未能通知全体股东的，构成召集程序瑕疵。其四，《公司法》授权章程可以另有规定或者全体股东另有约定。由于本条第一款是关于股东会会议通知期限的规定，因此，"另有约定"是指对"十五日前"通知期限的改变。"全体股东另有约定"应是全体股东共同的意思，不能由多数股东以"资本决"的方式决定。

本条第二款规定了有限责任公司股东会记录制度。股东会会议记录有重要的意义：是固定股东会决议的客观材料；是董事会、管理层执行公司事务的依据；方便股东行使知情权，供股东查阅、复制；有利于评估股东会决策的合法性、合理性。

第六十五条　股东会会议由股东按照出资比例行使表决权；但是，公司章程另有规定的除外。

【条文主旨】

本条是关于有限责任公司股东表决权的规定。

【重点解读】

本条沿用了原《公司法》第四十二条规定，没有修改。

公司决议制度是一种将多人的个体意思吸收为单一的团体意思的制度。股东会会议最终依据每名股东同意、不同意或者放弃发表意见的表决形成股东会的意思。因此，如何确定股东的表决权，需要法律作出规定。本条规定有两方面含义：其一，在《公司法》认缴出资的法律制度下，《公司法》规定的"出资"，如果没有另行明确为"实缴"出资的，应当理解为是"认缴"出资，本条规定的"股东会会议由股东按照出资比例行使表决权"，是指"股东会会议由股东按照认缴出资比例行使表决权"，也是股东基于其股东资格或者身份即享有表决权的体现。其二，应当允许有限责任公司在侧重资合或者侧重人合上有所选择。公司股东之间通常具有信任关系，认缴出资多的股东，并不必然对公司发展贡献最大，出资少的股东，如果有丰富的管理经验和业务资源，并不必然对公司发展贡献小。如果强制限定股东会会议由股东按照认缴出资比例行使表决权，不一定有利于公司的发展和股东之间的协作。因此，本条规定"公司章程另有规定的除外"，意即允许公司章程可以作出股东不按认缴出资比例行使表决权的规定。实务中，有的公司章程规定"股东按照实缴出资比例行使表决权"，以体现实缴出资的重要性；有的公司章程规定"股东超过限额的出资不享有表决权"，以限制大股东的控制权。

第六十六条　股东会的议事方式和表决程序，除本法有规定的外，由公司章程规定。

股东会作出决议，应当经代表过半数表决权的股东通过。

股东会作出修改公司章程、增加或者减少注册资本的决议，以及公司合并、分立、解散或者变更公司形式的决议，应当经代表三分之二以上表决权的股东通过。

【原法条文】

第四十三条　股东会的议事方式和表决程序，除本法有规定的外，由公司章程规定。

股东会会议作出修改公司章程、增加或者减少注册资本的决议，以及公司合并、分立、解散或者变更公司形式的决议，必须经代表三分之二以上表决权的股东通过。

【条文主旨】

本条是关于有限责任公司股东会议事方式和表决程序的规定。

【重点解读】

本条第一款、第三款基本沿用了原《公司法》第四十三条第一款、第二款，删除了其中"会议"的表述，将"必须"修改为"应当"；本条第二款增加了"股东会作出决议应当经代表过半数表决权的股东通过"的规定。

新《公司法》原则上规定了股东会的议事方式和表决方式，如新《公司法》第二十四条规定公司股东会、董事会、监事会召开会议和表决可以采用电子通信方式，公司章程另有规定的除外。第六十五条规定股东会会议由股东按照出资比例行使表决权；但是，公司章程另有规定的除外。因此，本条第一款对此作出规定。

本条第二款为新增加的内容，该款有三方面含义：其一，股东所行使的表决权，按照公司章程的规定；公司章程没有规定的，股东按照认缴出资比例行使表决权。其二，本条第二款规定"过半数"，是指"超过半数"。其三，本条第二款为强制性规定，公司章程不得规定"半数""二分之一"或者低于"半数"表决权的股东通过股东会决议。

公司增加或者减少注册资本，意味着公司登记和公示的资产发生重大变化。公司分立，意味着原公司解散或者存续，新公司设立；公司合并，意味着进行吸收的公司存续、被吸收的公司解散或者合并各方解散；公司解散，意味着公司消灭。变更公司形式，是指依法有限责任公司变更为股份有限公司，股份有限公司变更为有限责任公司。对于以上重大的、特别的事项，本条第三款规定，应当经代表三分之二以上表决权的股东通过。

第六十七条　有限责任公司设董事会，本法第七十五条另有规定的除外。

董事会行使下列职权：

（一）召集股东会会议，并向股东会报告工作；

（二）执行股东会的决议；

（三）决定公司的经营计划和投资方案；

（四）制订公司的利润分配方案和弥补亏损方案；

（五）制订公司增加或者减少注册资本以及发行公司债券的方案；

（六）制订公司合并、分立、解散或者变更公司形式的方案；

（七）决定公司内部管理机构的设置；

（八）决定聘任或者解聘公司经理及其报酬事项，并根据经理的提名决定聘任或者解聘公司副经理、财务负责人及其报酬事项；

（九）制定公司的基本管理制度；

（十）公司章程规定或者股东会授予的其他职权。

公司章程对董事会职权的限制不得对抗善意相对人。

【原法条文】

第四十四条第一款 有限责任公司设董事会，其成员为三人至十三人；但是，本法第五十条另有规定的除外。

第四十六条 董事会对股东会负责，行使下列职权：

（一）召集股东会会议，并向股东会报告工作；

（二）执行股东会的决议；

（三）决定公司的经营计划和投资方案；

（四）制订公司的年度财务预算方案、决算方案；

（五）制订公司的利润分配方案和弥补亏损方案；

（六）制订公司增加或者减少注册资本以及发行公司债券的方案；

（七）制订公司合并、分立、解散或者变更公司形式的方案；

（八）决定公司内部管理机构的设置；

（九）决定聘任或者解聘公司经理及其报酬事项，并根据经理的提名决定聘任或者解聘公司副经理、财务负责人及其报酬事项；

（十）制定公司的基本管理制度；

（十一）公司章程规定的其他职权。

【条文主旨】

本条是关于有限责任公司董事会、董事会职权及其对外效力的规定。

【重点解读】

本条在原《公司法》第四十四条、第四十六条的基础上，在董事会职权方面，删除了"对股东会负责""制订公司的年度财务预算方案、决算方案"的规定，增加了"或者股东会授予"的表述；在第三款增加了"公司章程对董事会职权的限制不得对抗善意相对人"的规定。

董事会是必设机构，但规模较小或者股东人数较少的有限责任公司，可以不设董事会，设一名董事，行使《公司法》规定的董事会职权。本条吸收了原《公司法》第四十四条"有限责任公司设董事会"的规定，兼顾公司仅设一名董事的特殊情形。

本条第二款删除了原《公司法》第四十六条中"董事会对股东会负责""制订公司的年度财务预算方案、决算方案"的内容，并非立法机关削弱董事会的职权，相反，公司治理模式从"股东会中心主义"转向"董事会中心主义"，为多国立法趋势，我国《民法典》亦规定了营利法人应当设执行机构，执行机构行使召集权力机构会议，决定法人的经营计划和投资方案，决定法人内部管理机构的设置，以及法人章程规定的其他职权。继续沿用"董事会对股东会负责"的规定，已不符合董事会是公司执行机构的法律定位。同时，从新《公司法》删除"决定公司的经营方针和投资计划""审议批准公司的年度财务预算方案、决算方案"两项股东会法定职权，并增加规定"董事会行使股东会授予的其他职权"来看，已反映出立法机关赋予董事会更大业务经营和业务管理空间的倾向。因此，本条第二款的目的是，为我国从"股东会中心主义"向"董事会中心主义"过渡，赋予公司章程规定的空间。

本条第二款列举规定了董事会的九项法定职权，并以兜底方式概括规定了董事会具有公司章程规定或者股东会授予的其他职权。

董事会为公司的内部机关，且公司章程属于公司登记机关的备案事项，为保护善意相对人的信赖利益，故有本条第三款的规定。

第六十八条　有限责任公司董事会成员为三人以上，其成员中可以有公司职工代表。职工人数三百人以上的有限责任公司，除依法设监事会并有公司职工代表的外，其董事会成员中应当有公司职工代表。董事会中的职工代表由公司职工通过职工代表大会、职工大会或者其他形式民主选举产生。

董事会设董事长一人，可以设副董事长。董事长、副董事长

的产生办法由公司章程规定。

【原法条文】

第四十四条　有限责任公司设董事会，其成员为三人至十三人；但是，本法第五十条另有规定的除外。

两个以上的国有企业或者两个以上的其他国有投资主体投资设立的有限责任公司，其董事会成员中应当有公司职工代表；其他有限责任公司董事会成员中可以有公司职工代表。董事会中的职工代表由公司职工通过职工代表大会、职工大会或者其他形式民主选举产生。

董事会设董事长一人，可以设副董事长。董事长、副董事长的产生办法由公司章程规定。

【条文主旨】

本条是关于有限责任公司董事会成员组成的规定。

【重点解读】

本条第一款在原《公司法》第四十四条第一款、第二款基础上，删除了有限责任公司董事会人数不得突破十三人的规定，增加了"职工人数三百人以上的有限责任公司，除依法设监事会并有公司职工代表的外，其董事会成员中应当有公司职工代表"的规定；本条第二款沿用了原《公司法》第四十四条第三款的规定。

本条第一款规定有四方面含义：其一，有限责任公司董事会成员为三人以上，不得少于三人，但没有最多人数的限制，董事会具体人数以及由单数还是双数组成，由公司章程规定。其二，原则上，一般有限责任公司董事会中可以有职工代表，但法律不强制必须有职工代表担任董事。其三，职工人数三百人以上的有限责任公司，一般依法设监事会，监事会中应当有公司职工代表，否则，该公司董事会成员中应当有公司职工代表。其四，只有经过法定民主程序选举产生的职工代表，才能代表职工利益，具有职工代表董事的资格。

《公司法》对董事的产生有明确规定，但是没有对董事长、副董事长的产生作出规定。董事长、副董事长应当从董事成员中产生。由于董事长、副董事长负有主持股东会、召集和主持董事会等法定职责，如何从董事成员中产生董事长、副董事长，公司章程应当作出规定。

第六十九条　有限责任公司可以按照公司章程的规定在董事会中设置由董事组成的审计委员会，行使本法规定的监事会的职权，不设监事会或者监事。公司董事会成员中的职工代表可以成为审计委员会成员。

【条文主旨】

本条是关于有限责任公司审计委员会的规定。

【重点解读】

本条为新增条文，旨在规定有限责任公司可以设置由董事组成审计委员会的单层监督机构。

公司监督机构有效发挥监督功能是现代公司内部治理的核心内容。在《公司法》股东会、董事会、监事会分权制衡模式下，脱离了经营管理的监督权难免被边缘化，如何确保监督机构的监督功能有效发挥作用，一直是公司法的重要课题。考察一些国家立法，双层制监督机构与单层制监督机构在不断演进，重点在于根据自身社会文化背景及公司结构特性，有针对性地发挥公司决策执行与经营监督管理功能，以提高公司内部效率。我国立法机关力图构造和重建公司内部监督机制，优化公司治理结构，并根据我国公司股权结构较为集中的实际情况，赋予公司选择单层监督机构或双层监督机构的空间，此为本次《公司法》修改的一项重大制度革新。

　　本条规定有四方面含义：其一，首先，有限责任公司董事会具有经营管理的法定职权。其次，公司可以按照公司章程的规定在董事会中设置由董事组成的审计委员会，在实体上行使本法规定的监事会的职权，由此，董事会具有法定经营管理以及监督职能的双重职权。其二，审计委员会的监督职权，不限于公司财务、会计的监督事项，包括监事会的完整的监督职权，如新《公司法》第七十八条规定监事会的职权，以及新《公司法》以第八十条规定的监事会可以要求董事、高级管理人员提交执行职务报告的监督权。其三，有限责任公司按照公司章程的规定在董事会中设置由董事组成的审计委员会，行使本法规定的监事会的职权的，不再设置监事会或者监事，以使董事会监督成为单层监督机制。其四，公司董事会成员中的职工代表可以成为审计委员会成员，但这不是强制规定。

　　需要注意的是，本条仅规定了有限责任公司可以选择由董事组成的审计委员会，行使本法规定的监事会的职权。而新《公司法》第一百二十一条具体规定了股份有限公司审计委员会成员人数、任职要求、议事方式和表决程序等；对上市公司在董事会中设置审计委员会的，以第一百三十七条专门规定了董事会对四项事项决议前应当经审计委员会全体成员过半数通过。由此表明，虽然新《公司法》使用了同一"审计委员会"的称谓，但就有限责任公司、股份有限公司、上市公司而言，三者的组织模式、运营方式、治理规则存在差异，故单层制监督机构的法律内涵、职能、定位、要求必然有所不同。

【实务问题】

　　在董事会不能履行或者不履行召集股东会会议职责时，审计委员会是否必须召集和主持股东会？新《公司法》规定，董事会不能履行或者不履行召集股东会会议职责的，由监事会召集和主持。有限责任公司以审计委员会行使监事会的职权的，不再设监事会或者监事。新《公司法》并未明确规定是否由审计委员会召集和主持股东会。笔者认为，虽然新《公司法》规定"审计委员会行使本法规定的监事会的职权"，但审计委员会作为董事会的内部部门，依法在实体上代行监事会的监督职权，董事会已同时兼具经营管理、业务执行和监督的双重职能，并且，《公司法》从股东会、董事会、监事会组织机构体系设置轮候次序召集和主持程序，在公司组织机构已优化为股东会、董事会的结构下，已无必要从程序上依原来的体系进行，因此，在董事会不能履行或者不履行召集股东会会议职责时，应当直接由代表十分之一以上表决权的股东自行召集和主持。

第七十条　董事任期由公司章程规定，但每届任期不得超过三年。董事任期届满，连选可以连任。

董事任期届满未及时改选，或者董事在任期内辞任导致董事会成员低于法定人数的，在改选出的董事就任前，原董事仍应当依照法律、行政法规和公司章程的规定，履行董事职务。

董事辞任的，应当以书面形式通知公司，公司收到通知之日辞任生效，但存在前款规定情形的，董事应当继续履行职务。

【原法条文】

第四十五条　董事任期由公司章程规定，但每届任期不得超过三年。董事任期届满，连选可以连任。

董事任期届满未及时改选，或者董事在任期内辞职导致董事会成员低于法定人数的，在改选出的董事就任前，原董事仍应当依照法律、行政法规和公司章程的规定，履行董事职务。

【条文主旨】

本条是关于有限责任公司董事任期、辞任的规定。

【重点解读】

本条第一款沿用了原《公司法》第四十五条第一款规定；本条

第二款沿用了原《公司法》第四十五条第二款规定，仅将"辞职"修改为"辞任"；本条第三款增加了董事辞任的规定。

本条第一款有以下两方面含义：其一，"每届任期不得超过三年"不是"董事任期三年"，而是指"董事在每届董事会中的任职期限不得超过三年"，其具体任职期限，由公司章程规定。这样规定，一方面可以防止公司受到董事过长任职期限的束缚，另一方面有利于公司股东会在董事会或者董事到期届满时通过重新选举而进行监督。以公司法实践来看，本条第一款规定的董事任职期限是一种比较科学且广泛适用的制度。其二，董事任期届满，连选可以连任。董事任职期限届满，如果该董事具有董事任职资格，且继续得到公司股东会信任，公司股东会可以通过选举再次任命其为董事。法律对董事可以连任的届数不进行限定，但从法律规定"可以"连选连任，表明公司章程可以对董事连任届数作出规定。

董事任期届满未及时改选或者董事在任期内辞任，导致董事会届中成员低于法定人数的，公司董事会将无法运转，公司经营管理将陷入瘫痪。出现上述情形的，公司股东会应当及时选举新的董事，同时，在改选出的董事就任前，原董事继续履行董事职责，为其法定义务。原董事的履职期限截至公司股东会改选出董事时止。

一般认为，董事与公司的关系在法律性质上属于委托合同关系。因此，根据《民法典》第九百三十三条规定，董事可以随时解除委托合同，而无须公司或者公司董事会的批准，此为一种特殊的法定解除权。但是，由于董事辞任对公司治理和董事会运营影响较大，本条第三款因此对董事辞任的形式、程序以及辞任后的义务作出限制性规定。

第七十一条　股东会可以决议解任董事，决议作出之日解任生效。

无正当理由，在任期届满前解任董事的，该董事可以要求公司予以赔偿。

【条文主旨】

本条是关于有限责任公司股东会解任董事的规定。

【重点解读】

本条为新增条款，确定了有限责任公司股东会无因解任董事规则。

借鉴国外公司法，1993年《公司法》规定，董事任期届满前，股东会不得无故解除董事职务。2005年修订《公司法》时删除了该表述。在我国法律体系下，董事与公司的关系属于委托合同关系，根据《民法典》第九百三十三条规定，委托人可以随时解除委托合同，这是一种特殊的法定解除权。立法机关吸收最高人民法院关于《公司法》司法解释的成果，以本条第一款规定了有限责任公司股东会无因解任董事规则。本条第一款有三方面含义：其一，股东会对董事有任意解除权，无须以约定的或者法定的理由为条件。解任有无理由、理由是否正当、董事是否存在过错等，均不影响解任决议的效力。其二，股东会解任董事，需要以股东会决议程序形成有效决议，才能成为股东会解任董事的意思。其三，股东会解任董事的决议作出之日即生效，不是解任通知送达董事之日生效。

虽然就委托合同而言，委托人、受托人均有任意解除权，但应当对任意解除权进行必要的限制，亦是共识。一般认为，应当通过追究解约方的违约责任的方式进行规制。《民法典》第九百三十三条规定，因解除合同造成对方损失的，除不可归责于该当事人的事由外，无偿委托合同的解除方应当赔偿因解除时间不当造成的直接损失，有偿委托合同的解除方应当赔偿对方的直接损失和合同履行后可以获得的利益。《最高人民法院关于适用〈中华人民共和国公司法〉若干问题的规定（五）》第三条进一步规定，董事任期届满前被股东会或者股东大会有效决议解除职务，其主张解除不发生法律效力的，人民法院不予支持。董事职务被解除后，因补偿与公司发生纠纷提起诉讼的，人民法院应当依据法律、行政法规、公司章程的规定或者合同的约定，综合考虑解除的原因、剩余任期、董事薪酬等因素，确定是否补偿以及补偿的合理数额。为此，本条第二款对股东会任意解任董事的赔偿问题作出规定。当然，公司股东会基于公司章程或者法定的事由解任董事，如董事违背忠实义务、勤勉义务，有新《公司法》第八章列举的违约和侵权行为，或者已不具有董事任职资格的，公司不承担赔偿责任。

第七十二条　董事会会议由董事长召集和主持；董事长不能履行职务或者不履行职务的，由副董事长召集和主持；副董事长不能履行职务或者不履行职务的，由过半数的董事共同推举一名董事召集和主持。

【原法条文】

　　第四十七条　董事会会议由董事长召集和主持；董事长不能履行职务或者不履行职务的，由副董事长召集和主持；副董事长不能履行职务或者不履行职务的，由半数以上董事共同推举一名董事召集和主持。

【条文主旨】

　　本条是关于有限责任公司董事会召集和主持的规定。

【重点解读】

　　本条基本沿用了原《公司法》第四十七条规定，仅将"半数以上"修改为"过半数"的表述。

　　以本条文义，董事长、副董事长、过半数董事共同推举一名董事均有召集和主持董事会的权利，董事会会议应当由董事长召集和主持；只有在董事长不召集和主持董事会时，才能由副董事长召集和主持；出现极特定情形，董事长、副董事长均不能履行职务或者不履行职务时，为保证董事会机构运行，由过半数的董事共同推举一名董事召集和主持。本条中所称的"过半数"指超过半数，不是原《公司法》第四十七条规定的包括半数在内的"半数以上"。

第七十三条　董事会的议事方式和表决程序，除本法有规定的外，由公司章程规定。

董事会会议应当有过半数的董事出席方可举行。董事会作出决议，应当经全体董事的过半数通过。

董事会决议的表决，应当一人一票。

董事会应当对所议事项的决定作成会议记录，出席会议的董事应当在会议记录上签名。

【原法条文】

第四十八条　董事会的议事方式和表决程序，除本法有规定的外，由公司章程规定。

董事会应当对所议事项的决定作成会议记录，出席会议的董事应当在会议记录上签名。

董事会决议的表决，实行一人一票。

【条文主旨】

本条是关于有限责任公司董事会议事方式、表决程序和记录的规定。

【重点解读】

本次《公司法》修改，专门以本条第二款增加了"董事会会议应当有过半数的董事出席方可举行。董事会作出决议，应当经全体董事的过半数通过"的规定；本条第一款、第三款、第四款沿用了原《公司法》第四十八条规定，没有修改。

新《公司法》仅原则上规定了董事会的议事方式,如第二十四条规定公司股东会、董事会、监事会召开会议和表决可以采用电子通信方式,公司章程另有规定的除外。对此,本条第一款作出规定。

本条第二款有三方面含义:其一,公司董事会会议,必须有全体董事的过半数董事出席方可举行,此为董事会举行的前置条件。未经过半数董事出席的董事会,不得召开和举行;以不符合该法定人数举行和召开的董事会,视为未召开,董事会决议不成立。其二,董事会作出决议,必须经全体董事的过半数通过,才能形成董事会的决议,而不是出席会议的董事过半数通过。其三,本条第二款规定的"过半数",是指"超过半数"的董事出席和通过。其四,本条第二款为强制性规定,公司章程不得规定"半数""二分之一"或者低于"半数"董事的表决和议事规则。

本条第三款规定了董事会表决权的行使。由此表明,与股东会按照股东出资比例行使表决权的"资本决"不同,董事会的决议为"人数决"。并且,全体董事成员地位平等,以自然人的人身属性以及董事身份享有平等的权利。在董事会会议中每名董事有一票表决权,不因董事长、副董事长的职务身份而有所不同,最终由董事一人一票的表决机制形成董事会的意思。

新《公司法》赋予了董事会更多职权的空间,同时,从权利义务对等原则,也从多方面强化了董事的赔偿责任。对于已履行职责的董事,可以免除其责任。如新《公司法》第一百二十五条规定,经证明股份有限公司董事会在表决时曾表明异议并记载于会议记录的,该董事可以免除责任。由此,规定董事会会议记录制度,记载董事同意或者不同意的意见及理由,就显得更为重要。

第七十四条 有限责任公司可以设经理,由董事会决定聘任或者解聘。

经理对董事会负责，根据公司章程的规定或者董事会的授权行使职权。经理列席董事会会议。

【原法条文】

第四十九条　有限责任公司可以设经理，由董事会决定聘任或者解聘。经理对董事会负责，行使下列职权：

（一）主持公司的生产经营管理工作，组织实施董事会决议；

（二）组织实施公司年度经营计划和投资方案；

（三）拟订公司内部管理机构设置方案；

（四）拟订公司的基本管理制度；

（五）制定公司的具体规章；

（六）提请聘任或者解聘公司副经理、财务负责人；

（七）决定聘任或者解聘除应由董事会决定聘任或者解聘以外的负责管理人员；

（八）董事会授予的其他职权。

公司章程对经理职权另有规定的，从其规定。

经理列席董事会会议。

【条文主旨】

本条是关于有限责任公司经理的产生和职权的规定。

【重点解读】

本条以原《公司法》第四十九条为基础，删除了原《公司法》第四十九条列举的职权规定；在"公司章程对经理职权另有规定的，从其规定"的基础上，修改表述为"经理根据公司章程的规定或者董事会的授权行使职权"；保留了"有限责任公司经理由董事会决定聘任或者解聘""经理对董事会负责""经理列席董事会会议"的规定。

理论上讲，董事会的基本功能是执行公司业务。但在实践中，由于董事会并不具体执行业务活动，所能掌握的业务信息较少，董事会可能无法主导公司经营，高级管理人员实际主导公司的经营，董事会执行公司业务的职能不断弱化。因此，现代公司治理更关注公司经理层的行为，不断释放公司经理层对公司经营管理和运营的权限，将公司经理层定位于公司业务执行机构，而将董事会定位为经营决策和监督机构，或者转型为监督机构，确保公司经理层合法、公正地履行职责。

从本次公司法修改来看，立法机关表现出从"股东会中心主义"向"董事会中心主义"以及单层监督结构过渡的倾向，并进一步对经理的职权规定作出重大修改。主要体现在，本条删除了原《公司法》对经理职权的列举规定，概括规定经理根据公司章程的规定或者董事会的授权行使职权，为突出经理层在公司治理中业务执行机构的地位预留了弹性空间。

经理作为公司的具体业务执行机构，其权利来源于公司章程的规定或者董事会的授权。本条对经理的职权、聘任或者解聘等进行了规定，其他高级管理人员，如副经理、财务负责人以及公司章程规定的其他人员，公司章程可以作出相关规定，但不得与高级管理人员因其劳动者身份而适用的法律规范相冲突。

第七十五条　规模较小或者股东人数较少的有限责任公司，可以不设董事会，设一名董事，行使本法规定的董事会的职权。该董事可以兼任公司经理。

【原法条文】

第五十条　股东人数较少或者规模较小的有限责任公司，可以设一名执行董事，不设董事会。执行董事可以兼任公司经理。

执行董事的职权由公司章程规定。

【条文主旨】

本条是关于有限责任公司一名董事的规定。

【重点解读】

本条在原《公司法》第五十条第一款基础上，将"一名执行董事"的表述修改为"一名董事，行使本法规定的董事会的职权"，更为精准、规范；删除了原《公司法》第五十条第二款。

2003 年修改的《公司法》取消了法定最低注册资本限额的规定，股东人数较少或者规模较小的有限责任公司迅速发展，在公司类型中已占据相当的比例。为优化这种类型公司的组织机构，降低管理和代理成本，《公司法》作出了本条规定。本条规定有以下四个方面的含义：其一，规模较小或者股东人数较少的有限责任公司，董事会不是必设机构，公司可以不设董事会，设一名董事，行使《公司法》规定的董事会的职权。其二，"规模较小或者股东人数较少"两者中，只要具备一个，就可以不设董事会。当然，本条没有对"规模较小或者股东人数较少"作出具体规定，这实际上赋予了有限责任公司不设董事会的弹性空间。其三，该董事的法律地位与董事会相同，是公司的执行机关，因此，该董事行使《公司法》规定的董事会的职权，包括新《公司法》第六十七条列举规定的法定职权，以及公司章程规定或者股东会授予的其他职权。就此点而言，其内涵和外延大于原《公司法》第五十条规定的"执行董事的职责由公司章程规定"。其四，该董事可以兼任公司经理，行使《公司法》规定的经理职权。

【实务问题】

需要注意的是，新《公司法》第十条规定，公司的法定代表人按照公司章程的规定，由代表公司执行公司事务的董事或者经理担任。结合本条规定可能产生该董事交叉任职经理以及法定代表人的情形。对于相对人而言，该董事表明的不同身份，就显得较为重要。该董事表明其法定代表人身份时，具有以公司名义从事民事活动的法定代表权；该董事仅表明其董事或者经理身份时，并不能当然地认为其具有代表公司的权利，而其以董事身份作出的意思表示，可以认为是公司董事会的意思。

第七十六条 有限责任公司设监事会，本法第六十九条、第八十三条另有规定的除外。

监事会成员为三人以上。监事会成员应当包括股东代表和适当比例的公司职工代表，其中职工代表的比例不得低于三分之一，具体比例由公司章程规定。监事会中的职工代表由公司职工通过职工代表大会、职工大会或者其他形式民主选举产生。

监事会设主席一人，由全体监事过半数选举产生。监事会主席召集和主持监事会会议；监事会主席不能履行职务或者不履行职务的，由过半数的监事共同推举一名监事召集和主持监事会会议。

董事、高级管理人员不得兼任监事。

【原法条文】

第五十一条 有限责任公司设监事会，其成员不得少于三人。股东人数较少或者规模较小的有限责任公司，可以设一至二名监事，不设监事会。

监事会应当包括股东代表和适当比例的公司职工代表，其中职工代表的比例不得低于三分之一，具体比例由公司章程规定。监事会中的职工代表由公司职工通过职工代表大会、职工大会或者其他形式民主选举产生。

监事会设主席一人，由全体监事过半数选举产生。监事会主席召集和主持监事会会议；监事会主席不能履行职务或者不履行职务的，由半数以上监事共同推举一名监事召集和主持监事会会议。

董事、高级管理人员不得兼任监事。

【条文主旨】

本条是关于有限责任公司监事会的规定。

【重点解读】

本条在原《公司法》第五十一条基础上，将原《公司法》第五十一条规定的其成员"不得少于三人"修改为"三人以上",将"半数以上"修改为"过半数"。由于新《公司法》第六十九条、第八十三条已规定了可以不设监事会的例外情形,故本条删除了原《公司法》第五十一条的相关规定,增加了"本法第六十九条、第八十三条另有规定的除外"的表述。

根据本条第一款规定,原则上监事会是有限责任公司的必设机构,但《公司法》第六十九条、第八十三条另有规定的除外。即有限责任公司按照公司章程的规定在董事会中设置由董事组成的审计委员会,行使《公司法》规定的监事会职权的,不设监事会或者监事;规模较小或者股东人数较少的有限责任公司,可以不设监事会,设一名监事,行使《公司法》规定的监事会的职权,经全体股东一致同意,也可以不设监事。

本条第二款有以下三方面含义:其一,监事会成员须为三人以上,不得少于三人,但对人数上限以及由单数还是双数人员组成没有限制规定。其二,为体现公司建立健全以职工代表大会为基本形式的公司民主管理制度的立法宗旨,规定监事会应当包括股东代表和适当比例的公司职工代表,其中职工代表的比例不得低于三分之一,具体比例由公司章程规定,但公司章程规定的职工代表监事的比例不得低于三分之一。与新《公司法》第六十八条规定的一般有限责任公司董事会成员中"可以"有公司职工代表的任意性规范不同,本条有关职工代表监事的规定为强制性规范。其三,只有经过法定民主程序选举产生的职工代表,才能代表职工利益,具有职工代表监事资格。

监事会是公司的监督机构,也是全体监事的议事机关。监事会以会议形式作出决议,需要有人召集和主持。因此本条第三款规定了监事会主席的产生以及监事会的召集和主持。

董事、高级管理人员与监事是被监督者与监督者的关系,两者必然存在利益冲突，为了保持监事的独立性，保障监事合法、公平、公正行使职责，本条第四款专门就此作出了规定。

【实务问题】

需要注意的是，有限责任公司在选择单层监督机构、双层监督机构时存在职工代表方面的差异。根据新《公司法》第六十九条规定，有限责任公司董事会成员中的职工代表可以成为审计委员会成员，也就是说，有限责任公司不设监事会或者监事的，行使监事会职权的审计委员会中可以没有职工代表。而根据新《公司法》第七十六条第一款、第二款规定，有限责任公司设监事会的，监事会成员为三人以上，监事会成员中必须包括适当比例的公司职工代表，其中职工代表的比例不得低于三分之一，具体比例由公司章程规定。

第七十七条　监事的任期每届为三年。监事任期届满，连选可以连任。

监事任期届满未及时改选，或者监事在任期内辞任导致监事会成员低于法定人数的，在改选出的监事就任前，原监事仍应当依照法律、行政法规和公司章程的规定，履行监事职务。

【原法条文】

第五十二条　监事的任期每届为三年。监事任期届满，连选可以连任。

监事任期届满未及时改选，或者监事在任期内辞职导致监事会成员低于法定人数的，在改选出的监事就任前，原监事仍应当依照法律、行政法规和公司章程的规定，履行监事职务。

【条文主旨】

本条是关于有限责任公司监事任期、辞任的规定。

【重点解读】

本条基本沿用了原《公司法》第五十二条规定，仅将"辞职"

修改为"辞任"。

《公司法》规定董事任期每届不得超过三年，董事具体任期由公司章程规定。与《公司法》规定的董事任期不同，监事的任期每届为三年，该期限是固定期限，亦是法定期限，公司不得以章程规定改变该期限。监事任职期限届满，如果具有监事任职资格，且继续得到公司股东会信任，可以再次选举为监事。法律对监事可以连任的届数不进行限定，但从法律规定"可以"连选连任，表明公司章程可以对监事连任届数作出规定。

监事任期届满未及时改选或者监事在任期内辞任，导致监事会中成员低于法定人数的，公司监事会将无法运转，公司监督机关将陷入停滞。出现上述情形的，公司股东会应当及时选举新的监事，同时，在改选出的监事就任前，原监事继续履行监事职责，为其法定义务。原监事的履职期限截至公司股东会改选出监事时止。

第七十八条　监事会行使下列职权：

（一）检查公司财务；

（二）对董事、高级管理人员执行职务的行为进行监督，对违反法律、行政法规、公司章程或者股东会决议的董事、高级管理人员提出解任的建议；

（三）当董事、高级管理人员的行为损害公司的利益时，要求董事、高级管理人员予以纠正；

（四）提议召开临时股东会会议，在董事会不履行本法规定的召集和主持股东会会议职责时召集和主持股东会会议；

（五）向股东会会议提出提案；

（六）依照本法第一百八十九条的规定，对董事、高级管理人员提起诉讼；

（七）公司章程规定的其他职权。

【原法条文】

第五十三条　监事会、不设监事会的公司的监事行使下列职权：

（一）检查公司财务；

（二）对董事、高级管理人员执行公司职务的行为进行监督，对违反法律、行政法规、公司章程或者股东会决议的董事、高级管理人员提出罢免的建议；

（三）当董事、高级管理人员的行为损害公司的利益时，要求董事、高级管理人员予以纠正；

（四）提议召开临时股东会会议，在董事会不履行本法规定的召集和主持股东会会议职责时召集和主持股东会会议；

（五）向股东会会议提出提案；

（六）依照本法第一百五十一条的规定，对董事、高级管理人员提起诉讼；

（七）公司章程规定的其他职权。

【条文主旨】

本条是关于有限责任公司监事会职权的规定。

【重点解读】

本条基本沿用了原《公司法》第五十三条规定，删除了"不设监事会的公司的监事"的表述；删除了第（二）项中的"公司"二字，将第（二）项中的"罢免"修改为"解任"；将第（六）项中的"第一百五十一条"修改为"第一百八十九条"。

监事会作为公司的监督机构，其职责和权限不限于对公司财务、会计的监督，而应当是全面监督。根据本条规定，监事会的职权体现在以下方面：

一是财务监督权。了解、监督公司经营情况，真实、有效的途径即是公司的财务情况。监事有权对公司的财务会计报告、会计账簿、会计凭证和其他财务会计资料进行审核，确认合法性、公允性，以及是否符合公司章程的规定。

二是对董事、高级管理人员的监督权。监事会应当对董事、高级管理人员的履职行为进行监督，董事、高级管理人员违反法律、行政法规、公司章程或者股东会决议的，监事会有权提出解任的建议；当董事、高级管理人员的行为损害公司的利益时，监事会有权要求董事、高级管理人员予以纠正。

三是召开临时股东会的提议权。监事会认为必要时，有权提议召开临时股东会会议，并在董事会不履行《公司法》规定的召集和主持股东会会议职责时召集和主持股东会会议。

四是股东会会议提案权。监事会有权直接向股东会会议提出议案，股东会应当对监事会提出的议案进行决议。

五是对董事、高级管理人员的诉讼代表权。依照新《公司法》第一百八十九条规定，董事、高级管理人员执行职务违反法律、行政法规或者公司章程的，有限责任公司的股东可以书面请求监事会，由监事会指派监事会主席代表公司向人民法院提起诉讼。

六是公司章程规定的其他权利。公司章程可以扩大监事会的监督权范围，但不得剥夺或者限制监事会的法定权利。

第七十九条　监事可以列席董事会会议，并对董事会决议事项提出质询或者建议。

监事会发现公司经营情况异常，可以进行调查；必要时，可以聘请会计师事务所等协助其工作，费用由公司承担。

【原法条文】

第五十四条　监事可以列席董事会会议，并对董事会决议事项提出质询或者建议。

监事会、不设监事会的公司的监事发现公司经营情况异常，可以进行调查；必要时，可以聘请会计师事务所等协助其工作，费用由公司承担。

【条文主旨】

本条是关于公司监事的质询建议权和监事会调查权的规定。

【重点解读】

本条基本沿用了原《公司法》第五十四条规定，仅删除了"不设监事会的公司的监事"的表述。

监事会是全体监事成员组成的监督机构，每一名监事均负有监督的职责。监事列席董事会会议，充分知悉公司经营决策、业务执行的信息，是监事有效监督以及有针对性监督的重要方式。本条第一款规定，监事可以列席董事会会议，从文义上看，与《公司法》规定的"经理列席董事会会议"有所不同，似乎监事也可以不列席董事会会议，但是，从实践来看，监事应当列席董事会。同时，监事有对董事会决议事项提出质询或者建议的权利，包括质疑董事会决策的合法性、公正性以及合理性。就此而言，监事负有的职责是全面的监督，对于董事会决议的业务执行、业务决策、财务报告、公司情况等，都有质询和建议的权利，而董事会对于监事的质询必须予以合理的答复。

本条第二款专门规定了监事会的调查权。

第八十条　监事会可以要求董事、高级管理人员提交执行职务的报告。

董事、高级管理人员应当如实向监事会提供有关情况和资料，不得妨碍监事会或者监事行使职权。

【原法条文】

第一百五十条第二款　董事、高级管理人员应当如实向监事会或者不设监事会的有限责任公司的监事提供有关情况和资料，不得妨碍监事会或者监事行使职权。

【条文主旨】

本条是关于有限责任公司董事、高级管理人员报告及履职的规定。

【重点解读】

本条在原《公司法》第一百五十条第二款基础上，以第一款增加规定了"监事会可以要求董事、高级管理人员提交执行职务的报告"，扩大了监事会的职权范围。

对公司财务监督、对董事会决策监督以及对董事、高级管理人员执行职务行为的监督，有赖于监事会能否充分、全面获取相关信息。立法机关总结我国《公司法》实践，从完善监事会获取信息渠道出发，专门规定监事会可以要求董事、高级管理人员提交执行职务的报告。由此，不仅监事会可以从报告中获取充分的信息，评估董事、高级管理人员履行职务的情况，董事、高级管理人员是否如实、客观、全面提交执行职务的报告，也成为其是否合法履行职务、是否忠实和勤勉履行职务的重要依据。

监事会、监事不是公司执行机构，也不是业务执行人员，其行使监督职权，需要董事、高级管理人员的配合和协助，对此，本条第二款作出了规定。

事实上，立法机关在本次修改中力图重建公司内部监督机制，一方面构建了单层监督机构或双层监督机构的选择空间，另一方面以本条第一款规定扩大监事会获取信息的渠道，并在原《公司法》规定的股东会、董事会决定公司聘用、解聘承办公司业务的会计师事务所的基础上，专门增加"或者监事会决定"的表述，提升了监事会选任会计师事务所的权限，强化了监事会的监督职权。

第八十一条　监事会每年度至少召开一次会议，监事可以提议召开临时监事会会议。

监事会的议事方式和表决程序，除本法有规定的外，由公司章程规定。

监事会决议应当经全体监事的过半数通过。

监事会决议的表决，应当一人一票。

监事会应当对所议事项的决定作成会议记录，出席会议的监事应当在会议记录上签名。

【原法条文】

第五十五条　监事会每年度至少召开一次会议，监事可以提议召开临时监事会会议。

监事会的议事方式和表决程序，除本法有规定的外，由公司章程规定。

监事会决议应当经半数以上监事通过。

监事会应当对所议事项的决定作成会议记录，出席会议的监事应当在会议记录上签名。

【条文主旨】

本条是关于有限责任公司监事会会议的规定。

【重点解读】

本条在原《公司法》第五十五条基础上，将“经半数以上监事通过”修改为“经全体监事的过半数通过”，并增加了“监事会决议的表决，应当一人一票”的规定。

为防止监事会虚置，督促监事会履行职责，本条第一款规定，监事会每年度至少召开一次会议，监事可以提议召开临时监事会会议。公司章程可以对会议的召开时间、召开方式等作出规定。新《公司法》仅原则上规定了监事会的议事方式，如第二十四条规定公司股东会、董事会、监事会召开会议和表决可以采用电子通信方式，公司章程另有规定的除外。因此，本条第二款规定，监事会的议事方式和表决程序，除本法有规定的外，由公司章程规定。

本条第三款有两方面含义：其一，监事会作出决议，必须经全体监事的过半数通过，才能形成监事会的决议。即"超过半数"的监事通过。其二，本条第三款为强制性规定，公司章程不得规定"半数""二分之一"或者低于"过半数"监事的表决和议事规则。

本条第四款规定了监事会表决权的行使，由此表明，与股东会按照股东出资比例行使表决权的"资本决"不同，监事会的决议为"人数决"。并且，全体监事成员地位平等，以自然人的人身属性以及监事身份享有平等的权利，在监事会会议中每名监事有一票表决权，不因监事长、副监事长的职务身份而有所不同，且最终由监事一人一票的表决机制形成监事会的意思。

新《公司法》强化了监事会的权限，同时，也从多方面强化了监事的赔偿责任。由此，规定监事会会议记录制度，记载监事反映的监督事项、同意或者不同意的意见及理由，就显得更为重要。

第八十二条　监事会行使职权所必需的费用，由公司承担。

【原法条文】

第五十六条　监事会、不设监事会的公司的监事行使职权所必需的费用，由公司承担。

【条文主旨】

本条是关于有限责任公司监事会行使职责费用承担的规定。

【重点解读】

本条基本沿用了原《公司法》第五十六条规定，仅删除了"不设监事会的公司的监事"的表述。

监事会依照法律、行政法规、公司章程履行监督职责，是为了公司的利益，故在履行监督职责活动中所发生的费用，应当由公司承担。但是，为规制不合理的费用发生，本条专门规定监事会行使职权"所必需"的费用，才由公司承担。所称的"所必需"的费用，是指与监事会履行职责有关，且是必需的、合理的费用。如监事会针对公司经营异常的情况进行调查，因有必要而聘请会计师事务所等协助工作发生的费用；监事会代表公司提起诉讼所发生的费用；监事会召集会议所发生的费用等。对于不属于监事会履行职责所必需的费用，公司不予承担。

第八十三条　规模较小或者股东人数较少的有限责任公司，可以不设监事会，设一名监事，行使本法规定的监事会的职权；经全体股东一致同意，也可以不设监事。

【原法条文】

第五十一条第一款　有限责任公司设监事会，其成员不得少于三人。股东人数较少或者规模较小的有限责任公司，可以设一至二名监事，不设监事会。

【条文主旨】

本条是关于有限责任公司可以不设监事会及监事的规定。

【重点解读】

本条在原《公司法》第五十一条第一款规定的基础上进行了修改，修改为"可以不设监事会，设一名监事，行使本法规定的监事会的职权"，更为精准规范；并增加了"经全体股东一致同意，也可以不设监事"的规定。

股东人数较少或者规模较小的有限责任公司，在我国公司类型中已占据相当的比例。根据我国的实际情况，为优化这种类型公司的治理结构，降低管理和监督成本，本条规定，这类公司可以不设监事会，设一名监事，行使本法规定的监事会的职权。该监事行使

《公司法》规定的监事会的职权，包括新《公司法》第七十八条列举规定的法定职权，第七十九条规定的监事可以列席董事会会议、对董事会决议事项的质询或者建议权，第八十条规定的监事会可以要求董事、高级管理人员提交执行职务的报告，第二百一十五条规定的监事会选任会计师事务所的权限，以及公司章程规定的其他监督权等。

对于股东人数较少或者规模较小的有限责任公司，经全体股东一致同意，可以不设监督机构，公司内部治理结构优化为股东会、董事会或者一名董事。有限责任公司不设监事的，原则上应当由股东负责监督，股东的地位相当于监事，同时股东也具有了监事会的监督职权。

【实务问题】

需要注意的是，只有一个股东的有限责任公司的董事、监事、经理身份重合的问题。只有一个股东的有限责任公司，属于股东人数较少的公司，根据新《公司法》的规定，可以不设董事会，设一名董事，行使本法规定的董事会的职权。该董事可以兼任公司经理。由此，可能出现该股东兼任公司董事、经理的情形。根据本条规定，该股东可以兼任监事，或者不设监事。因此，对于只有一个股东的有限责任公司，可能出现该股东兼任公司董事、经理，股东自我监督的情形，公司组织机构事实上已简化为"只有一名股东"。这体现出本次修订《公司法》，为了适应小公司经营灵活性和降低管理成本的需要，简化公司组织机构设置，尊重公司意思自治的倾向。

　第四章

有限责任公司的股权转让

第八十四条　有限责任公司的股东之间可以相互转让其全部或者部分股权。

股东向股东以外的人转让股权的，应当将股权转让的数量、价格、支付方式和期限等事项书面通知其他股东，其他股东在同等条件下有优先购买权。股东自接到书面通知之日起三十日内未答复的，视为放弃优先购买权。两个以上股东行使优先购买权的，协商确定各自的购买比例；协商不成的，按照转让时各自的出资比例行使优先购买权。

公司章程对股权转让另有规定的，从其规定。

【原法条文】

第七十一条　有限责任公司的股东之间可以相互转让其全部或者部分股权。

股东向股东以外的人转让股权，应当经其他股东过半数同意。股东应就其股权转让事项书面通知其他股东征求同意，其他股东自接到书面通知之日起满三十日未答复的，视为同意转让。其他股东半数以上不同意转让的，不同意的股东应当购买该转让的股权；不购买的，视为同意转让。

经股东同意转让的股权，在同等条件下，其他股东有优先购买权。

两个以上股东主张行使优先购买权的，协商确定各自的购买比例；协商不成的，按照转让时各自的出资比例行使优先购买权。

公司章程对股权转让另有规定的，从其规定。

【条文主旨】

本条是关于有限责任公司股权转让的规定。

【重点解读】

本条与原《公司法》第七十一条相比，主要有三处修改：（1）简化了有限责任公司股东对外转让股权的转让程序，删除了股东向股东以外的人转让股权需要经过其他股东同意的程序规定，为此，删除了原《公司法》第七十一条第二款、第三款中"应当经其他股东过半数同意""征求同意""同意转让。其他股东半数以上不同意转让的，不同意的股东应当购买该转让的股权；不购买的，视为同意转让""经股东同意转让的股权"等文字表述；（2）将有限责任公司股东对外转让股权的程序简化为其他股东行使优先购买权的程序规定，为此，将原《公司法》第七十一条第三款关于"同等条件下，其他股东行使优先购买权"的规定提升为本条第二款，保留原《公司法》第七十一条第二款中"书面通知其他股东"等文字表述，形成其他股东行使优先购买权的程序规则中股东对外转让股权应当"书面通知其他股东"的"通知"规则，并将"其他股东自接到书面通知之日起满三十日未答复的，视为同意转让"的规定，修改为"股东自接到书面通知之日起三十日内未答复的，视为放弃优先购买权"；（3）在本条第二款中将"书面通知的事项"明确为"股权转让的数量、价格、支付方式和期限等"，以此明确优先购买权的"同等条件"的内涵。

本条第一款规定有限责任公司股东内部之间可以自由转让其股权，法律不进行限制。有限责任公司的股东之间相互转让其全部或者部分股权，仅发生股东或者股东出资额的变化，公司注册资本及资产并没有变化，对公司外部的第三人没有影响。

传统公司法理论较为强调有限责任公司的人合性，对公司股东对外转让其股权进行了一定的限制。从《公司法》实践来看，对股东对外转让其股权进行法律限制，不利于资本流动、激发市场活力，影响投资者的投资积极性，并且，对有限责任公司治理产生不利影响。正是有限责任公司具有人合性特点，当股东之间不再具有信任关系或者股东因资金需要但无法退出公司，易导致股东之间的矛盾，甚至产生公司僵局。立法机关认为，股权作为一项财产权，其转让遵守私法自治原则，股权转让自由才能实现股权价值，从而有利于公司向投资者筹措资金，因此，在价值位阶上，股权流通价值应当优先于对人合性保护的价值。

本条第二款有以下五方面含义：其一，股东向股东以外的人转让股权，除其他股东在同等条件下享有优先购买权外，原则上法律不再进行限制，无须经过其他股东的同意。其二，转让股权的股东负有向公司其他股东的书面通知义务，该股东应当将股权转让的数量、价格、支付方式和期限等事项书面通知其他股东。其三，其他股东在同等条件下有优先购买权，这是其法定权利，不得被剥夺或者被限制。其他股东享有的优先购买权须以"同等条件"为前提，"同等条件"是指股权转让的数量、价格、支付方式和期限等相同或者基本相同。其四，股东超过法定期限未答复的，视为放弃优先购买权。其五，两个以上股东行使优先购买权的，应当协商确定各自的购买比例；协商不成的，按照转让时各自的出资比例行使优先购买权。如果公司章程没有另行规定，一般认为，此处所称的"出资比例"是指股东对公司的认缴出资比例。

经全体股东协商一致，有限责任公司章程可以对股权转让进行另外的约定，如为公司发展的需要而在一定期限内限制股东对外转让股权，明确规定股东以实缴出资比例享有优先购买权等。

【实务问题】

需要注意对于对外转让股权的股东侵害其他股东优先购买权的救济。《最高人民法院关于适用〈中华人民共和国公司法〉若干问题的规定（四）》（2020 年修正）第二十条规定，其他股东主张优先购买后又不同意转让股权的，对其他股东优先购买的主张，人民法院不予支持，但公司章程另有规定或者全体股东另有约定的除外。其他股东主张转让股东赔偿其损失合理的，人民法院应当予以支持。第二十一条规定，转让未就其股权转让事项征求其他股东意见，或者以欺诈、恶意串通等手段，损害其他股东优先购买权，其他股东主张按照同等条件购买该转让股权的，人民法院应当予以支持，但其他股东自知道或者应当知道行使优先购买权的同等条件之日起三十日内没有主张，或者自股权变更登记之日起超过一年的除外；其他股东仅提出确认股权转让合同及股权变动效力等请求，未同时主张按照同等条件购买转让股权的，人民法院不予支持，但其他股东非因自身原因导致无法行使优先购买权，请求损害赔偿的除外；股东以外的股权受让人，因股东行使优先购买权而不能实现合同目的的，可以依法请求转让股东承担相应民事责任。

第八十五条　人民法院依照法律规定的强制执行程序转让股东的股权时，应当通知公司及全体股东，其他股东在同等条件下有优先购买权。其他股东自人民法院通知之日起满二十日不行使优先购买权的，视为放弃优先购买权。

【条文主旨】

本条是关于因人民法院强制执行而转让股权时涉及优先购买权的规定。

【重点解读】

本条沿用了原《公司法》第七十二条规定，没有修改。

股权属于民法上的财产权，因股东个人原因被人民法院强制执行时，其拥有的公司股权作为个人财产可以成为被执行的标的。本条即是有关股东的股权依照法律规定的强制执行程序转让时所涉优先购买权的规定。

关于人民法院依照法律规定的强制执行程序转让股东的股权时的"通知""同等条件"，根据《最高人民法院关于适用〈中华人民共和国公司法〉若干问题的规定（四）》（2020 年修正）第二十二条规定，通过拍卖向股东以外的人转让有限责任公司股权的，适用《公司法》第七十一条第二款、第三款或者第七十二条规定的"书面通知""通知""同等条件"时，根据相关法律、司法解释确定；在依法设立的产权交易场所转让有限责任公司国有股权的，适用《公司法》第七十一条第二款、第三款或者第七十二条规定的"书面通知""通知""同等条件"时，可以参照产权交易场所的交易规则。

第八十六条　股东转让股权的，应当书面通知公司，请求变更股东名册；需要办理变更登记的，并请求公司向公司登记机关办理变更登记。公司拒绝或者在合理期限内不予答复的，转让人、受让人可以依法向人民法院提起诉讼。

股权转让的，受让人自记载于股东名册时起可以向公司主张行使股东权利。

【条文主旨】

本条是关于有限责任公司股权转让的变更登记请求权的规定。

【重点解读】

本条为新增条款。

为规范股东转让其股权的行为，保护相对人的信赖利益，本条第一款专门对有限责任公司股东转让股权变更登记进行规定。本条第一款有以下三方面含义：其一，股东转让股权的，无论是向公司内部其他股东转让其全部或者部分股权，还是向公司外部的人转让其全部或者部分股权，因股东或者股权比例发生变化，股东应当履行书面通知公司的义务，有权请求变更股东名册。其二，根据新《公司法》第三十二条第一款规定，股权转让变动的事项涉及公司登记事项范围的，属于"需要办理的变更登记"，转让股东、受让股东有权请求公司向公司登记机关办理变更登记，此为公司的义务。其三，公司拒绝或者在合理期限内不予答复的，表明公司拒不履行向公司登记机关办理变更登记的法定义务，转让股东、受让股东均有诉权，可以依法向人民法院提起诉讼。

此外，依照新《公司法》第四十条第一款规定，有限责任公司股东转让股权的，涉及"有限责任公司股东的股权变更信息"，属于法律强制的公司必须公示的信息。

新《公司法》第五十六条第二款规定，记载于股东名册的股东，"可以"依股东名册主张行使股东权利。本条第二款与新《公司法》第五十六条第二款表达了相同的内涵，即具有形式要件的股东名册、公司登记机关的记载，有推定效力；签署出资协议、实际出资、取得出资证明书、实际享有股东权利等符合实质要件的依据，有事实效力，股东也可以以此主张行使股东权利。

第八十七条　依照本法转让股权后，公司应当及时注销原股东的出资证明书，向新股东签发出资证明书，并相应修改公司章程和股东名册中有关股东及其出资额的记载。对公司章程的该项修改不需再由股东会表决。

【原法条文】

第七十三条　依照本法第七十一条、第七十二条转让股权后，公司应当注销原股东的出资证明书，向新股东签发出资证明书，并相应修改公司章程和股东名册中有关股东及其出资额的记载。对公司章程的该项修改不需再由股东会表决。

【条文主旨】

本条是关于有限责任公司股东转让股权后出资证明书以及修改公司章程和股东名册的规定。

【重点解读】

本条在原《公司法》第七十三条基础上，删除了"本法第七十一条、第七十二条"的表述，增加了"及时"的表述。

有限责任公司股东依照《公司法》转让其股权后，公司负有履行相关手续的义务。本条有以下三方面含义：其一，出资证明书是股东出资的凭证，其中记载了公司注册资本、股东的姓名或者名称、认缴和实缴的出资额、出资方式、出资日期等事项；股东名册是股东主张行使股东权利的法律凭证，公司章程记载了公司注册资本、股东的姓名或者名称、股东的出资额、出资方式、出资日期等法定事项，公司应当及时注销原股东的出资证明书，向新股东签发出资证明书，并相应修改公司章程和股东名册中有关股东及其出资额的记载。其二，对于公司履行相关手续的期限，本条规定"及时"履行，没有进行具体规定。公司章程或者相关协议有具体规定的，依其规定；公司章程或者相关协议没有具体规定的，公司应当在合理期限内完成。其三，对公司章程进行修改是公司股东会职权事项，应由股东会决议。因《公司法》专节对有限责任公司股权转让作出规定，股东依照《公司法》规定转让股权，全体股东已事实上知悉并同意，因此，本条专门规定，对公司章程的该项修改不需再由股东会表决。

第八十八条　**股东转让已认缴出资但未届出资期限的股权的，由受让人承担缴纳该出资的义务；受让人未按期足额缴纳出资的，转让人对受让人未按期缴纳的出资承担补充责任。**

未按照公司章程规定的出资日期缴纳出资或者作为出资的非货币财产的实际价额显著低于所认缴的出资额的股东转让股权的，转让人与受让人在出资不足的范围内承担连带责任；受让人不知道且不应当知道存在上述情形的，由转让人承担责任。

【条文主旨】

本条是关于有限责任公司股权转让的转让人、受让人出资责任的规定。

【重点解读】

本条为新增条款，旨在完善公司资本制度，明确有限责任公司股权转让时转让人、受让人的出资责任。

对于有限责任公司股东认缴的出资或者瑕疵出资，进行股权转让后，转让股东、受让股东是否承担出资责任以及各自承担何种责任，实践中一直有较大争议。第一种观点认为，如果股权转让时出资缴纳期限尚未届满，股东享有出资的期限利益，股东不存在履约义务的问题，其此时出让股权退出公司，嗣后也就不存在承担出资责任的问题，出资责任应当由受让股东承担；如果股权转让时出资缴纳期限已届满，股东出资义务已现实发生，其出资义务作为法定义务不因出让股权而免除，转让股东仍应承担出资责任。如果受让股东知道或应当知道未缴纳出资，受让股东应当承担连带责任。第二种观点认为，未届缴纳期限的出资相当于该股东向公司承担的于未来履行的债务，该股东出让股权相当于以行为表示其不再履行出资义务，此时对公司而言符合预期违约的情形，因此，股权转让时无论出资缴纳期限是否届满，转让股东都应当承担出资责任。受让股东则未必承担连带责任。第三种观点认为，股东转让股权相当于权利义务概括转移，转让股东作为出资义务人将出资义务转移给受让股东，作为相对人的公司同意转让，出资义务就已经转移给受让股东，因此，股权转让时无论出资缴纳期限是否届满，受让股东都应当承担出资责任。转让股东是否承担责任取决于其是否系恶意损害债权人利益而转让股权。

对于认缴出资但未届出资期限的股权转让，立法机关以受让股东承担出资责任、转让股东承担补充责任为核心构建了出资责任规则，有力地规范了有限责任公司股权转让的行为，避免股东滥用期限利益，以无代价的转让股权的方式退出公司可能产生的道德风险，对于完善我国的公司资本制度，保护公司以及债权人的利益，具有重要的现实意义。转让股东的补充责任并非连带责任，仅是补充性的责任，且为从后的履行顺位。如果受让股东不履行出资义务时即要求转让股东承担补充责任，则转让股东事实上承担了连带责任。只有在受让股东未按期足额缴纳的出资，且以其资产无法或者不能全面履行出资的情况下，就受让股东不能履行的差额部分，转让股东才应当对公司承担补充责任。

就转让股东出其瑕疵出资的股权，即未按照公司章程规定的出资日期缴纳出资或者作为出资的非货币财产的实际价额显著低于所认缴的出资额的股东转让股权的，虽然都涉及公司利益和公司债权人利益保护的问题，但毕竟有所不同，转让人出资不实的责任不能因股权转让而免除。《最高人民法院关于适用〈中华人民共和国公司法〉若干问题的规定（三）》（2020年修正）第十八条第一款规定，有限责任公司的股东未履行或者未全面履行出资义务即转让股权，受让人对此知道或者应当知道，公司请求该股东履行出资义务、受让人对此承担连带责任的，人民法院应予支持；公司债权人依照本规定第十三条第二款向该股东提起诉讼，同时请求前述受让人对此承担连带责任的，人民法院应予支持。立法机关借鉴了该司法解释的规定，对出资不诚信的股权转让行为采取了较为严厉的态度，要求转让人与受让人在出资不足的范围内承担连带责任；只有在受让人不存在任何过错，不知道"且"客观上也不应当知道的例外情形下，受让人才不承担责任，而由转让人承担出资责任。需要注意的是，本条第二款所规制的两类行为指向不同，一是针对未按期缴纳出资，即未按照公司章程规定的出资日期缴纳出资的股东转让股权；二是针对已出资的非货币财产，作为出资的非货币的财产的实际价值显著低于所认缴的出资额的股东转让股权。

【实务问题】

对于有限责任公司的股东转让已认缴出资但未届出资期限的股权，在公司章程规定的出资期限届满之前，如果发生多次股权转让，可能涉及多重转让人、受让人的责任承担问题。笔者认为，本次修订《公司法》，立法机关为完善认缴资本制，建立了有限责任公司最长五年认缴期限、股东失权、股东出资加速到期、股份有限公司发起人实缴出资等制度，又在第八十八条第一款规定了认缴出资股权转让的责任制度，强化了股权转让的出资责任，力图避免认缴出资股权"空转"，从法律导向来看，似无豁免"中间环节"责任人或者进行限缩解释的空间。因此，转让认缴出资股权的，转让人、受让人都应持审慎的态度。

第八十九条　有下列情形之一的，对股东会该项决议投反对票的股东可以请求公司按照合理的价格收购其股权：

（一）公司连续五年不向股东分配利润，而公司该五年连续盈利，并且符合本法规定的分配利润条件；

（二）公司合并、分立、转让主要财产；

（三）公司章程规定的营业期限届满或者章程规定的其他解散事由出现，股东会通过决议修改章程使公司存续。

自股东会决议作出之日起六十日内，股东与公司不能达成股权收购协议的，股东可以自股东会决议作出之日起九十日内向人民法院提起诉讼。

公司的控股股东滥用股东权利，严重损害公司或者其他股东利益的，其他股东有权请求公司按照合理的价格收购其股权。

公司因本条第一款、第三款规定的情形收购的本公司股权，应当在六个月内依法转让或者注销。

【原法条文】

第七十四条　有下列情形之一的，对股东会该项决议投反对票的股东可以请求公司按照合理的价格收购其股权：

（一）公司连续五年不向股东分配利润，而公司该五年连续盈利，并且符合本法规定的分配利润条件的；

（二）公司合并、分立、转让主要财产的；

（三）公司章程规定的营业期限届满或者章程规定的其他解散事由出现，股东会会议通过决议修改章程使公司存续的。

自股东会会议决议通过之日起六十日内，股东与公司不能达成股权收购协议的，股东可以自股东会会议决议通过之日起九十日内向人民法院提起诉讼。

【条文主旨】

本条是关于有限公司异议股东请求公司收购其股权的规定。

【重点解读】

本条在原《公司法》第七十四条基础上，删除了原《公司法》第七十四条第一款、第二款中的"会议""通过"等文字，增加了"作出"文字表述，更为严谨规范；增加了本条第三款、第四款的规定。

鉴于我国有限责任公司股权结构相对集中的实际情况，为防止控股股东或者多数股东利用"资本决"优势决定股东会决议侵害中小股东合法利益，《公司法》构建了有限责任公司异议股东请求公司收购其股权的制度，赋予中小股东在股东会决议的特定情形下，享有请求公司按照合理的价格收购其股权的权利，从而使其收回投资，从公司退出。依照本条第一款规定的条件有：（1）限于有限责任公司股东会决议的三类事项。（2）享有该权利的主体必须是对股东会该项决议投反对票的股东，其他主体不是本条规定的请求权的主体。（3）法律赋予该权利的主体，可以请求公司按照合理的价格收购其股权。

本条第二款规定了对异议股东请求权的救济。本条第二款规定的期限为法定期限，超过法定期限，异议股东的请求权灭失。根据《最高人民法院关于适用〈中华人民共和国公司法〉若干问题的规定（一）》（2014年修正）第三条规定，异议股东以本条第一款规定的事由向人民法院提起诉讼时，超过公司法规定的期限的，人民法院不予受理。

鉴于原《公司法》第七十四条第一款规定的异议股东回购请求权的范围过窄，需要股东会对公司不分配利润、转让主要财产、继续存续事项作出决议，而大股东可能不会对上述事项作出决议，且该权利的条件和程序过于严格，易被大股东或者实际控制人规避。为进一步落实产权平等保护要求，完善对中小股东的权利保护，立法机关采纳了相关建议，专门作出了本条第三款的规定。从该规定的内容看，扩大了股东回购请求权的范围，其内涵和外延远大于原《公司法》第七十四条第一款规定，实际上是新的独立条款，为受侵害的小股东提供了有力的救济手段，方便小股东退出公司并获得合理的投资收益。

原则上有限责任公司不能持有本公司的出资或者股权。因此，才有本条第四款的规定。公司收购的股权应当依法转让，包括向股东转让，以及向股东以外的人转让，依照新《公司法》第八十四条规定。也可以相应减少注册资本并注销该股权，但是必须依《公司法》的规定履行减资程序。并且，上述转让或者注销必须在六个月内。

第九十条　自然人股东死亡后，其合法继承人可以继承股东资格；但是，公司章程另有规定的除外。

【条文主旨】

本条是关于有限责任公司自然人股东的股权继承的规定。

【重点解读】

本条沿用了原《公司法》第七十五条规定，没有修改。

《民法典》继承篇规定，继承从被继承人死亡时开始；遗产是自然人死亡时遗留的个人合法财产。有限责任公司自然人股东对公司的出资，体现为其对有限责任公司持有的股权，无疑是其个人合法财产，自然人股东死亡后，即发生股权继承问题。《公司法》以本条对此专门作出规定。公司章程可以对自然人死亡后的股权作出继承或者不得继承的规定；公司章程没有另行规定的，其合法继承人依法可以继承股东资格，无须公司股东会决议。但是，本条规定中的"公司章程"是指自然人股东死亡前的公司章程，而不能是自然人死亡后的公司章程或者章程修正案。此外，根据《最高人民法院关于适用〈中华人民共和国公司法〉若干问题的规定（四）》（2020年修正）第十六条规定，有限责任公司的自然人股东因继承发生变化时，其他股东主张依据《公司法》规定行使优先购买权的，人民法院不予支持，但公司章程另有规定或者全体股东另有约定的除外。

【实务问题】

需要注意无民事行为能力人、限制民事行为能力人继承股东的资格问题。与从《公司法》宗旨考虑的发起人股东资格应当有所限制不同，原国家工商行政管理总局2007年在对广东省工商行政管理局作出的《关于未成年人能否成为公司股东问题的答复》中载明："经请示全国人大常委会法制工作委员会同意，现答复如下：公司法对未成年人能否成为公司股东没有作出限制性规定。因此，未成年人可以成为公司股东，其股东权利可以由法定代理人代为行使。"当然，公司章程另有规定的除外。

第五章

股份有限公司的设立和组织机构

第一节 设立

第九十一条 设立股份有限公司，可以采取发起设立或者募集设立的方式。

发起设立，是指由发起人认购设立公司时应发行的全部股份而设立公司。

募集设立，是指由发起人认购设立公司时应发行股份的一部分，其余股份向特定对象募集或者向社会公开募集而设立公司。

【原法条文】

第七十七条 股份有限公司的设立，可以采取发起设立或者募集设立的方式。

发起设立，是指由发起人认购公司应发行的全部股份而设立公司。

募集设立，是指由发起人认购公司应发行股份的一部分，其余股份向社会公开募集或者向特定对象募集而设立公司。

【条文主旨】

本条是关于股份有限公司设立方式的规定。

【重点解读】

本条在对股份有限公司发起设立和募集设立定义时，对发起人认购股份的要求分别加入了限定词"设立公司时",这一限定的增加,体现了我国公司资本制度的重要变革。

公司资本制度是指公司法按照一定的原则和标准对公司资本所做的规定。总体来讲,主要分为法定资本制和授权资本制。法定资本制是公司资本一次形成的制度。具体是指公司设立时必须在公司章程中对公司的资本额作出明确规定,并且必须由股东一次性全部认足并缴付,不得分期认缴,否则公司不能成立。公司成立后,如果公司需要增加注册资本则由公司股东会作出决议修订公司章程中的资本额,并履行公司注册资本变更登记手续❶。授权资本制是一种公司资本分期形成的制度。它指在公司设立时,发起人只认购并缴付资本总额的一部分,公司即可成立。其余资本授权董事会在公司成立之后根据需要随时发行募集。

就公司资本制度而言,我国《公司法》经历了三次重要变革。第一次变革是2005年全面修订《公司法》时将注册资本的一次性实缴改变成可以分期实缴;第二次变革是2013年《公司法》修正时执行全面认缴制。但两次变革无论是分期实缴还是全面认缴制,实质仍属法定资本制范畴。《公司法》本次修订,带来了一个重要变革,即股份有限公司在一定限度内实施授权资本制,允许公司章程或者股东会授权董事会在公司成立后三年内决定发行不超过已发行股份百分之五十的股份。

从各国的情况来看,股份有限公司资本来源有两种方式:一种是全部由发起人认购或者缴纳;另一种是由发起人缴纳一部分,其余部分由发起人向他人募集。本条对这两种方式都予以肯定。根据股份有限公司在设立时是否向特定对象或者向社会公开募集发行股份,本条将股份有限公司的设立,分为发起设立和募集设立。

---

❶ 孙永全:《对注册资金不到位引起的相关法律问题的探讨》,载《山东审判》2003年第6期。

发起设立是指公司的全部股份或者前期发行的股份由发起人自行认购而设立公司的方式。募集设立是指发起人只认购公司股份或首期发行股份的一部分，其余部分对外募集而设立公司的方式。这种方式只为股份有限公司设立之方式。由于募集设立的股份有限公司资本规模较大，涉及众多投资者的利益，故各国公司法均对其设立程序予以严格限制。如为防止发起人完全凭借他人资本设立公司，损害一般投资者的利益，各国大都规定了发起人认购的股份在公司股本总数中应占的比例。我国规定的比例是35%。

第九十二条　设立股份有限公司，应当有一人以上二百人以下为发起人，其中应当有半数以上的发起人在中华人民共和国境内有住所。

【原法条文】

第七十八条　设立股份有限公司，应当有二人以上二百人以下为发起人，其中须有半数以上的发起人在中国境内有住所。

【条文主旨】

本条是关于股份有限公司发起人数量的规定。

【重点解读】

本条与原《公司法》相比，有三处修订：（1）设立股份有限公司的发起人由最少两人，修改为最少一人，即允许设立一人股份有限公司。（2）"须"修改为"应当"，更规范。（3）"中国"改为"中华人民共和国"，更严肃。

本次修订后，股份有限公司的发起人最少为一人，最多为两百人。

无论自然人还是法人、中国人还是外国人，均有资格作为设立股份有限公司的发起人。当然，作为自然人的发起人，必须具有完全行为能力。同时，虽然中国人和外国人都可以作为发起人，但发起人必须有半数以上的人在中国境内有住所，以便于有一定数量的人能够具体办理设立股份有限公司的各种手续，也便于国家对发起人进行监督管理，防止发起人利用设立股份有限公司来损害广大社会公众的利益。

发起人在中国境内有住所，就中国公民而言，是指公民以其户籍所在地为居住地或者其经常居住地在中国境内；就外国公民而言，是指其经常居住地在中国境内；就法人而言，是指其主要办事机构所在地在中国境内。

第九十三条　股份有限公司发起人承担公司筹办事务。

发起人应当签订发起人协议，明确各自在公司设立过程中的权利和义务。

【条文主旨】

本条是关于股份有限公司发起人义务的规定。

【重点解读】

本条沿用了原《公司法》第七十九条规定，未修改。

股份有限公司不可能自行设立，它依赖于发起人对设立事务的筹办。发起人应当签订发起人协议，制订公司章程，认缴并及时缴纳出资，办理有关行政审批和设立登记等；募集设立股份有限公司的，除与发起设立类似的事务外，还要办理涉及对外募集股份的大量事务，如申请公开发行股份注册，依法公告招股说明书、制作认股书，履行信息披露义务，与银行签订代收股款协议，与证券公司签订承销协议，让法定的验资机构验资并出具证明，依法召开公司成立大会等。

发起人协议是指公司发起人之间签订的、明确规定各个发起人在公司设立过程中的权利和义务的协议。为了使股份有限公司顺利设立并预防纠纷的发生，公司发起人应当签订发起人协议，明确各自在公司设立过程中的权利和义务。本法第四十三条规定有限责任公司设立时的股东"可以"签订设立协议，系任意性规则；本条虽然规定发起人"应当"签订发起人协议，但其似乎并非可以导致法律行为无效的强制性规范。

【实务问题】

依据《最高人民法院关于适用〈中华人民共和国公司法〉若干问题的规定（三）》规定，发起人在公司设立过程中、公司因故未设立时均应承担一定的责任，具体包括：（1）发起人为设立公司以自己名义对外签订合同，合同相对人请求该发起人承担合同责任的，人民法院应予支持。（2）公司成立后对前述规定的合同予以确认，或者已经实际享有合同权利或者履行合同义务，合同相对人请求公司承担合同责任的，人民法院应予支持。（3）发起人以设立中公司名义对外签订合同，公司成立后合同相对人请求公司承担合同责任的，人民法院应予支持。（4）公司成立后有证据证明发起人利用设立中公司的名义为自己的利益与相对人签订合同，公司以此为由主张不承担合同责任的，人民法院应予支持，但相对人为善意的除外。（5）公司因故未成立，债权人请求全体或者部分发起人对设立公司行为所产生的费用和债务承担连带清偿责任的，人民法院应予支持。（6）部分发起人依照前述规定承担责任后，请求其他发起人分担的，人民法院应当判令其他发起人按照约定的责任承担比例分担责任；没有约定责任承担比例的，按照约定的出资比例分担责任；没有约定出资比例的，按照均等份额分担责任。（7）因部分发起人的过错导致公司未成立，其他发起人主张其承担设立行为所产生的费用和债务的，人民法院应当根据过错情况，确定过错一方的责任范围。（8）发起人因履行公司设立职责造成他人损害，公司成立后受害人请求公司承担侵权赔偿责任的，人民法院应予支持；公司未成立，受害人请求全体发起人承担连带赔偿责任的，人民法院应予支持。(9) 公司或者无过错的发起人承担赔偿责任后，可以向有过错的发起人追偿。(10) 股份有限公司的认股人未按期缴纳所认股份的股款，经公司发起人催缴后在合理期间内仍未缴纳，公司发起人对该股份另行募集的，人民法院应当认定该募集行为有效。认股人延期缴纳股款给公司造成损失，公司请求该认股人承担赔偿责任的，人民法院应予支持。

第九十四条　设立股份有限公司，应当由发起人共同制订公司章程。

【原法条文】

第七十六条　设立股份有限公司，应当具备下列条件：

(四) 发起人制订公司章程，采用募集方式设立的经创立大会通过；

【条文主旨】

本条是关于股份有限公司发起人制订公司章程的规定。

【重点解读】

本条源自原《公司法》第七十六条第(四)项，把制订公司章程单列为一条，彰显了本法对公司章程的重视。新《公司法》要求发起人应当"共同"制订公司章程，即不能由一部分发起人制订公司章程，而是应当由所有发起人共同制订公司章程。

公司章程是指记载有关公司组织和行动基本规则的文件，对公司、股东、董事、监事、高级管理人员都具有约束力。无论有限责任公司还是股份有限公司，设立公司必须依法制定公司章程。由于筹办创立股份有限公司事务的人是发起人，所以，在设立股份有限公司的过程中，公司章程应当由发起人制订。对于以发起设立方式设立的股份有限公司，由于是由发起人认购公司应发行的全部股份，所以，全体发起人共同制订的公司章程，就对全体发起人也就是全体股东有约束力，无须再以其他形式确认其效力。对于以募集设立方式设立的股份有限公司，由于除发起人以外，还有其他认股人参与，所以，发起人制订的公司章程，还应当经有其他认股人参加的成立大会，以出席会议的认股人所持表决权的半数以上通过，方为有效。

设立股份有限公司，规定由发起人共同"制订"公司章程，而不同于设立有限责任公司，规定由股东共同"制定"公司章程。

有限责任公司章程"制定"，强调在发起人签字或者盖章后，章程文本成为最后申请公司登记的文本。股份有限公司章程"制订"，强调文本虽经发起人签字或者盖章，但尚需经设立过程中的其他程序、由其他主体予以确认或者通过，才能作为申请公司登记的最后文本。新《公司法》第一百零四条规定了公司成立大会行使的职权，其中第（二）项为通过公司章程，说明发起人制订的公司章程，须经成立大会通过才能作为申请公司设立的章程文本。

第九十五条　股份有限公司章程应当载明下列事项：

（一）公司名称和住所；

（二）公司经营范围；

（三）公司设立方式；

（四）公司注册资本，已发行的股份数和设立时发行的股份数，面额股的每股金额；

（五）发行类别股的，每一类别股的股份数及其权利和义务；

（六）发起人的姓名或者名称、认购的股份数、出资方式；

（七）董事会的组成、职权和议事规则；

（八）公司法定代表人的产生、变更办法；

（九）监事会的组成、职权和议事规则；

（十）公司利润分配办法；

（十一）公司的解散事由与清算办法；

（十二）公司的通知和公告办法；

（十三）股东会认为需要规定的其他事项。

【原法条文】

第八十一条 股份有限公司章程应当载明下列事项：

（一）公司名称和住所；

（二）公司经营范围；

（三）公司设立方式；

（四）公司股份总数、每股金额和注册资本；

（五）发起人的姓名或者名称、认购的股份数、出资方式和出资时间；

（六）董事会的组成、职权和议事规则；

（七）公司法定代表人；

（八）监事会的组成、职权和议事规则；

（九）公司利润分配办法；

（十）公司的解散事由与清算办法；

（十一）公司的通知和公告办法；

（十二）股东大会会议认为需要规定的其他事项。

【条文主旨】

本条是关于股份有限公司章程应当载明事项的规定。

【重点解读】

本条在原《公司法》第八十一条的基础上有五处修订：（1）公司章程中应当载明的事项（四）将"公司注册资本"提前放在首位，将"公司股份总数、每股金额"细化为"已发行的股份数和设立时发行的股份数、面额股的每股金额"。（2）公司章程中应当载明的事项中增加一项"（五）发行类别股的，每一类别股的股份数及其权利和义务"。其他应当记载事项依次后延。（3）删除关于"出资时间"的记载要求。（4）公司章程中应当载明的事项"（七）公司法定代表人"，修改为"（八）公司法定代表人的产生、变更办法"，法定代表人姓名不是公司章程应当记载的事项，根据新《公司法》，只要法定代表人的产生、变更办法不变，更换法定代表人不需要修改公司章程。（5）公司章程中应当记载的事项（十二）中"股东大会"修改为"股东会"，实质内容不变。

根据本条规定，股份有限公司章程应当载明的事项包括：

（1）公司名称和住所。公司名称是指公司用来代表自己以区别于其他公司的文字符号。公司章程载明的公司名称，应当依照本法第六条、第七条的规定，在公司名称中标明股份有限公司或者股份公司字样。同时，依照《企业名称登记管理规定》，企业名称应当由字号（或者商号）、行业或者经营特点、组织形式依次组成。依照本法第八条规定，公司住所是指公司的主要办事机构所在地。公司章程应当规定公司住所，其法律意义在于据以确定诉讼管辖、受送达的处所、债务履行处所、公司登记机关等。

（2）公司经营范围。公司经营范围是指公司可以从事哪些经营活动的界限。

（3）公司设立方式。公司设立方式是指公司是以发起设立的方式设立，还是以募集设立的方式设立。

（4）公司注册资本、公司已发行的股份数和设立时发行的股份数，面额股的每股金额。

注册资本为在公司登记机关登记的已发行股份的股本总额。已发行的股份数即为公司股份总数，包含设立时发行的股份数。公司设立时发行的股份数是新增规定要求记载的事项。该项区分了注册资本、已发行的股份数和设立时发行的股份数的概念，从而更好地与授权资本制相匹配。发行面额股的，应当记载每股的金额。该项明确了发行面额股场景的记载事项，从而与新《公司法》第一百四十二条引入的无面额股制度相衔接。

所谓面额股是相对于无面额股而言的，是指按照公司的章程规定在票面上注明一定金额的股票。记载在票面额上的金额称为票面值或股票面值。票面上载明的每股金额（如 1 元、10 元等）由股票的发行公司决定，并载入公司章程之中。若需变更面值，须经股东会决定，并载入公司章程之中。同次发行的面额股票每股的票面价值必须是同等的。为了便于面额股票的计算和分割，票面价值一般都以主币为单位，以合数（即被 1 和本身以外的数能除尽）为面额。各国都倾向于发行小面额股票，以增加股票的适销性，吸引广大中小投资者入股，扩大股票的发行量；同时也能使股权相对分散，有效地防止少数人操纵公司。

中国在 1992 年颁布的《股份有限公司规范意见》中明确规定：公司不得发行无面值股票。原《公司法》更是明确了这一点。本次《公司法》修订后第一百四十二条明确规定，公司可以根据公司章程的规定择一发行面额股或者无面额股，这是本次修订的一个重大变化。

规定本项要求的目的是使公司登记机关和社会公众能够准确地了解公司情况。

（5）股份有限公司发行类别股的，公司章程应当载明每一类别股的股份数及其权利和义务。原《公司法》中没有关于类别股的规定，本项是本次《公司法》修订后新增加的规定。类别股是与普通股相对的一种股份类别，是指在公司的股权设置中，存在两个以上不同种类、不同权利的股份，这些股份因认购时间和价格不同、认购者身份各异、交易场所有别，而在流通性、价格、权利及义务上有所区别。

原《公司法》第一百三十一条规定："国务院可以对公司发行本法规定以外的其他种类的股份，另行作出规定。"但一直没有相关的其他种类的股份法规出台，直到 2013 年 11 月 30 日，国务院出台的《国务院关于开展优先股试点的指导意见》（以下简称《优先股试点指导意见》）才确立了优先股制度。2014 年 3 月 21 日，中国证监会出台了《优先股试点管理办法》对有关上市公司公开发行优先股和上市公司、非上市公众公司非公开发行优先股试点管理进行了规定。

《优先股试点指导意见》第一条第（一）项规定，优先股是指依照《公司法》，在一般规定的普通种类股份之外，另行规定的其他种类股份，其股份持有人优先于普通股股东分配公司利润和剩余财产，但参与公司决策管理等权利受到限制。前述对优先股的定义强调了优先股的两个主要法律特征：一是优先于普通股股东分配公司利润和剩余财产；二是参与公司决策管理等权利受到限制。优先股是一种典型的类别股。

（6）发起人的姓名或者名称、认购的股份数、出资方式。发起人的姓名或者名称是指自然人发起人的姓名、法人发起人的名称。发起人认购的股份数是指每一个发起人所认购的股份的具体数额。发起人的出资方式是指每一个发起人是用货币出资，还是用实物、知识产权、土地使用权、股权、债权等非货币财产出资。本次《公司法》修订后，删除了要求记载发起人的出资时间的规定，与《公司法》第九十八条明确发起人应当在公司成立前按照其认购的股份全额缴纳股款的股份公司资本实缴制相匹配。

（7）董事会的组成、职权和议事规则，董事会的组成是指董事会由哪些人组成。董事会的职权是指董事会行使的具体职权。董事会的议事规则是指董事会召集、举行会议应当遵守的准则。

（8）公司法定代表人的产生、变更办法。公司法定代表人是指对外代表公司行使职权的具体人员。本法第十条规定，公司的法定代表人按照公司章程的规定，由代表公司执行公司事务的董事或者经理担任。因此，公司章程应当载明，董事和经理中，哪一位是公司的法定代表人，并对公司法定代表人的产生、变更办法进行明确规定。

（9）监事会的组成、职权和议事规则。监事会的组成是指监事会由哪些人组成。监事会的职权是指监事会行使的具体职权。监事会的议事规则是指监事会召集、举行会议以及作出决议应当遵守的准则。监事会的有关情况应当在公司章程中予以载明。根据本法第一百三十三条的规定，规模较小或者股东人数较少的股份有限公司可以不设监事会，仅设一名监事，行使本法规定的监事会的职权。

（10）公司利润分配办法。公司利润分配办法是指，公司对其弥补亏损和提取公积金后所余利润，具体如何进行分配。公司利润分配办法直接关系到股东如何才能得到利润以及能够得到多少利润，公司章程应当对公司利润分配办法作出规定。

（11）公司的解散事由与清算办法。公司的解散事由是指可以导致公司解散的事件、情况。公司的清算办法是指，公司在解散后，具体如何进行清算。

（12）公司的通知和公告办法。公司的通知和公告办法关系到公司的股东、债权人等能否及时得到公司的有关信息，并据以作出自己的行为，所以，应当在公司章程中予以载明。公司的通知和公告办法是指公司进行通知和公告的具体方式，如邮寄、专程送达、在某一份报纸或者杂志上予以登载等。

（13）股东会认为需要规定的其他事项。除上述事项以外，股东会根据公司的具体情况，认为还有一些事项需要规定在公司章程中时，还可以在公司章程中予以规定，如公司的经营期限，公司向其他企业投资或者为他人提供担保的总额限额及单项投资或者担保的数额限额。

第九十六条　股份有限公司的注册资本为在公司登记机关登记的已发行股份的股本总额。在发起人认购的股份缴足前，不得向他人募集股份。

法律、行政法规以及国务院决定对股份有限公司注册资本最低限额另有规定的，从其规定。

【原法条文】

第八十条　股份有限公司采取发起设立方式设立的，注册资本为在公司登记机关登记的全体发起人认购的股本总额。在发起人认购的股份缴足前，不得向他人募集股份。

股份有限公司采取募集方式设立的，注册资本为在公司登记机关登记的实收股本总额。

法律、行政法规以及国务院决定对股份有限公司注册资本实缴、注册资本最低限额另有规定的，从其规定。

【条文主旨】

本条是关于股份有限公司注册资本的规定。

【重点解读】

新《公司法》对于股份有限公司注册资本的定义，不再区分发起设立和募集设立，均为在公司登记机关登记的已发行股份的股本总额。

根据我国《公司法》的相关规定，目前已经取消了公司最低注册资本的限制，但对一些特殊行业、类型的股份有限公司，法律、行政法规以及国务院决定对其注册资本的最低限额有规定的，从其规定。

根据相关法律法规及国务院决定，对于证券类、基金类、信托类、商业银行以及劳务派遣类公司在注册时有最低注册资本的限制，例如，根据《证券法》第一百二十条和第一百二十一条的规定，证券公司经营证券经纪、证券投资咨询、与证券交易、证券投资活动有关的财务顾问业务的，注册资本最低限额为人民币五千万元；经营证券承销与保荐、证券融资融券、证券做市交易、证券自营、其他证券业务之一的，注册资本最低限额为人民币一亿元。而且证券公司的注册资本应当是实缴资本。国务院证券监督管理机构根据审慎监管原则和各项业务的风险程度，可以调整注册资本最低限额，但不得少于以上规定的限额。

第九十七条　以发起设立方式设立股份有限公司的，发起人应当认足公司章程规定的公司设立时应发行的股份。

以募集设立方式设立股份有限公司的，发起人认购的股份不得少于公司章程规定的公司设立时应发行股份总数的百分之三十五；但是，法律、行政法规另有规定的，从其规定。

【原法条文】

第八十三条　以发起设立方式设立股份有限公司的，发起人应当书面认足公司章程规定其认购的股份，并按照公司章程规定缴纳出资。以非货币财产出资的，应当依法办理其财产权的转移手续。

发起人不依照前款规定缴纳出资的，应当按照发起人协议承担违约责任。

发起人认足公司章程规定的出资后，应当选举董事会和监事会，由董事会向公司登记机关报送公司章程以及法律、行政法规规定的其他文件，申请设立登记。

第八十四条　以募集设立方式设立股份有限公司的，发起人认购的股份不得少于公司股份总数的百分之三十五；但是，法律、行政法规另有规定的，从其规定。

【条文主旨】

本条是关于股份有限公司设立时发起人认购股份要求的规定。

【重点解读】

本条是原《公司法》第八十三条第一款和第八十四条的整合，修订主要体现在：（1）对以发起设立方式设立股份有限公司的，删除发起人应当"书面"认足股份的规定。（2）对于以发起设立方式设立股份有限公司，发起人应当认足的股份为"公司章程规定的公司设立时应发行的股份"，不再是"公司章程规定其认购的股份"。（3）对于以募集设立方式设立股份有限公司的，发起人认购的股份不得少于"公司章程规定的公司设立时应发行股份总数的百分之三十五"，不再是"公司股份总数的百分之三十五"。原因在于，本次《公司法》的修订对我国股份有限公司引入了授权资本制。公司资本不再是一次形成的，而是可以分期形成的。发起设立股份有限公司时，发起人只需认足公司章程规定的公司设立时应发行的股份即可设立公司；募集设立股份有限公司时，发起人也只需认购不少于公司章程规定的公司设立时应发行股份的百分之三十五，其余公司章程规定的公司设立时应发行股份向特定对象募集或者向社会公开募集，即可设立公司。

发起人以发起方式筹办成立公司时，首先要确定公司的资本总额是多少，以及资本总额划分为多少股份，以确定公司股份总数；然后确定公司股份是一次发行还是分期发行，如果分期发行，确定公司设立时应发行的股份；接下来确定公司每一个发起人认购多少股份，并将公司股份总数、公司设立时应发行的股份数、每一个发起人认购的股份数记载于公司章程中。以发起设立方式设立股份有限公司，设立时一次发行完成全部股份的，全体发起人应当认足公司章程规定的公司应发行的全部股份；设立时仅发行部分股份分期发行的，全体发起人应当认足公司章程规定的公司设立时应发行的全部股份。对于每个发起人而言，就是公司章程规定由其认购的股份，承诺予以全部购买。否则，就会因发起人承诺购买股份的总和小于公司设立时应发行的全部股份，导致发起设立股份有限公司失败。每一发起人认购的股份数已记载于公司章程中，即已有明确的书面记载，因此新《公司法》不再强调发起人认购股份时的书面形式。

以募集设立方式设立股份有限公司时，如果发起人不具备一定的经济能力，不认购股份或者只认购少量的股份，那么，发起人对公司就不承担责任或者只承担很小的责任，这样很容易使发起人不经过认真的调查研究就设立公司，甚至利用设立公司进行欺诈活动，损害广大投资者的利益。为了保护社会公众投资者的合法权益，保证公司的顺利成立和正常运营，就应当加重发起人的责任，为此，本条规定了发起人认购股份的法定最低限额。百分之三十五是原则，但是，如果其他法律、行政法规规定了不同于本条规定的最低限额的，则应当按照其他法律、行政法规的规定执行。

第九十八条　发起人应当在公司成立前按照其认购的股份全额缴纳股款。

发起人的出资，适用本法第四十八条、第四十九条第二款关于有限责任公司股东出资的规定。

【原法条文】

第八十二条　发起人的出资方式，适用本法第二十七条的规定。

【条文主旨】

本条是关于股份有限公司发起人应足额缴纳股款及出资方式的规定。

【重点解读】

根据本条，新《公司法》重大变化有两处：（1）变更发起设立方式下的发起人认缴义务为实缴义务，要求发起人在公司成立前完全实缴。(2) 对于出资方式，新《公司法》增加了"股权、债权"可以作为出资的内容。

本法第四十八条规定，股东可以用货币出资，也可以用实物、知识产权、土地使用权、股权、债权等可以用货币估价并可以依法转让的非货币财产作价出资；但是，法律、行政法规规定不得作为出资的财产除外。对作为出资的非货币财产应当评估作价，核实财产，不得高估或者低估作价。法律、行政法规对评估作价有规定的，从其规定。第四十九条第二款规定，股东以货币出资的，应当将货币出资足额存入有限责任公司在银行开设的账户；以非货币财产出资的，应当依法办理其财产权的转移手续。股份有限公司发起人的出资，也必须遵守这一规定。

一、发起人应当在公司成立前按照其认购的股份全额缴纳股款

根据本法第九十五条第（六）项规定，发起人的姓名或者名称、认购的股份数、出资方式应在公司章程中载明，公司发起人应当按照公司章程中记载的其认购的股份，在公司成立前足额缴纳股款。

二、发起人出资的种类

发起人出资的种类包括货币，实物、知识产权、土地使用权、股权、债权等可以用货币估价并可以依法转让的非货币财产。在这里，货币既可以是人民币，也可以是可以自由兑换的其他国家的货币，如美元、英镑等。实物是指本身具有价值和使用价值的财产，如房屋、机器、设备、材料等。知识产权是指智力创造性劳动取得的成果，并且是由智力劳动者对其成果依法享有的一种权利。根据《民法典》第一百二十三条规定，知识产权是指权利人依法就下列客体享有的专有的权利：作品，发明、实用新型、外观设计，商标，地理标志，商业秘密，集成电路布图设计，植物新品种以及法律规定的其他客体。土地使用权是指对国家和集体所有的土地进行使用

的权利。股权也叫股东权益，是公司的股东享有的从公司获得经济利益，并参与公司经营管理的权利。股权的内容包括投资收益权、表决权、选举权、剩余资产分配权等。股权是一种重要的财产权，是公司股东按投入公司的资本额所拥有的参与公司重大决策、享受财产利益并可依法转让的权利。这里的债权包括债权人对投资公司的债权和对第三人的债权。除此之外，其他可以用货币估价并可以依法转让的非货币财产，也属于发起人出资种类的范围。此外，2022 年 3 月 1 日起施行的《中华人民共和国市场主体登记管理条例》（以下简称《市场主体管理条例》）第十三条中规定，出资方式应当符合法律、行政法规的规定。公司股东不得以劳务、信用、自然人姓名、商誉、特许经营权或者设定担保的财产等作价出资。

三、对非货币出资必须进行评估

为保证发起人出资的真实性，法律要求对作为出资的实物、知识产权、土地使用权、股权、债权等进行评估作价时，不得高估或者低估作价。《最高人民法院关于适用〈中华人民共和国公司法〉若干问题的规定（三）》（以下简称《公司法司法解释三》）第九条也规定，出资人以非货币财产出资，未依法评估作价，公司、其他股东或者公司债权人请求认定出资人未履行出资义务的，人民法院应当委托具有合法资格的评估机构对该财产评估作价；评估确定的价额显著低于公司章程所定价额的，人民法院应当认定出资人未依法全面履行出资义务。

法律、行政法规对评估作价有规定的，从其规定。如《中华人民共和国资产评估法》，对不动产、动产、无形资产、企业价值、资产损失或者其他经济权益的评定、估算作出了系统规定。股份有限公司对于非货币出资的评估，应当遵守该法的规定。

【实务问题】

发起人以货币出资的，交付方式比较简单，应当按照章程规定，将货币出资足额存入股份有限公司在银行开设的账户。如果发起人以实物、知识产权、土地使用权、股权、债权等出资，则应当依法进行评估作价，核实财产，在此基础上将其折合为股份，并应当依法办理财产权的转移手续。以实物出资的，应当依法办理该实物由发起人所有转为公司所有的手续；以知识产权、土地使用权、股权、债权等出资的，应当依法办理该权利转由公司行使的手续。根据《公司法司法解释三》第八条规定，出资人以划拨土地使用权出资，或者以设定权利负担的土地使用权出资，公司、其他股东或者公司债权人主张认定出资人未履行出资义务的，人民法院应当责令当事人在指定的合理期间内办理土地使用权变更手续或者解除权利负担；逾期未办理或者未解除的，人民法院应当认定出资人未依法全面履行出资义务。《公司法司法解释三》第十条规定，出资人以房屋、土地使用权或者需要办理权属登记的知识产权等财产出资，已经交付公司使用但未办理权属变更手续，公司、其他股东或者公司债权人主张认定出资人未履行出资义务的，人民法院应当责令当事人在指定的合理期间内办理权属变更手续，在前述期间内办理了权属变更手续的，人民法院应当认定其已经履行了出资义务；出资人主张自其实际交付财产给公司使用时享有相应股东权利的，人民法院应予支持。《公司法司法解释三》第十一条规定，出资人以其他公司股权出资，出资人未履行有关股权转让的法定手续，公司、其他股东或者公司债权人请求认定出资人未履行出资义务的，人民法院应当责令该出资人在指定的合理期间内采取补正措施，逾期未补正的，人民法院应当认定其未依法全面履行出资义务。

第九十九条　发起人不按照其认购的股份缴纳股款，或者作为出资的非货币财产的实际价额显著低于所认购的股份的，其他发起人与该发起人在出资不足的范围内承担连带责任。

【原法条文】

第九十三条　股份有限公司成立后，发起人未按照公司章程的规定缴足出资的，应当补缴；其他发起人承担连带责任。

股份有限公司成立后，发现作为设立公司出资的非货币财产的实际价额显著低于公司章程所定价额的，应当由交付该出资的发起人补足其差额；其他发起人承担连带责任。

【条文主旨】

本条是关于发起人瑕疵出资，其他发起人承担连带责任的规定。

【重点解读】

《公司法》修订草案三审稿第九十九条规定了发起人瑕疵出资的违约责任，即发起人瑕疵出资，应当按照发起人协议对其他发起人承担违约责任。正式文本虽然删除了该规定，但仅是提示性条款的删除，并不意味着瑕疵出资发起人无须承担相应违约责任，违约责任是《民法典》合同编调整的范畴，本条规定对瑕疵出资整体发起人向公司承担连带责任更符合《公司法》的调整要求。

一、发起人应按照其认购的股份缴纳出资

我国《公司法》对募集设立股份有限公司实行实缴制，而对发起设立股份有限公司经历了一个从实缴制到认缴制再到实缴制的过程。1993 年《公司法》实行严格的实缴制。2005 年《公司法》将实缴制改为有限制条件的认缴制，规定，股份有限公司采取发起设立方式设立的，公司全体发起人的首次出资额不得低于注册资本的百分之二十，其余部分由发起人自公司成立之日起两年内缴足；其中，投资公司可以在五年内缴足。2013 年修改《公司法》，不再限制公司设立时发起人的首次出资比例和缴足出资期限。也就是说，对发起设立股份有限公司，只要求发起人认足公司章程规定的出资，不再强制要求发起人立即缴纳首期出资。本次《公

法》修订后，设立股份公司，发起人应当在公司成立前按照其认购的股份全额缴纳股款，又回归到实缴制。

二、发起人瑕疵出资的责任

本法明确规定，公司以其全部财产对公司的债务承担责任。因此，公司的财产既是公司赖以经营的物质条件，也是公司债权人利益的唯一担保。在公司设立之时，公司的财产来源于发起人的出资和其他认股人缴纳的股款。其他认股人缴纳的股款是通过银行代收保存的，所以，在设立公司时，应当已经足额缴纳。但是，由于发起人是筹办公司设立事务的人，他们可能利用其筹办之便，不全额缴纳其出资或者将其作为出资的非货币财产高估而构成瑕疵出资，从而减少公司实有的财产，损害公司的利益，也使债权人的利益难以得到保证。为了防止这种情况的发生，确保公司资本的充实，本条规定发起人在出资不足的范围内承担连带责任。公司既可以要求瑕疵出资发起人缴足或者补足差额，也可以要求其他任何一个或者几个发起人缴足或者补足差额，而被要求的发起人不得拒绝。

其他发起人在缴足或者补足差额后，有权向瑕疵出资的发起人追偿。股份有限公司在设立时应当签订发起人协议，当发起人瑕疵出资违背其承诺时，应当按照发起人协议的约定承担违约责任。

第一百条　发起人向社会公开募集股份，应当公告招股说明书，并制作认股书。认股书应当载明本法第一百五十四条第二款、第三款所列事项，由认股人填写认购的股份数、金额、住所，并签名或者盖章。认股人应当按照所认购股份足额缴纳股款。

【原法条文】

第八十五条　发起人向社会公开募集股份，必须公告招股说明书，并制作认股书。认股书应当载明本法第八十六条所列事项，由认股人填写认购股数、金额、住所，并签名、盖章。认股人按照所认购股数缴纳股款。

【条文主旨】

本条是关于募集股份的公司和认股书及认股人缴纳股款的规定。

【重点解读】

本条与原《公司法》相比修改有五处：（1）"必须"公告招股说明书改为"应当"公告招股说明书。（2）指引法条发生变化，但原《公司法》第八十五条所指引的第八十六条和新《公司法》第一百条所指引的第一百五十四条第二款、第三款均是招股说明书应当载明的事项。（3）原《公司法》规定认股人应当在认股书上"签名、盖章"，对签名和盖章之间的关系是两者必备还是择一不明确；新《公司法》规定认股书应当由认股人"签名或者盖章"，明确了两者之间的关系是择一。（4）对认股人按照所认购股数缴纳股款，增加"应当"和"足额"两词。（5）将"认购股数"改为"认购的股份数"。

一、公告招股说明书

招股说明书是指表达募集股份的意思并载明有关信息的书面文件。公告招股说明书，可以使社会公众知道发起人募集股份的意图并了解相关信息，吸引其认购股份。同时，也能使社会公众了解公司的真实情况，防止发起人或者公司以不正当手段募股损害广大投资者的利益。

本法中未作明确规定应采取什么方式公告招股说明书，《证券法》第八十六条规定：依法披露的信息，应当在证券交易场所的网站和符合国务院证券监督管理机构规定条件的媒体发布，同时将其置备于公司住所、证券交易场所，供社会公众查阅。

二、制作认股书

为方便社会公众认购所发行的股份，发起人还应当制作认股书。对认股书应当载明的事项，新《公司法》第一百条所指引的第一百五十四条第二款、第三款均是招股说明书应当载明的事项，所以认股书和招股说明书应当载明的事项是一致的。根据新《公司法》的规定，公司设立时募集股份的，认股书的内容应当包括：发起人认购的股份数；发行的股份总数、面额股的票面金额和发行价格或者无面额股的发行价格；认股人的权利和义务；本次募股的起止期限及逾期未募足时认股人可以撤回所认股份的说明。发起人依法制作认股书后，认购股份的人应当在认股书上填写所认购的股份数、金额、自己的住所，并在认股书上签名或者盖章。

三、认股人按照所认购股份足额缴纳股款

认股书是发起人向社会公众发出的要约，认股人填写认股书并签名盖章是对要约的承诺，此时，在认股人和发起人之间合同成立并生效，作为当事人的发起人和认股人都应当履行。此时，发起人的义务是使认股人能够购买其所认购的股份，认股人的义务是按照所认购股份缴纳股款。如果认股人没有按照所认购股份按时足额缴纳股款，应当承担相应的违约责任。

第一百零一条　向社会公开募集股份的股款缴足后，应当经依法设立的验资机构验资并出具证明。

【原法条文】

第八十九条第一款　发行股份的股款缴足后，必须经依法设立的验资机构验资并出具证明。发起人应当自股款缴足之日起三十日内主持召开公司创立大会。创立大会由发起人、认股人组成。

【条文主旨】

本条是关于向社会公开募集股份的股款缴足后应当验资的规定。

【重点解读】

本条与原《公司法》第八十九条第一款相比，将"必须"改成了"应当"，仅是文字的调整，没有实质变化。

为保证公司资本的足额、真实、合法，防止虚假出资，到招股说明书载明的本次募股的截止时间止，发起人向社会公开募集的股份已全部发售完毕的，所有的股款都已经缴纳到代收股款的银行以后，对存入银行的发起人和其他认股人缴纳的股款，必须经法定的验资机构验资并出具验资情况的证明。《中华人民共和国注册会计师法》规定，由注册会计师组成的会计师事务所和由依法取得注册会计师资格的注册审计师组成的审计事务所出具的验资报告，具有法定证明的效力。因此，这里的法定的验资机构是指会计师事务所和审计事务所。募集设立股份有限公司的验资证明，一般应当载明以下内容：公司名称；类型；发起人、认股人的名称或者姓名，发起人、认股人的出资额和出资方式；发起人认购的股份和该股份占公司股份总数的比例；发起人、认股人实际缴纳出资情况。以货币出资的，说明出资的时间、出资额、开户银行和临时账户及账号；以非货币出资的，说明其权属情况、转移或者承诺情况，以实物、工业产权、非专利技术、土地使用权、股权、债权出资的评估情况和评估结果以及其他事项。

第一百零二条　股份有限公司应当制作股东名册并置备于公司。股东名册应当记载下列事项：

（一）股东的姓名或者名称及住所；

（二）各股东所认购的股份种类及股份数；

（三）发行纸面形式的股票的，股票的编号；

（四）各股东取得股份的日期。

【原法条文】

第一百三十条　公司发行记名股票的，应当置备股东名册，记载下列事项：

（一）股东的姓名或者名称及住所；

（二）各股东所持股份数；

（三）各股东所持股票的编号；

（四）各股东取得股份的日期。

发行无记名股票的，公司应当记载其股票数量、编号及发行日期。

【条文主旨】

本条是关于股份有限公司股东名册记载事项的规定。

【重点解读】

本条主要沿用了原《公司法》第一百三十条规定，变化有以下几处：（1）所有股份有限公司都必须在公司中置备股东名册。（2）公司发行纸面形式股票的，在股东名册中应当记载股票的编号，如果不发行纸面形式股票，则无此项记载。（3）新《公司法》允许发行类别股，所以股东名册中需要载明各股东所认购的股份种类及股份数。（4）删除无记名股票的规定。

股东名册，是指股份有限公司置备的记载股东姓名或者名称以及所认购的股份种类和股份数等情况的簿册。股东名册是确认记名股票股东身份的根据，也是股东向公司行使股东权利的依据。同时，股东名册也是公司向股东履行各项义务的依据。公司可以根据股东名册的记载向股东办理派息分红和各项通知事宜，如召开股东大会的通知等。公司置备股东名册，既利于股份有限公司根据股东名册的记载，了解本公司股东的情况以及股权分布情况，方便公司的运营，也便于股东了解公司股权分布情况，行使股东权利。

第一百零三条　募集设立股份有限公司的发起人应当自公司设立时应发行股份的股款缴足之日起三十日内召开公司成立大会。发起人应当在成立大会召开十五日前将会议日期通知各认股人或者予以公告。成立大会应当有持有表决权过半数的认股人出席，方可举行。

以发起设立方式设立股份有限公司成立大会的召开和表决程序由公司章程或者发起人协议规定。

【原法条文】

第八十九条第一款　发行股份的股款缴足后，必须经依法设立的验资机构验资并出具证明。发起人应当自股款缴足之日起三十日内主持召开公司创立大会。创立大会由发起人、认股人组成。

第九十条第一款　发起人应当在创立大会召开十五日前将会议日期通知各认股人或者予以公告。创立大会应有代表股份总数过半数的发起人、认股人出席，方可举行。

【条文主旨】

本条是关于股份有限公司成立大会的规定。

【重点解读】

本条规定主要沿用了原《公司法》第八十九条第一款和第九十条第一款。修改在三个方面：（1）"创立大会"改称"成立大会"；（2）有效出席人由"发起人、认股人"改为"认股人"；（3）可举行会议的参会人由"代表股份总数过半数的发起人、认股人"改为"持有表决权过半数的认股人"。原因是，类别股的存在打破了既有"同股同权"的样态；发起人作为会议的召集人与会议审议事项的经办人，不再参与表决。

一、募集设立股份有限公司召开成立大会的时限

成立大会是指在股份有限公司成立之前，由持有表决权过半数的认股人参加，决定是否设立公司并决定公司设立过程中以及公司成立之后的重大事项的会议。它是在公司成立前的决议机关，行使与股东会类似的职权。依据本条的规定，在公司设立时应发行股份的股款缴足并经法定的验资机构验资、出具证明以后的三十日内，发起人应当主持召开由认股人组成的公司成立大会，决定公司的有关事项，以使股份有限公司能够及时成立。

二、募集设立股份有限公司成立大会的举行程序

在法定期限内将会议日期通知各认股人或者予以公告。发起人在发行股份的股款缴足并经法定的验资机构验资、出具证明以后的三十日内召开成立大会的，发起人首先应当在成立大会召开的十五日以前，将举行成立大会的日期，通知各个认股人，或者将举行成立大会的日期进行公告，以便各个认股人按期参加成立大会。

举行成立大会时，应当对出席成立大会的认股人及其所认购的股份所代表的表决权进行清点，在确认有持有表决权过半数的认股人出席以后，才能举行成立大会。如果出席成立大会的认股人所持表决权没有过半数，则成立大会不得举行，否则即使举行会议，其决议也是无效的。

三、发起设立股份有限公司成立大会的召开

原《公司法》对以发起方式设立股份有限公司召开成立大会未作规定，新《公司法》本条新增第二款，规定以发起设立方式设立股份有限公司成立大会的召开和表决程序由公司章程或者发起人协议规定，给予了公司较大的自治权限。

第一百零四条　公司成立大会行使下列职权：

（一）审议发起人关于公司筹办情况的报告；

（二）通过公司章程；

（三）选举董事、监事；

（四）对公司的设立费用进行审核；

（五）对发起人非货币财产出资的作价进行审核；

（六）发生不可抗力或者经营条件发生重大变化直接影响公司设立的，可以作出不设立公司的决议。

成立大会对前款所列事项作出决议，应当经出席会议的认股人所持表决权过半数通过。

【原法条文】

第九十条第二、三款　创立大会行使下列职权：

（一）审议发起人关于公司筹办情况的报告；

（二）通过公司章程；

（三）选举董事会成员；

（四）选举监事会成员；

（五）对公司的设立费用进行审核；

（六）对发起人用于抵作股款的财产的作价进行审核；

（七）发生不可抗力或者经营条件发生重大变化直接影响公司设立的，可以作出不设立公司的决议。

创立大会对前款所列事项作出决议，必须经出席会议的认股人所持表决权过半数通过。

【条文主旨】

本条是关于股份有限公司成立大会职权的规定。

【重点解读】

本条将原《公司法》第九十条第二款的"（三）选举董事会成员；（四）选举监事会成员"在新《公司法》中合而为一为"（三）选举董事、监事"，因此新《公司法》中成立大会的职权为六项，但实质内容没有变化。此外还将"创立大会"改为"成立大会"、"必须"改为"应当"、"用于抵作股款的财产"改为"非货币财产"等文字的修改，但没有实质变动。

成立大会是股份有限公司设立过程中的决议机关，其职权有：

（1）审议发起人关于公司筹办情况的报告。在成立大会上，出席成立大会的认股人，对发起人的报告进行审议，并依法作出决议。

（2）通过公司章程。公司章程是公司的"宪法"，不能仅由少数发起人来决定，其是否有效，还需依法得到其他认股人的认可。

（3）选举董事、监事。股份有限公司的董事会是公司的经营决策和业务执行机关，关系到每个投资者的利益；股份有限公司的监事会是公司的内部监督机关，对公司也具有十分重要的作用，两者都需要由成立大会选举产生。

（4）对公司的设立费用进行审核。成立大会要对公司的设立费用进行审核，对这些费用的支出是否合理作出决议，以防止发起人滥支费用。

（5）对发起人非货币财产出资的作价进行审核。由于对发起人非货币财产出资的作价，关系到公司资本的充实，所以，对发起人用于抵作股款的财产的作价，还需成立大会认可。

（6）依法作出不设立公司的决议。发生不可抗力或者经营条件发生重大变化直接影响公司设立的，成立大会可以作出不设立公司的决议。

成立大会依法召开时，所有出席会议的认股人，应当按照所持股票的种类和数量所代表的表决权，对法定的事项进行表决。凡成立大会上表决的事项，应当经出席会议的认股人所持表决权过半数通过，方为有效。

第一百零五条　公司设立时应发行的股份未募足，或者发行股份的股款缴足后，发起人在三十日内未召开成立大会的，认股人可以按照所缴股款并加算银行同期存款利息，要求发起人返还。

发起人、认股人缴纳股款或者交付非货币财产出资后，除未按期募足股份、发起人未按期召开成立大会或者成立大会决议不设立公司的情形外，不得抽回其股本。

【原法条文】

第八十九条第二款　发行的股份超过招股说明书规定的截止期限尚未募足的，或者发行股份的股款缴足后，发起人在三十日内未召开创立大会的，认股人可以按照所缴股款并加算银行同期存款利息，要求发起人返还。

第九十一条 发起人、认股人缴纳股款或者交付抵作股款的出资后，除未按期募足股份、发起人未按期召开创立大会或者创立大会决议不设立公司的情形外，不得抽回其股本。

【条文主旨】

本条是关于返还出资和不得任意抽回股本的规定。

【重点解读】

本条是原《公司法》第八十九条第二款和第九十一条的整合。删除了原《公司法》中未募足的限定"超过招股说明书规定的截止期限"，但招股说明书和认股书都要求载明"本次募股的起止期限及逾期未募足时认股人可以撤回所认股份的说明"，招股说明书和认股书本次募股的截止日期可以作为主要的时间依据。此外将"抵作股款的出资"改为"非货币财产出资"，但内容没有实质变动。

如果超过招股说明书规定的截止期限，发起人向社会公开募集的股份还没有全部发售完毕，设立公司所需的资本不能达到，该股份有限公司也就不能成立。这时，属于认股人的股款，应当返还认股人。同时，由于认股人的股款是由银行保存，银行对其存款应当计算利息，这些由认股人的股款而滋生的利息，应当归认股人所有。同时，如果发起人在发行的股款缴足后三十日内没有召开成立大会，认股人也有权要求发起人返还其所缴纳的股款以及与该股款在银行同期存款可得利息相等数额的款项，以防止发起人迟迟不召开成立大会，保护认股人的利益。

本法第九十六条明确规定，股份有限公司的注册资本为在公司登记机关登记的已发行股份的股本总额。在发起人认购的股份缴足前，不得向他人募集股份。第一百零一条规定，向社会公开募集股份的股款缴足后，应当经依法设立的验资机构验资并出具证明。所以，只有发起人和其他认股人全部、足额缴纳了股款、交付了非货币财产出资以后，公司才能成立，否则公司不能成立。如果发起人、认股人在缴纳股款或者交付非货币财产出资以后，又抽回其股本，实际上就等于发起人、认股人并未缴纳或者并未足额缴纳其认购股份的出资，公司并未得到其应当得到的财产。这样成立的公司，必然是股东有虚假出资的公司，公司的实际资产也就会少于其注册资本，将会对债权人的利益造成损害，并危及社会交易的安全。因此，本条禁止发起人、认股人抽回其股本。如果发起人、认股人需要收回其投资，可以在股份有限公司成立以后，依法转让其所持有的股份，而不能退股。

本条在规定发起人、认股人不得抽回其股本的同时，又作了例外规定，即如果因未按期募足股份、发起人未按期召开成立大会或者成立大会决议不设立公司，致使公司最终未能成立，则发起人、认股人所缴纳的股款和交付非货币财产出资，应当依法予以返还。

第一百零六条　董事会应授权代表，于公司成立大会结束后三十日内向公司登记机关申请设立登记。

【原法条文】

第九十二条　董事会应于创立大会结束后三十日内，向公司登记机关报送下列文件，申请设立登记：

（一）公司登记申请书；

（二）创立大会的会议记录；

（三）公司章程；

（四）验资证明；

（五）法定代表人、董事、监事的任职文件及其身份证明；

（六）发起人的法人资格证明或者自然人身份证明；

（七）公司住所证明。

以募集方式设立股份有限公司公开发行股票的，还应当向公司登记机关报送国务院证券监督管理机构的核准文件。

【条文主旨】

本条是关于股份有限公司申请设立登记的规定。

【重点解读】

本条源自原《公司法》第九十二条，明确由董事会授权代表申请设立登记，合理化了公司登记主体，责任人更具体，更便于操作。同时，删减了登记文件的列举式规定，交由本法公司登记章节、《市场主体登记管理条例》和其他规范性文件具体调整。

一、申请设立登记的主体是董事会

依法设立的公司，由公司登记机关发给公司营业执照。公司营业执照签发日期为公司成立日期。因此，公司要成立，必须依法申请设立登记。由于董事会是公司的业务执行机关，所以，在成立大会选举董事组成董事会以后，董事会就应当授权代表向公司登记机关申请设立登记，以使公司最终成立。

二、董事会授权的代表应当依法申请设立登记

原《公司法》列明了应当向公司登记机关报送的文件，新《公司法》在本条没有列明。根据本法第二章"公司登记"第三十条规定，申请设立公司，应当提交设立申请书、公司章程等文件。《中华人民共和国市场主体登记管理条例实施细则》第二十五条规定："申请办理设立登记，应当提交下列材料：（一）申请书；（二）申请人主体资格文件或者自然人身份证明；（三）住所（主要经营场所、经营场所）相关文件；（四）公司、非公司企业法人、农民专业合作社（联合社）章程或者合伙企业合伙协议。"第二十六条规定："申请办理公司设立登记，还应当提交法定代表人、董事、监事和高级管理人员的任职文件和自然人身份证明。除前款规定的材料外，募集设立股份有限公司还应当提交依法设立的验资机构出具

的验资证明；公开发行股票的，还应当提交国务院证券监督管理机构的核准或者注册文件。涉及发起人首次出资属于非货币财产的，还应当提交已办理财产权转移手续的证明文件。"新《公司法》实施后，原《公司法》规定提交的公司成立大会的会议记录不再是法定应当提交的文件。

第一百零七条　本法第四十四条、第四十九条第三款、第五十一条、第五十二条、第五十三条的规定，适用于股份有限公司。

【条文主旨】

本条是引致条款，明示股份有限公司可以直接适用有限责任公司关于设立中公司的责任承担、公司资本充实责任的相关规定。

【重点解读】

本条属于新增的引致条款，指引的法条为：第四十四条设立中公司的责任承担；第四十九条第三款，股东未按期足额缴纳出资的差额填补责任和损害赔偿责任；第五十一条董事会对股东出资的核查、催缴义务及损害赔偿责任；第五十二条催缴失权机制；第五十三条抽逃出资的股东责任及过错董事、监事、高级管理人员的连带赔偿责任。

第一百零八条　有限责任公司变更为股份有限公司时，折合的实收股本总额不得高于公司净资产额。有限责任公司变更为股份有限公司，为增加注册资本公开发行股份时，应当依法办理。

【原法条文】

第九十五条　有限责任公司变更为股份有限公司时，折合的实收股本总额不得高于公司净资产额。有限责任公司变更为股份有限公司，为增加资本公开发行股份时，应当依法办理。

【条文主旨】

本条是关于有限责任公司变更为股份有限公司时折合股本及募集股份要求的规定。

【重点解读】

本条沿用了原《公司法》第九十五条，将"增加资本"改为"增加注册资本"，更严谨。

有限责任公司在其运营过程中，既会有资产，也会有负债，所以，有限责任公司的资产在计入股份有限公司实际收到的股本总额时，应当是有限责任公司的净资产额，即其资产总额减去其负债的部分，而不应当是其资产总额或者高于其净资产额的数额。否则，股份有限公司的实收股本总额就不能反映公司财产的真实状况，这不仅不利于公司的生产经营活动，不利于对债权人利益的保护，也会损害股份有限公司中除原有限责任公司股东以外的其他股东的利益。

有限责任公司变更为股份有限公司，为增加注册资本公开发行股份时，不得擅自公开发行，而应当依法办理。根据本法和《证券法》的规定，公开发行股份应当按照以下程序进行：（1）经国务院证券监督管理机构注册。有限责任公司变更为股份有限公司，为增加注册资本公开发行股份时，首先应当向国务院证券监督管理机构报送募股申请及有关文件，经国务院证券监督管理机构注册。（2）公告招股说明书并制作认股书。公开发行股份经国务院证券监督管理机构注册以后，应当依据本法第一百条、第一百五十四条的规定，公告招股说明书，并制作认股书。（3）签订承销协议。依照《证券法》的规定，向不特定对象公开发行股份，法律、行政法规规定应当由证券公司承销的，应当由依法设立的证券公司承销。在依法选择了承销的证券公司后，应当依法签订承销协议，并在承销协议中载明下列事项：当事人的名称、住所及法定代表人姓名；代销、包销股票的种类、数量、金额及发行价格；代销、包销的期限及起止日期；代销、包销的付款方式及日期；代销、包销的费用和结算办法；违约责任；国务院证券监督管理机构规定的其他事项。(4) 同银行签订代收股款的协议。为了使银行代为收取股款，还应当同银行签订代收股款的协议。代收股款的银行应当按照协议代收和保存股款，向缴纳股款的认股人出具收款单据，并负有向有关部门出具收款证明的义务。(5) 发行股份的股款缴足后，必须经依法设立的验资机构验资并出具证明。(6) 将股份发行情况报国务院证券监督管理机构备案。公开发行股份期限届满以后，有关股份发行的情况，应当报国务院证券监督管理机构备案，以便国务院证券监督管理机构的监督管理。

第一百零九条　股份有限公司应当将公司章程、股东名册、股东会会议记录、董事会会议记录、监事会会议记录、财务会计报告、债券持有人名册置备于本公司。

【原法条文】

第九十六条　股份有限公司应当将公司章程、股东名册、公司债券存根、股东大会会议记录、董事会会议记录、监事会会议记录、财务会计报告置备于本公司。

【条文主旨】

本条是关于股份有限公司重要资料置备的规定。

【重点解读】

本条源自原《公司法》第九十六条：(1) 将"公司债券存根"修改为"债券持有人名册"。(2) 把"股东大会"改为"股东会"，实质内容无变化。

股份有限公司的主要经营应当公开、透明，以便其高度分散的公司股东能够依据准确的信息作出自己的判断，决定对股份的处置，对股东会决议事项的态度，并依法监督公司的运营。因此，本法第一百一十条规定，股东有权查阅复制公司章程、股东名册、股东会会议记录、董事会会议决议、监事会会议决议、财务会计报告，对公司的经营提出建议或者质询。为了保障股东的这一知情权、建议权和质询权的行使，作出了此条规定，以便于股东对相关文件进行查阅，确保股东能够准确地了解有关的情况，同时也便于有关主管机构依法对公司进行必要的监督。

1993 年《公司法》要求置备于本公司的文件是公司章程、股东名册、股东大会会议记录、财务会计报告。2005 年修改《公司法》，增加了公司债券存根、董事会会议记录、监事会会议记录这三项，由四项增加为七项。本次修订新《公司法》，将"公司债券存根"修改为"债券持有人名册"，仍为七项。

原《公司法》规定公司应置备公司债券存根。本次《公司法》三审稿，在本条删除了要求公司置备公司债券存根的规定，在第一百九十八条规定，公司发行公司债券应当置备公司债券持有人名册。《公司法》正式文本又进行了修正，在本条规定应置备债券持有人名册。

第一百一十条　股东有权查阅、复制公司章程、股东名册、股东会会议记录、董事会会议决议、监事会会议决议、财务会计报告，对公司的经营提出建议或者质询。

连续一百八十日以上单独或者合计持有公司百分之三以上股份的股东查阅公司的会计账簿、会计凭证的，适用本法第五十七条第二款、第三款、第四款的规定。公司章程对持股比例有较低规定的，从其规定。

股东要求查阅、复制公司全资子公司相关材料的，适用前两

款的规定。

上市公司股东查阅、复制相关材料的，应当遵守《中华人民共和国证券法》等法律、行政法规的规定。

【原法条文】

第九十七条　股东有权查阅公司章程、股东名册、公司债券存根、股东大会会议记录、董事会会议决议、监事会会议决议、财务会计报告，对公司的经营提出建议或者质询。

【条文主旨】

本条是关于股份公司股东的查阅、复制、建议和质询权的规定。

【重点解读】

本条的修改体现在六方面：（1）增加了股东对所查阅资料的复制权。（2）增加了公司股东查阅会计账簿、会计凭证的规定。（3）可查阅材料中删除了公司债券存根。（4）新增了母公司股东对于全资子公司的相关材料的查阅、复制权。（5）规定上市公司股东行权需要同时遵循《中华人民共和国证券法》等规范性文件的规定。（6）将"股东大会"修订为"股东会"。

股东有权查阅、复制的材料包括：公司章程、股东名册、股东会会议记录、董事会会议决议、监事会会议决议、财务会计报告。

连续一百八十日以上单独或者合计持有公司百分之三以上股份的股东有权查阅公司会计账簿。这是《公司法》本次修订新增的股份有限公司股东权利。根据原《公司法》，股份有限公司股东无权要求查阅公司会计账簿。而新《公司法》赋予了股份有限公司股东与有限责任公司股东基本一致的查阅权，但规定了一定条件。条件是，连续一百八十日以上单独或者合计持有公司百分之三以上股份的股东申请。意在赋予股东更多知情权，但又不至于扰乱公司正常经营。此外，公司有合理根据认为股东查阅会计账簿有不正当目的，可能损害公司合法利益的，可以拒绝提供查阅，并应当自股东提出书面请求之日起十五日内书面答复股东并说明理由。公司拒绝提供查阅的，股东可以向人民法院提起诉讼。股东查阅公司会计账簿，可以委托会计师事务所、律师事务所等中介机构进行。股东及其委托的会计师事务所、律师事务所等中介机构查阅、复制有关材料，应当遵守有关保护国家秘密、商业秘密、个人隐私、个人信息等法律、行政法规的规定。

股东有权查阅公司会计凭证。这是《公司法》本次修订新增的股东权利。最高人民法院 2020 年在（2019）最高法民申 6815 号裁定书中认定会计账簿不包括原始凭证和记账凭证，股东知情权和公司利益的保护需要平衡，故不应当随意超越法律的规定扩张解释股东知情权的范畴，没有支持公司股东查阅会计凭证的请求。根据新《公司法》规定，对公司股东查阅公司会计凭证跟查阅公司账簿有同等要求。对于股份有限公司股东要求查阅公司会计凭证的条件有：（1）连续一百八十日以上单独或者合计持有公司百分之三以上股份的股东申请；（2）向公司提出书面请求，说明目的。公司有合理根据认为股东查阅会计凭证有不正当目的，可能损害公司合法利益的，可以拒绝提供查阅，并应当自股东提出书面请求之日起十五日内书面答复股东并说明理由。公司拒绝提供查阅的，股东可以向人民法院提起诉讼。股东查阅公司会计凭证，可以委托会计师事务所、律师事务所等中介机构进行。股东及其委托的会计师事务所、律师事务所等中介机构查阅、复制有关材料，应当遵守有关保护国家秘密、商业秘密、个人隐私、个人信息等法律、行政法规的规定。

根据本条第二款的规定，对于申请查阅公司会计账簿、会计凭证需要"连续一百八十日以上单独或者合计持有公司百分之三以上股份的股东"申请，对于"百分之三"这一持股比例，授权公司章程可以对其有较低的规定，如公司章程规定为百分之一或百分之二时，可以依据公司章程的规定；但公司章程规定不能高于百分之三，如公司章程规定为百分之四，就是违法的，不可以按照公司章程的规定，而应按本条百分之三之的规定。

本条第三款是新增规定。新增了母公司股东对于全资子公司的相关材料的查阅、复制权，明确其仍应受到相应条件的限制。

本条第四款也是新增规定。着重强调了上市公司股东行权需要同时遵循《中华人民共和国证券法》等规范性文件的规定。

股东有权对公司的经营提出建议或者质询。股东是股份有限公司的投资者，虽然不直接进行经营，但绝不意味着其对公司的任何经营行为不能过问。股东除通过参加股东会来决定公司的重大事项以外，还可以通过对公司的经营提出建议或者质询的方法来监督公司的经营活动，促进公司提高经营管理水平。

第二节　股　东　会

第一百一十一条　股份有限公司股东会由全体股东组成。股东会是公司的权力机构，依照本法行使职权。

【原法条文】

第九十八条　股份有限公司股东大会由全体股东组成。股东大会是公司的权力机构，依照本法行使职权。

【条文主旨】

本条是关于股份有限公司股东会的组成和地位的规定。

【重点解读】

本条与原《公司法》第九十八条相比，内容无实质变化。仅文字上将"股东大会"改称"股东会"。但也体现了一点，股份有限公司法定最低发起人人数越来越少了：1993 年《公司法》规定，设立股份有限公司，应当有五人以上为发起人。2005 年修改《公司法》时，考虑到公司法作为商事法，应当以当事人意思自治为主，将发起人最低数额的要求降低为二人。本次《公司法》修订又将发起人最低数额要求降低为一人，和有限责任公司股东最低数额要求完全一致了。

股东人数较多，不可能都参与公司经营，因此，股份有限公司的股东行使股东权利最重要的方式，就是参加股东会。股东会是股份有限公司形成公司团体意志的重要机构，这种团体意志是全体股东按照一定规则所形成的集体意志。除只有一个股东的公司，股东会是股份有限公司必须设立的法定机构，其由股份有限公司的全体股东所组成。公司的任何一个股东，无论持有股份多少，都有权参加股东会。股东会是公司的权力机构，一般公司的权力可以分为决策权、执行权和监督权，而每种权力都包括宏观、中观和微观三个层面。股东会的权力属于宏观权力，具体包括宏观决策和宏观监督两个方面。股东会有权决定公司的重大事项，但对外并不直接代表公司，对内也不直接从事经营活动。股东会有权选举和更换董事、监事，决定有关董事、监事的报酬事项；审议批准董事会、监事会的报告；审议批准公司的利润分配方案和亏损弥补方案；对公司增加或者减少注册资本作出决议；对发行公司债券作出决议；对公司合并、分立、解散、清算或者变更公司形式等事项作出决议；修改公司章程。公司章程也可规定公司股东会享有其他职权。股东会作为股份有限公司的权力机构，其他机构由它产生，并对它负责。股东会作出的决定，公司的其他机构，如董事会、监事会等都必须执行；董事会、监事会行使职权不得与股东会的决定相抵触。

股东会作为公司的权力机构，其职权是特定的，包括《公司法》明确规定的职权和《公司法》授权公司章程规定的其他职权，主要有以下几个方面：（1）制定和修改公司的"宪法"——公司章程；（2）任免公司的经营管理机构、监督机构的成员；（3）根据法律和章程的规定，决定公司的重大事项。当然，股东会决议，直接关系着公司的发展方向和前途命运，必须依法审慎作出。

【实务问题】

《公司法》将"股东大会"改称"股东会"，存量股份有限公司是否需要因此修改公司章程将股东大会改为股东会？对于这个问题，人大法工委本次《公司法》修订专家给出的答案是可以改，不改也可以。因为，股东会只是公司权力机构的名称，无实质变化，改不改由公司自己决定。类似还有经理称谓，《公司法》里有一个组织机构叫经理，但实践中公司中行使经理职权的未必叫经理，各种叫法都有，因此，不必拘泥于名称。

第一百一十二条　本法第五十九条第一款、第二款关于有限责任公司股东会职权的规定，适用于股份有限公司股东会。

本法第六十条关于只有一个股东的有限责任公司不设股东会的规定，适用于只有一个股东的股份有限公司。

【原法条文】

第九十九条　本法第三十七条第一款关于有限责任公司股东会职权的规定，适用于股份有限公司股东大会。

【条文主旨】

本条是关于股份有限公司股东会职权和只有一个股东的股份有限公司不设股东会的规定。

【重点解读】

本条指引的第五十九条共计三款，其中第一款和第二款是指引内容，第三款不在指引范围。所以，股份有限公司股东会行使职权时，不同于有限责任公司，不可以不召开股东会，仅以书面一致表示同意在决定文件上签名或者盖章直接作出决定。

新《公司法》删除了原《公司法》中规定的股东会"决定公司的经营方针和投资计划"和"审议批准公司的年度财务预算方案、决算方案"两项管理事项，使公司可将公司实际经营的职权从股东会转移到董事会手中。增加公司的自主权，加强并进一步保障董事会在公司经营中的独立地位，强化董事会的主观能动性与决策能力。原《公司法》规定股东会职权"（三）选举和更换非由职工代表担任的董事、监事"，即由职工代表担任的董事、监事，股东会无权选举和更换。新《公司法》删除了"非由职工代表担任的"这一限定条件，根据本条，似乎股东会对董事、监事的选举和更换不再受这一条件限制。但根据本法相关条文的规定，股份有限公司由职工代表担任的董事、监事由公司职工通过职工代表大会、职工大会或者其他形式民主选举产生，不由股东会选举。

股东会是股份有限公司的非常设权力机构，只有股份有限公司的重大事项才需要由股东会决定。根据本条和本法五十九条第一款规定，股东会行使下列职权：（1）选举和更换董事、监事，决定有关董事、监事的报酬事项，（2）审议批准董事会的报告，（3）审议批准监事会的报告，（4）审议批准公司的利润分配方案或者亏损弥补方案，（5）对公司增加或者减少注册资本作出决议，（6）对发行公司债券作出决议，（7）对公司合并、分立、解散、清算或者变更公司形式等事项作出决议，（8）修改公司章程，（9）公司章程规定的其他职权。

本条指引的第五十九条第二款"股东会可以授权董事会对发行公司债券作出决议"为新《公司法》新增条款。对于发行公司债券，《公司法》修订后，可以由股东会作出决议，也可以由股东会授权董事会作出决议。这种授权，可以由股东会就发行公司债券单项授权，也可以在公司章程中规定董事会职权时授权。

根据本条第二款规定，只有一个股东的股份有限公司不设股东会，股东作出本法第五十九条第一款所列事项决定时，应当采用书面形式，并由股东签名或者盖章后置备于公司。

第一百一十三条　股东会应当每年召开一次年会。有下列情形之一的，应当在两个月内召开临时股东会：

（一）董事人数不足本法规定人数或者公司章程所定人数的三分之二时；

（二）公司未弥补的亏损达股本总额三分之一时；

（三）单独或者合计持有公司百分之十以上股份的股东请求时；

（四）董事会认为必要时；

（五）监事会提议召开时；

（六）公司章程规定的其他情形。

【原法条文】

第一百条　股东大会应当每年召开一次年会。有下列情形之一的，应当在两个月内召开临时股东大会：

（一）董事人数不足本法规定人数或者公司章程所定人数的三分之二时；

（二）公司未弥补的亏损达实收股本总额三分之一时；

（三）单独或者合计持有公司百分之十以上股份的股东请求时；

（四）董事会认为必要时；

（五）监事会提议召开时；

（六）公司章程规定的其他情形。

【条文主旨】

本条是关于股份有限公司的股东会年会和临时股东会的规定。

【重点解读】

本条与原《公司法》第一百条相比，删除了"实收"二字，但根据本法第九十八条的规定，股份有限公司实行资本实缴制，股本总额即实收股本总额，所以本条实质内容没有变化。

股东会年会和临时股东会是股份有限公司股东会的两种类型。依照法律规定和公司章程每年按时召开一次的股东会是股东会年会。根据法定的事由在两次股东年会之间临时召集的不定期股东会称为临时股东会。作为公司的权力机构，股东会必须定期举行，对公司的重大事项作出决议。但遇有特殊情况，针对临时突发或者出现的情况，依法必须由股东会尽快作出决议，距离年度股东会召开还有一段时间或者本年度股东会已经开过了，这时就需要临时召集股东会。

出现召开临时股东会的法定事由时，股份有限公司应当在法定期限两个月内召开临时股东会。应当召开临时股东会的主要情形有：（1）董事人数不足本法规定的人数或者公司章程所定人数的三分之二时。本次《公司法》修订后，规定股份有限公司董事会成员为三人以上，即根据新《公司法》，董事会成员少于三人时，公司就应当召开临时股东会选举董事。如果公司章程规定董事人数为三十人，当实际董事会成员人数不足二十人即不足章程所定人数的三分之二时，应召开临时股东会选举董事。（2）公司未弥补的亏损达股本总额三分之一时。经营过程中，如果公司亏损总额达到了股本总额的三分之一，已经是严重亏损，公司营利目的无法实现，且可能难以继续经营，股东和债权人的利益亦会受到影响，此时应当召开临时股东会。2005 年《公司法》修改时，对发起设立的股份有限公司采取认缴资本制，相应将 1993 年《公司法》规定的"公司未弥补的亏损达股本总额三分之一时"修改为"公司未弥补的亏损达实收股本总额三分之一时"。本次《公司法》修订，股份公司又回归实缴制，规定也回归为 1993 年规定的"公司未弥补的亏损达股本总额三分之一时"。（3）单独或者合计持有公司股份百分之十以上的股东请求时。作为出资人和公司财产的最终所有人，应当允许部分股东享有请求召开临时股东会的权利，特别是其认为公司发生了需要召开股东会的重大事项时，否则，股东的合法权益将无法得到保护。同时，由于股份有限公司股权分散、股东人数众多，每一个股东享有此项权利必然带来混乱，影响公司的正常生产经营。立法者经过分析研究，在本条规定，单独或者合计持有公司股份百分之十以上的股东请求时，公司应当召开临时股东会。（4）董事会认为必要时。作为公司的经营决策机构和业务执行机构，董事会遇有应当由股东会作出决议的重大事项时，在未到举行下次股东年会或股东年会已经举行的情况下，为保障公司正常运转，应当召开临时股东会。（5）监事会提议召开时。作为公司的监督机构，在行使监督权的过程中，监事会认为有必要召开临时股东会时，可以提议召开。（6）公司章程规定的其他情形。实践中，各个公司有其具体情况，法律允许其在章程中作出规定，充分赋予公司召开临时股东会的自主权。

【实务问题】

当公司陷入僵局时，股东会的召开会变得十分艰难。本条中规定的六种情形中，股东、监事会、董事会主动要求召开临时股东会，并不难，难的是董事人数不足或未弥补亏损达股本总额三分之一时必须召开临时股东会，但是监事会、董事会均不召集主持的应当如何处理。这种情况下，可适用该条第一款第（三）项由单独或者合计持有公司百分之十以上股份的股东请求召开，进一步根据第一百一十四条第三款，如果董事会或者监事会收到请求后十日内不予书面答复，或者不决定召开的，该部分股东可以自行召集和主持临时股东会会议。

第一百一十四条　股东会会议由董事会召集，董事长主持；董事长不能履行职务或者不履行职务的，由副董事长主持；副董事长不能履行职务或者不履行职务的，由过半数的董事共同推举一名董事主持。

董事会不能履行或者不履行召集股东会会议职责的，监事会应当及时召集和主持；监事会不召集和主持的，连续九十日以上单独或者合计持有公司百分之十以上股份的股东可以自行召集和主持。

单独或者合计持有公司百分之十以上股份的股东请求召开临时股东会会议的，董事会、监事会应当在收到请求之日起十日内作出是否召开临时股东会会议的决定，并书面答复股东。

【原法条文】

第一百零一条　股东大会会议由董事会召集，董事长主持；董事长不能履行职务或者不履行职务的，由副董事长主持；副董事长不能履行职务或者不履行职务的，由半数以上董事共同推举一名董事主持。

董事会不能履行或者不履行召集股东大会会议职责的，监事会应当及时召集和主持；监事会不召集和主持的，连续九十日以上单独或者合计持有公司百分之十以上股份的股东可以自行召集和主持。

【条文主旨】

本条是关于股份有限公司的股东会会议的召集和主持的规定。

【重点解读】

本条在原《公司法》第一百零一条的基础上，将共同推举主持会议董事的董事比例由"半数以上"改为"过半数"；新增一款第三款，明确了本法第一百一十三条第（三）项股东发出请求的对象及得到答复的时限。

一、股东会的召集和主持的一般规则

股东会行使职权主要是通过召开会议，为保证及时有效召开由

哪一类主体召集就十分重要，这一类主体要么是机构要么是个人，为了保证股东会的胜利召开，保障股东充分行使表决权，《公司法》明确股东会会议由公司董事会召集，董事长主持。董事会作为公司业务执行和经营决策机构，除应当由股东会决定以外的重要事项应当由董事会决定，因此应当由董事会召集股东会会议。董事会依法决定召开股东会的，应当将相关具体事项，如决定召开的时间、地点，将要作出决议的事项等，依法及时通知各股东。任何一个会议顺利有效召开，必须有主持人。董事长作为董事会的主要负责人主持股东会是应有之义。

二、股东会的召集和主持的特殊规则

一般情况下，股东会会议应当由董事会召集，董事长主持。但是，实践中可能由于多种原因，董事会无法正常履职，董事长不能履职、不愿履职，或者职务发生变化。此时，由谁来召集和主持股东会会议亦尤为重要。本条因此作出了规定。

【实务问题】

对于股东请求召开临时股东会会议，本条第三款有规定。在该款具体适用过程中，可能会出现董事会或者监事会收到请求后十日内不予书面答复的情况，此时，视为同意，还是不同意，可能会有疑义，但结合本法第一百一十三条，临时股东会应当在有请求权的股东提出两个月内召开，如果董事会或者监事会不予答复或者不决定召开的，该部分股东可以决定自行召集和主持临时股东会。

第一百一十五条　召开股东会会议，应当将会议召开的时间、地点和审议的事项于会议召开二十日前通知各股东；临时股东会会议应当于会议召开十五日前通知各股东。

单独或者合计持有公司百分之一以上股份的股东，可以在股东会会议召开十日前提出临时提案并书面提交董事会，临时提案

应当有明确议题和具体决议事项。董事会应当在收到提案后二日内通知其他股东，并将该临时提案提交股东会审议；但临时提案违反法律、行政法规或者公司章程的规定，或者不属于股东会职权范围的除外。公司不得提高提出临时提案股东的持股比例。

公开发行股份的公司，应当以公告方式作出前两款规定的通知。

股东会不得对通知中未列明的事项作出决议。

【原法条文】

第一百零二条　召开股东大会会议，应当将会议召开的时间、地点和审议的事项于会议召开二十日前通知各股东；临时股东大会应当于会议召开十五日前通知各股东；发行无记名股票的，应当于会议召开三十日前公告会议召开的时间、地点和审议事项。

单独或者合计持有公司百分之三以上股份的股东，可以在股东大会召开十日前提出临时提案并书面提交董事会；董事会应在收到提案后二日内通知其他股东，并将该临时提案提交股东大会审议。临时提案的内容应当属于股东大会职权范围，并有明确议题和具体决议事项。

股东大会不得对前两款通知中未列明的事项作出决议。

无记名股票持有人出席股东大会会议的，应当于会议召开五日前至股东大会闭会时将股票交存于公司。

【条文主旨】

本条是关于召开股东会会议的通知、公告以及临时提案的规定。

【重点解读】

本条与原《公司法》第一百零二条比较，有以下修改：（1）将"临时股东大会"改为"临时股东会会议"，更准确。（2）将原《公司法》规定单独或者合计持有公司"百分之三"以上股份的股东可以提出临时提案，修改为"百分之一"以上股份的股东就可以提出临时提案。（3）新《公司法》增加规定临时提案不得"违反法律、行政法规或者公司章程的规定"和公开发行股份的公司，应当对召开股东会会议、召开临时股东会会议和收到的临时提案以公告方式作出通知。（4）因不再发行无记名股票，新《公司法》删除了关于无记名股票的规定。

股东会会议的通知和公告必须符合法定要求。为使股东会会议胜利召开，董事会就应当将会议召开的时间、地点和审议的事项提前通知各股东。根据本条规定，股东会会议的通知分为三种情况：第一，不公开发行股份的公司，召开股东会年会或者章程规定的定期会议，因新《公司法》不再允许公司发行无记名股票，且由于股东人数有限，召开股东会会议的通知不须公告，通知的时间为会议召开二十日前，通知的内容包括会议召开的时间、地点和审议的事项。第二，召开临时股东会会议时，通知的期限要短于召开股东会年会和定期会议的时间，为会议召开十五日前。第三，公开发行股份的公司，无论是召开股东会年会、定期会议，还是召开临时股东会会议，均应以公告方式进行通知。本次修订针对公开发行股份的公司，增设了公告通知的要求，有利于促进外部投资者了解公司经营运作情况，及时、有效地参与股东会会议，改善信息不对称问题。

股东的提案权是指符合条件的股东依照法定程序提出提案作为股东会会议审议事项的权利。股东提出临时议案必须符合法定要求：第一，提出临时议案的股东必须符合一定的条件，即单独或者合计持有公司百分之一以上的股份，原《公司法》要求单独或者合计持有公司百分之三以上的股份，新《公司法》降低了股东行权的门槛，且规定公司不得提高提出临时提案股东的持股比例，进一步保障了公司中小股东的提案权；第二，临时议案的提出必须在股东会召开十日前进行并书面提交董事会；第三，临时提案的内容应当属于股东会职权范围，并有明确议题和具体决议事项。注意，新增规定临时提案违反法律、行政法规或者公司章程规定的不能提交审议。限制性规定避免了进入股东会审议的临时提案的数量泛滥，规范了股东临时提案权的行使，亦进一步优化了公司治理。董事会应当在收到提案后二日内通知其他股东，并将该临时提案提交股东会审议。

股东会是公司的权力机构，其所审议的事项事关公司的生存和发展以及股东的权益。所以，在股东会召开前的一定时日内，有关股东会的通知和公告应当载明审议的事项，包括召集人主动在通知中列明的事项，也包括根据法定程序在通知中列明的提案人的提案。如果临时提出审议事项，不是通知中列明的事项，股东会不得就这一事项作出决议。

第一百一十六条　股东出席股东会会议，所持每一股份有一表决权，类别股股东除外。公司持有的本公司股份没有表决权。

股东会作出决议，应当经出席会议的股东所持表决权过半数通过。

股东会作出修改公司章程、增加或者减少注册资本的决议，以及公司合并、分立、解散或者变更公司形式的决议，应当经出席会议的股东所持表决权的三分之二以上通过。

【原法条文】

第一百零三条　股东出席股东大会会议，所持每一股份有一表决权。但是，公司持有的本公司股份没有表决权。

股东大会作出决议，必须经出席会议的股东所持表决权过半数通过。但是，股东大会作出修改公司章程、增加或者减少注册资本的决议，以及公司合并、分立、解散或者变更公司形式的决议，必须经出席会议的股东所持表决权的三分之二以上通过。

【条文主旨】

本条是关于股份公司股东会会议股东表决权的规定。

【重点解读】

本条增加了关于类别股股东表决权除外的规定。并不是所有的类别股都对表决权有限制，应理解为"对表决权有限制的类别股除外"。

与有限责任公司不同，股份有限公司股东会的表决权以参加会议的股东所持股份数来计算。除对表决权有限制的类别股以外，每一股份的表决权是同一的，体现了同股同权的特点，表决权是股东基于股份而产生的固有权利，股东会的决议和公司章程都不能将其剥夺。

一些情况下，公司可能因收购本公司的股份，从而持有本公司的股份，比如，公司减少公司资本、与持有本公司股份的其他公司合并、将股份奖励给本公司职工等情况。作为独立法人，公司股东应为公司以外的第三人，否则会导致股东与公司之间人格难以区分，且该部分表决权的意思如何形成，由哪类人员来具体行使，都变得十分困难，因此，各国公司法均明确规定，虽然公司可以依法持有自己公司股份，但不享有表决权。

普通决议是针对普通事项，简单多数即超过50%即可表决通过的决议。这里要强调，股东会普通决议是出席会议有表决权过半数的股东同意即可，也就是说，股东可能很多，但出席会议的可能是少数，所持的表决权总数与公司的总股权可能会有很大差距，比如公司有一百万股本，但出席的股东仅占二十万股本，对于普通决议仅需十万股份以上表决权的股东同意即可。当然，被代理出席股东会的股东所持有的表决权也应计算在内。特殊决议是指在股东会举行会议时，适用于法定事项，以绝对多数表决权方能通过的决议，即必须经出席会议的所持三分之二以上表决权的股东同意方能通过。特殊决议适用的法定事项一般是直接关系着公司的生存基础和发展前途的重大事项，包括修改公司章程，增加或者减少注册资本，公司合并、分立、解散以及变更公司形式等。

【实务问题】

各国立法对于股东会决议的表决，均没有规定出席会议股东应持有最低表决权数。我国《公司法》亦如此，主要考虑股份有限公司人数众多，在依法定程序通知股东参会的情况下，如果其不参加，视为其放弃权利，有利于提高公司决策效率。但可能导致出席会议的股东并没有代表多数股东意愿，因为百分之十以上股东即可召集股东会会议，可能会出现未出席股东另行召开股东会并作出相反决议的情况，最终导致公司僵局。为避免出现上述情况，公司可以在章程中规定出席股东会会议的股东所持最低表决权数。

第一百一十七条　股东会选举董事、监事，可以按照公司章程的规定或者股东会的决议，实行累积投票制。

本法所称累积投票制，是指股东会选举董事或者监事时，每一股份拥有与应选董事或者监事人数相同的表决权，股东拥有的表决权可以集中使用。

【原法条文】

第一百零五条　股东大会选举董事、监事，可以依照公司章程的规定或者股东大会的决议，实行累积投票制。

本法所称累积投票制，是指股东大会选举董事或者监事时，每一股份拥有与应选董事或者监事人数相同的表决权，股东拥有的表决权可以集中使用。

【条文主旨】

本条是关于股份公司股东选举董事、监事与累积投票制的规定。

【重点解读】

本条将原《公司法》中的"依照公司章程"改为"按照公司章

程"。规定以法律法规作为依据的，一般用"依照"；"按照"一般用于对约定、章程、规定、份额、比例的表述。修改后用词更准确。

股份有限公司选举董事和监事时，可以按照公司章程的规定或者股东会的决议，实行累积投票制。

累积投票制是一种与直接投票制相对应的公司董（监）事选举制度，是指股份有限公司股东会选举董事或者监事时，每一股份拥有与应选董事或者监事人数相同的表决权，股东拥有的表决权可以集中使用。举例说明：如果某股东持有股份有限公司100股的股份，每一股股份享有一份表决权，此时公司拟选举三名董事，那么该股东享有的表决权为：100股股份×1份表决权×3（拟选举的董事名额数）＝该股东在本次选举董事时的全部表决权，即该股东在本次选举董事时合计有300份表决权。此300份表决权可以全部投给某一位董事候选人，也可以自由分散投给不同候选人，然后根据各候选人得票多少的顺序决定董（监）事人选。假设大股东占70%股份，则其有210万票表决权，其他股东合计有90万票表决权，如果其他股东将90万票集中投向一名候选人，该一人一定当选；而大股东要想使其三名被提名人都能选，则最少需要超过270万票，这是不可能的，所以大股东只能保证二名提名候选人当选。可以看出，通过累积投票制，中小股东提名的人选有可能进入董（监）事会，参与公司的经营决策和监督，从而实现对董事会、监事会一定程度上的监督。累积投票制虽然为小股东参与决策提供了途径，但小股东与大股东股份比例悬殊太大，或者小股东之间不能一致行动时，该制度也难以发挥作用。

【实务问题】

一般来说，累积投票制适用股份有限公司董事、监事的选举。本条规定的是"可以按照公司章程的规定或者股东大会的决议，实行累积投票制"，显然是任意性而非强制性规定。《上市公司治理准则》规定，单一股东及其一致行动人拥有权益的股份比例在百分之三十及以上的上市公司，应当采用累积投票制。《上市公司股东大会规则》第三十二条规定："单一股东及其一致行动人拥有权益的股份比例在百分之三十及以上的上市公司，应当采用累积投票制。"也就是说在我国，上市公司中，单一股东及其一致行动人拥有权益的股份比例在百分之三十及以上的，必须实行累积投票制，这是出于保护中小股东、股民权益的需要。所以在实务中，总体上看累积投票制是任意的，但在部分上市公司中是强制性的。

第一百一十八条　股东委托代理人出席股东会会议的，应当明确代理人代理的事项、权限和期限；代理人应当向公司提交股东授权委托书，并在授权范围内行使表决权。

【原法条文】

第一百零六条　股东可以委托代理人出席股东大会会议，代理人应当向公司提交股东授权委托书，并在授权范围内行使表决权。

【条文主旨】

本条是关于股份有限公司股东委托代理人出席股东会会议行使表决权的规定。

【重点解读】

本条相比原《公司法》第一百零六条，增加规定"股东委托代理人出席股东会会议的，应当明确代理人代理的事项、权限和期限"。

实践中，股东可能因为各种原因，如疾病、在外地或国外、因其他事务无法脱身等，无法出席股东会会议。因出席股东会并行使表决权，是股东固有的权利，应当允许股东委托他人代理自己出席股东会会议，并依法行使其表决权。

股东在委托代理人时，应当开具书面授权委托书，当然在当前电子授权委托书也被允许，如股东依托"钉钉"办公平台授权他人出席股东会会议。在授权委托书上载明代理人代理的事项、权限和期限，并由股东在授权委托书上签名盖章。

根据《民法典》规定，代理人只有在代理权限范围内行使代理权，代理行为才能对被代理人产生法律效力。代理人超出股东的授权范围行使表决权的，如果股东不予追认，则该行为无效，由此给股东造成损失的，代理人应当承担赔偿责任。

【实务问题】

本条增加规定，股东委托代理人出席股东会会议的，应当明确代理人代理的事项、权限和期限。这是针对实践中，有的股东授权不够明确具体，产生了不少争议而增加的规定。实践中有些股东授权代理人全权代表自己参加股东会会议，但没有更为具体详细的授权内容。为了减少不必要的争议，授权委托书应明确如下内容：一是委托谁以自己的名义，必要时写明代理人的姓名、身份证号和职务等；二是具体参加哪一次股东会，以防止代理人多次参加股东没有授权其参加的股东会；三是可以就哪些事项进行表决，主要是防止代理人对股东没有授权的事项进行表决，违背股东的真实意思，损害股东的利益。同时，股东必须在授权委托书上签名盖章，否则不生效力。要注意，必须书面委托，其他委托方式，口头或者电话授权他人代表自己出席并行使表决权的，无效。

第一百一十九条　股东会应当对所议事项的决定作成会议记录，主持人、出席会议的董事应当在会议记录上签名。会议记录应当与出席股东的签名册及代理出席的委托书一并保存。

【原法条文】

第一百零七条　股东大会应当对所议事项的决定作成会议记录，主持人、出席会议的董事应当在会议记录上签名。会议记录应当与出席股东的签名册及代理出席的委托书一并保存。

【条文主旨】

本条是关于对股份有限公司股东会会议记录要求及保存的规定。

【重点解读】

本条除了将"股东大会"改称"股东会",内容与原《公司法》第一百零七条相同,没有变化。

股份有限公司的股东会会议记录,是载明股东会对所议事项作出的决定的书面文件。股东会在举行会议时,负责召集会议的机构和人员应当安排专人详细记录会议的情况。中国证监会于2022年修订的《上市公司股东大会规则》对股东会应记载内容加以细化,明确股东大会会议记录由董事会秘书负责,并应记载以下内容:一是会议时间、地点、议程和召集人姓名或名称;二是会议主持人以及出席或列席会议的董事、监事、董事会秘书、经理和其他高级管理人员姓名;三是出席会议的股东和代理人人数、所持有表决权的股份总数及占公司股份总数的比例;四是对每一提案的审议经过、发言要点和表决结果;五是股东的质询意见或建议以及相应的答复或说明;六是律师及计票人、监票人姓名;七是公司章程规定应当载入会议记录的其他内容。

出席会议的召集人或其代表、会议主持人、董事、董事会秘书应当核对会议记录并签名,全体出席人员有义务保证会议记录内容真实、准确和完整。会议记录、现场出席股东的签名册、代理出席的委托书等有效资料一并保存,置备于本公司,保存期限不得少于十年。没有出席会议的股东以及以后的新股东可以查阅股东会会议记录,以了解股东会的内容。

第三节　董事会、经理

第一百二十条　股份有限公司设董事会，本法第一百二十八条另有规定的除外。

本法第六十七条、第六十八条第一款、第七十条、第七十一条的规定，适用于股份有限公司。

【原法条文】

第一百零八条　股份有限公司设董事会，其成员为五人至十九人。

董事会成员中可以有公司职工代表。董事会中的职工代表由公司职工通过职工代表大会、职工大会或者其他形式民主选举产生。

本法第四十五条关于有限责任公司董事任期的规定，适用于股份有限公司董事。

本法第四十六条关于有限责任公司董事会职权的规定，适用于股份有限公司董事会。

【条文主旨】

本条是关于股份有限公司董事会的设置、组成、职权、董事的任期、辞任及公司解任董事的规定。

【重点解读】

本条在原《公司法》第一百零八条的基础上修改而成。因本条包含内容较多，以下分项与原《公司法》对比解读。

一、股份有限公司设董事会

根据本条第一款规定，与原《公司法》无例外地要求股份公司设董事会不同，本法规定，股份有限公司设董事会是原则，规模较小或者股东人数较少的股份有限公司，可以不设董事会，设一名董事，行使董事会职权。

二、股份有限公司董事会职权

本法第六十七条是关于有限责任公司董事会职权的规定，股份有限公司董事会职权适用此规定，董事会职权具体为：（1）召集股东会会议，并向股东会报告工作；（2）执行股东会的决议；（3）决定公司的经营计划和投资方案；（4）制订公司的利润分配方案和弥补亏损方案；（5）制订公司增加或者减少注册资本以及发行公司债券的方案；（6）制订公司合并、分立、解散或者变更公司形式的方案；（7）决定公司内部管理机构的设置；（8）决定聘任或者解聘公司经理及其报酬事项，并根据经理的提名决定聘任或者解聘公司副经理、财务负责人及其报酬事项；（9）制定公司的基本管理制度；（10）公司章程规定或者股东会授予的其他职权。

新《公司法》第六十七条新增规定了"公司章程对董事会职权的限制不得对抗善意相对人"，强调了对善意相对人（不是任何第三人）的保护。

另外，原《公司法》第四十六条规定"董事会对股东会负责"，修订案一审稿规定："董事会是公司的执行机构"，明确董事会是公司的执行机构的法定地位，改变了董事会是公司股东会执行机构的附属地位，突出董事会在公司治理中的地位。但二审稿、三审稿删去该规定，未再明确董事会的法定地位。最终，对董事会职权的规定仍保持了列举加概括的规范模式，删除第（四）项"制订公司的年度财务预算方案、决算方案"的职权。具体参见第六十七条的解读。

三、股份有限公司董事会人数要求及职工代表设置

本法第六十八条第一款是关于有限责任公司董事会人数要求及成员中设置职工代表的规定，股份有限公司董事会人数要求及成员中职工代表的设置适用此规定。具体为：董事会成员为三人以上，其成员中可以有公司职工代表。职工人数三百人以上的有限责任公司，除依法设监事会并有公司职工代表的外，其董事会成员中应当有公司职工代表。董事会中的职工代表由公司职工通过职工代表大会、职工大会或者其他形式民主选举产生。

新《公司法》放宽了董事会成员人数限制，规定最少为三人，取消了原《公司法》董事会五人至十九人的限制。原《公司法》规定"董事会成员中可以有公司职工代表"，不是强制性规定；新《公司法》新增"职工人数三百人以上的有限责任公司，除依法设监事会并有公司职工代表的外，其董事会成员中应当有公司职工代表"的规定，即对于职工在三百人以上的股份有限公司，在监事会或董事会中有职工代表的规定成为强制性规定。

四、股份有限公司董事任期和辞任

第七十条是关于公司董事任期和辞任的规定，具体内容为：董事任期由公司章程规定，但每届任期不得超过三年。董事任期届满，连选可以连任。董事任期届满未及时改选，或者董事在任期内辞任导致董事会成员低于法定人数的，在改选出的董事就任前，原董事仍应当依照法律、行政法规和公司章程的规定，履行董事职务。董事辞任的，应当以书面形式通知公司，公司收到通知之日辞任生效，但存在前款规定情形的，董事应继续履行职务。董事辞任是新增规定，具体内容参见第七十条解读。

五、股份有限公司解任董事

第七十一条是关于公司解任董事及被解任董事的赔偿请求权的规定，本部分内容是新增规定，具体内容参见第七十一条解读。

第一百二十一条　股份有限公司可以按照公司章程的规定在董事会中设置由董事组成的审计委员会，行使本法规定的监事会的职权，不设监事会或者监事。

审计委员会成员为三名以上，过半数成员不得在公司担任除董事以外的其他职务，且不得与公司存在任何可能影响其独立客观判断的关系。公司董事会成员中的职工代表可以成为审计委员会成员。

审计委员会作出决议，应当经审计委员会成员的过半数通过。

审计委员会决议的表决，应当一人一票。

审计委员会的议事方式和表决程序，除本法有规定的外，由公司章程规定。

公司可以按照公司章程的规定在董事会中设置其他委员会。

【条文主旨】

本条是关于股份有限公司设置审计委员会和其他委员会以及审计委员会人员组成、职权、议事方式和表决程序等的规定。

【重点解读】

本条是新增条款。

根据原《公司法》，我国的公司治理采用二元制的结构，董事会是执行机构，监事会是监督机关。但是因为重重障碍，监事会没有充分发挥作用。美国的公司治理采用一元制的结构，不设监事会，只有董事会，因完全依靠董事会内部监督无法达到监督的效果，为提高股东长期投资的信心和董事会监控的公信力，美国设置了独立董事制度。独立董事在美国公司中实际上扮演了中国《公司法》中监事会的角色，对经营管理层进行监督。根据新《公司法》，我国公司治理趋向于由二元制结构向一元制结构转变。

一、股份有限公司可以在董事会中设审计委员会

审计委员会制度是西方企业普遍建立的一种内部控制制度，与公司治理结构失衡有密切联系。作为公司董事会中的一个专业委员会，审计委员会是一个内部监督机构，主要负责公司有关财务报表

披露和内部控制过程的监督。通过在公司建立审计委员会，从公司董事会内部对公司的信息披露、会计信息质量、内部审计及外部独立审计建立起一个控制和监督的职能机制。

近几年来，我国上市公司已较为普遍地设立了审计委员会，这里起核心作用的是 2002 年颁布的《上市公司治理准则》，它规定上市公司董事会可以按照股东会的有关决议设立审计委员会等专门委员会，各专门委员会对董事会负责，各专门委员会的提案应提交董事会审查决定。2005 年 11 月，国务院批转证监会《关于提高上市公司质量意见的通知》，再次明确规定，要设立以独立董事为主的审计委员会、薪酬与考核委员会，并充分发挥其作用。2007 年 12 月，中国证监会发布的《关于做好 2007 年年度报告及相关工作的通知》首次要求上市公司 2007 年年度报告中应披露董事会下设的审计委员会的履职情况汇总报告。由此可见，建立和推行审计委员会制度是我国公司治理结构中的一个重要组成部分。

考虑到我国监事会制度于公司治理过程中严重失位，《公司法》赋予了投资人更多选择权。根据本条第一款规定，股份有限公司可以选择设置审计委员会，不设监事会或者监事，由审计委员会行使监事会职权。也可以选择不设审计委员会，依旧选择设监事会或者监事。

二、审计委员会人数及成员要求

审计委员会成员为三名以上，其中过半数成员需同时符合两个条件：（1）不得在公司担任除董事以外的其他职务；（2）不得与公司存在任何可能影响其独立客观判断的关系。公司董事会成员的职工代表不受前两个条件的限制，可以成为审计委员会成员。

三、审计委员会的议事方式和表决程序

审计委员会行使监事会职权，对相关事项进行审议表决时，根据本条第三款、第四款的规定，应当一人一票，经审计委员会成员的过半数通过。除本法有规定的外，审计委员会的议事方式和表决程序由公司章程进行规定。

四、董事会中的其他委员会

《国务院办公厅关于进一步完善国有企业法人治理结构的指导意见》指出："董事会应当设立提名委员会、薪酬与考核委员会、审计委员会等专门委员会，为董事会决策提供咨询，其中薪酬与考核委员会、审计委员会应由外部董事组成。"《上市公司独立董事规则》第四条规定："上市公司董事会下设薪酬与考核、审计、提名等专门委员会的，独立董事应当在审计委员会、提名委员会、薪酬与考核委员会成员中占多数，并担任召集人。"因此董事会下除设审计委员会外，还可以设提名委员会、薪酬与考核委员会等委员会。

第一百二十二条　董事会设董事长一人，可以设副董事长。董事长和副董事长由董事会以全体董事的过半数选举产生。

董事长召集和主持董事会会议，检查董事会决议的实施情况。副董事长协助董事长工作，董事长不能履行职务或者不履行职务的，由副董事长履行职务；副董事长不能履行职务或者不履行职务的，由过半数的董事共同推举一名董事履行职务。

【条文主旨】

本条是关于股份有限公司董事长、副董事长的产生和职权，以及董事会会议的召集和主持的规定。

【重点解读】

本条内容沿用了原《公司法》第一百零九条规定，未修改。

股份有限公司和有限责任公司董事长和副董事长的产生办法不同：股份有限公司董事长和副董事长由董事会以全体董事的过半数选举产生，是法定的；而有限责任公司董事长、副董事长的产生办法由公司章程规定。

　　董事会设董事长，可以设副董事长。董事会是股份有限公司法定常设的具有经营决策权的机构，通过会议集体行使决策权；董事会成员三人以上，应当设置董事长，负责董事会会议的召集、主持等程序事务，协调董事会成员之间的关系，检查董事会决议的执行情况。对于一些董事长一人难以履行全部职责，经营规模和范围较大的公司，可以设副董事长，协助董事长工作。副董事长的设定不是法定的，是否设定，设立人数的多少，均由董事会根据公司的具体情况决定。

　　股份有限公司的董事长、副董事长是选举产生的，而不是由某个机构或者个人指定的。董事长、副董事长是由董事会选举产生的，除此之外的任何机构，包括股东会，均无权选举董事长、副董事长。此外，选举董事长、副董事长时，同意的人数必须超过全体董事人数的一半，方为有效，而不是出席人数的一半。另外，只能选举一人作为董事长。

　　1993年《公司法》较为突出董事长的职权，直接规定董事长为公司的法定代表人，并专条规定了董事长的职权。2005年修改《公司法》时，根据各方面意见，突出董事会的集体决策作用，强化对董事长权力的制约；取消了董事长为公司的法定代表人的强制性规定，进而，董事长也不再当然享有由法定代表人行使的签署公司股票、公司债券的职权；董事长仅有两个方面的职权，即召集和主持董事会会议，检查董事会决议的实施情况。本次修改沿用以上规定，董事长有上述两方面职权，此外根据本法第一百一十四条的规定，董事长还有主持股东会会议的职权。副董事长协助董事长工作，董事长不能履行职务或者不履行职务的，由副董事长履行职务；副董事长不能履行职务或者不履行职务的，由半数以上董事共同推举一名董事履行职务。

第一百二十三条　董事会每年度至少召开两次会议，每次会议应当于会议召开十日前通知全体董事和监事。

代表十分之一以上表决权的股东、三分之一以上董事或者监事会，可以提议召开临时董事会会议。董事长应当自接到提议后十日内，召集和主持董事会会议。

董事会召开临时会议，可以另定召集董事会的通知方式和通知时限。

【条文主旨】

本条是关于董事会会议的类型、通知、召集和主持的规定。

【重点解读】

本条沿用了原《公司法》第一百一十条规定，未修改。

董事会会议可以分为例行董事会会议和临时董事会会议两种。董事会行使职权的方式之一就是举行董事会会议并作出决议。董事会只有召开董事会会议，才能进行经营决策并执行公司的业务，才能代表全体股东的利益去经营公司的财产。实践中，有的公司在成立之后，董事会会议很少召开，甚至有时一年也不召开一次，而由其他机构代行董事会的职权。为了避免这种情况的发生，本法规定董事会每年度至少应当召开两次会议，就董事会职权范围内的各项决议事项作出决议。在这里，每年度至少应当召开两次的董事会会议，是指公司章程规定的董事会的定期会议，即例行董事会会议，不包括董事会的临时会议。

特定主体可以提议召集临时董事会会议。遇到影响公司生存和发展的问题，代表十分之一以上表决权的股东、三分之一以上董事或者监事会，可以提议召开董事会临时会议。代表十分之一以上表决权的股东在股东会上拥有相当的表决权，应当考虑其利益；三分之一以上董事提议，表明董事会成员中要求召开会议的意愿比较强烈；监事会提议召开董事会会议，是监事会履行对董事会及其成员监督之责的具体体现。因此，上述提议权人提议召开董事会临时会议的，董事长应当自接到提议后十日内，召集和主持董事会会议。这也是对董事长权力的制约。

对于董事会的定期会议和临时会议，在通知上要求有所不同：（1）对于定期会议，会议召开之前，董事长应当确定举行董事会会议的时间、地点、讨论决定的事项等，并应当按照公司章程规定的通知方式，将上述事项在会议召开十日以前通知全体董事和监事。（2）董事会在召开临时会议时，可以不按公司章程规定的一般通知方式通知全体董事和监事，也可以不在会议召开十日以前通知全体董事和监事，而只需按照公司章程规定的或者董事会确定的通知方式和通知时限通知全体董事和监事，就可以召开临时会议。

本法第二十四条规定，公司股东会、董事会、监事会召开会议和表决可以采用电子通信方式，公司章程另有规定的除外。一般在章程中规定为现场形式和电子通信形式。对需要采取现场形式排除适用电子通信方式的事项，应当在公司章程中予以明确，如规定利润分配方案、薪酬方案、重大投资及资产处置、聘任及解聘高管人员以及其他情形下，不得采用电子通信方式召开会议。否则，均可以采用电子通信方式。

【实务问题】

股份有限公司董事会每年度至少召开两次会议，对于资本规模较大的有限责任公司，应规定每年至少召开两次或者每季度召开一次董事会定期会议。《公司法》未规定有限责任公司董事会的定期会议、临时会议，鉴于《公司法》将董事会的议事方式和表决程序交由公司章程自由约定，为防止董事会僵局，保证董事会正常召开，有限责任公司可参照股份有限公司规定，设计提议召开临时董事会会议的门槛，如规定代表十分之一以上表决权的股东、三分之一以上的董事、监事会、不设监事会的监事，可以提议召开董事会临时会议。

应当在有限责任公司章程中规定，可以在临时董事会召开前三至五日以书面、电子邮件、传真、短信、微信等方式通知全体董事和监事。董事会召开地点，以公司住所地或主要营业机构所在地为宜。

第一百二十四条　董事会会议应当有过半数的董事出席方可举行。董事会作出决议，应当经全体董事的过半数通过。

董事会决议的表决，应当一人一票。

董事会应当对所议事项的决定作成会议记录，出席会议的董事应当在会议记录上签名。

【原法条文】

第一百一十一条　董事会会议应有过半数的董事出席方可举行。董事会作出决议，必须经全体董事的过半数通过。

董事会决议的表决，实行一人一票。

第一百一十二条第二款　董事会应当对会议所议事项的决定作成会议记录，出席会议的董事应当在会议记录上签名。

【条文主旨】

本条是关于股份公司董事会会议的议事规则和会议记录的规定。

【重点解读】

本条是原《公司法》第一百一十一条和第一百一十二条第二款的整合。其中将"应""必须""实行"均修改为"应当"。

董事会会议要满足一定的程序要求：一是出席人数要求。如果只有少数人出席会议并作出决议，该决议就不能代表多数意见。二是表决比例要求。根据表决事项的不同，表决比例有简单多数和绝对多数之分。

为了保证董事会的决议能够代表大多数股东的利益，有利于公司的经营，董事会会议应有过半数的董事出席方可举行。实践中，如果按照董事会通知的时间和地点出席董事会会议的董事，不足全体董事的一半，那么，董事会会议就不得召开。这时即使举行了董事会会议，该董事会会议及其所作出的决议也是无效的。

董事会作出决议应当经全体董事的过半数通过。董事人数总体上来说比较少，容易形成相对集中的意志。同时，董事会作出决议，应当反映大多数成员的意愿。因此，本条要求董事会作出决议，应当经全体董事过半数通过，该决议方为有效。

与"一股一票"的股东大会会议的表决不同，董事会会议实行的是"一人一票"的表决方式。董事会会议审议表决事项时，往往实行一事一议的表决方式。实践中，表决票分为赞成票、否决票和弃权票三种类型。

董事会会议记录是记明董事会会议对决议事项作出决定的书面文件，董事长应当指定专门人员对会议所决议的事项及结果进行记录，并作成会议记录。出席会议的董事应当在会议记录上签名，表明该记录真实，对自己在董事会会议上的言行负责。董事会会议记录作为证据，真实记录董事会的会议情况，以便将来需要了解董事会会议的情况时使用。如为了查证董事会会议是否违法、某个董事是否对公司负赔偿责任时，董事会会议记录就是重要证据。

第一百二十五条　董事会会议，应由董事本人出席；董事因故不能出席，可以书面委托其他董事代为出席，委托书应载明授权范围。

董事应当对董事会的决议承担责任。董事会的决议违反法律、行政法规或者公司章程、股东会决议，给公司造成严重损失的，

参与决议的董事对公司负赔偿责任；经证明在表决时曾表明异议并记载于会议记录的，该董事可以免除责任。

【原法条文】

第一百一十二条　董事会会议，应由董事本人出席；董事因故不能出席，可以书面委托其他董事代为出席，委托书中应载明授权范围。

董事会应当对会议所议事项的决定作成会议记录，出席会议的董事应当在会议记录上签名。

董事应当对董事会的决议承担责任。董事会的决议违反法律、行政法规或者公司章程、股东大会决议，致使公司遭受严重损失的，参与决议的董事对公司负赔偿责任。但经证明在表决时曾表明异议并记载于会议记录的，该董事可以免除责任。

【条文主旨】

本条是关于股份有限公司董事会会议的出席及责任承担的规定。

【重点解读】

本条沿用了原《公司法》第一百一十二条第一和第三款规定，仅删除了一"但"字，实质内容无变化。

董事参加董事会会议，应从公司利益出发，发表自己的意见，使董事会能够集思广益，作出符合公司利益的正确决定。如果董事因疾病、临时在外地等主客观原因，无法出席董事会会议的，可以委托他人代为出席。但应当委托本公司的其他董事代为出席，而不能委托本公司董事以外的人代为出席，同时应当出具书面委托书。另外，根据中国证监会于2018年发布的《上市公司治理准则》，上市公司的独立董事不得委托非独立董事代为投票。

董事会是一个集体，其作出的决议应当由出席会议的过半数同意，董事当然应对董事会的决议承担责任。根据本条规定，董事承担赔偿责任有三要件：第一，董事会的决议违反了法律、行政法规或者公司章程、股东会决议；第二，董事会的决议给公司造成严重损失，如果没有给公司造成严重损失，那么，董事是不负赔偿责任的；第三，该董事参与了董事会的决议，就是说在作出决议时，该董事投了赞成票，而对决议持相反意见的董事，当然无须对公司负赔偿责任。当然，责任的免除需要有证据，应当证明在表决时该董事曾表示异议并记载于会议记录的，才能免除该董事的责任。

第一百二十六条　股份有限公司设经理，由董事会决定聘任或者解聘。

经理对董事会负责，根据公司章程的规定或者董事会的授权行使职权。经理列席董事会会议。

【原法条文】

第一百一十三条　股份有限公司设经理，由董事会决定聘任或者解聘。

本法第四十九条关于有限责任公司经理职权的规定，适用于股份有限公司经理。

【条文主旨】

本条是关于股份有限公司经理及其职权的规定。

【重点解读】

原《公司法》规定经理可以行使七项法定职权，而新《公司法》统一对经理的职权进行留白处理，完全交予公司章程规定或者董事会授权。

经理是公司日常经营管理和行政事务的负责人，由董事会任免，对董事会负责。本法对公司经理的聘任和解聘作出了明确的规定。董事会以工作经验、经营管理能力和创利能力为标准，挑选和聘任适合于本公司的经理，并决定经理的聘期、报酬及其支付方法。如果认为某个经理不能胜任工作，可以依法召开董事会会议决定解聘该经理。

经理作为公司具体业务执行者，负责公司日常生产经营管理工作，指挥公司内部管理机构的活动。经理列席董事会会议，对董事会负责。本条对经理的职权进行留白处理，完全交予公司章程规定或者董事会授权。股份有限公司章程规定的经理职权事项可以参考原《公司法》第四十九条的规定，考虑对以下七项职权事项完全授予或者进行限制：（1）主持公司的生产经营管理工作，组织实施董事会决议，并向董事会报告工作；（2）组织实施公司年度经营计划和投资方案；（3）拟订公司内部管理机构设置方案；（4）拟订公司的基本管理制度；（5）制定公司的具体规章；（6）提请董事会聘任或者解聘公司副经理、财务负责人；（7）决定聘任或者解聘除应由董事会决定聘任或者解聘以外的负责管理人员。在实务中，经理的职权通常还应当包括以下事项：（1）管理并在董事会授权范围内签署任何报价和合同；（2）在董事会授权或者批准预算范围内决定购买、销售、租用或处理设备、机器、备件、工具、货源及材料；（3）董事会授予的其他职权。

第一百二十七条　公司董事会可以决定由董事会成员兼任经理。

【条文主旨】

本条是关于董事可兼任经理的规定。

【重点解读】

本条沿用了原《公司法》第一百一十四条规定，未修改。

有些国家公司法规定，董事个人享有公司业务执行权，而在我国，董事只能通过在董事会会议上提出议案、发表意见、行使表决权等发挥作用，除此之外，无权在平时就公司经营管理发表意见，进行决策。实践中，有的公司为充分发挥董事的作用，保证董事会在公司经营管理中的核心地位，实行董事会选派董事兼任经理的做法，据此，该董事个人享有公司经营管理权。《公司法》本条对此予以认可，规定公司董事会可以决定由董事会成员兼任经理。

【实务问题】

根据本法第一百二十六条，股份有限公司的经理由董事会决定聘任或者解聘，因此，由董事会成员兼任经理，亦应当由董事会作出决议。董事会召开会议时，应当有过半数的董事出席，并由全体董事会的过半数同意，才能作出由董事会成员兼任经理的决议。

第一百二十八条　规模较小或者股东人数较少的股份有限公司，可以不设董事会，设一名董事，行使本法规定的董事会的职权。该董事可以兼任公司经理。

【条文主旨】

本条是关于小规模股份有限公司的董事会例外制度的规定。

【重点解读】

本条是新增规定。

除本条外，新《公司法》第七十五条规定，规模较小或者股东人数较少的有限责任公司，可以不设董事会，设一名董事，行使本法规定的董事会的职权，该董事可以兼任公司经理。第八十三条规定，规模较小或者股东人数较少的有限责任公司，可以不设监事会，设一名监事，行使本法规定的监事会的职权，经全体股东一致同意，也可以不设监事。第一百一十二条第二款规定，本法第六十条关于只有一个股东的有限责任公司不设股东会的规定，适用于只有一个股东的股份有限公司。第一百三十三条规定，规模较小或者股东人数较少的股份有限公司，可以不设监事会，设一名监事，行使本法规定的监事会的职权。因此，规模较小或者股东人数较少的股份有限公司最简组织机构设置是股东会（只有一个股东的不设股东会），一名董事，该董事兼任经理，一名监事。

第一百二十九条　公司应当定期向股东披露董事、监事、高级管理人员从公司获得报酬的情况。

【条文主旨】

本条是关于股份有限公司向股东披露董事、监事、高级管理人员从公司获得报酬情况的规定。

【重点解读】

本条沿用了原《公司法》第一百一十六条规定，未修改。

根据本法第五十九条和六十七条规定，股东会决定公司董事、监事的报酬事项，董事会决定经理的报酬事项，董事会根据经理的提请决定公司副经理、财务负责人的报酬事项，公司副经理、财务负责人属于公司高级管理人员范畴。一般来说，应通过建立各种机制来激励和监督董事、监事和高级管理人员。近年来，在实践中，上市公司董事、监事、高级管理人的报酬问题引起了社会的关注。一般说来，这些人员的报酬应当与公司绩效挂钩，但实践中有的没有挂钩，有的即使挂钩了，也存在不尽合理的问题。因此，以一定方式定期向股东披露董事、监事、高级管理人员从公司获得报酬的情况，就变得尤其重要，这也是股东监督董事、监事、高级管理人员的重要途径。

对于上市公司，中国证监会要求，应当在年度报告中披露董事、监事、高级管理人员的年度报酬情况，包括董事、监事和高级管理人员报酬的决策程序、报酬确定依据以及实际支付情况。披露每一位现任及报告期内离任董事、监事和高级管理人员在报告期内从公司获得的税前报酬总额（包括基本工资、奖金、津贴、补贴、职工

福利费和各项保险费、公积金、年金以及以其他形式从公司获得的
报酬）及其全体合计金额，并说明是否在公司关联方获取报酬。对
于董事、高级管理人员获得的股权激励，公司应当按照已解锁股份、
未解锁股份、可行权股份、已行权股份、行权价以及报告期末市价
单独列示。

【实务问题】

　　本条未明确公司向股东披露董事、监事、高级管理人员报酬情
况的期限及方式，实践中由公司章程规定为宜。一般情况下，以一
年披露一次为宜，可采取直接向股东告知、在媒体上公告或者由董
事会在股东会上报告等方式进行披露。

第四节　监事会

　　**第一百三十条　股份有限公司设监事会，本法第一百二十一
条第一款、第一百三十三条另有规定的除外。**

　　**监事会成员为三人以上。监事会成员应当包括股东代表和适
当比例的公司职工代表，其中职工代表的比例不得低于三分之一，
具体比例由公司章程规定。监事会中的职工代表由公司职工通过
职工代表大会、职工大会或者其他形式民主选举产生。**

　　**监事会设主席一人，可以设副主席。监事会主席和副主席由
全体监事过半数选举产生。监事会主席召集和主持监事会会议；
监事会主席不能履行职务或者不履行职务的，由监事会副主席召
集和主持监事会会议；监事会副主席不能履行职务或者不履行职
务的，由过半数的监事共同推举一名监事召集和主持监事会会议。**

　　董事、高级管理人员不得兼任监事。

　　本法第七十七条关于有限责任公司监事任期的规定，适用于

股份有限公司监事。

【原法条文】

第一百一十七条 股份有限公司设监事会，其成员不得少于三人。

监事会应当包括股东代表和适当比例的公司职工代表，其中职工代表的比例不得低于三分之一，具体比例由公司章程规定。监事会中的职工代表由公司职工通过职工代表大会、职工大会或者其他形式民主选举产生。

监事会设主席一人，可以设副主席。监事会主席和副主席由全体监事过半数选举产生。监事会主席召集和主持监事会会议；监事会主席不能履行职务或者不履行职务的，由监事会副主席召集和主持监事会会议；监事会副主席不能履行职务或者不履行职务的，由半数以上监事共同推举一名监事召集和主持监事会会议。

董事、高级管理人员不得兼任监事。

本法第五十二条关于有限责任公司监事任期的规定，适用于股份有限公司监事。

【条文主旨】

本条是关于股份有限公司监事会的设立、组成和会议召集、主持以及监事任期的规定。

【重点解读】

原《公司法》规定监事会成员"不得少于三人"，新《公司法》改为监事会成员为"三人以上"，意思基本一致。根据原《公司法》，监事会是股份有限公司必须设立的机构，根据新《公司法》规定，在董事会中设置审计委员会的股份有限公司，由审计委员会行使监事会的职权，可以不设监事会或者监事；规模较小或者股东人数较少的股份有限公司可以不设监事会，设一名监事行使监事会的职权。

股份有限公司是资合公司，其股东较多，彼此之间没有紧密的联系，对公司的经营管理者不能做到及时有效的监督。为了保护公司和股东的利益，法律规定股份有限公司设监事会，作为公司的内部监督机构，行使对经营管理者的监督权。

公司监事会属于集体履行监督职责的机构。监事会具体由多少监事组成，应当由公司章程规定。发起人在制订公司章程或者股东会在修改公司章程时，应当根据本公司的具体情况，规定组成监事会的人数。根据本条规定，公司章程在规定监事会的组成人数时，至少应当规定为三人以上。股份有限公司的监事会由全体监事组成。监事会成员包括股东代表和职工代表。在公司的经营过程中，不仅作为财产投资者的股东有监督权，公司职工也有监督权。本条对监事会中的职工代表的最低比例作出了限制，不得低于三分之一，具体比例由公司章程规定。"三分之一"是监事会成员中职工代表的法定最低比例，公司章程规定职工代表具体比例时，应等于或高于三分之一，低于三分之一则无效。另外，监事会设主席一人，可以设副主席。监事会主席和副主席由全体监事过半数选举产生。

与董事会会议的召集和主持类似，监事会主席召集和主持股份有限公司监事会会议，监事会主席不能履行职务或者不履行职务的，由监事会副主席召集和主持监事会会议；监事会副主席不能履行职务或者不履行职务时，由半数以上监事共同推举一名监事召集和主持监事会会议。

从维护公司利益的角度出发，对公司董事、高级管理人员执行公司职务时的行为进行监督，是监事会的主要职责；在董事、高级管理人员执行公司职务时，违反法律、行政法规或者公司章程的规定，给公司造成严重损害时，监事会应代表公司对董事、高级管理人员进行诉讼。为确保监事客观、公正、独立地行使监督权，董事与高级管理人员不得兼任监事。

根据本条和本法第七十七条的规定，监事的任期每届为三年。

监事任期届满，连选可以连任。监事任期届满未及时改选，或者监事在任期内辞职导致监事会成员低于法定人数的，在改选出的监事就任前，监事仍应当按照法律、行政法规和公司章程的规定，履行监事的职务，以保证公司监督工作的连续性。

【实务问题】

本法第一百一十二条规定，监事由股东会选举和更换，但本条规定，监事会中的职工代表由公司职工通过职工代表大会、职工大会或者其他形式民主选举产生。那么，民主选举产生的职工代表，是当然的监事会成员，还是需要股东会履行选举手续后才能成为正式的监事会成员？我们认为，实践中，民主选举产生的职工代表，是当然的监事会成员，他们的选举和更换不由股东会决定。

第一百三十一条　本法第七十八条至第八十条的规定，适用于股份有限公司监事会。

监事会行使职权所必需的费用，由公司承担。

【原法条文】

第一百一十八条　本法第五十三条、第五十四条关于有限责任公司监事会职权的规定，适用于股份有限公司监事会。

监事会行使职权所必需的费用，由公司承担。

【条文主旨】

本条是关于股份有限公司监事会的职权及监事会行使职权的费用承担的规定。

【重点解读】

本条指引的第七十八条至第八十条是关于有限责任公司监事会职权的规定，适用于股份有限公司。

根据本条以及本法第七十八条的规定，股份有限公司的监事会行使下列职权：（1）检查公司财务；（2）监督董事、高级管理人员履职情况及提出解任的建议；（3）要求董事、高级管理人员纠正其损害公司利益的行为；（4）提议召开及召集、主持临时股东会会议；（5）向股东会会议提出提案；（6）依法对董事、高级管理人员提起诉讼；（7）公司章程规定的其他职权。除了上述职权外，监事会还行使公司章程规定的其他职权。根据本条以及本法第七十九条的规定，股份有限公司的监事会还行使下列职权：（1）监事列席董事会会议并提出质询或者建议；（2）监事会有权进行调查。根据本条以及本法第八十条的规定，股份有限公司的监事会还行使下列职权：要求董事、高级管理人员提交执行职务的报告。

监事会是股份有限公司必须设立的组织机构，其行使的各项职权都是为了维护公司的利益，因此，监事会行使职权所必需的费用应由公司承担。但这里需要说明的是，由公司负担的应是监事会履行职权所必需的费用，对于与监事会履行职权无关的经费，或者明显超出合理需要的部分，公司有权拒绝。对于监事会合理的经费要求，公司予以拒绝的，监事会有权要求公司支付；监事会成员已经垫付的，有权要求公司补偿。

第一百三十二条　监事会每六个月至少召开一次会议。监事可以提议召开临时监事会会议。

监事会的议事方式和表决程序，除本法有规定的外，由公司章程规定。

监事会决议应当经全体监事的过半数通过。

监事会决议的表决，应当一人一票。

监事会应当对所议事项的决定作成会议记录，出席会议的监事应当在会议记录上签名。

【原法条文】

第一百一十九条　监事会六个月至少召开一次会议。监事可以提议召开临时监事会会议。

监事会的议事方式和表决程序，除本法有规定的外，由公司章程规定。

监事会决议应当经半数以上监事通过。

监事会应当对所议事项的决定作成会议记录，出席会议的监事应当在会议记录上签名。

【条文主旨】

本条是关于监事会会议的类型、监事会会议记录以及监事会的议事方式和表决程序的规定。

【重点解读】

原《公司法》规定"监事会决议应当经半数以上监事通过"，新《公司法》修订为"监事会决议应当经全体监事的过半数通过"，更明确；新增监事会决议的表决，应当一人一票的规定。

监事会是公司的监督机构，其行使职权的方式之一就是举行监事会会议并作出决议。监事会会议分为两种：一种为例行监事会会议，一般由公司章程作出具体规定。按照本条的规定，例行监事会会议每六个月至少召开一次，以便监事会能够及时对公司的业务执行情况进行监督。另一种为临时监事会会议。公司在经营活动中遇到重大事件时，公司监事可以提议召开临时监事会会议。

监事会对经营者进行监督，但它并不直接决定公司的经营事务，进行经营活动。原《公司法》对其议事方式和表决程序，并未像股东会和董事会那样作出严格的规定。为了维护监事会决定的权威性和有效性，本次《公司法》修改在本条明确，监事会决议由全体监事过半数通过，使程序更为严格。而且以法律形式确立了监事会的表决实行"一人一票"原则。

会议记录是载明监事会会议对所议事项作出决定的书面文件。监事会在举行会议时，主持会议的监事会人员应当安排专人详细记录会议的情况，包括会议举行的时间、地点、主要内容、会议议定的事项、具体的表决情况以及会议决议情况。监事会会议记录应当由出席会议的监事签名，以保证会议记录及决议的真实性和有效性。

第一百三十三条　规模较小或者股东人数较少的股份有限公司，可以不设监事会，设一名监事，行使本法规定的监事会的职权。

【条文主旨】

本条是关于小规模股份有限公司监事会例外制度的规定。

【重点解读】

本条是新增条文。

根据本条规定，有两种股份有限公司可以不设监事会，一种是规模较小的股份有限公司，另一种是股东人数较少的股份有限公司。对于本条规定中不设监事会的公司，应当设一名监事，行使本法规定的监事会职权。

在此总结一下，有哪些公司可以不设监事会。

对于有限责任公司，新《公司法》第六十九条规定，有限责任公司可以按照公司章程的规定在董事会中设置审计委员会，行使本法规定的监事会的职权，不设监事会或者监事。新《公司法》第八十三条规定，规模较小或者股东人数较少的有限责任公司，可以不设监事会，设一名监事，行使本法规定的监事会的职权；经全体股东一致同意，也可以不设监事。因此根据新《公司法》，规模较小或者股东人数较少的有限责任公司和在董事会中设置审计委员会的有限责任公司都可以不设监事会，甚至不设监事。

对于股份有限公司，新《公司法》第一百二十一条规定，股份有限公司可以按照公司章程的规定在董事会中设置审计委员会，行使本法规定的监事会的职权，不设监事会或者监事。因此根据新《公司法》，规模较小或者股东人数较少的股份有限公司和在董事会中设置审计委员会的股份有限公司可以不设监事会，在董事会中设置审计委员会的股份有限公司可以不设监事，但规模较小或者股东人数较少的股份有限公司，虽可以不设监事会，但要设一名监事。

对于国有独资公司，新《公司法》第一百七十六条规定，国有独资公司在董事会中设置审计委员会行使本法规定的监事会职权的，不设监事会或者监事。因此根据新《公司法》国有独资公司可以不设监事会或者监事。

第五节　上市公司组织机构的特别规定

第一百三十四条　本法所称上市公司，是指其股票在证券交易所上市交易的股份有限公司。

【条文主旨】

本条是关于上市公司定义的规定。

【重点解读】

本条沿用了原《公司法》第一百二十条规定，未修改。

上市公司，特指其股票在证券交易所上市交易的股份有限公司，其股票在其他场所交易的不能称为上市公司。上市公司具有以下两个特征：一是上市公司必须是已向社会发行股票的股份有限公司。即以募集设立方式成立的股份有限公司，可以依照法律规定的条件，申请其股票在证券交易所内进行交易，成为上市公司。以发起设立方式成立的股份有限公司，在公司成立后，经过批准向社会公开发行股份后，又达到《公司法》规定的上市条件的，也可以依法申请为上市公司。二是上市公司的股票必须要在证券交易所开设交易场所公开竞价交易。证券交易所是国家批准设立的专为证券交易提供公开竞价交易场所的法人。上市公司的股票，依照有关法律、行政法规及证券交易所业务规则上市交易。

根据《证券法》的有关规定，股份有限公司申请股票上市交易，应当向证券交易所提出申请，由证券交易所依法审核同意，并由双方签订上市协议。申请证券上市交易，应当符合证券交易所上市规则规定的上市条件。证券交易所上市规则规定的上市条件，应当对发行人的经营年限、财务状况、最低公开发行比例和公司治理、诚信记录等提出要求。例如，根据《上海证券交易所股票上市规则》的规定，境内发行人申请首次公开发行股票并在上海证券交易所上市，应当符合下列条件：（1）符合《证券法》、中国证监会规定的发行条件；（2）发行后的股本总额不低于 5000 万元；（3）公开发行的股份达到公司股份总数的 25% 以上；公司股本总额超过 4 亿元的，公开发行股份的比例为 10% 以上；（4）市值及财务指标符合本规则规定的标准；（5）本所要求的其他条件。

第一百三十五条　上市公司在一年内购买、出售重大资产或者向他人提供担保的金额超过公司资产总额百分之三十的，应当由股东会作出决议，并经出席会议的股东所持表决权的三分之二以上通过。

【原法条文】

第一百二十一条　上市公司在一年内购买、出售重大资产者或者担保金额超过公司资产总额百分之三十的，应当由股东大会作出决议，并经出席会议的股东所持表决权的三分之二以上通过。

【条文主旨】

本条是关于上市公司重大资产处理与担保应经股东会作出决议的规定。

【重点解读】

本条将原《公司法》第一百二十一条中的"股东大会"改称"股东会"，并增加了"向他人"提供担保的限定性规定。

一般情况下，因属于公司业务经营范畴，上市公司购买、出售资产或者对外提供担保，原则上由董事会决定。但是如果公司购买重大资产，则可能因需要支付巨额资金而导致公司资金大量流出；公司出售重大资产，可能导致公司核心业务及营利能力事实上被出售；公司向他人提供大额担保，可能导致公司增加巨额债务。上述三项都属于公司资产负债发生重大变化，不但对上市公司的股东的利益和公司生产经营造成重大影响，还可能对经济社会安定带来不利影响。因此，应规定特别严格的程序。本条明确规定，上市公司在一年的期限内，购买、出售重大资产或者向他人提供担保金额超过公司资产总额百分之三十的，应当经上市公司的股东会作出决议。

上市公司的股东会作出的决议可以分为普通决议和特别决议。当股东会决议的内容涉及公司重大事项时，应当采用特别决议的方式进行。因此，本条规定，针对上述情况，在股东会作出决议时，应当经出席会议的股东所持表决权的三分之二以上通过，以保证此类决策能维护多数股东的利益。

第一百三十六条　上市公司设独立董事，具体管理办法由国务院证券监督管理机构规定。

上市公司的公司章程除载明本法第九十五条规定的事项外，还应当依照法律、行政法规的规定载明董事会专门委员会的组成、职权以及董事、监事、高级管理人员薪酬考核机制等事项。

【原法条文】

第一百二十二条　上市公司设独立董事，具体办法由国务院规定。

【条文主旨】

本条是关于上市公司设立独立董事和上市公司章程应当特别记载事项的规定。

【重点解读】

本条第一款把原《公司法》第一百二十二条规定独立董事制度具体管理办法"由国务院规定",改为"由国务院证券监督管理机构规定",更具体,与现行制度相符。第二款是新增条款。独立董事具体管理办法由《上市公司独立董事规则》规定。

中国证监会于 2001 年发布了《关于在上市公司建立独立董事制度的指导意见》,要求上市公司建立独立董事制度。其中规定,独立董事对上市公司及全体股东负有诚信与勤勉义务。独立董事应当按照相关法律法规、本指导意见和公司章程的要求,认真履行职责,维护公司整体利益,尤其要关注中小股东的合法权益不受损害。独立董事应当独立履行职责,不受上市公司主要股东、实际控制人,或者其他与上市公司存在利害关系的单位或个人的影响。独立董事原则上最多在五家上市公司兼任独立董事,并确保有足够的时间和精力有效地履行独立董事的职责。

我国 2005 年修改《公司法》时,确认了这一做法,增加规定,上市公司设立独立董事。因我国的公司治理实行的是二元体制(既设董事会,又设监事会),独立董事的功能与监事会的功能有着许多交叉之处,《公司法》最终没有对独立董事制度进行具体规定,只规定具体办法由国务院规定。

中国证监会于 2018 年发布的《上市公司治理准则》对独立董事提出了进一步的要求。例如,独立董事不得与其所受聘的上市公司及其主要股东存在可能妨碍其进行独立客观判断的关系;独立董事应当独立履行职责,不受上市公司主要股东、实际控制人以及其他与上市公司存在利害关系的组织或者个人影响;独立董事应当依法履行董事义务，充分了解公司经营运作情况和董事会议题内容，维护上市公司和全体股东的利益，尤其关注中小股东的合法权益保护。

2022 年 1 月 5 日中国证监会公布施行《上市公司独立董事规则》。《上市公司独立董事规则》第二条规定："本规则所称独立董事是指不在上市公司担任除董事外的其他职务，并与其所受聘的上市公司及其主要股东不存在可能妨碍其进行独立客观判断的关系的董事。"《上市公司独立董事规则》规定了独立董事的独立性要求、任职条件、提名选举和更换程序、职权和履职保障。

本法第九十五条规定的事项是所有股份有限公司章程应当记载的事项，上市公司章程应当按照要求进行记载。除此之外，因上市公司涉及广大投资者的权益，本条第二款规定了上市公司章程应当特别记载的事项，主要有两方面：一是董事会专门委员会的组成和职权，二是董事、监事、高级管理人员的薪酬考核机制。根据本法第一百二十一条规定，可以在董事会中设置审计委员会行使监事会的职权，不设监事会或者监事，可以说审计委员会的地位等同于监事会。根据本法第九十五条的规定，监事会的组成、职权是公司章程的记载事项。审计委员会作为上市公司的监督机构，其组成和职权理应在公司章程中进行记载，有章可循。董事会中如果设置薪酬委员会和提名委员会等专门委员会的，其组成和职权也应当在公司章程中载明。

在对《公司法》四审稿进行分组审议时，有委员建议通过完善《公司法》有关规定，将规范企业高管薪酬的内容纳入《公司法》中。有委员建议将"薪酬与考核机制"改为"薪酬考核机制"。本条回应社会关注，采纳委员意见，要求在公司章程中载明董事、监事、高级管理人员的薪酬考核机制，从而规范企业高管薪酬。

第一百三十七条　上市公司在董事会中设置审计委员会的，董事会对下列事项作出决议前应当经审计委员会全体成员过半数

通过：

　　（一）聘用、解聘承办公司审计业务的会计师事务所；

　　（二）聘用、解聘财务负责人；

　　（三）披露财务会计报告；

　　（四）国务院证券监督管理机构规定的其他事项。

【条文主旨】

　　本条是关于上市公司审计委员会决议前置事项的规定。

【重点解读】

　　本条是新增条款。增加上市公司审计委员会决议前置事项规定是强化上市公司治理，提升上市公司治理水平的重要举措。

　　一、上市公司在董事会中设置审计委员会

　　2000 年发布的《上海证券交易所上市公司治理指引》中已经要求建立审计委员会等董事会专业委员会。2018 年中国证监会在修订的《上市公司治理准则》中要求必须设置审计委员会。这也是借鉴了国外上市公司的治理经验。如自 20 世纪 80 年代后期起，德国公司便普遍设立审计委员会。《德国公司治理准则》建议审计委员会同时负责审计人员的任务分配、确定审计重点、签订业务协议、处理包括合规组织系统审查在内的合规事务等。美国纽约证券交易所上市公司中，全部设有审计委员会。❶ 清华大学法学院汤欣教授表示，审计委员会是上市公司董事会下设委员会中最重要者之一，以立法形式确定其地位、充实其职责既符合上市公司的现有治理实践、又符合国际惯例，还因应了对于设置监事（会）"选择制"的方案，具有重要意义。

　　二、上市公司中审计委员会的职权与行使

　　根据本条，审计委员会在董事会决议前前置表决的事项有：

---

❶　王海丰：《公司法修订背景下审计委员会制度的完善与落实》，载《审计观察》2022 年第 7 期。

（1）聘用、解聘承办公司审计业务的会计师事务所；（2）任免财务负责人；（3）披露财务会计报告；（4）国务院证券监督管理机构规定的其他事项。《上市公司独立董事管理办法》第二十六条第一款规定："上市公司董事会审计委员会负责审核公司财务信息及其披露、监督及评估内外部审计工作和内部控制，下列事项应当经审计委员会全体成员过半数同意后，提交董事会审议：（一）披露财务会计报告及定期报告中的财务信息、内部控制评价报告；（二）聘用或者解聘承办上市公司审计业务的会计师事务所；（三）聘任或者解聘上市公司财务负责人；（四）因会计准则变更以外的原因作出会计政策、会计估计变更或者重大会计差错更正；（五）法律、行政法规、中国证监会规定和公司章程规定的其他事项。"本次《公司法》修订将部门规章的规定上升至法律层面。

审计委员会行使其职权，对聘用、解聘承办公司审计业务的会计师事务所，聘用、解聘财务负责人，披露财务会计报告等进行决议，是相关事项上董事会的前置条件。只有当审计委员会全体成员过半数通过后，董事会才可以对相关事项作出决议。

第一百三十八条　上市公司设董事会秘书，负责公司股东会和董事会会议的筹备、文件保管以及公司股东资料的管理，办理信息披露事务等事宜。

【原法条文】

第一百二十三条　上市公司设董事会秘书，负责公司股东大会和董事会会议的筹备、文件保管以及公司股东资料的管理，办理信息披露事务等事宜。

【条文主旨】

本条是关于上市公司设董事会秘书及其职责的规定。

【重点解读】

本条只将原《公司法》第一百二十三条中"股东大会"改称"股东会"，其他内容无变化。

董事会秘书不是董事，是董事会选用的公司高级管理人员。

作为上市公司的高级管理人员，董事会秘书应符合法律、行政法规以及公司章程对公司高级管理人员的资格和义务等方面的要求。例如，根据本法第一百七十八条的规定，有下列情形之一的，不得担任董事会秘书：（1）无民事行为能力或者限制民事行为能力；（2）因贪污、贿赂、侵占财产、挪用财产或者破坏社会主义市场经济秩序，被判处刑罚，或者因犯罪被剥夺政治权利，执行期满未逾五年，被宣告缓刑的，自缓刑考验期满之日起未逾二年；（3）担任破产清算的公司、企业的董事或者厂长、经理，对该公司、企业的破产负有个人责任的，自该公司、企业破产清算完结之日起未逾三年；（4）担任因违法被吊销营业执照、责令关闭的公司、企业的法定代表人，并负有个人责任的，自该公司、企业被吊销营业执照、责令关闭之日起未逾三年；（5）个人因所负数额较大债务到期未清偿被人民法院列为失信被执行人。又如，根据本法第一百七十九条、第一百八十条的规定，董事会秘书应当遵守法律、行政法规和公司章程，对公司负有忠实义务和勤勉义务。同时，董事会秘书的工作具有较强的专业性，应该具备一定的专业知识。董事会秘书不仅要掌握公司法、证券法、上市规则等有关法律法规，还要熟悉公司章程、信息披露规则，掌握财务及行政管理方面的有关知识等。

上市公司董事会秘书的主要职责有：第一，负责公司股东会和董事会会议的筹备、文件保管，即按照法定程序筹备股东会和董事会会议，准备和提交有关会议文件和资料；负责保管公司股东名册、董事名册，大股东及董事、监事和高级管理人员持有本公司股票的资料，股东会、董事会会议文件和会议记录等。第二，负责公司股东资料的管理，如管理股东名册等资料。第三，负责办理信息披露事务等事宜。如督促公司制定并执行信息披露管理制度和重大信息的内部报告制度，促使公司和相关当事人依法履行信息披露义务，按照有关规定向有关机构定期报告和临时报告。负责与公司信息披露有关的保密工作，制订保密措施，促使董事、监事和其他高级管理人员以及相关知情人员在信息披露前保守秘密，并在内幕信息泄露时及时采取补救措施。

第一百三十九条　上市公司董事与董事会会议决议事项所涉及的企业或者个人有关联关系的，该董事应当及时向董事会书面报告。有关联关系的董事不得对该项决议行使表决权，也不得代理其他董事行使表决权。该董事会会议由过半数的无关联关系董事出席即可举行，董事会会议所作决议须经无关联关系董事过半数通过。出席董事会会议的无关联关系董事人数不足三人的，应当将该事项提交上市公司股东会审议。

【原法条文】

第一百二十四条　上市公司董事与董事会会议决议事项所涉及的企业有关联关系的，不得对该项决议行使表决权，也不得代理其他董事行使表决权。该董事会会议由过半数的无关联关系董事出席即可举行，董事会会议所作决议须经无关联关系董事过半数通过。出席董事会的无关联关系董事人数不足三人的，应将该事项提交上市公司股东大会审议。

【条文主旨】

本条是关于上市公司董事关联交易回避制度的规定。

【重点解读】

本条将原《公司法》第一百二十四条中"股东大会"改称"股东会"，"出席董事会"改为"出席董事会会议"，并增加规定：（1）扩大了关联关系的范围，规定上市公司董事与董事会会议决议事项所涉及的"个人"有关联关系的，董事不得行使或代理其他董事行使表决权。(2) 上市公司董事与董事会会议决议事项所涉及的企业或者个人有关联关系的，该董事有对关联事项及时向董事会书面报告的义务。

上市公司很难避免发生关联交易，因为关联交易可以降低交易成本、优化资源配置、实现公司利润最大化。但是，关联交易又容易造成交易双方地位的实质性不平等，产生利益输送等，进而损害上市公司利益。为防止上市公司关联交易成为规避法律、侵害公司和其他投资者利益的工具，本条规定了上市公司董事关联关系报告制度和关联关系回避制度。本条所称的关联关系，是指上市公司的董事与董事会决议事项所涉及的企业或者个人之间存在直接或者间接的利益关系。新公司法与原公司法相比扩大了关联关系的范围，原公司法只有在董事与董事会决议事项所涉及的"企业"之间存在直接或者间接的利益关系时认定存在关联关系；而根据新《公司法》，董事与董事会决议事项所涉及的"企业"或者"个人"之间存在直接或者间接的利益关系，均认定存在关联关系。上市公司董事对上市公司负有忠实和勤勉的义务，当上市公司董事与董事会会议决议事项所涉及的企业或者个人存在关联关系时，公司董事将与董事会会议决议事项所涉及的企业或者个人存在利益冲突。首先，该董事应当就关联关系及时向董事会书面报告。这是本次《公司法》修订新增的规定。从维护公司整体利益的角度出发，本条规定对与董事会会议决议事项所涉及的企业或者个人有关联关系的公司董事的表决权进行限制，即董事不得对该项决议行使表决权，也不得代理其他董事行使表决权。

董事会会议的举行和决议的通过一般采用简单多数的方式进行，但当出席董事会的无关联关系董事人数不足三人时，董事会已无法进行表决。此时上市公司董事会应将该事项提交上市公司股东会审议。

第一百四十条　上市公司应当依法披露股东、实际控制人的信息，相关信息应当真实、准确、完整。

禁止违反法律、行政法规的规定代持上市公司股票。

【条文主旨】

本条是关于上市公司对股东、实际控制人的信息披露义务及禁止股票代持的规定。

【重点解读】

本条是新增条款。

一、上市公司应当依法披露股东、实际控制人的信息

《证券法》对信息披露进行了专章规定，系统完善了信息披露制度，明确了信息披露的原则要求，授权中国证监会规定信息披露义务人的范围，信息披露的有关制度也需要通过《上市公司信息披露管理办法》来贯彻落实。上市公司主要依据《证券法》和《上市公司信息披露管理办法》的相关规定披露股东、实际控制人的信息。比如，根据《证券法》和《上市公司信息披露管理办法》的相关规定，上市公司应当按照国务院证券监督管理机构和证券交易场所规定的内容和格式编制定期报告，按时报送和公告年度报告和中期报告。年度报告应当记载持股百分之五以上股东、控股股东及实际控制人情况；中期报告应当记载股东总数、公司前十大股东持股情况，控股股东及实际控制人发生变化的情况。上市公司的股东、实际控制人发生以下事件时，应当主动告知上市公司董事会，并配合上市公司履行信息披露义务：（1）持有公司百分之五以上股份的股东或者实际控制人持有股份或者控制公司的情况发生较大变化，公司的实际控制人及其控制的其他企业从事与公司相同或者相似业务的情况发生较大变化；（2）法院裁决禁止控股股东转让其所持股份，任一股东所持公司百分之五以上股份被质押、冻结、司法拍卖、托管、设定信托或者被依法限制表决权等，或者出现被强制过户风险；（3）拟对上市公司进行重大资产或者业务重组；（4）中国证监会规定的其他情形。应当披露的信息依法披露前，相关信息已在媒体上传播或者公司证券及其衍生品

种出现交易异常情况的，股东或者实际控制人应当及时、准确地向上市公司作出书面报告，并配合上市公司及时、准确地公告。

根据《证券法》第七十八条规定，披露的信息，应当真实、准确、完整，简明清晰，通俗易懂，不得有虚假记载、误导性陈述或者重大遗漏。本条第一款吸收了《证券法》《上市公司信息披露管理办法》的有关规定。

二、禁止违反法律、行政法规的规定，代持上市公司股票

商事司法与上市公司监管层面对于上市公司的股票代持一直持否定态度。此次《公司法》从立法层面对上市公司股权代持严格规制，意义重大。《证券法》也要求了在上市过程中信息披露义务人对于其所披露的信息真实、准确、完整的法定性要求，因此，本条规定禁止违法代持上市公司股票消除了原先只是通过人民法院的司法裁判口径进行"法律解释"的争议，进一步明确了立法者对于违法代持上市公司股票的立场，为认定上市公司股份代持行为的效力，提供了明确的法律依据。

第一百四十一条　上市公司控股子公司不得取得该上市公司的股份。

上市公司控股子公司因公司合并、质权行使等原因持有上市公司股份的，不得行使所持股份对应的表决权，并应当及时处分相关上市公司股份。

【条文主旨】

本条是关于限制上市公司子公司持股及表决权的规定。

【重点解读】

本条是新增条款。

一、上市公司控股子公司不得取得该上市公司的股份

对于上市公司控股子公司不得取得该上市公司股份，专家认为有助于上市公司股权结构清晰。交叉持股可能面临的法律问题有：（1）虚增实收资本，出资义务不明确。公司之间的交叉持股会导致资本虚增，因为交叉持股公司之间每一次资金流动都会导致两个企业同时增加了资本额，但事实上只是资金在公司之间来回流动，资本并没有得到实质性增加。如甲公司投资100万元到乙公司，进而持有乙的股份，相同的乙也投资100万元到甲公司，表面看资本有所增加，但实质上这笔资金只是流通了一下就返还了，并未造成资本的真实增加。如果两家公司的注册资本均未实缴呢？整个过程不发生任何资金流动，到落实出资责任的时候，追缴甲公司100万元的注册资本落实到乙公司头上，追缴乙公司注册资本又落实到甲公司头上，最终导致100万元的责任资本全部落空。（2）损害其他股东的合法权益。因为相互持股，导致公司股东的股份增加，但由于相互持股的资金为虚，会造成其他股东的股份占额同比下降，从而弱化了其他股东的权利。（3）扰乱公司治理结构。正常情况下应该由子公司的股东根据《公司法》和子公司的章程作出决定，但子公司的股东又是母公司，最终导致股东无法独立表达意思。所以上市公司会要求交叉持股情况下放弃表决权。（4）引发法人人格混同的风险。认定公司之间人格混同的重要标准是存在人员混同、经营混同和财产混同。其中核心是财产混同，因为公司独立财产是独立承担责任的基础。但交叉持股的各公司之间财产关系不清晰，难以辨析各公司独立财产，并且损害了公司债权人利益，可能存在被认定为人格混同的风险。

二、上市公司控股子公司持有上市公司股份的，不得行使表决权，并应当及时处分相关上市公司股份

本条规定上市公司控股子公司因公司合并、质权行使等原因持有上市公司股份的，应当及时处分相关上市公司股份。

第六章

股份有限公司的股份发行和转让

第一节　股份发行

第一百四十二条　公司的资本划分为股份。公司的全部股份，根据公司章程的规定择一采用面额股或者无面额股。采用面额股的，每一股的金额相等。

公司可以根据公司章程的规定将已发行的面额股全部转换为无面额股或者将无面额股全部转换为面额股。

采用无面额股的，应当将发行股份所得股款的二分之一以上计入注册资本。

【原法条文】

第一百二十五条第一款　股份有限公司的资本划分为股份，每一股的金额相等。

【条文主旨】

本条是关于股份有限公司股份及股份面额的规定。

【重点解读】

本条内容变化较大，根据原《公司法》，公司只能发行面额股，新《公司法》增加规定公司可以发行无面额股。

一、股份公司可以发行面额股或者无面额股

根据不同的券面金额记载方式，股票可以分为面额股与无面额股。面额股是在券面上标明金额数的股票，无面额股是券面上不记载金额的股票。无面额股票亦称"无面值股票""比例股票"或"份额股票"，是面额股票的对称。在票面上不记载金额，只注明股份数量或占总股本比例的股票。票面上标明的是"1 股"、"10 股"或"万分之一股"等。无面额股有以下特点：一是发行或转让价格较灵活。无面额股票由于没有票面金额，故不受不得低于票面金额发行的限制，发行价格还能随公司的经济效益而浮动。在转让时，投资者也不易为股票票面金额所迷惑，而更注重分析每股的实际价值。可以提高股票的流通数量和流通速度，具有更强的流通性。二是便于股票分割。如果股票有面额，分割时就需要办理面额变更手续。由于无面额股票不受票面金额的约束，发行该股票的公司就能比较容易地进行股票分割。

二、发行面额股与发行无面额股的相关要求

根据本条规定，公司采用面额股还是无面额股由公司章程规定，但只能择一，不能并行。面额股和无面额股可以相互转换，转换时需要一次全部转换，不能部分转换。

股份有限公司发行股份采用面额股的，每一股的金额应当相等。股份有限公司发行股份采用无面额股的，无面额股价值随发行公司的净资产增减而变化，当发行公司的净资产增加时，股价上升，反之，则降低；每股发行价格乘以发行股数，即为发行总额。与发行总额对应的资金，原则上应完全纳入发行公司的注册资本金，只有在特殊情况下，才能把其中的一部分作为资本公积金。本条规定，发行无面额股所得股款的二分之一以上计入注册资本，其余一般计入资本公积金。

第一百四十三条　股份的发行，实行公平、公正的原则，同类别的每一股份应当具有同等权利。

同次发行的同类别股份，每股的发行条件和价格应当相同；认购人所认购的股份，每股应当支付相同价额。

【原法条文】

第一百二十六条　股份的发行，实行公平、公正的原则，同种类的每一股份应当具有同等权利。

同次发行的同种类股票，每股的发行条件和价格应当相同；任何单位或者个人所认购的股份，每股应当支付相同价额。

【条文主旨】

本条是关于股份有限公司股份发行的原则的规定。

【重点解读】

原《公司法》规定同"种类"的每一股份应当具有同等权利，新《公司法》修改为同"类别"的每一股份应当具有同等权利。这一修改的主要原因是，原《公司法》没有规定普通股以外的类别股的发行，根据新《公司法》，公司可以发行类别股，不同类别的股份，本身就具有不同的权利，只有在股份类别相同时，每一股份才具有同等权利。股票是公司签发的证明股东所持股份的凭证，所以原《公司法》中"同次发行的同种类股票"的表达不科学，新增可发行类别股后，新《公司法》改为"同次发行的同类别股份"，表达更准确。

股份有限公司股份的发行，包括设立发行和新股发行两种情况。设立发行，是指股份有限公司在设立的过程中为了募集资本而进行的股份发行；新股发行，是指股份有限公司成立以后，在运营过程中为了增加公司资本而进行的股份发行。无论是设立发行还是新股发行，都应当遵守公平、公正的原则。

股份发行应坚持公平原则。首先，是指发行的股份所代表权利的公平，即同类股份必须同股同权、同股同利。《关于开展优先股试点的指导意见》（以下简称《优先股指导意见》）明确规定公司可以在普通股之外发行优先股，并对优先股的表决权、分红权等作出差异化的安排。新《公司法》第一百四十四条规定，公司可以按照公司章程的规定发行与普通股在分配利润或者剩余财产、表决权、股权转让等权利不同的类别股。其次，是指股份发行条件的公平，即在同次股份发行中，相同种类的股份，每股的发行条件和发行价格应当相同。无论任何人，获得相同的股份，应支付相同的对价。

股份发行应当遵循公正原则，是指在股份的发行过程中，应保持公正性，不允许任何人进行内幕交易、价格操纵、价格欺诈等不正当行为获得超过其他人的利益。考虑到股份发行既存在公开发行，也存在面向特定对象的非公开发行，本条2005年修改时删去了股份发行应当遵循"公开"原则的相关规定。同时，《证券法》对股票公开发行的信息披露作出了具体规定。

第一百四十四条　公司可以按照公司章程的规定发行下列与普通股权利不同的类别股：

（一）优先或者劣后分配利润或者剩余财产的股份；

（二）每一股的表决权数多于或者少于普通股的股份；

（三）转让须经公司同意等转让受限的股份；

（四）国务院规定的其他类别股。

公开发行股份的公司不得发行前款第二项、第三项规定的类别股；公开发行前已发行的除外。

公司发行第一款第二项规定的类别股的，对于监事或者审计委员会成员的选举和更换，类别股与普通股每一股的表决权数相同。

【原法条文】

第一百三十一条 国务院可以对公司发行本法规定以外的其他种类的股份，另行作出规定。

【条文主旨】

本条是关于类别股制度的规定。

【重点解读】

本条虽以原《公司法》第一百三十一条为基础，但基本上是新增内容，即首次明确规定了类别股制度。

按照股份所表示的股东权的内容不同，可将股份分为普通股和类别股两种。

普通股，是指公司发行的没有特别权利和特别限制的股份。普通股的股东所拥有的股东权利是没有差别待遇的，在股息或者红利分配、剩余财产分配以及表决权行使等方面，没有任何优先权或者限制。类别股，是指公司发行的设有特别权利或特别限制，在权利义务内容上具有差异的不同类别的股份的统称。类别股制度的基础是股份的类别化，但并不是所有股份的类别化都与类别股制度有关，如流通股与非流通股，A股、B股与H股等由我国的特殊国情所产生的股份类别化即与类别股制度无关。类别股制度的核心在于股权的类别化。类别股股东通常在公司盈余分配、公司剩余财产分配以及表决权行使等方面不同于普通股的股东。类别股一般包括优先股、劣后股、特别表决权股等。《优先股指导意见》对优先股股东的权利义务、优先股的发行与交易等作出制度安排。根据该指导意见，优先股是指依照《公司法》，在一般规定的普通种类股份之外，另行规定的其他种类股份，其股份持有人优先于普通股股东分配公司利润和剩余财产，但参与公司决策管理等权利受到限制。实践中的类别股往往兼有多种性质。如在公司盈余分配上享有优先权的类别股，在公司表决权的行使上往往就处于逊后于普通股的地位。公司发行类别股，是一种市场化的选择，有利于股份有限公司采取更加灵活多样化的方式筹集公司资本，也有利于满足具有不同偏好的投资者多样化的投资需求。

我国《公司法》于 2005 年修订时规定"国务院可以对公司发行本法规定以外的其他种类的股份，另行作出规定"，首次为类别股的设置预留了空间，此后《优先股指导意见》就部分上市公司及非上市公众公司发行优先股作出了规定。之后中国证监会于 2014 年 3 月发布《优先股试点管理办法》（2021 年、2023 年两次进行修订）。2014 年 4 月原中国银监会和中国证监会又联合发布了《关于商业银行发行优先股补充一级资本的指导意见》，据此，从以优先股充实资本金的强烈需求的银行业开始，我国类别股展开了新一轮的实践。此后至 2019 年，科创板设立后创设的"特别表决权股份"则是在优先股的基础上进行的进一步突破性的尝试。

本条第一款规定了股份公司可以发行的类别股的种类，包括优先股和劣后股、特别表决权股、转让受限股和国务院规定的其他类别股。第二款规定了公开发行股份的公司不得再发行特别表决权股和转让受限股。第三款规定了在股东会决议监事和审计委员会成员的选举和更换上，特别表决权按普通股的表决权行使。

新《公司法》中类别股制度的创设，更多的是对此前实践的小结。类别股制度是"为适应不同投资者的投资需求，对已有较多实践的类别股作出规定，包括优先股和劣后股、特殊表决权股、转让受限股等"。新《公司法》中的类别股制度在内容上并无重大突破，但有望推动类别股制度更为广泛地适用，这样一方面可满足更多投资者的需求，另一方面也为后续的改革发展继续积累经验。

第一百四十五条　发行类别股的公司，应当在公司章程中载明以下事项：

（一）类别股分配利润或者剩余财产的顺序；

（二）类别股的表决权数；

（三）类别股的转让限制；

（四）保护中小股东权益的措施；

（五）股东会认为需要规定的其他事项。

【条文主旨】

本条是关于股份有限公司发行类别股的公司应当在章程中载明与类别股有关的特定事项的规定。

【重点解读】

本条是新增内容。

如果公司发行类别股，本条规定的内容为必须记载事项，但也不是每项都必须记载。本条第（一）（二）（三）项应当载明事项分别对应本法第一百四十四条三种类别股，即如公司发行的类别股是优先或者劣后分配利润或者剩余财产的股份，第（一）项就是必须记载的事项，第（二）（三）项不是必须记载的。如公司发行的类别股是每一股的表决权数多于或者少于普通股的股份，第（二）项就是必须记载事项。如公司发行的是转让需经公司同意等转让受限的股份，第（三）项就是必须记载的事项。

本条第（四）项保护中小股东权益的措施是只要发行类别股均应当载明的事项。类别股的发行将双层股权结构带入我国资本市场，可以吸引更多优质企业回归、跟进全球资本市场的改革浪潮。但随之而来的也有这种结构的弊端，即打破同股同权伴生的是控股股东对中小股东权益的侵害。因此，本条规定，对发行类别股的公司在公司章程中应载明保护中小股东权益的措施。

公司章程中对中小股东的保护治理措施主要可以从以下几方面考虑:(1)设立以中小股东为代表的公司监督机构。对于监事会和独立董事的监督机制建立可以参考港交所企业管制委员会相关准则,强制性要求双层股权结构的公司建立独立且职能全面的机构来监督控股股东。❶(2)设置业绩型日落条款。设定一定标准的公司业绩目标,当创始团队在一定弹性期间内无法完成时,公司便主动转为一股一权的普通制公司。此种日落条款更符合双重股权结构设立的初衷——让创始团队掌握主导权实现公司长远发展,同时又巩固中小股东合理权益。(3)增设剥夺特别表决权条款。因为控股股东相对于中小股东拥有"绝对权力",那么对控股股东的权利限制也应该相应平衡。通过增设剥夺损害公司利益股东特别表决权的条款使得控股股东的权利受到约束,控股股东为避免触发该条款失去特别表决权会收敛滥权行为,激励其勤勉尽职。(4)还可以增加授予公司高管的薪酬、关联交易、监事提名和对外担保等事项不适用特别表决权,防范不同投票权受益人滥用表决权侵占中小股东权益的行为发生。

本条第(五)项是兜底条款,给予公司股东自主空间,在法律法规允许的范围内,记载股东认为需要规定的其他事项。

另外,本法第九十五条的规定,公司发行类别股的,公司章程还应当载明类别股股东的股份数及其权利和义务,其和本条共同构成了公司章程中应规定的涉类别股的全部内容。

第一百四十六条 发行类别股的公司,对本法第一百一十六条第三款规定的事项等可能影响类别股股东权利的,除应当依照第一百一十六条第三款的规定经股东会决议外,还应当经出席类

---

❶ 刘志勇:《关于双层股权结构下中小股东权益保障问题的研究》,载《时代金融》2022年第5期。

别股股东会的股东所持表决权三分之二以上通过。

公司章程可以对需经类别股股东会决议的其他事项作出规定。

【条文主旨】

本条是关于股份有限公司类别股表决制度的规定。

【重点解读】

本条是新增条文。

类别表决制度是指通过授予类别股股东以类别表决权的方式，来对可能损害自身利益的事项进行表决，其是类别股股东保护自身权利的重要制度，其行使的重要载体是类别股股东会。

本条规定了需要类别股股东会表决的事项：一是本法第一百一十六条第三款的规定的事项，即修改公司章程、增加或者减少注册资本的决议，以及公司合并、分立、解散或者变更公司形式的决议；二是可能损害类别股股东权利的事项。在一审稿中，二者是"且"的关系，即只有同时满足才能进行类别表决，但最终将其改为了"或"的关系，扩大了对类别股股东权利的保护力度。在表决程序上，需要同时通过普通股股东会及类别股股东会。此外，本条第二款还通过兜底条款的方式允许公司章程对需经类别股股东会决议的其他事项作出规定。

在类别表决制度下，与一项决议的作出关系最为密切的三个事项便是类别股股东会的召集、会议召开模式以及表决通过的比例。召集类别股股东会是其作出有效决议的第一步，《德国公司法》规定，召开优先股股东会议，只需董事会成员和20%优先股股东提出请求即可。而在英国，则必须由法院依法作出召集类别股股东会的裁决。❶ 在我国，《到境外上市公司章程必备条款》规定，合计持

---

❶ 赵翔：《〈公司法〉修改背景下我国类别股股东权利保护研究》，广东财经大学硕士学位论文。

10% 以上表决权的股东具有申请董事会召开类别股股东会的权利。《公司法》没有明确规定。关于类别股股东会的召开模式，我国《公司法》也未予以明确。依据现行的其他相关法律规定，我国推行"一并召开、一次投票、分别计数"的召开模式。由于类别股股东会议的表决事项关乎类别股股东切身利益，对待起来要更加谨慎，所以许多国家或地区在设置类别表决的通过比例时，都将这一比例规定得比普通股股东会更高。本条将这一比例设置为"出席类别股股东会的股东所持表决权三分之二以上"。

第一百四十七条　公司的股份采取股票的形式。股票是公司签发的证明股东所持股份的凭证。

公司发行的股票，应当为记名股票。

【原法条文】

第一百二十五条第二款　公司的股份采取股票的形式。股票是公司签发的证明股东所持股份的凭证。

第一百二十九条　公司发行的股票，可以为记名股票，也可以为无记名股票。

公司向发起人、法人发行的股票，应当为记名股票，并应当记载该发起人、法人的名称或者姓名，不得另立户名或者以代表人姓名记名。

【条文主旨】

本条是关于股票的概念及公司应当发行记名股票的规定。

【重点解读】

本条由原《公司法》第一百二十五条和第一百二十九条拆分整合而成，删除了关于无记名股票的相关内容。

本条第一款有以下含义：第一，股票是股份的表现形式，股份是股票的价值内容。第二，股票是股东对公司出资的凭证。股东对公司出资，需要由公司依法签发股票，以证明股东因出资所取得的股份。第三，股票是证明股东权利的有价证券。股票通过其记载事项表明其所有人或者持有人在公司中所享有的权利；股票所代表的股东权利包含有财产权的内容，如分红权和剩余财产分配权等；股票可以流通并可以设置质押。因此，股票是一种有价证券，是证明股东权利的凭证。第四，股票是一种要式证券。股票由公司的法定代表人签名，公司盖章；股票的形式、记载事项等也应当符合法律的规定。

记名股票，是指股票上记载有股东姓名或者名称的股票。按原《公司法》规定，公司向发起人、法人发行的股票，应当是记名股票，不得另立户名或者以发起人、法人的代表人姓名记名。对于公司向社会公众发行的股票，既可以为记名股票，也可以为无记名股票，对此原《公司法》并没有进行限制。新《公司法》对此作出了修改，规定公司只能发行记名股票。

第一百四十八条　面额股股票的发行价格可以按票面金额，也可以超过票面金额，但不得低于票面金额。

【原法条文】

第一百二十七条　股票发行价格可以按票面金额，也可以超过票面金额，但不得低于票面金额。

【条文主旨】

本条是关于面额股股票的发行价格的规定。

【重点解读】

本条在原《公司法》规定"股票发行价格可以按票面金额，也可以超过票面金额，但不得低于票面金额"前用"面额股"加以限定，主要是因为新《公司法》规定公司可以发行面额股，也可以发行无面额股，无面额股没有票面金额，所以和票面金额相关的规定，应当明确限定为"面额股"。

股份面额制度是传统公司法理论中法定资本制和资本维持原则的基础性制度，一般被认为负有债权人保护和股东平等对待的基本功能。面额股制度通过明示股票票面金额、禁止折价发行等一系列规则，确保公司资本的下限，保证公司的资本足额且真实。

如折价发行股份，将导致章程确定的资本虚假，影响资本充实，进而损害公司的财产和债权人的利益，美国公司法将折价发行的股份称为"掺水股"，掺水股股东有补足差额，去除掺水的责任。另外，在公司成立后的后续股份发行中发行低于面额的股份，将会稀释、摊薄原有股东的权益，损害原有股东的利益。

第一百四十九条　股票采用纸面形式或者国务院证券监督管理机构规定的其他形式。

股票采用纸面形式的，应当载明下列主要事项：

（一）公司名称；

（二）公司成立日期或者股票发行的时间；

（三）股票种类、票面金额及代表的股份数，发行无面额股的，股票代表的股份数。

股票采用纸面形式的，还应当载明股票的编号，由法定代表人签名，公司盖章。

发起人股票采用纸面形式的，应当标明发起人股票字样。

【原法条文】

第一百二十八条　股票采用纸面形式或者国务院证券监督管理机构规定的其他形式。

股票应当载明下列主要事项：

（一）公司名称；

（二）公司成立日期；

（三）股票种类、票面金额及代表的股份数；

（四）股票的编号。

股票由法定代表人签名，公司盖章。

发起人的股票，应当标明发起人股票字样。

【条文主旨】

本条是关于股票的形式及纸面形式股票应当记载事项的规定。

【重点解读】

本条对原《公司法》第一百二十八条进行了完善，增加了无面额股的规定。传统的股票多采取纸面形式，即实物券式的股票。而当前我国现有的股份有限公司已普遍采用登记结算机构所记载的电子信息作为股权凭证，所以，本次《公司法》将载明公司名称、公司成立日期等限谐为纸面形式。

股票采用纸面形式，是一种要式有价证券，只有其形式和记载内容符合法律规定，才具有法律的效力。采用纸面形式股票的记载事项应当包括：一是公司的名称。公司的名称是指国家工商管理机关批准的名称，该名称应当是全称。二是公司成立日期或者股票发行的时间。公司成立的日期为公司登记机关核发公司营业执照的日期。三是股票的种类、票面金额及所代表的股份数，无面额股代表的股份数。股票的种类是指股票为普通股股票，还是类别股股票；票面金额是指每股股票所表示的具体数额，如1000元、2000元等；股票所代表的股份数是指每张股票是多少股，如10股、20股，或者规定多少金额为一股，如可以规定1元一股，也可以规定10元一股等。四是股票的编号。股票的编号为股票发行的序号。除此之外，公司股票还可以包括股票的发行日期、公司的地址、公司的股份总数、本次发行股票的股份数额等。公司的股票为发起人股票时，应当标明"发起人股票"字样。股票是一种公司签发的要式证券，因此要求纸面形式的股票必须由代表公司的法定代表人签名，并由公司盖章。

第一百五十条　股份有限公司成立后，即向股东正式交付股票。公司成立前不得向股东交付股票。

【条文主旨】

本条是关于股份有限公司向股东交付股票时间的规定。

【重点解读】

本条沿用了原《公司法》第一百三十二条规定，未修改。

股票的交付，是指股份有限公司将股票交付给股东的法律行为，股票何时交付股东，直接涉及股东权利的行使时间问题。

股份有限公司的股票是一种代表股东权利的有价证券，可以自由转让，具有流通性。为保证交易的安全，保护交易双方的合法权益，股票应当具有确定性，即股票所代表的权利应当是确定的、无瑕疵的。因此，本条规定，股份有限公司只有在公司登记成立以后，才能向股东正式交付股票；公司登记成立前不得向股东交付股票，因为公司尚未成立，这种凭证还无法具有法律效力。如果允许公司在登记成立前就向股东交付股票，同时该股票在市场上进行了流通，一旦设立中的公司没有成立，该股票所代表的股东权利就不复存在，围绕该股票已经发生的交易都会受到影响，将会严重影响市场的交易秩序。当然，股份有限公司登记成立后，应当立即向股东正式交付股票，不得迟延。所以本条规定，股份有限公司向股东正式交付股票的时间为公司登记成立后。

第一百五十一条　公司发行新股，股东会应当对下列事项作出决议：

（一）新股种类及数额；

（二）新股发行价格；

（三）新股发行的起止日期；

（四）向原有股东发行新股的种类及数额；

（五）发行无面额股的，新股发行所得股款计入注册资本的金额。

公司发行新股，可以根据公司经营情况和财务状况，确定其作价方案。

【原法条文】

第一百三十三条　公司发行新股，股东大会应当对下列事项作出决议：

（一）新股种类及数额；

（二）新股发行价格；

（三）新股发行的起止日期；

（四）向原有股东发行新股的种类及数额。

第一百三十五条　公司发行新股，可以根据公司经营情况和财务状况，确定其作价方案。

【条文主旨】

本条是关于公司发行新股时股东会应作出决议的事项及公司确定新股作价方案的规定。

【重点解读】

本条在整合原《公司法》第一百三十三条和第一百三十五条的基础上，新增了第（五）项，规定发行无面额股时应由股东会对新股发行所得股款计入注册资本的金额作出决议。

新股发行，是指公司成立后在注册资本的基础上再发行股份的行为。公司在成立以后，是否需要发行新股，什么时候发行新股，通过何种方式发行新股，发行新股的种类是什么、数量是多少，属于公司自治的范围。根据本条第一款的规定，公司发行新股，应当由股东会对有关事项作出决议，决议事项包括：（1）新股的种类及数额，即本次发行的新股是什么类型的股份，是普通股还是类别股，如果是类别股，属于什么类型的类别股。此次新股发行的数额是多少。（2）新股的发行价格。此次新股发行，是平价发行还是溢价发行，具体的发行价格是多少。（3）新股发行的起止日期，即此次发行新股的发行期限。对于采用公开方式发行新股的，按照《证券法》第三十三条的规定，代销发行期限届满，向投资者出售的股票数量未达到拟公开发行股票数量的百分之七十的，为发行失败。因此，股东会需要对新股发行的期限作出明确规定。（4）向原有股东发行新股的种类及数额。按照股权平等原则，为维护相关股东权益，公司对原有股东发行新股，应由股东会对拟发行股份的种类、数额进行决议。（5）发行无面额股的，新股发行所得股款计入注册资本的金额。根据本法第一百四十二条第三款的规定，发行无面额股的，应当将发行股份所得股款的二分之一以上计入注册资本，股东会的决议应符合法律规定。

第一百五十二条　公司章程或者股东会可以授权董事会在三年内决定发行不超过已发行股份百分之五十的股份。但以非货币财产作价出资的应当经股东会决议。

董事会依照前款规定决定发行股份导致公司注册资本、已发行股份数发生变化的，对公司章程该项记载事项的修改不需再由股东会表决。

【条文主旨】

本条是关于授权董事会发行股份的规定。

【重点解读】

本条为新增条款。

《公司法》本次修订引入授权资本制，实为亮点之一，有利于降低公司的融资成本，增强公司在资本市场上募集资金的能力。

　　在本条第一款采取章程授权与决议授权相结合的规范模式，明确引入授权资本制，进而使资本制度发生了根本性转变，旨在一改法定资本制度下的融资困境。授权资本制的应然层面是公司治理从股东会中心主义转移到董事会中心主义，董事会可以在授权范围内根据公司的经营状况随时判断融资需求从而决定是否发行股份进行融资。在所有权与经营权分离的公开股份公司中，实施授权资本制，投资股东占多数，投资股东对持股比例并不关注，因而《公司法》规范侧重于公司经营中经董事会决议迅速筹集资金，而不是维持控股比例。但是，公开公司并非全部以股东配股的方式增发。如果以旧股东为特定对象进行定向增发，公司的融资目的与保护旧股东控制权的新股优先认购权行使趋向一致，此时由董事会作出决议并无不妥。[1] 但是当公司对股东之外的第三人进行增发时，不对董事会发行股份的总额进行限制，可能使公司的控制权完全改变，使原股东的利益受到损害。股份发行涉及公司资本结构的重大变化，因此，对授权董事会发行股份的时限和发行股份的总数作了法定限制：首先，需要有明确的授权。可以授权董事会决策发行的必须是"公司章程或者股东会"。具体而言，若尚无明确授权，则可以通过修订公司章程增加授权条款，或以股东会决议的形式通过有关授权事项。其次，授权资本制有期限要求。董事会的发行决策需要"在三年内"作出。该规定并非要求仅能在公司设立后三年内才可以进行授权发行，而是要求每次授权的期限不能超过三年，三年期满后公司股东会可以再次作出新的授权。当然，根据市场情况或公司情况包括创始人股东与投资机构之间的博弈等因素，公司章程或股东会决议也可以作出更短期限的授权，如两年或一年授权有效期。再次，

---

[1]　陈景善：《授权资本制下股份发行规制的重构》，载《华东政法大学学报》2022年第2期，第112–123页。

授权资本制有规模限制。公司董事会所能决定的发行规模受限于"不超过已发行股份百分之五十的股份"。这一规模限制体现了对新老股东之间的利益兼顾，避免董事会的决策发行对现有股东股权的过度稀释。

另外，股份有限公司所适用的授权资本制受限于出资形式，仅有货币现金出资才可以采用授权资本制，而"非货币财产作价出资的应当经股东会决议"。也就是说，对于股权、债权、知识产权、土地使用权、实物等非货币出资，仍需要提交股东会表决，而不可以授权董事会全权决定。

公司发行股份，必然导致公司注册资本和已发行的股份数发生变化。根据本法第九十五条的规定，公司注册资本和已发行股份数是公司章程应当记载的事项。公司注册资本和已发行股份数发生变化应当修改公司章程，而修改公司章程是股东会的职权事项，本应当经股东会决议。但因新《公司法》已明确实施了授权资本制。股份公司的董事会根据公司章程或股东会的授权，可以直接决定公司发行新股，而无须提交股东会表决。相应地，根据本条第二款规定，对于因公司董事会在授权范围内的发行决策，导致公司注册资本、已发行股份数发生变化的，对公司章程该项记载事项的修改也不需再由股东会表决。

第一百五十三条　公司章程或者股东会授权董事会决定发行新股的，董事会决议应当经全体董事三分之二以上通过。

【条文主旨】

本条是关于董事会通过发行新股决议表决比例的规定。

【重点解读】

本条是新增条文。

授权资本制下，董事会根据经营状况判断融资需求并作出决议发行股份，以灵活应对资本市场的变化。但公司授权董事会发行新股，需要董事会对本法第一百五十一条规定的公司发行新股时应当由股东会决议的事项，如新股的种类及数额、新股发行的价格、新股发行的起止日期等作出决议。是否发行、发行数量、如何定价等均关涉公司股权结构的变化和对原股东利益的影响，应配套建立授权资本制度下对董事会的约束机制，因此，本条规定，董事会发行新股的，董事会决议应当经全体董事三分之二以上通过。

本法第一百二十四条规定，董事会作出决议，应当经全体董事的过半数通过。而本条要求公司章程或者股东会授权董事会决定发行新股的，董事会决议应当经全体董事三分之二以上通过，明显高于董事会常规决议的"半数决"。这是新《公司法》为了更好兼顾股东与董事会之间的利益平衡，以及从审慎规范治理角度，对授权资本制框架下的董事会决策提出了更高的要求。且与股东会决议不同，董事会成员负有信义义务，决策标准依托于该信义义务，当经"多数决"的董事会授权发行的决议出现问题时，可通过违信责任追究"偷懒"和"自肥"的董事的责任。

第一百五十四条　公司向社会公开募集股份，应当经国务院证券监督管理机构注册，公告招股说明书。

招股说明书应当附有公司章程，并载明下列事项：

（一）发行的股份总数；

（二）面额股的票面金额和发行价格或者无面额股的发行价格；

（三）募集资金的用途；

（四）认股人的权利和义务；

（五）股份种类及其权利和义务；

（六）本次募股的起止期限及逾期未募足时认股人可以撤回所

认股份的说明。

公司设立时发行股份的，还应当载明发起人认购的股份数。

【原法条文】

第一百三十四条第一款　公司经国务院证券监督管理机构核准公开发行新股时，必须公告新股招股说明书和财务会计报告，并制作认股书。

第八十五条　发起人向社会公开募集股份，必须公告招股说明书，并制作认股书。认股书应当载明本法第八十六条所列事项，由认股人填写认购股数、金额、住所，并签名、盖章。认股人按照所认购股数缴纳股款。

第八十六条　招股说明书应当附有发起人制订的公司章程，并载明下列事项：

（一）发起人认购的股份数；

（二）每股的票面金额和发行价格；

（三）无记名股票的发行总数；

（四）募集资金的用途；

（五）认股人的权利、义务；

（六）本次募股的起止期限及逾期未募足时认股人可以撤回所认股份的说明。

【条文主旨】

本条是关于公司向社会公开募集股份应当遵守程序的规定。

【重点解读】

本条是原《公司法》第八十五条、第八十六条和第一百三十四条第一款的整合。原《公司法》规定公司经国务院证券监督管理机构核准才能公开发行新股，而新《公司法》规定公司向社会公开募集股份应当经国务院证券监督管理机构注册，由核准制到注册制，是我国发行制度的重大变化。本条删除了必须公告财务会计报告这一要求，规定只需公告招股说明书。

一、股票发行核准制和股票发行注册制

核准制是上市公司股票申请上市须经过核准的证券发行管理制度；发行人在申请发行股票时，不仅要充分公开企业的真实情况，而且必须符合有关法律和证券监管机构规定的必要条件，证券监管机构有权否决不符合规定条件的股票发行申请；证券监管机构对申报文件的全面性、准确性、真实性和及时性作审查，还对发行人的营业性质、财务状况、经营能力、发展前景、发行数量和发行价格等条件进行实质性审查，并据此作出发行人是否符合发行条件的价值判断和是否核准申请的决定。

股票发行注册制是指证券发行申请人依法将与证券发行有关的一切信息和资料公开，做成法律文件送至主管机构审查，主管机构只负责审查发行申请人提供的信息和资料是否履行了信息披露义务的一种制度。注册制改革的本质是把选择权和定价权交给市场，这意味着信息披露将成为核心关键词。注册制的优点有：（1）上市审核时间缩短，发行效率提升；（2）在盈利指标等硬条件上有所放宽，更具包容性，助力资本市场服务实体经济；（3）发行承销机制更加市场化，能进一步激活资本市场的资源配置功能。

二、公司向社会公开募集股份

按照《证券法》第九条的规定，向不特定对象发行证券；向特定对象发行证券累计超过二百人，但依法实施员工持股计划的员工人数不计算在内；法律、行政法规规定的其他发行行为，为公开发行。由于证券的公开发行涉及公众投资者权益的保护，因此《证券法》要求应当依法报经国务院证券监督管理机构或者国务院授权的部门注册。未经依法注册，任何单位和个人不得公开发行证券。据此，本条作出与证券法相衔接的规定。

三、向社会公开募集股份的发起人必须公告招股说明书

招股说明书是指专门表达募集股份的意思并载明有关信息的书

面文件。发起人向社会公开募集股份，必须公告招股说明书，以便社会公众知道发起人募集股份的意图并了解相关信息，从而达到吸引社会公众认购股份的目的。同时，将招股说明书公之于众，才能使社会公众了解公司的真实情况，从而保护广大投资者的利益，防止发起人或者公司以不正当手段进行募股。

对于采取什么方式公告招股说明书，本法未作明确规定，但《证券法》规定，招股说明书在依法注册后，应当在证券交易场所的网站和符合国务院证券监督管理机构规定条件的媒体发布，同时将其置备于公司住所、证券交易场所，供社会公众查阅。

四、招股说明书的内容

（一）发行的股份总数

原《公司法》第八十六条未规定招股说明书应载明发行的股份总数，新《公司法》取消了无记名股票，此情况下招股说明书载明发行的股份总数就十分必要，有利于投资者了解该情况，从而作出投资决策。

（二）面额股的票面金额和发行价格或者无面额股的发行价格

要求招股说明书载明面额股每股的票面金额和发行价格或者无面额股的发行价格，目的是便于认股人认购公司的股票，计算自己所认购股票所需资金及代表的公司资本数额及其在公司资本总额中所占的比例，从而更好地行使自己的权利。

（三）募集资金的用途

即所募资金用于什么事项。招股说明书中的募集资金用途，实际上是对投资者的一种承诺，对公司今后的生产经营活动是有约束力的，公司不能将该资金挪作他用。与之相对应，我国《证券法》第十四条明确规定，公司对公开发行股票所募集资金，必须按照招股说明书所列资金用途使用。改变招股说明书所列资金用途，必须经股东大会作出决议。擅自改变用途而未作纠正的，或者未经股东大会认可的，不得公开发行新股。

（四）认股人的权利和义务

一般说来，认股人的权利包括要求代收股款的银行或者其他金融机构出具收款单据的权利、参加成立大会并依法行使表决权的权利、要求未按期募足股份或者未按期召开成立大会的发起人依法返还其股款及同期银行存款利息的权利等。认股人的义务包括按照所认股数缴纳股款的义务、不得擅自抽回其股本的义务等。要求在招股说明书中载明认股人的权利和义务，目的是使投资者能够清楚地了解自己一旦认购股份，便与公司产生了权利义务关系，便于其更好地行使权利、履行义务，也使股份的募集能够更加顺利地进行。

（五）股份种类及其权利和义务

本项是新增内容，对应本次修订后，公司可以向社会公开募集类别股。根据本法第一百四十四条的规定，公司可以公开发行优先或者劣后分配利润或者剩余财产的股份。要求在招股说明书中载明股份种类及其权利和义务，目的是使投资者清楚地了解自己所认购的股份，自己具体有哪些权利和义务，便于其更好地行使权利、履行义务。

（六）本次募股的起止期限及逾期未募足时认股人可以撤回所认股份的说明

本次募股的起止期限及逾期未募足时认股人可以撤回所认股份的说明，是指本次募股从什么时候开始，到什么时候结束，并说明如果在规定的期限内公司的股份没有募足，则认股人有权撤回其所认的股份，使其原来作出的购买股份的承诺不再有效。

（七）发起人认购的股份数

只有在公司设立时发行股份才要求在招股说明书中载明发起人认购的股份数，目的亦是让社会公众了解发起人的出资情况。

载明上述内容的招股说明书，应当附有公司章程全文，使社会公众对公司的情况有全面的了解，从而在充分了解有关信息的基础上，作出是否认购股份的决定。

第一百五十五条　公司向社会公开募集股份，应当由依法设立的证券公司承销，签订承销协议。

【原法条文】

第八十七条　发起人向社会公开募集股份，应当由依法设立的证券公司承销，签订承销协议。

第一百三十四条第二款　本法第八十七条、第八十八条的规定适用于公司公开发行新股。

【条文主旨】

本条是关于向社会公开募集股份应当由证券公司承销的规定。

【重点解读】

本条内容源自原《公司法》第八十七条和第一百三十四条，仅将"发起人"修改为"公司"。本条规定覆盖了公司设立时公开募集股份和公开发行新股两种情形。

发行股票是一项很复杂的工作，其技术性强、数量大且时间又相对集中，证券经营机构是从事这方面的专业机构，熟悉这方面的工作，由其承销有利于对股票发行的管理。另外，通过证券公司承销证券，证券公司可以对发行文件的真实性、准确性、完整性进行核查，有利于保护公众投资者的合法权益。

根据《证券法》的规定，公司与证券公司签订的承销协议应当载明下列事项：当事人的名称、住所及法定代表人姓名；代销、包销证券的种类、数量、金额及发行价格；代销、包销的期限及起止日期；代销、包销的付款方式及日期；代销、包销的费用和结算办法；违约责任；国务院证券监督管理机构规定的其他事项。同时，

《证券法》还规定，证券的代销、包销期最长不得超过九十日。

第一百五十六条 公司向社会公开募集股份，应当同银行签订代收股款协议。

代收股款的银行应当按照协议代收和保存股款，向缴纳股款的认股人出具收款单据，并负有向有关部门出具收款证明的义务。

公司发行股份募足股款后，应予公告。

【原法条文】

第八十八条 发起人向社会公开募集股份，应当同银行签订代收股款协议。

代收股款的银行应当按照协议代收和保存股款，向缴纳股款的认股人出具收款单据，并负有向有关部门出具收款证明的义务。

第一百三十四条第二款 本法第八十七条、第八十八条的规定适用于公司公开发行新股。

第一百三十六条 公司发行新股募足股款后，必须向公司登记机关办理变更登记，并公告。

【条文主旨】

本条是关于公司向社会公开募集股份时收取股款的方式及募足股款后应公告的规定。

【重点解读】

公司向社会公开募集股份包括公司设立时公开募集股份和公司公开发行新股。本条第一款和第二款仅将"发起人"修改为"公司"基本沿用了原《公司法》第八十八条和第一百三十四条第二款的规定，第三款基本沿用了原《公司法》第一百三十六条规定，相比原《公司法》，删除了募足股款后必须向登记机关办理变更登记的规定，这并非表示不需要办理变更登记，而是因为关于登记的规定转移至新《公司法》的"公司登记"一章中了。根据新《公司法》第三十二条和第三十四条规定,公司发行股份募足股款后,应当向公司登记机关办理变更登记。

公司向社会公开募集股份,通过证券公司承销,公司并不直接收取发售股份所得的股款。因此,公司向社会公开募集股份,不仅应当与证券公司签订承销协议,而且应当同银行签订代收股款的协议,由银行代发起人收取其向社会公开募集股份所得的股款。

根据本条第二款,代收股款银行负有以下三项义务:(1)按照协议代收和保存股款,以免资金挪用,加强对资金使用的监督;(2)向缴纳股款的认股人出具收款单据,作为认股人证明其已经缴纳股款的书面文件;(3)向有关部门出具收款证明,使有关部门能够知悉公司的资金情况,以便对股票发行进行监督管理、对所收股款进行审核验资。

公司发行股份募足股款后,涉及公司注册资本情况。同时,股份有限公司的股东人数较多,特别是公开发行股份的公司,存在众多的公众投资者。本条第三款规定公司发行股份募足股款后,应予公告,便于公司股东及社会公众了解公司资本情况。

【实务问题】

代收股款的银行与公司签订的代收股款的协议,是代收股款的银行与发行人之间设立民事权利义务关系的合同,对此合同,双方都应当按照约定全面履行自己的义务。代收股款协议的主要内容包括:(1)当事人(委托人、受托人)的名称、住所及法定代表人的姓名;(2)代收股款的种类、期限;(3)代收股款的保存、交付;(4)代理费用、支付方式和日期;(5)违约责任;(6)其他需要约定的事项。

第二节　股份转让

第一百五十七条　股份有限公司的股东持有的股份可以向其他股东转让，也可以向股东以外的人转让；公司章程对股份转让有限制的，其转让按照公司章程的规定进行。

【原法条文】

第一百三十七条　股东持有的股份可以依法转让。

【条文主旨】

本条是关于股份有限公司股份转让的原则性规定。

【重点解读】

本条新内容与原《公司法》相比更细致：本条明确股份可以向其他股东进行内部转让，也可以向股东以外的人进行外部转让；明确公司章程可以规定限制股权转让条款。

股份自由转让是股份有限公司的一个特点，也是一项基本原则。股份有限公司的股东原则上可自由转让股份，无须通知其他股东，其他股东也没有优先购买权。作为财产的一种，股份有限公司的股份，本身也应具有可转让性。投资者可以通过对股份有限公司股份的自由转让获得收益，这也是股份有限公司比有限责任公司、合伙企业更能吸引投资者的一个重要原因。

股份有限公司的公司章程对股份转让有限制的，其转让按照公司章程的规定，体现了尊重公司意思自治原则。根据新《公司法》第九十五条和第一百四十四条的新增规定，公司可以发行类别股，发行的类别股可能为转让受限的股份，其转让要求及限制在公司章程中规定。因此，公司章程对股份转让有限制的，转让受限的股份的转让按照公司章程的规定进行。本条肯定章程限制股份转让的正当性，与新《公司法》第九十五条和第一百四十四条的类别股规则相衔接。

第一百五十八条　股东转让其股份，应当在依法设立的证券交易场所进行或者按照国务院规定的其他方式进行。

【条文主旨】

本条是关于股份有限公司股份转让场所和方式的规定。

【重点解读】

本条沿用了原《公司法》第一百三十八条规定，未修改。

一、证券交易场所

证券交易场所是为市场参与者提供平等、透明交易机会，进行有序交易的平台。我国的证券交易场所，主要包括证券交易所、经国务院批准设立的全国中小企业股份转让系统、经证监会批准设立的证券公司柜台市场以及经省级政府批准设立的区域性股权市场等场所。

1. 证券交易所。按照《证券法》的规定，证券交易所是为证券集中交易提供场所和设施，组织和监督证券交易，实行自律管理的法人。证券交易所的设立、变更和解散，由国务院决定。我国内地目前分别在上海、深圳和北京设立了三个证券交易所。上海证券交易所简称"上交所"，上交所现有主板市场和定位于支持拥有关键核心技术或科技创新能力突出的科创板市场。深圳证券交易所简称"深交所"，现有主板市场和定位于服务自主创新的成长型创业企业的创业板市场。北京证券交易所简称"北交所"，是经国务院批准设立的中国第一家公司制证券交易所，受中国证监会监督管理。在北交所上市的公司为新三板精选层，而创新层成为未来北交所上市的储备力量。

2. 全国中小企业股份转让系统（新三板）。全国中小企业股份转让系统"是经国务院批准，依据《证券法》设立的全国性证券交易场所，主要为创新型、创业型、成长型中小微企业发展服务"。全国股转系统仍沿用原称"新三板"市场，境内符合条件的股份公司均可申请挂牌。新三板市场分为精选层、创新层、基础层。北交所成立后，新三板精选层挂牌公司转为北交所上市，而创新层成为未来北交所上市的储备力量。

3. 证券公司柜台市场。是指证券公司在集中交易场所之外，为与特定交易对手方进行交易或为投资者进行交易提供服务的场所或平台。

4. 区域性股权市场（四板）。区域性股权市场是由地方政府管理的、非公开发行证券的场所，是资本市场服务小微企业的新的组织形式和业态，是多层次资本市场体系的组成部分。2008 年以来，为破解中小微企业融资难题，各地陆续设立了一批区域性股权市场，如北京股权交易中心、天津股权交易所等。2017 年 7 月 1 日起，证监会发布的《区域性股权交易市场监督管理试行办法》正式实施。该办法对区域性股权交易市场的证券发行与转让、账户管理与登记结算、中介服务等内容作了详细规定，促进了区域性股权市场的健康稳定发展。

二、股份的转让可以按照国务院规定的其他方式进行

股份有很多种，包括公开发行的股份、非公开发行的股份；公开发行的股份又包括上市交易的股份和公开发行但不上市交易的股份。同时，依照本法规定，又有普通股和类别股之分。股份种类多，转让的具体情况也就比较复杂，为避免阻碍股份流转，维护股份自由转让原则，本条规定，股份转让，除在依法设立的证券交易场所进行外，还可以其他方式进行，具体方式由国务院规定。

第一百五十九条　股票的转让，由股东以背书方式或者法律、行政法规规定的其他方式进行；转让后由公司将受让人的姓名或者名称及住所记载于股东名册。

股东会会议召开前二十日内或者公司决定分配股利的基准日前五日内，不得变更股东名册。法律、行政法规或者国务院证券监督管理机构对上市公司股东名册变更登记另有规定的，从其规定。

【原法条文】

第一百三十九条　记名股票，由股东以背书方式或者法律、行政法规规定的其他方式转让；转让后由公司将受让人的姓名或者名称及住所记载于股东名册。

股东大会召开前二十日内或者公司决定分配股利的基准日前五日内，不得进行前款规定的股东名册的变更登记。但是，法律对上市公司股东名册变更登记另有规定的，从其规定。

【条文主旨】

本条是关于股票转让方式的规定。

【重点解读】

根据新《公司法》，不再允许发行无记名股票，本条中虽删除"记名"两字，但本条中股票仍仅指记名股票。

按照本条第一款的规定，股份有限公司的股票，由股东以背书方式或者法律、行政法规规定的其他方式转让。背书是有价证券转让的一种法定形式，股票转让的背书，是指股票上所记载的股东作为背书人，在股票签章，并在股票背面或者股票所粘附的粘单上记载受让人即被背书人的名称或者姓名，以表示将该股票所代表的股东权利转让给受让人的行为。如果股份有限公司股票采取无纸化形式，则应采取法律、行政法规规定的其他方式转让。我国目前上市公司股票即采取簿记券的无纸化形式，所有交易均通过证券登记结算机构记载股东账户的方式进行，该种转让即属于法律、行政法规规定的其他方式。

　　股东名册是确认股票股东身份的根据，也是股票股东向公司主张行使股东权利的依据。股票转让后，公司应当将受让人姓名或者名称及住所记载于股东名册，以便于受让股东行使股东权利，也便于公司其他股东及其他有关人员了解公司的股份构成和股权分布情况。

　　本条第二款规定，股东会会议召开前二十日内或者公司决定分配股利的基准日前五日内，不得变更股东名册。本法第一百一十五条规定，召开股东会会议，应当将会议召开的时间、地点和审议的事项于会议召开二十日前通知各股东。为保证股东会的顺利召开，在股东会召开前的一段时间内，公司股东应当是确定的。因此，本条规定，在股东会召开前二十日内不得变更股东名册。即使进行了股票的转让，这段时间内，受让人也不得要求公司在股东名册上对有关事项进行变更；仍由股票的转让人，以股东身份，参加股东大会。同时，为了有利于操作，在公司确定利润分配方案，进行股利分配时，也需要保持股东的确定性。因此，本条第二款规定，在公司决定分配股利的基准日前五日内，也不得变更股东名册；仍然由股票的转让人，作为股东接受股利分配；在股利分配结束后，股票的受让人可以向转让人请求返还该部分股利。

　　按照《证券法》第一百零八条的规定，"证券登记结算机构根据成交结果，按照清算交收规则，与证券公司进行证券和资金的清算交收，并为证券公司客户办理证券的登记过户手续"，即为维护证券交易的正常秩序，对买入证券的投资者在其证券账户内增加证券数量，同时在卖出证券投资者的账户内减少相应证券数量，就完成了登记过户手续。因此，本条第二款规定，法律行政法规或者国务院证券监督管理机构对上市公司股东名册变更登记另有规定的，从其规定。

第一百六十条　公司公开发行股份前已发行的股份，自公司股票在证券交易所上市交易之日起一年内不得转让。法律、行政法规或者国务院证券监督管理机构对上市公司的股东、实际控制人转让其所持有的本公司股份另有规定的，从其规定。

公司董事、监事、高级管理人员应当向公司申报所持有的本公司的股份及其变动情况，在就任时确定的任职期间每年转让的股份不得超过其所持有本公司股份总数的百分之二十五；所持本公司股份自公司股票上市交易之日起一年内不得转让。上述人员离职后半年内，不得转让其所持有的本公司股份。公司章程可以对公司董事、监事、高级管理人员转让其所持有的本公司股份作出其他限制性规定。

股票在法律、行政法规规定的限制转让期限内出质的，质权人不得在限制转让期限内行使质权。

【原法条文】

第一百四十一条　发起人持有的本公司股份，自公司成立之日起一年内不得转让。公司公开发行股份前已发行的股份，自公司股票在证券交易所上市交易之日起一年内不得转让。

公司董事、监事、高级管理人员应当向公司申报所持有的本公司的股份及其变动情况，在任职期间每年转让的股份不得超过其所持有本公司股份总数的百分之二十五；所持本公司股份自公司股票上市交易之日起一年内不得转让。上述人员离职后半年内，不得转让其所持有的本公司股份。公司章程可以对公司董事、监事、高级管理人员转让其所持有的本公司股份作出其他限制性规定。

【条文主旨】

本条是关于股份有限公司股份转让限制的规定。

【重点解读】

本条与原《公司法》第一百四十条相比：（1）删除了发起人对持有的本公司股份，自公司成立之日起一年内不得转让的规定。（2）增加规定了"法律、行政法规或者国务院证券监督管理机构对上市公司的股东、实际控制人转让其所持有的本公司股份另有规定的，从其规定"。（3）将对公司董事、监事、高级管理人员的转让限制时间由"任职期间"扩大到"就任时确定的任职期间"。（4）增加了质权人不得在限制转让期限内行使质权的规定。

通常来说，不论是公开发行还是非公开发行的股份，都应当允许其通过转让变现。但是，为规范关联人员行为、加强信息披露、保护投资者的合法权益，也有必要对其转让作出一定限制。按照本条的规定，对股份有限公司股份转让的限制主要包括以下三个方面：

（1）对公开发行股份前公司已经发行的股份的转让限制。股份有限公司发行股份包括公开发行和非公开发行。依法公开发行的股票、公司债券及其他证券，应当在依法设立的证券交易所上市交易或者在国务院批准的其他证券交易场所转让。实践中主要是公司公开发行股票并在证券交易所上市交易。从我国当前的实际情况来看，股份有限公司的股票在证券交易所上市交易后，其价格往往比上市前的股票价格高出很多，因此出现了低价抢购公司公开发行前的股份即所谓原始股，在公司上市后大量抛售以赚取巨额差价的现象，扰乱了证券市场的秩序，也影响公司的正常运营。因此，本条规定，公司公开发行股份并在证券交易所对其股份进行上市交易的，公开发行股份前的股份自上市交易之日起一年之内不得转让。此外，法律、行政法规或者国务院证券监督管理机构对上市公司的股东、实际控制人转让其所持有的本公司股份另有规定的，从其规定。上海证券交易所、深圳证券交易所股票上市规则中规定了承诺锁定期制度，即发行人提出首次公开发行股票上市申请时，控股股东和实际控制人应当承诺，自发行人股票上市之日起三十六个月内，不转让其直接或者间接持有的发行人公开发行股票前已发行的股份。

（2）对董事、监事、高级管理人员转让其所持有的本公司股份的限制。规定这一限制主要基于两个理由：一方面，为保持公司的董事、监事、高级管理人员与公司利益的一致性。公司公开发行股份融资，其主要目的在于谋求公司更好的发展，而不是为公司董事、监事、高级管理人员减持套现提供便利。另一方面，公司的董事、监事、高级管理人员在公司中处于控制地位，相对于外部投资者具有信息优势，为保护公众投资者合法权益，防止董事、监事、高级管理人员利用控制权和信息优势牟取不正当利益，对其转让减持行为作出适当限制尤为必要。根据本条第二款的规定，对董事、监事、高级管理人员转让其所持有的本公司股份的限制包括以下内容：①董事、监事、高级管理人员应当向公司申报其所持有的本公司股份及变动情况，不得隐瞒。这是对其转让进行监督的前提和基础。②董事、监事、高级管理人员在就任时确定的任职期间每年转让的股份不得超过其所持有的本公司股份总数的百分之二十五。"就职时确定的任职期间"大于等于"任职期间"，根据本法第七十条、第一百二十条规定，董事任期由公司章程规定，每届任期不得超过三年。董事可以辞任。例如，公司章程规定董事任期为三年，根据本条规定，董事在三年中每年转让的股份均不得超过其所持的本公司股份总数的百分之二十五，而不论其是否在任职过程中辞任。即使是该董事在第一年即辞任，在接下来其不担任董事的两年中，依然每年转让的股份均不得超过其所持有的本公司股份总数的百分之二十五。③董事、监事、高级管理人员持有的本公司股份，自公司股票上市交易之日起一年内不得转让。转让受到限制的股份，既包括董事、监事、高级管理人员持有的公司公开发行股份前已发行的股份，也包括其在公司公开发行股份后持有的本公司的股份。④董事、监事、高级管理人员所持有的本公司股份，在上述人员从公司离职之日起半年内不得转让。⑤除上述限制以外，本条还授权公司章程，可以对董事、监事、高级管理人员转让其所持有的本公司股份作出其他限制性规定。

（3）股份在法律、行政法规规定的限制转让期限内出质的，质权人不得在限制转让期限内行使质权。《民法典》第四百三十六条规定，债务人不履行到期债务或者发生当事人约定的实现质权的情形，质权人可以与出质人协议以质押财产折价，也可以就拍卖、变卖质押财产所得的价款优先受偿。依据该规定，股权质权人当债务人没有履行其到期债务的时候，股权质权人可以与出质人协议以质押股份折价，拍卖或变卖质押股票，质权人对所得价款优先受偿。质押股份折价、拍卖、变卖，均是对股份的转让。因此，质权人不得在股份的限制转让期内行使质权。

本条删除了"发起人持有的本公司股份，自公司成立之日起一年内不得转让"的规定，主要有以下几个方面的考虑：一是无论是发起设立还是募集设立，发起人均应在股份有限公司成立前按照其认购的股份全额缴纳股款，也就是说股份有限公司资本是实缴制，在发起人已经缴足认购股款的情况下，对其转让股份的时间再作限制已无必要。二是根据本法第九十九条规定，发起人不按照其认购的股份缴纳股款，或者作为出资的非货币财产的实际价额显著低于所认购的股份的，其他发起人与该发起人在出资不足的范围内承担连带责任，即使发起人未出资到位，其与其他发起人是要承担连带责任的，也就是说公司法提供了救济途径，此时再限制发起人转让股份的时间亦无必要。三是根据本条，法律、行政法规或者国务院证券监督管理机构对上市公司的股东、实际控制人转让其所持有的本公司股份另有规定的，从其规定。目前根据上市交易锁定期制度，即发行人提出首次公开发行股票上市申请时，控股股东和实际控制人应当承诺，自发行人股票上市之日起三十六个月内，不转让其直接或者间接持有的发行人公开发行股票前已发行的股份。四是不限制发起人转让股份的时间，还可以起到加速股份流通，促进公司发展的目的。

第一百六十一条 有下列情形之一的，对股东会该项决议投反对票的股东可以请求公司按照合理的价格收购其股份，公开发行股份的公司除外：

（一）公司连续五年不向股东分配利润，而公司该五年连续盈利，并且符合本法规定的分配利润条件；

（二）公司转让主要财产；

（三）公司章程规定的营业期限届满或者章程规定的其他解散事由出现，股东会通过决议修改章程使公司存续。

自股东会决议作出之日起六十日内，股东与公司不能达成股份收购协议的，股东可以自股东会决议作出之日起九十日内向人民法院提起诉讼。

公司因本条第一款规定的情形收购的本公司股份，应当在六个月内依法转让或者注销。

【条文主旨】

本条是关于股份有限公司股东在特殊情况下可以请求公司回购其股份而退出公司的规定。

【重点解读】

本条是新增条文。

在现实生活中，有些非上市股份有限公司的控股股东或代表多数表决权的股东利用可以操纵股东会决议的优势，长期不向股东分配利润，使其他股东合理期待的利益落空或者蒙受额外风险的威胁，严重损害了中小股东的权益。针对这种情况，本条对照有限责任公司股东回购请求权的相关规定，规定在特殊情况下，股份有限公司股东可以请求公司按照合理的价格收购其股权。

一、股东可以请求公司回购股份的法定条件

公司回购股份是股东转让股权的一种特殊方式，由于受让者是本公司，其性质就不完全是股份的转让，而是股东撤回投资退出公司的行为。因此有严格的条件限制，只有在下列三种情形下股东才可以请求公司按照合理的价格收购其股份。这三种情形分别是：

（1）公司连续五年不向股东分配利润，而公司该五年连续盈利，并且符合本法规定的分配利润的条件。在该情形下，股东要求分配利润的主张是合法的，但持有公司多数表决权的其他股东却通过股东会决议的形式阻碍了前者分配利润的合理利益的实现。

（2）公司转让主要财产。在该情形下，公司现有赖以开展生产经营活动的主要财产出现变化，未来的发展充满不确定性甚至可能产生风险；尽管股东会按照"资本多数决"原则形成了合法的决议，但与拥有少数表决权股东的意愿相反，改变了其在设立公司时的合理利益期待，应允许其退出公司。

（3）公司章程规定的营业期限届满或章程规定的其他解散事由出现，股东会会议通过修改章程使公司存续。章程规定的营业期限届满或章程规定的其他解散事由出现时，公司本应解散，股东可以退出经营。持有公司多数表决权的其他股东通过股东会决议修改公司章程，决定公司存续，已与公司章程订立时股东的意愿有重大差异，此时应允许对此决议投反对票的股东退出公司。

二、股东退出公司的法定程序

（1）请求公司收购其股份。股东要求退出公司时，首先应当请求公司收购其股份。股东请求公司收购其股份时，其所要求的价格不应当过高，而应当是合理的价格，如公开市场上认可的价格。这样才能既满足股东的要求，保护要求退出公司的股东的权益，又不损害公司的权益和其他股东的权益。

（2）依法向人民法院提起诉讼。股东请求公司收购其股权，应当尽量通过协商的方式解决。但如果股东与公司长时间不能就股权收购达成协议，那么，既可能影响请求收购的股东的权益，又可能影响公司的生产经营活动。为此，本条赋予了股东诉权，规定自股东会会议决议通过之日起六十日内，股东与公司不能达成股权收购协议的，股东可以自股东会会议决议通过之日起九十日内向人民法院提起诉讼，由人民法院对股份收购事项依法作出裁判。《最高人民法院关于适用〈中华人民共和国公司法〉若干问题的规定（一）》第三条明确规定，原告以《公司法》第七十四条第二款规定事由，向人民法院提起诉讼时，超过《公司法》规定期限的，人民法院不予受理。对本条第二款同样适用。

（3）公司处置所收购股份。公司收购股份后，应当在六个月内依法转让或者注销。

【实务问题】

实践中要注意，本条的适用范围，仅适用于非公开发行股份的公司，对于公开发行的股份有限公司不适用。因为，公开发行股份的公司股东可以在公开的股票交易市场以合理的价格出售其股票，而无须要求公司予以回购。

第一百六十二条　公司不得收购本公司股份。但是，有下列情形之一的除外：

（一）减少公司注册资本；

（二）与持有本公司股份的其他公司合并；

（三）将股份用于员工持股计划或者股权激励；

（四）股东因对股东会作出的公司合并、分立决议持异议，要求公司收购其股份；

（五）将股份用于转换公司发行的可转换为股票的公司债券；

（六）上市公司为维护公司价值及股东权益所必需。

公司因前款第一项、第二项规定的情形收购本公司股份的，应当经股东会决议；公司因前款第三项、第五项、第六项规定的情形收购本公司股份的，可以按照公司章程或者股东会的授权，经三分之二以上董事出席的董事会会议决议。

公司依照本条第一款规定收购本公司股份后，属于第一项情形的，应当自收购之日起十日内注销；属于第二项、第四项情形的，应当在六个月内转让或者注销；属于第三项、第五项、第六项情形的，公司合计持有的本公司股份数不得超过本公司已发行股份总数的百分之十，并应当在三年内转让或者注销。

上市公司收购本公司股份的，应当依照《中华人民共和国证券法》的规定履行信息披露义务。上市公司因本条第一款第三项、第五项、第六项规定的情形收购本公司股份的，应当通过公开的集中交易方式进行。

公司不得接受本公司的股份作为质权的标的。

【原法条文】

第一百四十二条　公司不得收购本公司股份。但是，有下列情形之一的除外：

（一）减少公司注册资本；

（二）与持有本公司股份的其他公司合并；

（三）将股份用于员工持股计划或者股权激励；

（四）股东因对股东大会作出的公司合并、分立决议持异议，要求公司收购其股份；

（五）将股份用于转换上市公司发行的可转换为股票的公司债券；

（六）上市公司为维护公司价值及股东权益所必需。

公司因前款第（一）项、第（二）项规定的情形收购本公司股份的，应当经股东大会决议；公司因前款第（三）项、第（五）项、第（六）项规定的情形收购本公司股份的，可以依照公司章程的规定或者股东大会的授权，经三分之二以上董事出席的董事会会议决议。

公司依照本条第一款规定收购本公司股份后，属于第（一）项情形的，应当自收购之日起十日内注销；属于第（二）项、第（四）项情形的，应当在六个月内转让或者注销；属于第（三）项、第（五）项、第（六）项情形的，公司合计持有的本公司股份数不得超过本公司已发行股份总额的百分之十，并应当在三年内转让或者注销。

上市公司收购本公司股份的，应当依照《中华人民共和国证券法》的规定履行信息披露义务。上市公司因本条第一款第（三）项、第（五）项、第（六）项规定的情形收购本公司股份的，应当通过公开的集中交易方式进行。

公司不得接受本公司的股票作为质押权的标的。

【条文主旨】

本条是关于公司股份回购的规定。

【重点解读】

本条跟原《公司法》第一百四十二条相比，（1）将"股东大会"修改为"股东会"，"质押权"修改为"质权"。（2）由于新《公司法》第二百零四条将发行可转换为股票的公司债券的主体由上市公司扩大为所有股份有限公司，故将原《公司法》第一百四十二条第一款第（五）项中的"上市公司"修改为"公司"。

1. 股份回购，是指公司收购本公司已发行的股份。公司回购股份将减少公司资产，应属极少发生的情形，且公司自身不应通过持有本公司股份而成为本公司的股东。允许股份回购可能产生以下危害：一是损害资本维持原则，二是损害股东平等原则，三是损害公司控制权的公正性，四是损害交易的公平性。上市公司实施股份回购，将影响其股票价格，可能导致其股票价格与实际价值不符。但是，特定情形下的股份回购具有合理性，主要是：一是能减少资本冗余；二是有利于保持股本结构；三是维持公司控制权。因此，各国普遍对股份回购实行"原则禁止，例外允许"。

2. 本条对禁止股份回购作出原则规定，同时，允许公司按照以下规定回购股份：

（1）减少公司注册资本。公司成立以后股东是不得抽回出资的。在这种情况下，公司成立以后，要减少公司的注册资本，只能通过以公司的名义购买本公司股份，再将该部分股份注销的形式。本法第五十九条、第一百一十二条规定有限责任公司、股份有限公司股东会可以依职权减少公司注册资本。因此，公司依法经股东会决议减少注册资本的，可以回购股份，并应当在回购之日起十日内注销股份，以完成减资程序。

（2）与持有本公司股份的其他公司合并。公司的股份可以为其他公司所持有，当公司与拥有本公司股份的其他公司进行吸收合并时，被合并的其他公司的所有资产都归公司所有，其他公司所拥有的本公司股份自然也为本公司所有，形成股份回购。公司合并、分立等也属于股东会职权。公司回购股份后，应当在回购之日起六个月内转让或者注销股份。

（3）将股份用于员工持股计划或者股权激励。员工持股计划是根据员工意愿，使其获得本公司股票并长期持有，并按约定分配股份权益的制度安排，参加对象为公司员工，包括管理层人员，但因独立董事不具备员工身份，故不可参与员工持股计划；股权激励是指上市公司以本公司股票为标的，对其董事、高级管理人员及其他员工进行的长期性激励，但独立董事和监事不可参与股权激励。可以通过发行新股开展员工持股计划或者股权激励，但可能稀释未来股权收益。而通过股份回购进行，不但不会稀释未来股权收益，还有利于提升股价。为提高效率，《公司法》对这一情形下的股份回购决策程序进行了简化，即可以依照公司章程的规定或者股东会的授权，经三分之二以上董事出席的董事会会议决定。回购股份后，可根据公司的具体实际情况适时推行员工持股计划或者股权激励计划，但公司持股最长不得超过三年。

（4）股东因对股东会作出的公司合并、分立决议持异议，要求公司收购其股份。为维护异议股东权利，当股东对股东会作出的公司合并、分立决议持异议时，可以要求公司回购其股份，公司应当回购，不需要经股东会或者董事会决议。公司回购股份后，应当在回购之日起六个月内转让或者注销股份。

（5）将股份用于转换公司发行的可转换为股票的公司债券。本法第二百零二条规定，股份有限公司经股东会决议或者经公司章程、股东会授权由董事会决议，可以发行可转换为股票的公司债券，并规定具体的转换办法；公司发行可转换为股票的公司债券，应当经国务院证券监督管理机构注册。公司为转换可转债的需要回购股份，避免发行新股稀释未来股权收益，有利于股东和可转债券持有人的利益。同时，为简化决策程序提高效率，此类回购可以依照公司章程的规定或者股东会的授权，经三分之二以上董事出席的董事会会议决议。所回购的股份，应当在三年内按照可转债募集办法的规定转换给可转债持有人。

（6）上市公司为维护公司价值及股东权益所必需，可以回购公司股份。为简化决策程序提高效率，此类回购可以依照公司章程的规定或者股东会的授权，经三分之二以上董事出席的董事会会议决定。所回购的股份，应当在三年内转让或者注销。

3. 为保护公司股东、债权人及投资者的合法权益，便于对股份回购进行监督，本条规定，上市公司收购本公司股份的，应当依照

《中华人民共和国证券法》的规定履行信息披露义务。同时，上市公司因员工持股计划或者股权激励、用于转换可转债、维护公司价值及股东权益等原因回购股份的，应当通过公开的集中交易方式进行。

4. 本条第五款是关于公司不得接受本公司的股份作为质押权标的的规定。质权的设立，是以债权人可以取得质权标的的物的所有权为前提的。除了法定特殊情况外，公司是不得拥有本公司股份的，而且即使设立了以本公司股份为质权标的的担保，最后也无法实现，因此本公司的股份不能作为质权标的，用来对公司债权进行担保，新《公司法》本条对此予以明确。

【实务问题】

公司因减少注册资本、与其他公司合并而收购本公司股份的，按照本条第二款的规定，都应当由股东会作出决议，这也是和股东会的职权相吻合的。而本条第一款第（四）项所指股东的股份回购请求，属于股东的权利，股东依法提出这一要求时，公司就应收购其股份，不需要经股东会或者董事会决议。

第一百六十三条　公司不得为他人取得本公司或者其母公司的股份提供赠与、借款、担保以及其他财务资助，公司实施员工持股计划的除外。

为公司利益，经股东会决议，或者董事会按照公司章程或者股东会的授权作出决议，公司可以为他人取得本公司或者其母公司的股份提供财务资助，但财务资助的累计总额不得超过已发行股本总额的百分之十。董事会作出决议应当经全体董事的三分之二以上通过。

违反前两款规定，给公司造成损失的，负有责任的董事、监事、高级管理人员应当承担赔偿责任。

【条文主旨】

本条是关于禁止财务资助的规定。

【重点解读】

本条是新增条款，引入了禁止财务资助制度，实为本次《公司法》修订的亮点之一，立法机关在借鉴了证券监督管理机构的相关规定以及证券交易所制定的相关规则，从公司法层面构建了"原则禁止—附条件例外——一般例外—法律责任"制度体系。

禁止财务资助制度的立法旨意是预防公司控制权人滥用权限，使用公司资产为股东或潜在股东取得本公司股份进行不当的利益输送；防止公司不正当影响公司的股价；防止通过循环增资而虚增公司资本的欺诈行为。● 本条将散落在中国证监会规章中的禁止财务资助制度进行高度概括，提升到《公司法》层面，从而使该制度的效力层级得到提升，体系化程度也与国际接轨。

一、财务资助行为的原则禁止

财务资助的概念含义。"资助"指的是援助、帮助行为，即由于公司的援助、帮助行为而使得股份取得行为得以完成。"财务"指的是公司所提供的援助是财务方面的，包括赠与、借款、发行债务证券、对他人债务提供担保或补偿等积极方面，也包括公司承担债务、免除他人债务等消极方面的财务资助。本条财务资助的列举是不完全列举，虽然没有列举减免债务等消极的财务资助，但是"其他财务资助"的表述既可以涵盖积极方面的财务资助，也可以涵盖消极方面的财务资助。

"公司不得为他人取得本公司或者其母公司的股份"的表述与"禁止公司为他人取得本公司或本公司控股公司的股份"的表述二

● 沈朝晖：《财务资助行为的体系化规制——兼评释 2021〈公司法（修订草案）〉第 174 条》，载《中国政法大学学报》2022 年第 5 期。

者的实质意义是一样的。公司收购分为直接收购和间接收购。直接收购是指收购人直接购买目标公司股东所持有的本公司股份。若目标公司为上市公司，收购人对上市公司进行直接收购容易引发关注，故有人发明了间接收购。它是收购人收购目标公司的控股公司，通过控制目标公司的控股公司达到间接控制目标公司的目的。禁止财务资助制度既禁止公司资助他人取得本公司股份，也禁止公司资助他人取得本公司的控股公司即母公司的股份。

二、禁止财务资助制度的例外

一律禁止公司提供财务资助，容易打击一些诚实的或对公司有利的交易。因此，本条规定了禁止财务资助的例外。根据是否列出具体的资助情形，禁止财务资助制度的例外分为具体例外与一般例外。

（一）禁止财务资助制度的具体例外

本次《公司法》一审稿对禁止财务资助的具体例外规定了两种，为员工持股计划例外和金融机构经营正常业务例外。对于员工持股计划例外，有学者认为，该例外本质上属于一个更高层面的目标，即通过公司员工持有公司股权实现公司内部股权社会化和经济民主。员工持股计划作为禁止财务资助制度的例外可能还考虑到了员工的薪酬收入购买力不足以购买公司股份，为了避免员工对外举债以行权，故允许公司对员工提供财务资助。对于金融机构经营正常业务例外，有学说认为，该例外主要是考虑到金融机构的经营范围主要就是对外提供贷款和担保，其在正常经营过程中对外提供贷款、担保时更多是依照公司对借款方的资信水平和信用风险、借款条件、增信措施等依照公司确定的统一标准去进行判断，不应根据借款人获取资金是为了取得本公司股份还是其他公司股份去作区别对待。有不同意见认为，即使是金融机构，也不应允许财务资助，金融机构开展正常业务，同样不能为他人获取本公司或子公司股份提供财务资助。所以，二审稿删除了金融机构经营正常业务例外，只保留了员工持股计划例外。

（二）禁止财务资助制度的一般例外

本条第二款是禁止财务资助的一般例外规定。根据本规定，在一定条件下，可以进行财务资助。第一，为公司利益，这是实质标准，是指财务资助不能对公司利益构成实质伤害，则《公司法》允许为他人取得本公司股份提供财务资助。第二，程序控制，即经股东会决议或董事会按照公司章程或者股东会的授权经全体董事的三分之二以上决议通过。公司是股东投资所形成的法人实体，在经济学意义上，股东是公司的所有者。如果股东会决议同意公司为他人取得本公司股份提供财务资助，则基于公司自治的基本精神，《公司法》允许公司提供财务资助；如果董事会按照公司章程或者股东会的授权作出决议，《公司法》也允许公司提供财务资助。第三，资本比例控制，即财务资助的累计总额不得超过已发行股本总额的百分之十。即以公司资本为基准，对财务资助数额进行数量控制。

三、违法财务资助的法律责任

公司的财务资助行为的基础是董事会决议，违法进行财务资助负有责任的董事、高级管理人员应当对由此给公司造成的损失承担赔偿责任；监事由于负有监督职能，在监督不力时也应当承担赔偿责任。

第一百六十四条　股票被盗、遗失或者灭失，股东可以依照《中华人民共和国民事诉讼法》规定的公示催告程序，请求人民法院宣告该股票失效。人民法院宣告该股票失效后，股东可以向公司申请补发股票。

【原法条文】

第一百四十三条　记名股票被盗、遗失或者灭失，股东可以依照

《中华人民共和国民事诉讼法》规定的公示催告程序，请求人民法院宣告该股票失效。人民法院宣告该股票失效后，股东可以向公司申请补发股票。

【条文主旨】

本条是关于股票被盗、遗失或者灭失依法申请补发的规定。

【重点解读】

本条与原《公司法》第一百四十三条相比，删去了"记名"两字。因新《公司法》不再允许发行无记名股票，删去"记名"两字后，股票也仅指记名股票，因此与原《公司法》内容一致。

《民事诉讼法》第十八章规定了可以背书转让票据的公示催告程序。公示催告程序属于民事诉讼中的非诉程序。即票据持有人因票据被盗、遗失或者灭失时，可以向人民法院申请，由人民法院作出公告，告知并催促利害关系人向人民法院申报权利；没有人申报的，人民法院将作出宣告票据无效的除权判决，票据持有人据此可以向票据支付人请求支付；有利害关系人提出申报的，公示催告程序终结，当事人可通过民事诉讼解决纠纷。公示催告程序有助于维护丧失票据人和利害关系人的合法权益，确保票据流通安全。

根据本法第一百五十九条的规定，股票可以由股东以背书方式转让，符合《民事诉讼法》规定的公示催告程序使用的标的。按照《民事诉讼法》的规定，股票被盗、遗失或者灭失，股东可以向人民法院提出公示催告申请，向人民法院递交申请书，写明记名股票的主要内容和申请的理由、事实。人民法院受理申请后，应当同时通知公司停止该股票所代表股东权利的行使；并在三日内发布公告，催促利害关系人申报权利。公示催告的期间，由人民法院根据情况决定，但不得少于六十日。利害关系人认为股东的公示催告请求与事实不符合的，如申报该股票并不是被盗、遗失或者灭失，而是被合法转让的，应当在公示催告期间向人民法院申报。在公示催告期间，没有利害关系人申报的，人民法院即根据申请人的申请，作出判决，宣告该股票无效。判决应当公告，并通知公司。经人民法院公示催告程序宣告股票无效后，股东可以依据本条的规定，请求公司向其补发股票。

第一百六十五条　上市公司的股票，依照有关法律、行政法规及证券交易所交易规则上市交易。

【条文主旨】

本条是关于上市公司股票交易规则的原则性规定。

【重点解读】

本条沿用了原《公司法》第一百四十四条规定，未修改。

上市公司，是指所发行的股票在依法设立的证券交易所上市交易的股份有限公司。目前实践中，通常是股份有限公司依法报经国务院证券监督管理机构或者国务院授权的部门注册公开发行股票并上市交易。

在股票上市条件方面，按照《证券法》第十二条的规定，公司公开发行新股应当符合下列条件：（1）具备健全且运行良好的组织机构；（2）具有持续盈利能力；（3）最近三年财务会计报告被出具无保留意见审计报告；（4）发行人及其控股股东、实际控制人最近三年不存在贪污、贿赂、侵占财产、挪用财产或者破坏社会主义市场经济秩序的刑事犯罪；（5）经国务院批准的国务院证券监督管理机构规定的其他条件。同时，按照《证券法》第四十七条的规定，股份有限公司申请其股票上市交易应当符合证券交易所上市规则规定的上市条件。

在股票上市程序方面，按照《证券法》第十条的规定，公开发行股票应当依法报经国务院证券监督管理机构或者国务院授权的部门注册；按照《证券法》第四十六条的规定，申请股票上市交易，应当向证券交易所提出申请，由证券交易所依法审核同意，并由双方签订上市协议。

按照本条，股票上市交易后，应当遵守本法关于股票转让限制的规定，以及《证券法》等法律、行政法规和证券交易所业务规则的规定。《证券法》对上市公司股票的交易进行了全面规范，包括股票交易的具体方式、信息公开、禁止的交易行为、上市公司收购等。《证券法》第一百一十五条规定，证券交易所依照法律、行政法规和国务院证券监督管理机构的规定制定上市规则、交易规则、会员管理规则和其他有关规则，并报国务院证券监督管理机构批准。股票上市交易，需要与证券交易所签订上市协议，也应当遵守证券交易所制定的经国务院证券监督管理机构批准的业务规则。

第一百六十六条　上市公司应当依照法律、行政法规的规定披露相关信息。

【原法条文】

第一百四十五条　上市公司必须依照法律、行政法规的规定，公开其财务状况、经营情况及重大诉讼，在每会计年度内半年公布一次财务会计报告。

【条文主旨】

本条是关于上市公司信息披露的原则性规定。

【重点解读】

本条与原《公司法》相比，将"公开其财务状况、经营情况及重大诉讼，在每会计年度内半年公布一次财务会计报告"修改成"披露相关信息"的原则性规定，内涵更丰富。

按照本条的规定，上市公司必须依照法律、行政法规的规定披露相关信息，不再局限于"公开其财务状况、经营情况及重大诉讼，在每会计年度内半年公布一次财务会计报告"。股票在依法设立的证券交易所进行交易，涉及广大的投资者。要求上市公司进行信息披露，是对证券市场进行监管，保护投资者权益的有效手段，也是证券活动公开原则的具体体现。

关于上市公司的信息披露，2019年修订的《证券法》在第五章作出了专门规定：（1）原则要求。上市公司依法披露的信息，必须真实、准确、完整，简明清晰，通俗易懂，不得有虚假记载、误导性陈述或者重大遗漏。（2）年度报告。上市公司应当在每一会计年度结束之日起四个月内公告年度报告，内容包括：公司概况；公司财务会计报告和经营情况；董事、监事、高级管理人员简介及其持股情况；已发行的股票、公司债券情况，包括持有公司股份最多的前十名股东的名单和持股数额；公司的实际控制人；国务院证券监督管理机构规定的其他事项。其中的年度财务会计报告应当经符合本法规定的会计师事务所审计。（3）中期报告。上市公司应当在每一会计年度的上半年结束之日起两个月内，公告中期报告，内容包括：公司财务会计报告和经营情况；涉及公司的重大诉讼事项；已发行的股票、公司债券变动情况；提交股东大会审议的重要事项；国务院证券监督管理机构规定的其他事项。（4）临时报告。发生可能对上市公司股票交易价格产生较大影响的重大事件，投资者尚未得知时，上市公司应当立即将有关该重大事件的情况进行临时公告，说明事件的起因、目前的状态和可能产生的法律后果。重大事件包括：公司的经营方针和经营范围的重大变化；公司的重大投资行为和重大的购置财产的决定；公司订立重要合同，可能对公司的资产、负债、权益和经营成果产生重要影响；公司发生重大债务和未能清偿到期重大债务的违约情况；公司发生重大亏损或者重大损失；公司生产经营的外部条件发生的重大变化；公司的董事、三分之一以上监事或者经理发生变动；持有公司百分之五以上股份的股东或者实际控制人，其持有股份或者控制公司的情况发生较大变化；公司分配股利、增资的计划，公司股权结构的重要变化，公司减资、合并、分立、解散及申请破产的决定；涉及公司的重大诉讼、仲裁，股东大会、董事会决议被依法撤销或者宣告无效；公司涉嫌犯罪被司法机关立案调查，公司的控股股东、实际控制人、董事、监事、高级管理人员涉嫌犯罪被司法机关采取强制措施；国务院证券监督管理机构规定的其他事项。此外，《证券法》还对信息披露违法时应承担的责任等作出规定。

第一百六十七条　自然人股东死亡后，其合法继承人可以继承股东资格；但是，股份转让受限的股份有限公司的章程另有规定的除外。

【条文主旨】

本条是关于股份有限公司自然人股东死亡后其股东资格如何继承的规定。

【重点解读】

本条为新增条文。

原《公司法》第七十五条对有限责任公司自然人股东死亡后股东资格的继承进行了规定，而对股份有限公司自然人股东死亡后股东资格的继承没有规定，即没有限制。本条规定提供了股份有限公司股东股权继承的一般原则，即自然人股东的合法继承人可以继承股东资格，同时规定对股份转让受限的类别股股份，公司章程有其他规定的，依据公司章程的规定。

1. 自然人股东的合法继承人可以继承其股东资格。一些国家的公司法立法例也以股份可以继承为基本原则。如德国规定，股份可以出让和继承；法国规定，公司股份通过继承方式自由转移。在我国，一般认为，股东身份即股东资格是基于股东的财产权而产生的，其身份权应当随其财产权一同转让；如果被继承人作为公司的股东，其死后如无遗嘱另作安排，由其法定继承人继承其股东资格有合理性，也符合我国传统。

2. 对转让受限的普通股份或者转让受限的类别股股份，公司章程有其他规定的，依据公司章程的规定。

股份自由转让是股份有限公司的基本原则，那么合法继承也是应有之义，广义上来讲，股份的继承也是股份转让的一种类型，因此，在继承股份时必须考虑转让受限制的类别股股份能否继承的问题。新《公司法》把这一问题留给公司章程加以规范。根据新《公司法》第一百四十四条，与普通股不同的类别股中第三类为"转让需经公司同意等转让受限的股份"，公开发行股份的公司不得发行此类类别股。第一百四十五条规定，发行类别股的公司，应当在公司章程中载明的事项包括"类别股的转让限制"，这些限制对于股份继承同样有制约作用，基于这些要求，股份有限公司章程中对股份转让受限的类别股股份如何继承应予以明确。

【实务问题】

当前，我国有关股份继承权的纠纷呈上升趋势，为避免此类纠纷，公司应充分考虑股份继承问题，事先在章程中予以明确约定。特别是对于转让受限的股份，更应明确继承具体办法。实践中要注意，公司章程可以规定不允许继承人继承股东资格，但是继承人有获得股份公平对价的权利，因为这是《继承法》的基本原则，即公司可以不允许其继承股东资格，但不得剥夺其取得股份相应财产价值的权利。另外，公司章程对股份转让的限制，应当合理，不允许继承股东资格的，应采用股权转让的方式处理股权继承问题。

第七章

国家出资公司组织机构的特别规定

第一百六十八条 国家出资公司的组织机构，适用本章规定；本章没有规定的，适用本法其他规定。

本法所称国家出资公司，是指国家出资的国有独资公司、国有资本控股公司，包括国家出资的有限责任公司、股份有限公司。

【原法条文】

第六十四条 国有独资公司的设立和组织机构，适用本节规定；本节没有规定的，适用本章第一节、第二节的规定。

本法所称国有独资公司，是指国家单独出资、由国务院或者地方人民政府授权本级人民政府国有资产监督管理机构履行出资人职责的有限责任公司。

【条文主旨】

本条是关于国家出资公司定义的规定。

【重点解读】

原《公司法》国有公司相关内容规定在第二章第四节"国有独资公司的特别规定"部分。新《公司法》第七章是新增章节，是国家出资公司组织机构的特别规定，仅国家出资公司的组织机构设置适用本章规定，国家出资公司的设立在本章没有规定，适用本法其他规定。

本条第二款是国家出资公司的定义，国家出资公司，是指国家出资的国有独资公司、国有资本控股公司，包括国家出资的有限责任公司、股份有限公司。《公司法》以国家出资公司作为国有独资公司和国有资本控股公司的上位概念，明确了国家出资公司包括国家出资的有限责任公司和股份有限公司，适用范围扩大。《中华人民共和国企业国有资产法》（以下简称《企业国有资产法》）对国家出资企业采取"滴水不漏的原则"，只要企业有国有资产就要管，无论国家是否控股。❶ 因此，其所规范的国家出资企业包括"国有独资企业、国有资本控股企业与国有资本参股企业"。国有资本参股公司不在修订后的《公司法》"国家出资公司"规定的适用范围。国家出资公司与国有企业的区别还在于：国有企业实行的是国家所有权和企业经营管理权形式，适用《企业国有资产法》；而国家出资公司则采取的是国有股权和公司法人所有权形式，不但适用《公司法》，还适用《企业国有资产法》。

根据本条第二款规定，新《公司法》第七章与原《公司法》第二章第四节相比，在适用主体上进行了扩充。一是国资公司全覆盖。为适应近年来国家出资公司股权多元化的发展趋势，尤其是按照专业化重组而来的新设股权多元化国家出资公司，将国资公司特别规定的适用主体由原《公司法》的国有独资公司，扩大到国有控股公司。二是公司制企业全覆盖。新《公司法》对国家出资公司组织机构的特别规定的适用从原《公司法》仅适用于有限责任公司的单一组织形式，扩展到有限责任公司和股份有限公司均适用。

第一百六十九条　国家出资公司，由国务院或者地方人民政府分别代表国家依法履行出资人职责，享有出资人权益。国务院

---

❶ 胡国梁：《国家出资公司进入〈公司法〉的逻辑理路》，载《政治与法律》2022年第 12 期。

或者地方人民政府可以授权国有资产监督管理机构或者其他部门、机构代表本级人民政府对国家出资公司履行出资人职责。

代表本级人民政府履行出资人职责的机构、部门，以下统称为履行出资人职责的机构。

【条文主旨】

本条是关于代表国家对国家出资公司履行出资人职责的机构的规定。

【重点解读】

本条是新增条款，借鉴《企业国有资产法》第十一条相关规定而制定。

国家出资公司是一类特殊的公司，其特殊性在于控股股东是国家，国家出资部分的权益应由国家享有，具体由国家代表机关国务院或者地方人民政府分别代表国家享有出资人权益。通常的观念认为上市公司拥有众多公众投资者，属于典型的"公众公司"。实际上，从财产的终极归属角度来说，国家出资公司应当是另一种更为纯粹的"公众公司"，或者如有些学者所称的"公共企业"。❶

国家出资公司国家出资部分应由国家履行出资人职责，履行出资人职责的机构包括国务院、地方人民政府、被授权代表本级人民政府履行出资人职责的国有资产监督管理机构或者其他部门、机构。国家出资公司具有的结构性特点之一是所有者实质缺位，决定了其无法采纳经营管理成本最低、效率最高的业主制模式。国家出资公司的"国有股独大"既是其资本结构或者说产权构造的客观状态，也是其保持"国有"身份的基本条件。❷ 实然的所有者缺位加上国

❶ 汪青松：《国家出资公司治理模式选择与法律制度保障》，载《政治与法律》2023年第9期。
❷ 汪青松：《国家出资公司治理模式选择与法律制度保障》，载《政治与法律》2023年第9期。

有股独大的产权构造，需要通过治理权转移来平衡。立足于这一条件之上构建和完善现代企业制度尤其关键，《公司法》意在通过多款规定，构建有中国特色的现代企业制度。

第一百七十条　国家出资公司中中国共产党的组织，按照中国共产党章程的规定发挥领导作用，研究讨论公司重大经营管理事项，支持公司的组织机构依法行使职权。

【条文主旨】

本条是关于中国共产党组织在国家出资公司中的领导作用的规定。

【重点解读】

本条是新增条文，凸显了中国共产党组织在国家出资公司中的重要地位和作用。《中国共产党章程》第三十三条第二款规定："国有企业党委（党组）发挥领导作用，把方向、管大局、保落实，依照规定讨论和决定企业重大事项。国有企业和集体企业中党的基层组织，围绕企业生产经营开展工作。保证监督党和国家的方针、政策在本企业的贯彻执行；支持股东会、董事会、监事会和经理（厂长）依法行使职权；全心全意依靠职工群众，支持职工代表大会开展工作；参与企业重大问题的决策；加强党组织的自身建设，领导思想政治工作、精神文明建设、统一战线工作和工会、共青团、妇女组织等群团组织。"在新《公司法》的规定中对于发挥党的领导作用并未限定在"党委（党组）"类的党组织形式，而是使用了范围更宽泛的"党的组织"。

坚持党的领导，是国有企业的本质特征和独特优势，是完善中国特色现代企业制度的根本要求。2016年习近平总书记在全国国有企业党的建设工作会议上提出了"两个一以贯之"原则，此后，党的领导融入国企公司治理的政策陆续出台，但是党的领导及其作用发挥在国家法律层面几乎没有规定，原修订前的《公司法》第十九条规定："在公司中，根据中国共产党章程的规定，设立中国共产党的组织，开展党的活动。公司应当为党组织的活动提供必要条件。"单靠第十九条还远远不够。

新《公司法》在保留原《公司法》第十九条规定（新《公司法》第十八条）的基础上，增设一条专门明确党在国有企业发挥领导作用。

新《公司法》的规定创下两个"首次"：（1）首次在《公司法》层面明确地确立了中国共产党对国有企业（新《公司法》称之为"国家出资公司"）的"领导"。（2）首次在《公司法》层面明确地规定了党"研究讨论公司重大经营管理事项"的法定权利。此外，在新《公司法》的规定中使用了范围更宽泛的"党的组织"。从本次《公司法》修改看，党组织在国家出资公司中的地位和作用远超过其在一般公司中的地位和作用，是国家出资公司特殊治理范式的鲜明体现。❶

第一百七十一条　国有独资公司章程由履行出资人职责的机构制定。

【原法条文】

第六十五条　国有独资公司章程由国有资产监督管理机构制定，或者由董事会制订报国有资产监督管理机构批准。

【条文主旨】

本条是关于国有独资公司章程制定的规定。

---

❶　胡国梁：《国家出资公司进入公司法的逻辑理路》，载《政治与法律》2022年第12期。

【重点解读】

新《公司法》的"国有独资公司"与原《公司法》的"国有独资公司"虽文字相同,但内涵不同。原《公司法》的国有独资公司单指国有独资有限责任公司,新《公司法》的国有独资公司包括国有独资有限责任公司和国有独资股份有限公司。

与原《公司法》规定不同,根据本条规定,不是只有国有资产监督管理机构可以制定公司章程,履行出资人职责的机构,即被国务院或地方人民政府授权代表本级人民政府履行出资人职责的国有资产监督管理机构或者其他部门、机构都可以制定国有独资有限责任公司和国有独资股份有限公司的章程,但董事会不再具有制订公司章程的职权。

第一百七十二条 国有独资公司不设股东会,由履行出资人职责的机构行使股东会职权。履行出资人职责的机构可以授权公司董事会行使股东会的部分职权,但公司章程的制定和修改,公司的合并、分立、解散、申请破产,增加或者减少注册资本,分配利润,应当由履行出资人职责的机构决定。

【原法条文】

第六十六条 国有独资公司不设股东会,由国有资产监督管理机构行使股东会职权。国有资产监督管理机构可以授权公司董事会行使股东会的部分职权,决定公司的重大事项,但公司的合并、分立、解散、增加或者减少注册资本和发行公司债券,必须由国有资产监督管理机构决定;其中,重要的国有独资公司合并、分立、解散、申请破产的,应当由国有资产监督管理机构审核后,报本级人民政府批准。

前款所称重要的国有独资公司,按照国务院的规定确定。

【条文主旨】

本条是关于国有独资公司不设股东会、股东会职权行使的规定。

【重点解读】

根据本条规定，国有独资公司不可以授权公司董事会决定的事项与原《公司法》相同的有公司的合并、分立、解散、增加或者减少注册资本；新增不可以授权公司董事会决定的事项有制定和修改公司章程、申请破产、分配利润。删除了发行公司债券不得授权公司董事会决定及关于重要国有独资公司的规定。

一、国有独资公司不设股东会，由履行出资人职责的机构行使股东会的职权

依照本法及《企业国有资产法》的规定，国务院和地方人民政府根据需要，可以授权国有资产监督管理机构或者其他部门、机构代表本级人民政府对国家出资公司履行出资人职责。履行出资人职责的机构代表本级人民政府对国家出资公司依法享有资产收益、参与重大决策和选择管理者等出资人权利，除依法履行出资人职责外，不得干预公司经营活动。

二、国有独资公司股东会职权的行使

国有独资公司不设立股东会，因此公司的决策职能只能由履行出资人职责的机构履行。但同时考虑到履行出资人职责的机构的独立性，国有独资公司的决策也不能完全依附某一主体。鉴于履行出资人职责的机构并非《公司法》意义上的一般出资人，而是国家政府机构，其主要职责是监督管理国有资产的保值增值，不具有持续深入介入每个公司具体治理的可能性，其难以全面细致地管理公司的经营。为保持国有资产经营的高效率，因此本条规定，履行出资人职责的机构可以授权公司董事会行使股东会的部分职权。

本条明确规定公司章程的制定和修改，公司的合并、分立、解散、申请破产，增减资本和分配利润，应当由履行出资人职责的机构决定，从宏观上把握国有资产的经营。换句话说，除公司章程的制定和修改，公司的合并、分立、解散、申请破产，增减资本和分配利润的决定外的事项，履行出资人职责的机构可以授权董事会决定。

结合本法第五十九条第一款股东会职权的规定，在国有独资公司中，股东会的职权被分解为两个部分：一部分由履行出资人职责的机构行使；另一部分由履行出资人职责的机构授权公司的董事会行使。公司的一般性问题由董事会行使职权加以决定和批准；重大问题由履行出资人职责的机构行使。

三、履行出资人职责的机构其他的特殊职能

实践中，还有一些与董事有利害关系或董事会无法行使的职权也要由履行出资人职责的机构来行使。这些职权主要有：（1）决定董事、监事的报酬事项；（2）委派和更换由股东出任的监事；（3）审议批准董事会的报告；（4）审议批准监事会或监事的报告等。

第一百七十三条　国有独资公司设董事会依照本法规定行使职权。

国有独资公司的董事会成员中，应当过半数为外部董事，并应当有公司职工代表。

董事会成员由履行出资人职责的机构委派；但是，董事会成员中的职工代表由公司职工代表大会选举产生。

董事会设董事长一人，可以设副董事长。董事长、副董事长由履行出资人职责的机构从董事会成员中指定。

【原法条文】

第六十七条　国有独资公司设董事会，依照本法第四十六条、第六十六条的规定行使职权。董事每届任期不得超过三年。董事会成员中应当有公司职工代表。

董事会成员由国有资产监督管理机构委派；但是，董事会成员中的职工代表由公司职工代表大会选举产生。

董事会设董事长一人，可以设副董事长。董事长、副董事长由国有资产监督管理机构从董事会成员中指定。

【条文主旨】

本条是关于国有独资公司董事会制度的规定。

【重点解读】

本条在原《公司法》第六十七条的基础上，在第二款新增了"国有独资公司的董事会成员中，应当过半数为外部董事"的规定。

外部董事是指由非本公司员工的外部人员担任的董事，《关于国有独资公司董事会建设的指导意见（试行）》规定，外部董事不得在本公司担任董事或董事会专门委员会以外的任何职务，不得负责执行层面的事务。❶外部董事制度的作用主要有四点：一是实现企业的决策权与执行权分开；二是实现董事会集体决策；三是实现董事会管理经理层；四是有利于更好地代表出资人利益，正确处理各方面关系。这一制度推动了国有企业决策制度的科学化、民主化和有效化。对于外部董事，需要厘清的除概念外还有其与专职外部董事的关系。和一般外部董事不同，专职外部董事的职业就是做董事。"外部董事的来源一般有四种，第一种为经济学家等社会知名人士；第二种是具有法律、会计等专业能力的专业人士；第三种为退任退休的领导；第四种是企业家。这些外部董事是兼职的。为了进一步加强队伍建设，董事会试点工作中开始引入第五种外部董事，即在职的企业领导（如国企副职），这支队伍由国资委专门机构来管理"。与外部董事相对应的是内部董事，是指那些是本公司职员的董事。

与上市公司独立董事不同，国有企业外部董事有自身特殊的定义，"外部董事和独立董事同样来自企业外部，但外部董事是国务院国资委在进行董事会试点时推出的特有名词"。外部董事代表国

---

❶　参见国务院国有资产监督管理委员会《关于国有独资公司董事会建设的指导意见（试行）》，国资发改革〔2004〕229号。

有股东方或者国有控股方，由国资委提名或任命。外部董事独立于公司和管理层，但不独立于出资人即股东，要受国有资产监督管理部门监督，对国有资产监督管理机构负责。可见，外部董事的上述制度安排既保持了董事会决策的相对独立性，又解决了出资人缺位的问题。

原《公司法》没有"外部董事"的规定，2015年，《中共中央、国务院关于深化国有企业改革的指导意见》提出，进一步加强外部董事队伍建设，拓宽来源渠道。2017年，国务院办公厅《关于进一步完善国有企业法人治理结构的指导意见》（以下简称《指导意见》）提出到2020年，国有独资、全资公司全面建立外部董事占多数的董事会，国有控股企业实行外部董事派出制度，完成外派监事会改革。《指导意见》提出，建立完善外部董事选聘和管理制度，严格资格认定和考试考察程序，拓宽外部董事来源渠道，扩大专职外部董事队伍，选聘一批现职国有企业负责人转任专职外部董事，定期报告外部董事履职情况。新《公司法》将近年来国企改革中关于外部董事的政策或规范性文件的要求上升到法律层面。

外部董事有利于强化决策的内部制衡，内部"分立"是董事会内部制衡的形式要件，外部董事"过半数"则是董事会内部制衡的实质要件。首先，由于董事存在"内部"与"外部"之分，使得董事会人员的组成形成了两个独立的集团。内部董事集团的首要职责是实施决策，其内部性体现在担任本公司的高级管理职务、直接经管公司日常业务与控制公司经理层等；外部董事集团的首要职责是监督，其次是决策，其外部性体现为不担任公司除董事以外的其他职务，外部董事的外部性和相对独立性的特征使得其作出的决策更加偏向于股东。其次，从数量要求上看，"过半数"是指外部董事集团的表决权大于内部董事集团。"过半数"的本质是"外部董事控制"，其代表出资人进入企业，不受任职企业各种关系的羁绊，并且就会议讨论决定事项独立发表意见，其不仅可以通过董事会对经理层进行监督，还可以利用董事会表决权对内部董事进行监督，在一定程度上打破了国有企业存在的内部人控制，实现董事会的决策制衡，有效地减少决策失误的发生。

第一百七十四条　国有独资公司的经理由董事会聘任或者解聘。

经履行出资人职责的机构同意，董事会成员可以兼任经理。

【原法条文】

第六十八条　国有独资公司设经理，由董事会聘任或者解聘。经理依照本法第四十九条规定行使职权。

经国有资产监督管理机构同意，董事会成员可以兼任经理。

【条文主旨】

本条是关于国有独资公司经理制度的规定。

【重点解读】

本条以原《公司法》第六十八条为基础修改而成。

一、国有独资公司的经理制度

公司经理是负责并控制公司及其分支机构各生产部门或其他业务单位的高级管理人员，不仅对公司事务进行具体管理而且可代表公司从事交易活动。依照本条第一款规定，国有独资公司的经理是必设机构，由董事会聘任或者解聘。经理必须服从董事会的所有决议和指示，并在公司生产经营活动中加以贯彻和执行，即经理对董事会负责。

在经理职权方面：原《公司法》指引适用第四十九条对有限责任公司行使职权的规定，即采用职权事项清单式列举性表述方式；新《公司法》没有直接指引规定，根据新《公司法》第一百六十八条规定，间接指引适用新《公司法》第七十四条规定，即规定经理对董事会负责，根据公司章程的规定或者董事会的授权行使职权，经理列席董事会。

二、关于董事会成员兼任经理

依照本条第二款规定董事会成员经履行出资人职责的机构同意可以兼任经理。依据《企业国有资产法》第二十五条规定，未经履行出资人职责的机构同意，国有独资公司的董事长不得兼任经理。一般情况下，董事与经理不可互相兼任，主要是为保证公司高级管理人员各司其职，也为了避免因各管理人员之间职责不分，破坏公司稳固和生产经营的发展。但国有独资公司有所不同，因公司董事会成员由履行出资人职责的机构委派，代表国家行使出资人的职权，所以，出于国有资产保值增值的需要，征得履行出资人职责的机构的同意，国有独资公司董事会成员可以兼任经理。

第一百七十五条　国有独资公司的董事、高级管理人员，未经履行出资人职责的机构同意，不得在其他有限责任公司、股份有限公司或者其他经济组织兼职。

【原法条文】

第六十九条　国有独资公司的董事长、副董事长、董事、高级管理人员，未经国有资产监督管理机构同意，不得在其他有限责任公司、股份有限公司或者其他经济组织兼职。

【条文主旨】

本条是关于国有独资公司董事会成员和高级管理人员的兼职禁止制度的规定。

【重点解读】

新《公司法》跟原《公司法》相比，在文字上删除了董事长、副董事长，规定未经同意不得兼职人员为董事、高级管理人员，此处"董事"包括"董事长、副董事长"等所有董事会成员，因此，与原《公司法》相比，实质内容无变化。

对国有独资公司的负责人实行兼职禁止的专任制度，是为了防止因公司负责人兼职而疏于对公司的管理，并避免因此可能给国有资产造成的损害。国有独资公司的董事（包括董事长、副董事长）、高级管理人员，既有为公司投资人尽忠实服务的义务，又有为国有资产保值增值尽勤勉注意的义务，必须专人专职，忠于职守，除经过履行出资人职责的机构的同意，不得在其他公司或经济组织兼职。

国有独资公司董事、高级管理人员兼职禁止的专任制度与一般有限公司董事、经理的竞业禁止义务不同。法律并不限制一般公司的董事、高级管理人员在其他公司兼任职务，但负有竞业禁止义务，即董事、监事、高级管理人员不得自营或者为他人经营与其所任职公司同类的业务或者从事损害本公司利益的活动。而对国有独资公司董事、高级管理人员的兼职禁止规定，则无论兼职是否存在竞业禁止的事由，也不问兼职是否损害本公司利益，原则上对兼职予以禁止，除非经履行出资人职责的机构同意。

因此，对于国有独资公司董事、高级管理人员的兼职禁止较一般公司董事、高级管理人员竞业禁止的规定更为严格、广泛。本条规定国有独资公司董事、高级管理人员不得在其他有限责任公司、股份有限公司或者其他经济组织兼职，譬如，在合伙企业、个人独资企业这些经济组织中兼职，这意味着其不得担任任何职务，包括董事、监事、经理、财务人员等。但是，上述人员只限于不得在其他经济组织兼职，而不包括其他非营利性的组织，如各种学会等。

【实务问题】

兼职并非绝对禁止。按照本条的规定，国有独资公司的董事、高级管理人员也可以兼职，但要经过履行出资人职责的机构的同意。

实践中，国有独资公司需要设立子公司的，或者与其他经营主体共同设立公司或其他组织的，需要派出董事或高级管理人员参与经营管理，此时，发生董事或高级管理人员兼职的情况，变得十分正常。

第一百七十六条　国有独资公司在董事会中设置由董事组成的审计委员会行使本法规定的监事会职权的，不设监事会或者监事。

【原法条文】

第七十条　国有独资公司监事会成员不得少于五人，其中职工代表的比例不得低于三分之一，具体比例由公司章程规定。

监事会成员由国有资产监督管理机构委派；但是，监事会成员中的职工代表由公司职工代表大会选举产生。监事会主席由国有资产监督管理机构从监事会成员中指定。

监事会行使本法第五十三条第（一）项至第（三）项规定的职权和国务院规定的其他职权。

【条文主旨】

本条是关于国有独资公司设置审计委员会的规定。

【重点解读】

原《公司法》规定国有独资公司必须设置监事会，而且监事会成员不得少于五人；本条规定，国有独资公司在董事会中设置审计委员会行使本法规定的监事会职权的，不设监事会或者监事。

新《公司法》关于监事会职权的相关规定在第七十八条。

不设监事会，由董事会承担内部监督功能的公司模式称为单层制公司模式。

我国《公司法》自 1993 年以来奉行股东会、董事会、监事会"三会"的双层制公司模式，2018 年 3 月，中共中央印发《深化党和国家机构改革方案》，提出整合监督力量，减少职责交叉分散，避免重复检查和监督盲区，增强监督效能，不再设立国有重点大型企业监事会。新《公司法》本条是对党中央深化国有企业监事会改革要求的贯彻落实。

第一百七十七条　国家出资公司应当依法建立健全内部监督管理和风险控制制度，加强内部合规管理。

【条文主旨】

本条是关于国家出资公司应当建立健全内部合规制度的规定。

【重点解读】

本条是新增条文。

近年来，大风控建设一直受到监管部门和企业的重视，2019年国务院国资委印发的《关于加强中央企业内部控制体系建设与监督工作的实施意见》（以下简称《内控意见》）是大风控领域的重磅文件，首次将内控定位为央企实现高质量发展、强基固本、防范重大风险、培养世界一流企业的制度保障。《内控意见》以"强内控、防风险、促合规"为目标，要求建立健全以风险管理为导向、合规管理监督为重点，严格、规范、全面、有效的内控体系，形成全面、全员、全过程、全体系的风险防控机制。

2020年5月国务院印发了《关于加强重大经营风险事件报告工作有关事项的通知》，从报告机制、范围、程序和要求等方面进行了初步规范。2022年1月28日发布《中央企业重大经营风险事件报告工作规则》（以下简称《规则》），《规则》的制定是落实《内控意见》的重要支撑性举措，属于需要及时多次向国资委报告的重大经营风险事件方面的内控规定。

本条紧扣《内控意见》"强内控、防风险、促合规"的目标，推而广之，在《公司法》层面对国家出资公司作出规定。

一、国家出资公司应当依法建立健全内部监督管理制度

《公司法》规定，国家出资公司的内部监督机构既可以选择监事会，也可以选择由董事组成的审计委员会，还吸取了英美法系的外部董事制度，规定国有独资公司中，外部董事应当过半数。明确规定监事会享有检查公司财务、监督董事、高管、向股东会提案等一系列监督职权。外部董事"过半数"是董事会内部制衡的实质要件，内部"分立"是董事会内部制衡的形式要件。这在一定程度上打破了国有企业存在的内部人控制，实现董事会的决策制衡，有效减少决策失误的发生。

二、国家出资公司应当依法建立健全内部风险控制制度

国家出资公司应当依法建立全面风险管理，是指公司围绕总体经营目标，通过在公司管理的各个环节和经营过程中执行风险管理的基本流程，培育良好的风险管理文化，建立健全全面风险管理体系，包括风险管理策略、风险管理措施。

三、国家出资公司应当依法加强内部合规管理

根据 2022 年 8 月《中央企业合规管理办法》，合规是指企业经营管理行为和员工履职行为符合国家法律法规、监管规定、行业准则和国际条约、规则，以及公司章程、相关规章制度等要求。合规管理，是指企业以有效防控合规风险为目的，以提升依法合规经营管理水平为导向，以企业经营管理行为和员工履职行为为对象，开展的包括建立合规制度、完善运行机制、培育合规文化、强化监督问责等有组织、有计划的管理活动。《中央企业合规管理办法》从合规管理应当遵循的原则、合规管理的组织和职责、合规管理的制度建设、合规管理的运行机制、合规文化、合规信息化建设、监督和问责等对合规管理进行了全面规定，可作为国家出资公司加强内部合规管理的重要依据。

第八章

公司董事、监事、高级管理人员的资格和义务

第一百七十八条　有下列情形之一的，不得担任公司的董事、监事、高级管理人员：

（一）无民事行为能力或者限制民事行为能力；

（二）因贪污、贿赂、侵占财产、挪用财产或者破坏社会主义市场经济秩序，被判处刑罚，或者因犯罪被剥夺政治权利，执行期满未逾五年，被宣告缓刑的，自缓刑考验期满之日起未逾二年；

（三）担任破产清算的公司、企业的董事或者厂长、经理，对该公司、企业的破产负有个人责任的，自该公司、企业破产清算完结之日起未逾三年；

（四）担任因违法被吊销营业执照、责令关闭的公司、企业的法定代表人，并负有个人责任的，自该公司、企业被吊销营业执照、责令关闭之日起未逾三年；

（五）个人因所负数额较大债务到期未清偿被人民法院列为失信被执行人。

违反前款规定选举、委派董事、监事或者聘任高级管理人员的，该选举、委派或者聘任无效。

董事、监事、高级管理人员在任职期间出现本条第一款所列

情形的，公司应当解除其职务。

【原法条文】

第一百四十六条　有下列情形之一的，不得担任公司的董事、监事、高级管理人员：

（一）无民事行为能力或者限制民事行为能力；

（二）因贪污、贿赂、侵占财产、挪用财产或者破坏社会主义市场经济秩序，被判处刑罚，执行期满未逾五年，或者因犯罪被剥夺政治权利，执行期满未逾五年；

（三）担任破产清算的公司、企业的董事或者厂长、经理，对该公司、企业的破产负有个人责任的，自该公司、企业破产清算完结之日起未逾三年；

（四）担任因违法被吊销营业执照、责令关闭的公司、企业的法定代表人，并负有个人责任的，自该公司、企业被吊销营业执照之日起未逾三年；

（五）个人所负数额较大的债务到期未清偿。

公司违反前款规定选举、委派董事、监事或者聘任高级管理人员的，该选举、委派或者聘任无效。

董事、监事、高级管理人员在任职期间出现本条第一款所列情形的，公司应当解除其职务。

【条文主旨】

本条是关于公司董事、监事、高级管理人员任职资格的限制性规定。

【重点解读】

本条与原《公司法》相比，有三处修改：

1. 第一款第（二）项增加了关于被宣告缓刑的规定。缓刑指对被判处一定刑罚的罪犯，在一定期限内附条件地不执行所判刑罚的制度，是对刑罚的暂缓执行，其执行形式为对触犯刑律，经法定程序确认已构成犯罪、应受刑罚处罚的行为人，先行宣告定罪，暂不执行所判处的刑罚。《刑法》第七十六条规定，对宣告缓刑的犯罪分子，在缓刑考验期限内，依法实行社区矫正，如果没有本法第七十七条规定的情形，缓刑考验期满，原判的刑罚就不再执行，并公开予以宣告。《刑法》第七十七条规定，被宣告缓刑的犯罪分子，在缓刑考验期限内犯新罪或者发现判决宣告以前还有其他罪没有判决的，应当撤销缓刑，对新犯的罪或者新发现的罪作出判决，把前罪和后罪所判处的刑罚，依照《刑法》第六十九条的规定，决定执行的刑罚。缓刑不是一种刑罚，而是一种刑罚的执行方式。此处将三审稿的"被判处缓刑的"依据《刑法》更改为"被宣告缓刑的"更准确。

一审稿曾规定"被判处缓刑的，自缓刑考验期开始之日起未逾五年"不得担任公司的董事、监事、高级管理人员，这一规定不尽合理。首先，起算时间不合理。根据法律规定的缓刑考验期有两种：（1）被判拘役的缓刑考验期：为原判刑期以上、一年以下，但是不得少于两个月。（2）被判三年以下有期徒刑的缓刑考验期：为原判刑期以上、五年以下，但是不能少于一年。由于缓刑是有条件地不执行原判刑期，所以判决之前先行羁押的日期不能折抵缓期考验期，缓刑考验期间的时间起算从判决生效之日起计算。我们假设，一人被判拘役，宣告缓刑，考验期两个月；一人被判三年有期徒刑，宣告缓刑，考验期为五年。根据一审稿，自缓刑考验期开始之日起未逾五年，犯罪情节轻的两个月考验期满还要再等四年十个月才有资格担任公司董事、监事、高级管理人员，而犯罪情节较重的五年考验期满，自缓刑考验期开始之日起已满五年，反倒可直接担任公司董事、监事、高级管理人员，明显不合理。新《公司法》改为"自缓刑考验期满之日起"更合理。

2. 第一款第（四）项增加"责令关闭"，条文更合理完善。

3. 第一款第（五）项增加了被人民法院列为失信被执行人的限定。根据新《公司法》，如果个人虽负数额较大的债务到期未清偿，只要没有被人民法院列为失信被执行人，就可以担任公司的董事、监事、高级管理人员。

第一百七十九条　董事、监事、高级管理人员应当遵守法律、行政法规和公司章程。

【原法条文】

第一百四十七条第一款　董事、监事、高级管理人员应当遵守法律、行政法规和公司章程，对公司负有忠实义务和勤勉义务。

【条文主旨】

本条是关于公司董事、监事、高级管理人员最基本义务的规定。

【重点解读】

本条来自原《公司法》第一百四十七条第一款的前半句，是本章董事、监事、高级管理人员义务的挈领性规定。

董事、监事、高级管理人员为公司服务，遵守法律、行政法规和公司章程是前提条件。董事、监事、高级管理人员违反法律、行政法规，或者不遵守公司章程，给公司、股东利益造成损害的，必然不符合《公司法》的要求，要承担相应的责任。

第一百八十条　董事、监事、高级管理人员对公司负有忠实义务，应当采取措施避免自身利益与公司利益冲突，不得利用职权牟取不正当利益。

董事、监事、高级管理人员对公司负有勤勉义务，执行职务应当为公司的最大利益尽到管理者通常应有的合理注意。

公司的控股股东、实际控制人不担任公司董事但实际执行公

司事务的，适用前两款的规定。

【原法条文】

第一百四十七条第一款　董事、监事、高级管理人员应当遵守法律、行政法规和公司章程，对公司负有忠实义务和勤勉义务。

【条文主旨】

本条是关于公司董事、监事、高级管理人员忠实义务和勤勉义务的规定。

【重点解读】

本条第一款和第二款来自原《公司法》第一百四十七条第一款的后半句，单列一条并分为两款，表明对公司董事、监事、高级管理人员忠实和勤勉义务的重视。本条第三款是新增条款。

公司的董事、监事和高级管理人员由公司选举、委派或者聘任产生，基于公司、股东的信任取得经营管理公司的权力，应当依法正当行使权利，为公司利益最大化服务。忠实义务要求公司董事等不得将自身的利益置于公司、股东利益之上，不得进行损害公司、股东利益的行为；勤勉义务要求公司的董事、监事、高级管理人员应当以善良的管理人的注意来管理公司，避免公司、股东的利益受到不必要损害。

本条从我国公司治理的实际出发，明确公司的董事、监事、高级管理人员对公司负有忠实义务和勤勉义务，并增加对忠实义务和勤勉义务的明确具体要求：公司董事、监事、高级管理人员对公司履行忠实义务，应当采取措施避免自身利益与公司利益冲突，不得利用职权谋取不正当利益；公司董事、监事、高级管理人员对公司履行勤勉义务，应当在执行职务时为公司的最大利益尽到管理者通常应有的合理注意。

本条第三款是"事实董事规则"，是新增内容。事实董事是指未被有效任命，却以董事身份行事的人。英国 2006 年的《公司法》第二百五十条规定："在公司法规定中，董事包括处在董事位置上的任何人，不管其称呼。"❶ 公司控股股东、实际控制人未名义上兼任董事，但实际执行公司事务的，应当按照事实董事规则，适用对董事要求。事实董事规则落脚于董事的忠实、勤勉义务，对于不当干涉公司经营的股东不仅苛以不得滥权的消极义务，更苛以勤勉谨慎的积极义务，在规制行为面上更加周延。

第一百八十一条　董事、监事、高级管理人员不得有下列行为：

（一）侵占公司财产、挪用公司资金；

（二）将公司资金以其个人名义或者以其他个人名义开立账户存储；

（三）利用职权贿赂或者收受其他非法收入；

（四）接受他人与公司交易的佣金归为己有；

（五）擅自披露公司秘密；

（六）违反对公司忠实义务的其他行为。

【原法条文】

第一百四十七条第二款　董事、监事、高级管理人员不得利用职权收受贿赂或者其他非法收入，不得侵占公司的财产。

第一百四十八条　董事、高级管理人员不得有下列行为：

（一）挪用公司资金；

（二）将公司资金以其个人名义或者以其他个人名义开立账户存储；

（三）违反公司章程的规定，未经股东会、股东大会或者董事会同意，将公司资金借贷给他人或者以公司财产为他人提供担保；

（四）违反公司章程的规定或者未经股东会、股东大会同意，与本

---

❶ 葛伟军：《英国 2006 公司法（第三版）》，法律出版社 2021 年版，第 54 页。

公司订立合同或者进行交易；

（五）未经股东会或者股东大会同意，利用职务便利为自己或者他人谋取属于公司的商业机会，自营或者为他人经营与所任职公司同类的业务；

（六）接受他人与公司交易佣金归为己有；

（七）擅自披露公司秘密；

（八）违反对公司忠实义务的其他行为。

董事、高级管理人员违反前款规定所得的收入应当归公司所有。

【条文主旨】

本条是关于禁止公司董事、监事、高级管理人员违反对公司忠实义务的具体规定。

【重点解读】

本条涵盖了原《公司法》第一百四十七条第二款和第一百四十八条第一款第（一）（二）（六）（七）（八）项的内容。原《公司法》第一百四十七条第二款全部移入本条，其中"不得侵占公司的财产"合入本条第（一）项，"不得利用职权收受贿赂或者其他非法收入"放在本条第（三）项。原《公司法》第一百四十八条第一款第（三）项被直接删除，第一款第（四）项内容完善后在新《公司法》中单列为第一百八十二条，第一款第（五）项内容完善后在新《公司法》中分列为第一百八十三条和第一百八十四条，第二款在新《公司法》中单列为第一百八十六条。

本条内容的实质变化在于，原《公司法》第一百四十八条仅对公司董事、高级管理人员作出规定，本条扩展了适用主体，增加了对监事的要求。

法律明确禁止董事、监事、高级管理人员从事的行为主要包括：

1. 侵占公司财产、挪用公司资金。董事、监事、高级管理人员利用管理公司的便利条件，侵占公司财产、将公司所有的资金挪作他用，为自己或者关系人谋取私利，直接或者间接对公司、股东的利益造成损害，严重违反忠实义务，应予禁止。

2. 将公司资金以其个人名义或者以其他个人名义开立账户存储。将公司资金以个人名义存储，使公司失去对资金的监管，容易导致资金流失，损害公司、股东利益等，应予禁止。

3. 利用职权贿赂或者收受其他非法收入。董事、监事、高级管理人员利用公司赋予的职权，贿赂或者收受其他非法收入，为自己谋取非法利益，严重违反忠实义务。应予禁止。

4. 接受他人与公司交易的佣金归为己有。上述行为将导致公司资金流失，损害公司、股东利益等，应予禁止。

5. 擅自披露公司秘密。董事、监事、高级管理人员是公司的主要管理人员，了解掌握公司商业秘密。其擅自披露公司商业秘密，影响公司的正常经营，甚至对公司利益造成较大损害，违反忠实义务，应予禁止。

6. 违反对公司忠实义务的其他行为。这是兜底性条款，为了方便对在实践中出现的其他情况予以规范。

第一百八十二条 董事、监事、高级管理人员，直接或者间接与本公司订立合同或者进行交易，应当就与订立合同或者进行交易有关的事项向董事会或者股东会报告，并按照公司章程的规定经董事会或者股东会决议通过。

董事、监事、高级管理人员的近亲属，董事、监事、高级管理人员或者其近亲属直接或者间接控制的企业，以及与董事、监事、高级管理人员有其他关联关系的关联人，与公司订立合同或者进行交易，适用前款规定。

【原法条文】

第一百四十八条 董事、高级管理人员不得有下列行为：

（四）违反公司章程的规定或者未经股东会、股东大会同意，与本公司订立合同或者进行交易；

【条文主旨】

本条是关于关联交易规则的规定。

【重点解读】

本条源自原《公司法》第一百四十八条第一款第（四）项，本条第一款在原《公司法》的基础上进行了修改：（1）增加"监事"为关联交易程序的适用主体；（2）增加了董事、监事、高级管理人员关联交易的信息披露义务即报告义务；（3）允许公司章程规定董事会或者股东会作为关联交易的批准机关。本条第二款则借鉴了上市公司董监高关联交易规则，对关联方进行了一定程度的深化列举，包括：一是董事、监事、高级管理人员的近亲属；二是董事、监事、高级管理人员或董事、监事、高级管理人员的近亲属直接或间接控制的企业；三是以其他与董事、监事、高级管理人员有关联关系的关联人作为兜底。规定关联交易适用自我交易规则。

关联交易作为公司管理者与公司间利益冲突的典型形式，在各国公司运作中广泛存在。虽然关联交易存在着董事、监事、高级管理人员采取不公平或不正当的方式与公司进行交易侵害公司利益的潜在风险，但关联交易同样具有节约交易成本等重要作用，所产生的结果并非完全是负面、消极的。它犹如一把"双刃剑"，既对提升公司价值有积极影响，也可能成为利益输送的"隧道"和掏空公司的工具，侵害公司和中小股东利益。我国《公司法》历来都是以相对禁止的态度对关联交易予以规制，但在关联交易的具体规则上却一直处于阙如状态。本次《公司法》修订，规定了关联交易具体规则，包括关联交易的信息披露、事前程序审查和事后司法救济等问题。

根据本条规定，关联交易的适用主体为公司的董事、监事、高级管理人员。关联交易的规则为：（1）信息披露，即董事、监事、高级管理人员应当将相关交易的事项向公司董事会或者股东会报告；（2）按照公司章程的规定经股东会或者董事会决议通过。根据本法第一百八十五条规定，董事会会议对关联交易事项进行表决时，关联董事不得参与表决，其表决权不计入表决权总数。出席董事会的无关联关系董事人数不足三人的，应将该事项提交股东会审议。根据本法第一百八十六条的规定，董事、监事、高级管理人员违反交易规则进行关联交易的，所得收入应当归公司所有。

第一百八十三条　董事、监事、高级管理人员，不得利用职务便利为自己或者他人谋取属于公司的商业机会。但是，有下列情形之一的除外：

（一）向董事会或者股东会报告，并按照公司章程的规定经董事会或者股东会决议通过；

（二）根据法律、行政法规或者公司章程的规定，公司不能利用该商业机会。

【原法条文】

第一百四十八条　董事、高级管理人员不得有下列行为：

（五）未经股东会或者股东大会同意，利用职务便利为自己或者他人谋取属于公司的商业机会，自营或者为他人经营与所任职公司同类的业务；

【条文主旨】

本条是关于禁止谋取公司商业机会规则及除外的规定。

【重点解读】

本条源自原《公司法》第一百四十八条第一款第（五）项。相比原《公司法》，本条有以下变化：

　　其一，扩大禁止谋取公司商业机会的适用主体，将负有不得篡夺公司商业机会的主体范围延伸至监事。其二，对董事、监事、高级管理人员不得利用公司商业机会的除外事由进行扩展，"根据法律、行政法规或者公司章程的规定，公司不能利用该商业机会"为除外事由。其三，将公司机会合理利用的审批机关由股东会扩大到董事会或股东会，增加了公司决策的灵活性，切合股东会召集困难的现实。

　　禁止谋取公司商业机会是原《公司法》忠实义务项下的内容，但是比一般违反忠实义务认定条件要更为严格，其主要禁止损害公司的期待利益，利用公司商业机会以自肥的行为。禁止谋取公司商业机会适用的逻辑顺序是先判定特定的商业机会是否属于公司商业机会，再判断利用者的利用行为是否构成对公司商业机会的侵犯。首先，对特定的商业机会是否属于公司商业机会，应当从该特定的商业机会的来源与机会是否和公司的营业活动具有密切的关联性两个方面进行判断，如果一项机会是因具有特定"职务身份"的人而获得的，或者利用公司的核心资源而获得的，那么该项机会属于公司商业机会；除此之外，如果商业机会与公司的营业活动具有密切的相关性，那么该机会也属于公司商业机会。

　　根据本条规定，对利用公司商业机会合法有效的抗辩有两种情形：其一，信息披露并经批准，即董事、监事、高级管理人员具有披露义务，要真实有效、充分地向公司进行汇报，公司需要在完全知情的情况下按照公司章程的规定由股东会或者董事会作出决议。其二，根据法律、行政法规定或者公司章程的规定，公司不能利用该商业机会。除以上两种情形外，董监高"善意"与公司财力不足都不能构成有效抗辩。

　　根据本法第一百八十五条规定，董事会会议对利用公司商业机会事项进行表决时，关联董事不得参与表决，其表决权不计入表决权总数。出席董事会的无关联关系董事人数不足三人的，应将该事项提交股东会审议。根据本法第一百八十六条的规定，董事、监事、高级管理人员违反本条规定利用公司商业机会的，所得收入应当归公司所有。

第一百八十四条　董事、监事、高级管理人员未向董事会或者股东会报告，并按照公司章程的规定经董事会或者股东会决议通过，不得自营或者为他人经营与其任职公司同类业务。

【原法条文】

第一百四十八条　董事、高级管理人员不得有下列行为：

（五）未经股东会或者股东大会同意，利用职务便利为自己或者他人谋取属于公司的商业机会，自营或者为他人经营与所任职公司同类的业务；

【条文主旨】

本条是关于竞业禁止的规定。

【重点解读】

本条将原《公司法》第（五）项后半句规定"未经股东会或者股东大会同意……自营或者为他人经营与所任职公司同类的业务"，独立为本条，对竞业禁止义务进行了修改，首先增加了监事作为义务主体，其次是细化了竞业禁止的例外情形，不仅增加根据公司章程的规定董事会可作为批准认可机构以增加实践的灵活性，还将原来的"同意"细化为"报告加决议"。

董事、高级管理人员竞业禁止义务起源于英美法系中的信托制度，它的出现是为了防止董事、高级管理人员利用其在任职公司所获得的信息损害公司的利益。从我国第一次颁布《公司法》，到新《公司法》，我国的董事、高级管理人员竞业禁止义务经过了多次的修改完善，从绝对禁止到相对禁止，增加了监事作为义务主体，细化了义务主体的披露义务和决议要求。竞业禁止的具体化是完善该制度的重要一步，也将减少实践中的模糊地带，为司法实践提供更为明确标准。

根据本条规定，竞业禁止的适用主体为：公司的董事、监事、高级管理人员。竞业禁止的免责规则为：（1）信息披露，即应当将经营同类业务的事项向公司董事会或者股东会报告；（2）按照公司章程的规定经股东会或者董事会决议通过。

根据本法第一百八十五条规定，董事会会议对经营同类业务事项进行表决时，关联董事不得参与表决，其表决权不计入表决权总数。出席董事会的无关联关系董事人数不足三人的，应将该事项提交股东会审议。根据本法第一百八十六条的规定，董事、监事、高级管理人员违反本条规定经营同类业务的，所得收入应当归公司所有。

第一百八十五条　董事会对第一百八十二条至第一百八十四条规定的事项决议时，关联董事不得参与表决，其表决权不计入表决权总数。出席董事会会议的无关联关系董事人数不足三人的，应将该事项提交股东会审议。

【条文主旨】

本条是关于关联董事表决回避制度的规定。

【重点解读】

本条是新增条文。

关联董事的表决回避制度，是指公司的董事对董事会所要表决的议事事项存在某种特定的利害关系，则拥有利害关系的董事不得对该表决事项进行表决。在原《公司法》中，关联董事的表决回避制度主要以原《公司法》第一百二十四条体现。董事会议事规则和上市企业相关准则也对该制度进行了规定。但由于相关条文明确表明该制度仅约束上市公司，那么非上市公司当时就无法适用该制度。根据本条，关联董事表决权回避制度的适用在原《公司法》基础上拓展至非上市公司。

关联董事不得参与表决的事项为本法第一百八十二条至一百八十四条规定的事项，分别为：（1）关联交易。董监高直接或者间接与本公司订立合同或者进行交易，或者董监高的近亲属，董监高或者其近亲属直接或者间接控制的企业，以及与董监高有其他关联关系的关联人，与公司订立合同或者进行交易，就与订立合同或者进行交易有关的事项按照公司章程的规定经董事会决议时，关联董事不得参与表决。（2）利用公司机会。董监高谋取属于公司的商业机会，向董事会或者股东会报告，经董事会表决时，关联董事不得参与表决。（3）经营同类业务。董监高自营或者为他人经营与其任职公司同类的业务向董事会或者股东会报告，经董事会表决时，关联董事不得参与表决。

关联董事表决回避制度的设计初衷在于有效制约利害关系董事不当利用表决权实施损公肥私的行为，以保障公司利益和股东的合法权益。在立法层面已确立关联董事表决回避制度的背景下，与董事会决议所涉事项有利害关系的董事理应当全面履行忠实义务，主动披露自身与决议所涉及事项的利害关系，同时应尽量减少因自身回避而产生的对公司经营决策造成的不良影响，董事应当主动并及时地提出回避申请。瑕疵决议即关联董事未履行回避程序依然参加了董事会的决议或不应履行回避程序却未参加董事会决议，涉及该决议的效力问题。根据本法第二十六条规定，董事会会议表决方式违反法律、行政法规或者公司章程，决议可撤销。通常情况下，出于提升董事会运作效率和交易安全的需求，尽管关联董事列席董事会，但只要其表决权未能行使，还是应当认可最终的表决决议的效力。当然，若董事会决议本身存在违法或是显失公平等国家法律法规明确规定无效、可撤销或不成立的情形，则其自然无效、可撤销或不成立。

因关联董事回避致董事会人数不足三人时，应当将需表决事项提交股东会审议。

【实务问题】

关联董事的表决回避制度下，董事是否享有意见陈述权，实践中有疑义。笔者认为，在《公司法》没有禁止性规定的情况下，利害关系董事作为董事会的一员，其身份资格应当得到尊重，继续享有接收董事会会议召开通知的权利，以及出席董事会会议并在会上陈述意见、咨询、要求相关董事披露信息的权利。

第一百八十六条　董事、监事、高级管理人员违反本法第一百八十一条至第一百八十四条规定所得的收入应当归公司所有。

【原法条文】

第一百四十八条第二款　董事、高级管理人员违反前款规定所得的收入应当归公司所有。

【条文主旨】

本条是关于公司董事、监事、高级管理人员违禁收入归公司的规定。

【重点解读】

本条相比原《公司法》第一百四十八条第二款，扩大了违禁收入归公司的适用主体，即包括公司监事。同时，扩大了违禁收入归公司的适用范围，原《公司法》对"侵占公司财产""利用职权收受贿赂或者其他非法收入"的处理没有明确规定，根据新《公法》，董事、监事、高级管理人员的这两项违法所得也应当归公司所有。

为纠正和制裁董事、监事、高级管理人员从事违反对公司忠实义务的行为，防止董事、监事、高级管理人员因违法行为获取利益，对利益受到损害的公司提供救济，本条规定，董事、监事、高级管理人员违反本法第一百八十一条至第一百八十四条规定所得的收入应当归公司所有。具体情形有：（1）侵占公司财产、挪用公司资金；（2）将公司资金以其个人名义或者以其他个人名义开立账户存储；（3）利用职权贿赂或者收受其他非法收入；（4）接受他人与公司交易的佣金归为己有；（5）擅自披露公司秘密；（6）违法关联交易；（7）违法谋取属于公司的商业机会；（8）违反竞业禁止规定；（9）违反对公司忠实义务的其他行为。

第一百八十七条　股东会要求董事、监事、高级管理人员列席会议的，董事、监事、高级管理人员应当列席并接受股东的质询。

【原法条文】

第一百五十条第一款　股东会或者股东大会要求董事、监事、高级管理人员列席会议的，董事、监事、高级管理人员应当列席并接受股东的质询。

【条文主旨】

本条是关于公司董事、监事、高级管理人员接受股东质询的规定。

【重点解读】

本条删除了"或者股东大会"，内容无实质变化。

本法第五十九条对有限责任公司的股东会的职权作了规定，

包括选举和更换董事、监事，决定有关董事、监事的报酬事项，审议批准董事会的报告，审议批准监事会的报告，审议批准公司的利润分配方案和弥补亏损方案，对公司增加或者减少注册资本作出决议，对发行公司债券作出决议，对公司合并、分立、解散、清算或者变更公司形式作出决议，修改公司章程等。第一百一十二条规定，股份有限公司股东大会的职权，也适用上述规定。上述事项都属于公司的重大事项，为使股东充分了解有关情况，为股东作出决策提供支持，尊重和维护股东权益，本条规定，股东会或者股东大会要求董事、监事、高级管理人员列席会议的，董事、监事、高级管理人员应列席，回答询问。同时，《公司法》第四条规定，股东依法享有参与公司重大决策和选择管理者等权利。股东在股东会上对列席会议的董事、监事、高级管理人员提出质询，是股东行使权利、维护自身合法权益的需要。董事、监事、高级管理人员应当接受质询，认真答复股东。

第一百八十八条　董事、监事、高级管理人员执行职务违反法律、行政法规或者公司章程的规定，给公司造成损失的，应当承担赔偿责任。

【原法条文】

第一百四十九条　董事、监事、高级管理人员执行公司职务时违反法律、行政法规或者公司章程的规定，给公司造成损失的，应当承担赔偿责任。

【条文主旨】

本条是关于公司董事、监事、高级管理人员因执行职务给公司造成损失时应当承担赔偿责任的规定。

【重点解读】

本条将原《公司法》中的"执行公司职务"改为"执行职

务"，使文字更精练，而未改变条文的实质内容。

董事、监事、高级管理人员违反受托义务，因执行职务违法或违反公司章程，给公司造成损失的，应当承担对公司的赔偿责任。根据本条的规定，董事、监事、高级管理人员承担赔偿责任应当具备以下条件：一是执行职务，即该行为是职务行为；二是该行为违反法律、行政法规或者公司章程；三是行为后果给公司造成损失。

第一百八十九条 董事、高级管理人员有前条规定的情形的，有限责任公司的股东、股份有限公司连续一百八十日以上单独或者合计持有公司百分之一以上股份的股东，可以书面请求监事会向人民法院提起诉讼；监事有前条规定的情形的，前述股东可以书面请求董事会向人民法院提起诉讼。

监事会或者董事会收到前款规定的股东书面请求后拒绝提起诉讼，或者自收到请求之日起三十日内未提起诉讼，或者情况紧急、不立即提起诉讼将会使公司利益受到难以弥补的损害的，前款规定的股东有权为公司利益以自己的名义直接向人民法院提起诉讼。

他人侵犯公司合法权益，给公司造成损失的，本条第一款规定的股东可以依照前两款的规定向人民法院提起诉讼。

公司全资子公司的董事、监事、高级管理人员有前条规定情形，或者他人侵犯公司全资子公司合法权益造成损失的，有限责任公司的股东、股份有限公司连续一百八十日以上单独或者合计持有公司百分之一以上股份的股东，可以依照前三款规定书面请求全资子公司的监事会、董事会向人民法院提起诉讼或者以自己的名义直接向人民法院提起诉讼。

【原法条文】

第一百五十一条 董事、高级管理人员有本法第一百四十九条规定的情形的，有限责任公司的股东、股份有限公司连续一百八十日以上单独或者合计持有公司百分之一以上股份的股东，可以书面请求监事会或者不设监事会的有限责任公司的监事向人民法院提起诉讼；监事有本法第一百四十九条规定的情形的，前述股东可以书面请求董事会或者不设董事会的有限责任公司的执行董事向人民法院提起诉讼。

监事会、不设监事会的有限责任公司的监事，或者董事会、执行董事收到前款规定的股东书面请求后拒绝提起诉讼，或者自到请求之日起三十日内未提起诉讼，或者情况紧急、不立即提起诉讼将会使公司利益受到难以弥补的损害的，前款规定的股东有权为了公司的利益以自己的名义直接向人民法院提起诉讼。

他人侵犯公司合法权益，给公司造成损失的，本条第一款规定的股东可以依照前两款的规定向人民法院提起诉讼。

【条文主旨】

本条是关于股东代表诉讼的规定。

【重点解读】

本条在原《公司法》的基础上，新增第四款双重股东代表诉讼制度，规定公司全资子公司的董事、监事、高级管理人员违法违规给公司造成损失或者他人侵犯全资子公司合法权益造成损失的，适用股东代表诉讼的规定，进一步完善股东代表诉讼制度。

股东代表诉讼，是指对于损害公司利益的行为，当公司怠于通过诉讼主张权利时，由符合条件的股东请求监事会、董事会或者以自己的名义提起诉讼，维护公司的利益。在实践中，大股东操纵董事、高级管理人员损害公司利益以及公司中小股东利益的情况时有发生，迫切需要强化对公司利益以及公司中小股东利益的保护机制。赋予股东提起代表诉讼的权利，具有重要的实际意义。

按照本条的规定，股东提起代表诉讼，应当符合下列条件：

1. 提起代表诉讼的股东资格。为防止出现个别股东随意使用此项诉讼权利，造成董事、监事、高级管理人员疲于应付诉讼，影响公司的正常经营活动，本条规定连续一百八十日以上单独或者合计持有公司百分之一以上股份的股东，有资格提起代表诉讼。

2. 股东代表诉讼的前置条件。对于损害公司利益的行为，首先应由公司依法设立的组织机构处理，只有在其怠于维护公司利益时，才应由股东提起代表诉讼。第一，对于董事、高级管理人员侵犯公司利益的，股东应当先书面请求监事会向人民法院提起诉讼；监事会收到股东书面请求后拒绝提起诉讼时，或者自收到请求之日起三十日内未提起诉讼时，股东才可以提起代表诉讼。第二，对于监事侵犯公司利益的，股东应当先书面请求董事会向人民法院提起诉讼；董事会收到股东书面请求后拒绝提起诉讼时，或者自收到请求之日起三十日内未提起诉讼时，股东才可以提起代表诉讼。第三，对于情况紧急、不立即提起诉讼将会使公司利益受到难以弥补的损害的特殊情形，股东可以不经向董事会、监事会等书面请求程序，而以自己的名义直接起诉。

3. 诉讼事由。股东代表诉讼主要是针对董事、监事、高级管理人员违反对公司的忠实和勤勉义务，给公司造成损害的行为提起的诉讼。对于公司董事、监事、高级管理人员以外的其他人侵犯公司合法权益，给公司造成损害的，股东也可以代表公司向人民法院提起诉讼。

4. 对于公司全资子公司的董事、监事、高级管理人员及其以外的其他人员侵犯全资子公司利益的，股东可依照上述条件和程序提起双重股东代表诉讼。

【实务问题】

需要注意不设监事会或者监事的有限责任公司、股份有限公司，股东如何提起代表诉讼的问题。新《公司法》第一百八十九条构建的双重股东代表诉讼制度，需要遵守监事会或者董事会的前置程序。如果规模较小或者股东人数较少的有限责任公司不设监事会、也未设监事的，应当认为，该类公司原则上应当由股东监督，不必履行前置程序，股东可以直接提出代表诉讼；如果有限责任公司、股份有限公司审计委员会行使监事会职权、不设监事会或者监事的，倾向认为，基于代表诉讼的立法目的以及审计委员会即是董事会内部部门的考虑，股东可以不履行前置程序，直接提出代表诉讼。

第一百九十条　董事、高级管理人员违反法律、行政法规或者公司章程的规定，损害股东利益的，股东可以向人民法院提起诉讼。

【条文主旨】

本条是关于股东直接诉讼的规定。

【重点解读】

本条沿用了原《公司法》第一百五十二条规定，未修改。

股东直接诉讼是一种法律机制，本法第四条第二款规定，公司股东依法享有资产收益、参与重大决策和选择管理者等权利。允许股东基于其作为股份所有人的身份，为了自己的利益向实际侵害股东权益的个人提起民事诉讼。这种诉讼方式的目的在于保护股东的合法权益，当公司的董事、高级管理人员违反法律、行政法规或者章程的规定，损害公司股东利益时，股东可以直接向人民法院提起诉讼。在这类诉讼中，所得利益直接归于原告股东。

这种诉讼与一般的诉讼程序在基本法律原则上是相同的，它提供了更高效解决股东与董事、高级管理人员之间冲突的途径。根据本条的规定，第一，因上述行为利益受到损害的任何股东，都可以提起诉讼，没有对提起诉讼的股东资格条件、前置程序等作出限制。第二，股东提起诉讼的事由，是公司董事、高级管理人员违反法律、行政法规或者公司章程的规定，且损害了股东的利益。第三，股东依法向人民法院提起诉讼，适用《中华人民共和国民事诉讼法》的相关规定。

第一百九十一条 董事、高级管理人员执行职务，给他人造成损害的，公司应当承担赔偿责任；董事、高级管理人员存在故意或者重大过失的，也应当承担赔偿责任。

【条文主旨】

本条是关于董事、高级管理人员执行职务给他人造成损害责任承担的规定。

【重点解读】

本条是新增条文。

《公司法》根据追偿主体不同将董事责任分为三类：第一类为董事对公司的责任；第二类为董事对股东的责任；第三类为董事对第三人的责任。对于第三类责任，原《公司法》仅在第一百八十九条第三款中有所涉及，即作为清算组成员的董事在清算阶段因故意或者重大过失给债权人造成损失的需要承担赔偿责任，除此之外并未规定其他阶段或其他情况下董事对第三人的责任，这导致原《公司法》对第三人利益保护不足。

股东对公司以出资额为限负有限责任，而公司债权人的债权以公司财产为限得到偿还。《公司法》为了防止公司财产不当流失以及弥补损害而规定了保护债权人的一系列法规，董事对第三人的责任就是其制度之一。2006年《日本公司法》第四百二十九条规定了董事对第三人的责任。该条第一款规定："董事在执行职务中有恶意或重大过失的，该董事对第三人承担由此产生的损害赔偿责任。"❶

《公司法》一审稿第一百九十条回应了这一现实需求，填补了这一法律空白。一审稿公布后，学界对该条争议颇大，因此二审稿对该条作了较大变动，增加了董事执行职务造成他人损害时公司作

---

❶ 陈景善：《论董事对第三人责任的认定与适用中的问题点——以日本法规定为中心》，载《比较法研究》2013年第5期。

为首要责任主体的规定，同时将一审稿中要求董事"与公司承担连带责任"改为"也应当承担赔偿责任"。显然二审稿考虑到不同情况下董事过错程度不同，如果都一刀切地要求其承担连带责任有失公平。相较而言，二审稿规定更合理，而且修正了一审稿所造成的体系冲突问题。从本质上来说，董事对第三人责任制度与法人人格否认制度相似，都是例外情况下对公司法人制度的突破。原则上董事执行职务造成他人损失时直接由公司承担赔偿责任，只有在例外的情况下才可以穿透法人机关要求董事直接对外承担赔偿责任。❶

《公司法》修订以前，我国对董事对第三人责任制度虽有探索，但相关法条分布零散且缺乏系统规范条文。如《企业破产法》第一百二十五条规定了董事违反忠实勤勉义务导致公司破产时的赔偿责任；《公司法司法解释二》第十八至第二十条规定了清算阶段董事对债权人的责任；《公司法司法解释三》第十三、十四条规定了公司资本充实过程中董事对债权人的责任。此次《公司法》修订直接明确规定了董事、高级管理人员对第三人责任的一般条款，为第三人利益受损时得以直接向董事追责提供了法律依据。

第一百九十二条　公司的控股股东、实际控制人指示董事、高级管理人员从事损害公司或者股东利益的行为的，与该董事、高级管理人员承担连带责任。

【条文主旨】

本条是关于公司控股股东、实际控制人和董事、高级管理人员承担连带责任的规定。

---

❶ 王萍萍、徐强胜：《论董事对第三人责任——兼评〈公司法（修订草案）〉第一百九十条》，载《河南社会科学》2023年第7期。

【重点解读】

本条是新增条文。

英国《公司法》案例将董事分成三类：一类是法律上的董事，也就是被有效任命，担任董事职务的人；一类是事实董事，指未被有效任命，却以董事身份行事的人；还有一类就是影子董事，指向公司董事发出指示或指令的人，公司董事习惯性地按照这些指示或指令行事，但排除以其专业身份提供专业建议的会计师、律师和税务专家等。影子董事不限于自然人，法人也可以被视为影子董事。公司控股股东、实际控制人未名义上兼任董事者，可依照影子董事规则承担相应的董事责任。但是需要注意的是，英国立法中，并未将影子董事的责任承担局限在仅对"公司和股东利益"的范围之内，而是规定董事的任何责任，影子董事都同样承担。[1]

本条明确规定了"影子董事"的连带责任。即控股股东、实际控制人指示董事、高级管理人员损害公司利益时，与此损害行为有关联的控股股东、实际控制人以及该董事、高级管理人员承担连带责任。需要强调的是，正式董事（法律上的）不能躲在影子董事责任的背后。董事不能通过辩称其职责只是形式上的，而公司实际上由一名或者多名董事经营来逃避责任。换句话说，董事不能只是"挂名"，"挂名董事"也要承担董事责任。此次修法对"影子董事"的设计，有利于对控股股东、实际控制人进行监管，迫使他们更加公开及审慎地行使权力。

第一百九十三条　公司可以在董事任职期间为董事因执行公司职务承担的赔偿责任投保责任保险。

---

[1]　齐砺杰：《董事第三人责任条文的理解与适用辩难》，载《中国政法大学学报》2022 年第 5 期。

公司为董事投保责任保险或者续保后，董事会应当向股东会报告责任保险的投保金额、承保范围及保险费率等内容。

【条文主旨】

本条是关于公司董事责任保险的规定。

【重点解读】

本条为新增条款。

在《公司法》修订期间，董事责任的完善备受关注。二审稿提出，董事、高级管理人员执行职务，给他人造成损害的，公司应当承担赔偿责任；董事、高级管理人员存在故意或者重大过失的，也应当承担赔偿责任。有学者指出："现实中市场曾经历了独立董事的辞职潮，其中反映了我国独立董事制度在责任承担机制和勤勉尽责上的缺失，尤其在越来越多的公司出现股东冲突、董事会僵局等情形时，独立董事很容易被置于道德风险的处境，此时如何能从责任机制上规范引导独立董事的专业勤勉就显得格外重要。"《公司法》为了缓释董事责任的强化带来的董事候选人的紧张情绪，明确引进了针对所有类型公司的董事责任保险制度。通过公司为董事投保责任保险、续保，保险公司作为公司的外部力量在这一过程中对于董事会成员的责任匹配等市场化行为可以更好地敦促董事勤勉专业履职。

本条仅规定了董事责任保险（以下简称董责险），但在实务中从上市公司投保方案看，被保险人均涵盖了公司全部董监高人员，已推广至董监高责任保险，其是对董监高在履行公司管理职责过程中，因被指控工作疏忽或行为不当而被追究个人赔偿责任时，由保险公司代为偿付的保险。保障范围一般包括法律费用、和解金及判决赔偿金等。

董责险并非"一保无忧"，通常情况下，故意行为，包括财务造假、招股说明书虚假陈述、职务侵占或者违反竞业禁止等行为所引起的损害赔偿责任，都不包含在董责险内。董监高责任险也并不是让高管放心履职的"定心丸"，公司为公司董监高投保董责险后，仍要重视并做好内部合规与公司治理，对于投资者而言，也不要认为有保险公司"兜底"，从而放松对公司治理与经营情况的关注。

国务院办公厅 2023 年 4 月 14 日印发的《关于上市公司独立董事制度改革的意见》提出，鼓励上市公司为独立董事投保董事责任保险，降低独立董事正常履职的风险。

随着越来越多的上市公司加入到购买队伍，董责险这个曾经小众的险种逐渐被市场熟知。在政策引导和上市公司主体责任风险不断上升的背景下，A 股上市公司购买董责险或将成为上市公司进行公司治理和风险控制的"标配"。

第九章

公司债券

第一百九十四条　本法所称公司债券，是指公司发行的约定按期还本付息的有价证券。

公司债券可以公开发行，也可以非公开发行。

公司债券的发行和交易应当符合《中华人民共和国证券法》等法律、行政法规的规定。

【原法条文】

第一百五十三条　本法所称公司债券，是指公司依照法定程序发行、约定在一定期限还本付息的有价证券。

公司发行公司债券应当符合《中华人民共和国证券法》规定的发行条件。

【条文主旨】

本条是关于公司债券的规定。

【重点解读】

本条与原《公司法》第一百五十三条相比，有四处修改：

1. 删除原公司法第一百五十三条第一款中的"依照法定程序"，扩大了公司债券的范围，将实践中不依法发行但实际具有债券性质的非法债券纳入了新公司法的规范范围。

2. 对约定还本付息，将"在一定期限"改为"按期"。

3. 原《公司法》只规定公司发行公司债券应当符合《中华人民共和国证券法》（以下简称《证券法》）的规定，新《公司法》规定公司债券的发行和交易都应当符合《证券法》等法律、行政法规的规定。《证券法》最新修订遗漏了一个非常重要的"公司债券"市场，即央行负责监管的"银行间债券市场"，也遗漏了重要的公司债券品种——央行管理的"金融债券"和交易商协会管理的"债务融资工具"。因此，一个具有现实紧迫性的任务是弥补《证券法》修订的立法失误，将金融债券、非金融企业债务融资工具、企业债券、"非标债券"等符合"公司债券"的法律内涵纳入《公司法》的统辖范围，同时解决《公司法》与公司债券监管性法律的衔接问题。除《证券法》外，《中国人民银行法》、《中华人民共和国商业银行法》（以下简称《商业银行法》）、《企业债券管理条例》等法律、行政法规均涉及某类公司债券的监管制度。❶ 本处修订，使得《公司法》不再单一指向《证券法》，与《中国人民银行法》《商业银行法》《企业债券管理条例》等其他公司债券监管性法律进行衔接，解决了银行间债券面临的适用《公司法》的困境。

4. 明确规定债券可以公开发行也可以非公开发行。

根据本条规定，公司债券有以下特征：第一，依照法定程序发行和交易。对于公司债券的发行和交易，《公司法》、《证券法》及《企业债券管理条例》等法律、法规及国务院有关监管机构颁布的行政规章均有规定。第二，按期还本付息。公司在发行债券时，应当在公司债券募集办法中载明还本付息的期限，实物券公司债券上必须载明债券偿还期限。公司债券在发行认购后，代表着发债公司和投资者之间的一种债权债务关系。债券持有人是公司的债权人，

---

❶ 李曙光：《〈公司法〉修订中债券制度的改革与重构》，载《中国应用法学》2023年第1期。

但不是所有者，无权参与或干涉公司经营管理，但有权按期收回本息。但由于公司主要以本身的经营利润作为还本付息的保证，因此公司债券风险与公司本身的经营状况有着直接关系。当公司发行债券后，经营状况不好，连续出现亏损时，可能没能力支付投资者本息，此时投资者就面临着受损失的风险。证券市场上的风险与收益成正比，高风险伴随着高收益。相对来讲，公司债券由于具有较大风险，它们的利率通常也高于政府债券。第三，公司债券是一种有价证券。表明其具有流通性，有权依法自由转让。

第一百九十五条　公开发行公司债券，应当经国务院证券监督管理机构注册，公告公司债券募集办法。

公司债券募集办法应当载明下列主要事项：

（一）公司名称；

（二）债券募集资金的用途；

（三）债券总额和债券的票面金额；

（四）债券利率的确定方式；

（五）还本付息的期限和方式；

（六）债券担保情况；

（七）债券的发行价格、发行的起止日期；

（八）公司净资产额；

（九）已发行的尚未到期的公司债券总额；

（十）公司债券的承销机构。

【原法条文】

第一百五十四条　发行公司债券的申请经国务院授权的部门核准后，应当公告公司债券募集办法。

公司债券募集办法中应当载明下列主要事项：

（一）公司名称；

（二）债券募集资金的用途；

（三）债券总额和债券的票面金额；

（四）债券利率的确定方式；

（五）还本付息的期限和方式；

（六）债券担保情况；

（七）债券的发行价格、发行的起止日期；

（八）公司净资产额；

（九）已发行的尚未到期的公司债券总额；

（十）公司债券的承销机构。

【条文主旨】

本条是关于公开发行公司债券程序及公司债券募集办法的规定。

【重点解读】

本条与原《公司法》第一百五十四条相比，有两处修改：（1）公开发行公司债券由核准制变更为注册制。（2）原《公司法》规定公司发行公司债券的申请经"国务院授权的部门"核准，新《公司法》规定公司公开发行公司债券的申请经"国务院证券监督管理机构"注册。根据第十四届全国人大第一次会议通过的《国务院机构改革方案》，由中国证券监督管理委员会统一负责公司债券发行审核工作。

新《公司法》的规定与原《公司法》关于公司债券募集办法应载明的法定事项的规定完全相同，均为十项：（1）公司名称。（2）债券募集资金的用途。按照《证券法》规定，发行公司债券，其募集资金的投向应符合产业政策。（3）债券总额和债券的票面金额。（4）债券利率的确定方式。这是发行公司债券的重要条件之一，应当反映公司决议确定的利率方式。公司可以在有关部门限定的利率水平范围内自行确定本公司债券的利率。（5）还本付息的期限和方式。这是发行公司债券的重要条件之一。一般情况下有两种做法：

一是确定一个日期，一次性全部还本付息；二是确定一个债券发行后一定期限的闲置期，在闲置期过后随之支付本息或抽签支付本息。关于利息的支付方式，有两种做法：一是在每年的确定日期支付，通常采用息票的形式，债券持有人将附予债券上的息票剪下来兑换利息；二是在还本时一次性支付，即在债券最终偿还期届满时，连本带息一次付清。（6）债券担保情况。应当载明具体的担保人、担保方式等情况。担保应当符合《民法典》的有关规定。（7）债券的发行价格、发行的起止日期。这项规定是认购人认购公司债券的重要条件及确定认购时间的重要依据。（8）公司净资产额。（9）已发行的尚未到期的公司债券总额。这项规定是投资者作出价值判断和投资决策所必需的信息，对此必须真实准确完整地载明。（10）公司债券的承销机构。

第一百九十六条　公司以纸面形式发行公司债券的，应当在债券上载明公司名称、债券票面金额、利率、偿还期限等事项，并由法定代表人签名，公司盖章。

【原法条文】

第一百五十五条　公司以实物券方式发行公司债券的，必须在债券上载明公司名称、债券票面金额、利率、偿还期限等事项，并由法定代表人签名，公司盖章。

【条文主旨】

本条是关于以纸面形式发行公司债券应载明的事项的规定。

【重点解读】

本条与原《公司法》第一百五十五条相比，将"实物券方式"改为"纸面形式"，"实物券方式"也即书面凭证的形式，所以实质内容没有变化。

公司债券是公司向公司债券认购人出具的债务凭证。因此，公司发行债券应当依照《公司法》的规定，在债券中记载以下主要事项：（1）公司名称；（2）债券的票面金额和利率；（3）公司债券的偿还期限。除上述法条中列明的事项，债券中记载的事项还有：（1）公司债券的偿还方式；（2）债券的种类；（3）公司债券利息支付方法；（4）债券的编号和发行日期；（5）负有担保的债券，有关担保的事项；（6）可转换债券应在票面上载明可转换债券字样。上述各项记载于债券上，对公司债券发行人具有法律约束力。同时，票面上的所载法定事项内容，应当依据公司所作出的有关决议载明，并且应同公司债券募集办法、公司债券持有人名册上所记载事项的内容相一致。公司除应在所发行债券上记载法定事项外，还应当由公司法定代表人签名，并加盖公司的印章。

第一百九十七条　公司债券应当为记名债券。

【原法条文】

第一百五十六条　公司债券，可以为记名债券，也可以为无记名债券。

【条文主旨】

本条是关于公司发行债券必须为记名债券的规定。

【重点解读】

本条与原《公司法》第一百五十六条相比，删除了公司可以发行无记名债券的规定。

记名债券是指券面上记载有公司债券持有人姓名或者名称的债券。无记名债券是指无须在债券上记载持有人的姓名或名称，也无须在发行单位代理机构登记的债券。由于记名债券记载了债券持有人的姓名或者名称，所以，记名债券能够有效地保障债券持有人对债券的所有权。无记名债券虽然可随意转让，但是不利于债券持有人保障其债券的所有权。当无记名债券被盗、遗失或者灭失时，债券持有人不能请求人民法院依照公示催告程序予以补救。更为重要的是，无记名债券不符合我国反洗钱的有关要求，并且，根据我国债券发行的实际情况，对我国债券市场交易安全带来隐患，此外，删除可以发行无记名债券的规定，还在于保障新增设的债券持有人会议能够有效召开，保证会议顺利表决，确保决议效力的完整性。无记名债券对债券持有人会议的召开过程会产生较大的不确定性。

第一百九十八条　公司发行公司债券应当置备公司债券持有人名册。

发行公司债券的，应当在公司债券持有人名册上载明下列事项：

（一）债券持有人的姓名或者名称及住所；

（二）债券持有人取得债券的日期及债券的编号；

（三）债券总额，债券的票面金额、利率、还本付息的期限和方式；

（四）债券的发行日期。

【原法条文】

第一百五十七条　公司发行公司债券应当置备公司债券存根簿。

发行记名公司债券的，应当在公司债券存根簿上载明下列事项：

（一）债券持有人的姓名或者名称及住所；

（二）债券持有人取得债券的日期及债券的编号；

（三）债券总额，债券的票面金额、利率、还本付息的期限和方式；

（四）债券的发行日期。

发行无记名公司债券的，应当在公司债券存根簿上载明债券总额、利率、偿还期限和方式、发行日期及债券的编号。

【条文主旨】

本条是关于债券持有人名册的规定。

【重点解读】

本条与原《公司法》第一百五十七条相比，有两处修订：（1）删除了关于无记名债券的规定，因为根据新《公司法》上条规定，公司只能发行记名债券。（2）适应公司债券无纸化实践发展需要，将要求公司置备公司债券"存根簿"改为要求公司置备公司债券"持有人名册"。

公司债券存根簿是指依法记载持有人及债券有关事项的簿册，其为纸质版。为顺应时代发展需要，新《公司法》不再要求公司置备纸质的公司债券存根簿，而改为要求公司置备公司债券持有人名册，将它作为公司发行公司债券的原始凭证，其记载事项与原《公司法》中的公司债券存根簿完全相同，只是记载介质不再要求为纸质。《公司法》要求公司置备公司债券持有人名册的意义在于：一是确保公司发行公司债券行为的真实性和证据力，公司必须承诺按照约定履行偿债义务，这有利于保障广大债券持有人的合法权益；二是债券持有人转让债券时，具有变更债权人名义的职能；三是提供对债券持有人发出通知书或催告书的依据；四是在债券设定质权或者抵押权时，具有记载该债券法律状态的职能。

按照本条规定，公司发行债券时，应当在公司债券持有人名册上载明下列事项：债券持有人的姓名或者名称及住所；取得债券的日期及债券的编号；债券总额，债券的票面金额、利率、还本付息的期限和方式；债券的发行日期。公司应当清楚、明确地记载上述事项，不得含糊不清或者有遗漏。

第一百九十九条 公司债券的登记结算机构应当建立债券登记、存管、付息、兑付等相关制度。

【原法条文】

第一百五十八条　记名公司债券的登记结算机构应当建立债券登记、存管、付息、兑付等相关制度。

【条文主旨】

本条是关于公司债券的登记结算机构应当建立相关制度的规定。

【重点解读】

本条与原《公司法》第一百五十八条相比，删除了公司债券的限定"记名"两字，因为根据新《公司法》规定，公司只能发行记名债券，所以实质内容没有变化。

公司债券的登记结算机构，《证券法》及证券监督管理机构都有明确的规定。这里所讲的公司债券的登记结算机构即是证券登记结算机构。按照《证券法》的规定，设立证券登记结算机构必须经国务院证券监督管理机构批准。证券登记结算机构为证券交易提供集中的登记、存管与结算服务，是不以营利为目的的法人。公司债券的登记结算机构应当建立债券登记、托管、付息、兑付等相关的制度。

关于证券的登记、托管、付息、兑付等，《证券法》及国务院证券监督管理机构的相关要求十分明确，比如，《证券法》第一百五十一条规定，证券登记结算机构应当保证证券持有人名册和登记过户记录真实、准确、完整，不得隐匿、伪造、篡改或者毁损。公司债券的登记结算机构制定的相关制度要确保债券持有人名册和登记过户记录真实、准确、完整，不得隐匿、伪造、篡改或者毁损。债券登记结算机构制定相关制度规则时应遵守《证券法》及国务院证券监督管理机构的规定。

第二百条　公司债券可以转让，转让价格由转让人与受让人约定。

公司债券的转让应当符合法律、行政法规的规定。

【原法条文】

第一百五十九条　公司债券可以转让，转让价格由转让人与受让人约定。

公司债券在证券交易所上市交易的，按照证券交易所的交易规则转让。

【条文主旨】

本条是关于公司债券转让的规定。

【重点解读】

本条与原《公司法》相比，将"公司债券在证券交易所上市交易的，按照证券交易所的交易规则转让"修改为"公司债券的转让应当符合法律、行政法规的规定"，规范内容更全面。

作为一种有价证券，流通性是公司债券的一大特点，所以本法规定了公司债券可以转让。本法所讲的公司债券的"转让价格"即公司债券买卖的交易价格。债券发行时的价格一般按事先确定的债券票面金额确定，而发行后的债券再转让时，则要根据证券市场对该种债券的需求情况确定。例如，债券持有人委托证券经营机构卖出该债券时，通过竞价与希望购入债券的人成交，且按照各自报价形成转让的价格。又如，债券持有人将债券直接卖给从事自营业务的证券经营机构，以证券经营机构挂牌的买入价成交，以此形成转让价格；自营的证券经营机构还会挂牌以卖出价将债券售出，希望购入该债券的人，以卖出价与证券经营机构成交，以此形成再转让的价格。

除了《公司法》，当前我国不少法律、行政法规对公司债券有专门规定，比如《证券法》《企业破产法》《企业债券管理条例》等，这些关于公司债券转让的规定，对于公司债券都有约束力。

第二百零一条 公司债券由债券持有人以背书方式或者法律、行政法规规定的其他方式转让；转让后由公司将受让人的姓名或者名称及住所记载于公司债券持有人名册。

【原法条文】

第一百六十条 记名公司债券，由债券持有人以背书方式或者法律、行政法规规定的其他方式转让；转让后由公司将受让人的姓名或者名称及住所记载于公司债券存根簿。

无记名公司债券的转让，由债券持有人将该债券交付给受让人后即发生转让的效力。

【条文主旨】

本条是关于公司债券转让方式的规定。

【重点解读】

本条与原《公司法》第一百六十条相比，有两处删减：（1）删除了公司债券的限定"记名"两字，实质内容没有变化。（2）删除了关于无记名债券转让方式的规定，因为根据新《公司法》规定，公司只能发行记名债券。

债券的转让方式：（1）债券由债券持有人以背书方式转让。债券持有人以此种方式转让债券时，应当在债券上写明受让人的姓名或者名称。债券的转让，还需要由公司将受让人的姓名或者名称记载于公司债券持有人名册，以使公司债券持有人名册记载得真实准确。（2）债券以法律、行政法规规定的其他方式转让。按照《证券法》规定，公开发行的债券在证券交易所的交易采取挂牌集中竞价的方式进行交易。

《公司法》修订后，短期内先前发行的无记名债券可能还存在。无记名债券的转让，只要债券持有人将债券直接交付给受让人，该转让即发生法律效力，而无须再经过其他手续。

第二百零二条　股份有限公司经股东会决议，或者经公司章程、股东会授权由董事会决议，可以发行可转换为股票的公司债券，并规定具体的转换办法。上市公司发行可转换为股票的公司债券，应当经国务院证券监督管理机构注册。

发行可转换为股票的公司债券，应当在债券上标明可转换公司债券字样，并在公司债券持有人名册上载明可转换公司债券的数额。

【原法条文】

第一百六十一条　上市公司经股东大会决议可以发行可转换为股票的公司债券，并在公司债券募集办法中规定具体的转换办法。上市公司发行可转换为股票的公司债券，应当报国务院证券监督管理机构核准。

发行可转换为股票的公司债券，应当在债券上标明可转换公司债券字样，并在公司债券存根簿上载明可转换公司债券的数额。

【条文主旨】

本条是关于股份有限公司发行可转换公司债券的规定。

【重点解读】

本条与原《公司法》第一百六十一条相比，变化主要有：（1）将可以发行可转换公司债券的主体从上市公司修改为所有股份公司。（2）将发行可转换公司债券必须由股东会决议修改为可以由股东会决议，也可以由经公司章程或者股东会授权的董事会决议。（3）删除"在公司债券募集办法中"。（4）公司发行可转换为股票的公司债券，由核准制变更为注册制。（5）将"债券的根簿"修改为"债券持有人名册"。

可转换为股票的公司债券与普通的公司债券不同，债券持有人可以选择行使转换权，在一定期间内依据约定的条件将该债券转换为公司的股份；也可以选择不行使转换权，和普通债券一样，在约定的债券期限届满时要求公司还本付息。公司发行可转换为股票的债券一般有两个好处：一是对认购人有较大的吸引力，特别是股票市值比较高，经济效益比较好的股份有限公司，对投资者来说，从长远来看，能够将债券转换为股票，有取得更大收益的机会；二是对公司来说，也可以筹集到较多的资金长久留存在公司内，有利于维持公司的资本实力和资金需要。

对发行可转换债券的法定要求：（1）发行主体为股份有限公司。（2）必须具备法定条件。发行可转换公司债券，除要求具备发行一般公司债券必须具备的条件外，还要求同时具备发行股票的条件。这是因为，一旦债券期限届满，公司债券将转换为股票，公司的股份就增加了。作出这一规定，目的是与股份发行管理的制度相衔接。（3）经股东会决议或者经公司章程、股东会授权的董事会决议。股东会可以对发行可转换债券作出决议，公司章程或者股东会授权的董事会也可以对发行可转换债券作出决议，决议的内容应包括发行规模、债券利率、转股价格的确定及调整原则、转股期、还本付息的期限和方式、赎回条款及回售条款、向原股东配售的安排、募集资金的用途等事项。（4）应当经国务院证券监督管理机构注册。（5）应规定具体转换办法。一般来说，转换办法应当包含转换比率或转换价额、转换为何种股份和转换期限。（6）必须在债券上标明可转换债券字样。上市公司发行可转换债券时，应当在该债券的票面上标明可转换公司债券的字样。公司还应当在公司债券持有人名册上如实记载发行的可转换债券的数额。

第二百零三条　发行可转换为股票的公司债券的，公司应当按照其转换办法向债券持有人换发股票，但债券持有人对转换股票或者不转换股票有选择权。法律、行政法规另有规定的除外。

【原法条文】

第一百六十二条　发行可转换为股票的公司债券的，公司应当按照其转换办法向债券持有人换发股票，但债券持有人对转换股票或者不转换股票有选择权。

【条文主旨】

本条是关于债券持有人对可转换公司债券享有转换选择权的规定。

【重点解读】

本条与原《公司法》第一百六十二条相比，增加规定了"法律、行政法规另有规定的除外"的规定。

在股份有限公司发行了可转换公司债券的情况下，有义务按照公司债券募集办法中约定的转换方法，向债券持有人换发股票。可转换债券转换成股票的效力，由债券持有人依法提出请求时产生。

可转换债券持有人对是否转换为股票有选择权。可转换债券持有人在债券期限届满时，可以要求公司换发股票，也可以要求公司对该债券还本付息。可转换债券同普通债券一样，都具有债权债务凭证的性质，公司有义务向债券持有人支付本息。

根据原《公司法》，可转换债券持有人对是否将债券转换为股票有选择权，没有例外。因新《公司法》增加了类别股的规定，故本条规定可转换债券持有人在法律、行政法规没有其他规定的情况下对是否将债券转换为股票是有选择权的，但如果法律、行政法规另有规定，则需要依照法律、行政法规的规定确定。

第二百零四条　公开发行公司债券的，应当为同期债券持有人设立债券持有人会议，并在债券募集办法中对债券持有人会议的召集程序、会议规则和其他重要事项作出规定。债券持有人会议可以对与债券持有人有利害关系的事项作出决议。

除公司债券募集办法另有约定外，债券持有人会议决议对同

期全体债券持有人发生效力。

【条文主旨】

本条是关于债券持有人会议制度的规定。

【重点解读】

本条是新增条文,系在吸收《证券法》、交易所债券上市规则等规定的基础上,从公司法层面构建了债券持有人会议制度。

债权人保护规则是任何国家公司法的组成部分,但债权人"异质性"程度的差异会影响规则的内容和形式。1993 年《公司法》颁布时,公司金融债权人类型单一,主要是商业银行,故不区分债权人类型而一体适用的债权保护规则是当时最优的选择;但随着公司债市场的快速发展,债权融资证券化使公司债权人"异质化"程度大幅提高,产生的代理问题需要《公司法》提供更多的治理工具。

债券发行文件中通常会约定持有人会议机制,即持有人通过"多数决"机制形成统一意见,向发行人表达集体诉求、限制发行人的特定行为或者在违约事件发生时宣布债券加速到期。发行文件通常约定投资人在认购或购买债券时视作同意持有人会议机制的约定,且生效决议对全体持有人具有约束力,由此形成了持有人之间的契约关系。持有人会议的核心功能在于"少数服从多数"的集体决议机制。但在债券存续期间,特别是债券违约发生后,持有人之间的利益冲突问题会变得异常明显:每位持有人都有动机单独行使权利以追求全额偿付,而为了整体更优的结果,持有人决议很可能会限制单独行动的权利。在此种状况下,债券契约所设立的持有人会议机制很可能遭到异议持有人反对,甚至依据民法中格式条款的有关规定,主张持有人会议机制不构成债券契约的内容。如果《公司法》不给予此类契约条款强制执行的效果,那么持有人之间的法律关系将处于不稳定的状态,集体行动困难问题将

难以解决。❶

本次《公司法》修订增加本条规定，赋予公司债券持有人会议组织法上的地位和效力。根据本条第一款规定，公开发行公司债券的公司必须设立债券持有人会议是强制性要求，债券持有人会议的成员为同期债券持有人。公开发行债券的公司如发行多期债券，应当分别设立债券持有人会议。债券持有人会议的职能是对与债券持有人有利害关系的事项作出决议。债券持有人会议的召集程序、会议规则和其他重要事项应当在债券募集办法中作出规定。

本次《公司法》修订过程中，三审稿曾规定"债券持有人会议决议应当经出席债券持有人会议且有表决权的持有人所持表决权的过半数通过"，正式文本删除了这一规定，将会议规则的设定交给了公司债券募集办法。本条第二款规定了债券持有人会议的效力，即债券持有人会议决议对同期全体债券持有人具有约束力，但公司债券募集办法另有约定的除外。

第二百零五条　公开发行公司债券的，发行人应当为债券持有人聘请债券受托管理人，由其为债券持有人办理受领清偿、债权保全、与债券相关的诉讼以及参与债务人破产程序等事项。

【条文主旨】

本条是关于债券受托管理人的聘请和职责范围的规定。

【重点解读】

本条是新增条文，借鉴了《证券法》第九十二条第二款和第三款的规定。

债券持有人之间需要代理的问题表现为两个方面：一是由于债

---

❶ 李曙光、刘欣东：《〈公司法〉修订中债券制度的改革与重构》，载《中国应用法学》2023年第1期。

券持有人的分散性和流动性带来的集体行动困难；二是债券持有人
个体间的利益冲突，如在债券违约后持有人单独采取处置行动而降
低整体处置效率的行为。持有人会议制度和受托管理人制度是解决
债券持有人之间代理问题的核心法律安排。其中美国和英国等英美
法系市场主要依靠受托管理人制度；法国和德国等大陆法系国家主
要依靠持有人会议制度；日本则同时采用了上述两种制度。持有人
会议和受托管理人制度首先为债券持有人提供了一个与发行人进行
协商谈判的机制，其次通过多数决机制形成统一意见降低债券持有
人之间集体行动成本，最后通过赋予持有人会议决议法律约束力或
受托管理人信托法律效果限制债券持有人的个体机会主义行为。
《公司法》本次修订同时引入了债券持有人会议制度和债券受托管
理人制度，在《公司法》中赋予了债券持有人会议决议和债券受托
管理人信托法律效果以强制法律效力。但值得注意的是，持有人会
议决议和受托管理人信托法律效果的组织法上的强制约束力是指向
债券持有人的"对内效力"，而非指向公司的"对外效力"。公司作
为债务人，对其约束仍需要通过债券契约进行契约法上的安排。

债券受托管理人制度是信托原理在公司债券领域的发展。受托
管理人作为独立于发行人与持有人的第三方专业机构，为全体债券
持有人的最大利益管理债券，对债券持有人承担信义义务。在债券
发生违约时，受托管理人将以自己名义采取行动，如处置担保物、
提起债券违约之诉、申请发行人破产等。受《中华人民共和国信托
法》（以下简称《信托法》）限制和分业经营的金融监管体制影响，
实践中相关方并未在受托协议中约定信托关系，而更倾向于委托代
理关系；最高人民法院在《全国法院审理债券纠纷案件座谈会纪
要》中则运用诉讼担当原理解决受托管理人参与司法程序的身份问
题，实际上也未认可信托关系。有学者指出，信托法律关系因可以
赋予受托人广泛的自由裁量功能，更具有稳定性和连续性，且让受

益人享有监督权，比委托代理关系更适宜债券受托管理制度。但由于私人订立的债券契约无法突破《信托法》和金融监管规则的限制，存在效力瑕疵。本次修订《公司法》，新增债券管理人制度，及时发挥填补功能，解决了受托管理机制的信托效力瑕疵。

根据本条规定，公开发行公司债券的公司有义务作为委托人为债券持有人聘请债券受托管理人，其中债券受托管理人是受托人，债券持有人是受益人。债券受托人接受委托后，应为债券持有人办理受领清偿、债权保全、与债券相关的诉讼以及参与债务人破产程序等事项。《公司债券发行与交易管理办法》对受托管理人的资格作出了限制性规定，禁止为此次发行债券提供担保的主体在债券发行中担任受托管理人；《公司债券受托管理人执业行为准则》禁止发行人及其实际控制人、控股股东、合并报表范围内的子公司等关联方担任受托管理人。实践中，作为主承销商的证券公司担任受托管理人是常态。

根据本条规定，债券受托管理人的职责主要有：（1）为债券持有人办理受领清偿；（2）为债券持有人办理债权保全；（3）为债券持有人办理与债券相关的诉讼；（4）为债券持有人参与债务人破产程序等事项。

第二百零六条　债券受托管理人应当勤勉尽责，公正履行受托管理职责，不得损害债券持有人利益。

受托管理人与债券持有人存在利益冲突可能损害债券持有人利益的，债券持有人会议可以决议变更债券受托管理人。

债券受托管理人违反法律、行政法规或者债券持有人会议决议，损害债券持有人利益的，应当承担赔偿责任。

【条文主旨】

本条是关于债券受托管理人信义义务和责任承担的规定。

【重点解读】

本条是新增条文，系在吸收借鉴《证券法》第九十二条第二款基础上规定了债券受托管理人的信义义务与责任承担。

在受托管理人机制中，受托管理人对债券持有人负有信义义务。目前，我国担任受托管理人的机构主要是债券的主承销商，即商业银行、证券公司等金融机构。这类机构同时又为债券发行人提供贷款或以自营资金投资发行人的债券，并为发行人提供债券承销、上市保荐等金融中介服务。当机构兼具债券受托管理人、公司债权人、金融服务提供者等多重身份时，利益冲突问题十分严重。一旦债券违约，作为受托管理人应为债券持有人的利益提起违约之诉或参与债务重组，甚至申请发行人破产；作为债权人，为避免贷款或自营投资损失，机构有动机先于债券持有人行动，以获得更好的偿债机会；最后作为金融服务提供者，为了长期业务合作机会，机构偏好采取有利于发行人的行动策略，而牺牲债券持有人利益。从比较法上看，为了解决上述利益冲突，法律会作出一系列制度安排：如《美国信托契约法》要求受托人在债券违约发生后的九十天内消除利益冲突状况或主动辞任；《日本公司法》规定公司债管理人应公平、诚实地管理债券，对持有人负有"善良管理人的注意"义务，若违反信义义务需要承担损害赔偿责任；英国则要求在受托协议中披露利益冲突情形，一旦发生严重利益冲突，受托人可以通过辞任、获得债券持有人豁免后留任、指定额外受托人等方式处理利益冲突。针对债券受托管理人与债券持有人之间的利益冲突，本条第一款规定，债券受托管理人应当勤勉尽责，公正履行受托管理职责，不得损害债券持有人的利益；第三款规定，债券受托管理人违反法律、行政法规或者债券持有人会议决议，损害债券持有人利益的，应当承担赔偿责任。

当前我国关于债券受托管理人与债券持有人利益冲突规制的制

度规范主要有：（1）担保机构及关联方不得担任债券受托管理人的限制性规定。《公司债券发行与交易管理办法》对受托管理人的资格作出了限制性规定，禁止为此次发行债券提供担保的主体在债券发行中担任受托管理人；《公司债券受托管理人执业行为准则》禁止发行人及其实际控制人、控股股东、合并报表范围内的子公司等关联方担任受托管理人。（2）规制债券受托管理人利益冲突的信息披露制度。根据《公司债券发行与交易管理办法》的规定，发行人应当在债券募集说明书和受托管理协议中明确债券受托管理人在履行职责中可能存在的利益冲突、相关风险防范和化解机制，并充分披露。（3）发生利益冲突时变更受托管理人的制度规定。《证券法》第九十二条规定："债券持有人会议可以决议变更债券受托管理人。"《公司债券受托管理人执业行为准则》第三十条具体规定了变更受托管理人的前提、主体等程序，当受托管理人不再符合受托管理人资格时，经债券持有人会议决议，可以变更受托管理人；受托管理人不履行召集职责的，持有额达到法定比例的持有人可以自行召集持有人会议，通过决议实现变更受托管理人的目的。因此，在受托管理人因利益冲突不再适合担任受托管理人的情况下，持有人可以依据《证券法》第九十二条通过债券持有人会议决议变更受托管理人。本条第二款从《公司法》层面规定，受托管理人与债券持有人存在利益冲突可能损害债券持有人利益时，债券持有人会议可以决议变更债券受托管理人，从而避免债券受托人损害债券持有人的利益。

第十章

公司财务、会计

第二百零七条　公司应当依照法律、行政法规和国务院财政部门的规定建立本公司的财务、会计制度。

【条文主旨】

本条是关于公司依法建立财务、会计制度的规定。

【重点解读】

本条沿用了原《公司法》第一百六十三条规定。

公司的财务、会计制度包括财务制度和会计制度，是关于公司财务、会计行为规范的总称。财务制度，是指公司资金管理、成本费用的计算、营业收入的分配、货币的管理、公司的财务报告、公司的清算及公司纳税等方面的规程。会计制度，是指会计记账、会计核算等方面的规程，它是公司生产经营过程中各种财务制度的具体反映。公司的财务制度是通过会计制度来实现的。

根据本法规定，公司建立财务、会计制度的基本依据有：（1）法律。即全国人大及其常委会通过的规范性文件。包括《公司法》有关规定、《会计法》的规定及其他法律的有关规定。《会计法》主要就会计核算、会计核算的特别规定、会计监督、会计机构和会计人员、法律责任作了规定，是建立财务会计制度的重要依据。（2）行政法规。即国务院通过或批准的规范性文件。如国务院于颁布的

《企业财务会计报告条例》等。（3）部门规章。即国务院财政部门颁布的相关规范性文件，如财政部颁布的《企业会计准则》《小企业会计准则》等。

第二百零八条　公司应当在每一会计年度终了时编制财务会计报告，并依法经会计师事务所审计。

财务会计报告应当依照法律、行政法规和国务院财政部门的规定制作。

【条文主旨】

本条是关于公司年度财务会计报告编制与审计的规定。

【重点解读】

本条沿用了原《公司法》第一百六十四条规定，未修改。

公司财务会计报告，是反映公司财务状况和经营成果、现金流量的总结性书面文件。按照《企业财务会计报告条例》的规定，财务会计报告分为年度、半年度、季度和月度财务会计报告。

本条第一款规定了对公司年度财务报告的要求：（1）在每一会计年度终了时编制。按照《会计法》规定，我国采用公历年制会计年度，会计年度自公历 1 月 1 日起至 12 月 31 日止。（2）依法经会计师事务所审计。会计师事务所是法定的审计部门，这一规定的目的是确保财务会计报告的真实性、准确性和可信度。

财务会计报告包括年度、半年度、季度和月度财务会计报告。财务会计报告具体应按照《会计法》《公司法》《证券法》《企业财务会计报告条例》《企业会计准则》《小企业会计准则》等法律、行政法规、部门规章的规定制作。公司适用何种会计制度是企业根据自身规模、行业特点和核算要求根据相关法律、法规的要求自行选择的。如《小企业会计准则》《企业会计准则》中规定有所适用的企业范围。

第二百零九条　有限责任公司应当按照公司章程规定的期限将财务会计报告送交各股东。

股份有限公司的财务会计报告应当在召开股东会年会的二十日前置备于本公司，供股东查阅；公开发行股份的股份有限公司应当公告其财务会计报告。

【原法条文】

第一百六十五条　有限责任公司应当依照公司章程规定的期限将财务会计报告送交各股东。

股份有限公司的财务会计报告应当在召开股东大会年会的二十日前置备于本公司，供股东查阅；公开发行股票的股份有限公司必须公告其财务会计报告。

【条文主旨】

本条是关于公司应依法对股东公开其财务会计报告的规定。

【重点解读】

本条与原《公司法》第一百六十五条相比，有两处修改：（1）将"依照公司章程"改为"按照公司章程"；（2）将"公开发行股票"改为"公开发行股份"，用词更严谨，实质内容没有变化。

本法第四十二条规定，有限责任公司的股东在五十个以下，股东较少，所以要求有限责任公司要将财务会计报告送交各股东。送交的期限，本条并未作强制性的规定，只要求按照公司章程的规定执行。据此，有限责任公司的章程应当规定，在公司召开股东会前多少日内将财务会计报告送交各股东。为减少纠纷，维护股东的合法权益，需要强调指出的是，股东在制定公司章程时一定要对此作出规定，既可以规定一个时段，也可以规定具体时间。比如，可以规定财务会计报告制定后多少日内送交各股东，也可以规定开会多少日前送交各股东。

由于股份有限公司规模大，股东人数众多，不可能如有限责任公司那样将财务会计报告一一送交各股东，所以，要求股份有限公司要将财务会计报告置备于本公司，并有具体的时间要求，即在召开股东大会年会的二十日前，以便供股东查阅。公开发行股份的股份有限公司，由于涉及广大公众投资者的利益，其财务状况应为公众知悉。因此，公开发行股份的股份有限公司不仅要将财务会计报告置备于本公司，还要公告其财务会计报告，以尽可能地使广大股东和其他投资者看到公司的财务会计报告。公告应依照《证券法》等相关法律法规的具体要求进行。

第二百一十条 公司分配当年税后利润时，应当提取利润的百分之十列入公司法定公积金。公司法定公积金累计额为公司注册资本的百分之五十以上的，可以不再提取。

公司的法定公积金不足以弥补以前年度亏损的，在依照前款规定提取法定公积金之前，应当先用当年利润弥补亏损。

公司从税后利润中提取法定公积金后，经股东会决议，还可以从税后利润中提取任意公积金。

公司弥补亏损和提取公积金后所余税后利润，有限责任公司按照股东实缴的出资比例分配利润，全体股东约定不按照出资比例分配利润的除外；股份有限公司按照股东所持有的股份比例分配利润，公司章程另有规定的除外。

公司持有的本公司股份不得分配利润。

【原法条文】

第一百六十六条　公司分配当年税后利润时，应当提取利润的百分之十列入公司法定公积金。公司法定公积金累计额为公司注册资本的百分之五十以上的，可以不再提取。

公司的法定公积金不足以弥补以前年度亏损的，在依照前款规定提取法定公积金之前，应当先用当年利润弥补亏损。

公司从税后利润中提取法定公积金后，经股东会或者股东大会决议，还可以从税后利润中提取任意公积金。

公司弥补亏损和提取公积金后所余税后利润，有限责任公司依照本法第三十四条的规定分配；股份有限公司按照股东持有的股份比例分配，但股份有限公司章程规定不按持股比例分配的除外。

股东会、股东大会或者董事会违反前款规定，在公司弥补亏损和提取法定公积金之前向股东分配利润的，股东必须将违反规定分配的利润退还公司。

公司持有的本公司股份不得分配利润。

【条文主旨】

本条是关于公司利润分配的规定。

【重点解读】

本条在原公司法第一百六十六条基础上，修订之处在于：（1）删除第三款中"或者股东大会"。（2）将第四款中指引第三十四条修改为"按照股东实缴的出资比例分配利润，全体股东约定不按照出资比例分配利润的除外"。（3）删除第五款，调整至本法第二百一十一条。

依照本条第一款、第二款、第三款规定，公司在缴纳税款后分配利润前，应当提取利润的百分之十列入公司法定公积金。当法定公积金累积额达公司注册资本的百分之五十以上时，可以不再提取。公司的法定公积金不足以弥补公司以前的亏损的，在依照规定提取法定公积金之前，应当先用当年利润弥补亏损。公司在从税后利润中提取法定公积金后，经股东会决议后，可以提取任意公积金。本条第四款规定公司弥补亏损和提取公积金后所余税后利润，有限责任公司按照股东的实缴出资比例分配利润，全体股东约定不按照出资比例分配利润的除外；股份有限公司按照股东所持有的股份比例分配利润，原《公司法》规定"公司章程规定不按持股比例分配的除外"，而新《公司法》规定"章程另有规定的除外"，比原《公司法》的规定更灵活。总之，《公司法》预留了意思自治的空间，股东或章程可以更改。但是需要注意的是，根据本条第五款规定公司持有的本公司的股份不得分配利润。因公司持有本公司的股份是暂时性的，持有的股份所得利润应用于增加资本，而不应用于分配。

第二百一十一条　公司违反本法规定向股东分配利润的，股东应当将违反规定分配的利润退还公司；给公司造成损失的，股东及负有责任的董事、监事、高级管理人员应当承担赔偿责任。

【原法条文】

第一百六十六条第五款　股东会、股东大会或者董事会违反前款规定，在公司弥补亏损和提取法定公积金之前向股东分配利润的，股东必须将违反规定分配的利润退还公司。

【条文主旨】

本条是关于违规分配利润法律责任的规定。

【重点解读】

本条将原《公司法》第一百六十六条第五款单列，删除了关于"在弥补亏损和提取法定公积金之前"的限制性条件，增加规定了违规分配利润的股东和负有责任的董监高的赔偿责任。

首先，公司分配当年税后利润时，应当提取法定公积金，法定公积金不足以弥补以前年度的亏损的，应当先用当年利润弥补亏损，这是《公司法》的强制性规定。公司确定分配原则时，不能违反《公司法》有关弥补亏损和提取公积金的强制性规定，如果违反规定，在弥补亏损和提取法定公积金之前进行利润分配，股东应当将违法分配所得利润退还给公司。其次，根据本法第二百一十条第四款的规定，有限责任公司按照股东实缴的出资比例分配利润，全体股东约定不按照出资比例分配利润的除外；股份有限公司按照股东所持有的股份比例分配利润，公司章程另有规定的除外。如果公司违反规定，不按照相关比例分配利润，股东也应当将违法分配所得利润退还给公司。

股东和董监高的赔偿责任是本次修订新增的规定。在本次《公司法》修订中，一审稿就曾规定股东不仅应将已分配的利润返还给公司，还要加算银行同期存款利息，即不但要退，而且要赔。新《公司法》规定公司违法分配给公司造成损失的，股东及负有责任的董事、监事、高级管理人员应当承担赔偿责任，确定增加股东的赔偿责任，并还新增规定负有责任的董事、监事、高级管理人员也要承担赔偿责任。

第二百一十二条　股东会作出分配利润的决议的，董事会应当在股东会决议作出之日起六个月内进行分配。

【条文主旨】

本条是关于公司董事会分配利润时限的规定。

【重点解读】

本条是新增条款。

根据本法第四条规定，股东对公司依法享有资产收益权。股东向公司注入了资本，公司通过经营获取的利润，应依法及时分配给股东。根据本条规定，股东会作出分配利润决议后，董事会作为股东会决议的执行机构，应在股东会决议作出之日起六个月内进行利润分配。本次《公司法》修订草案曾对利润分配时限规定："公司章程或者股东会决议另有规定的除外。"而《公司法》正式文本删除了该规定。因此，本条关于董事会应当在股东会决议作出之日起六个月内进行分配中的"六个月内"为法定强制性最长时限，章程或者股东会决议不得延长。

【实务问题】

需要注意的是，本条规定六个月内进行分配的利润是股东会已经作出决议的、有具体分配方案的利润。在股东会没有作出分配决议前，公司利润是公司的财产，是否分配，如何分配一般司法不介入。

根据《公司法司法解释四》第十三条、第十四条和第十五条规定，股东请求公司分配利润案件，应当列公司为被告。一审法庭辩论终结前，其他股东基于同一分配方案请求分配利润并申请参加诉讼的，应当列为共同原告。股东在利润分配诉讼中是否提交载明具体分配方案的股东会有效决议（以下简称利润分配决议），是其诉请能否得到法院支持的关键。

股东提交了利润分配决议的情形下，法院应当判决公司按照决议载明的具体分配方案向股东分配利润，但公司无法执行决议的抗辩理由成立的，可不予以分配。换言之，利润分配是原则，不分配是例外，公司应当就利润分配决议"无法执行"承担举证责任。

股东未提交利润分配决议的情形下，法院应当判决驳回股东的盈余分配的请求，但大股东滥用股东权利导致公司不分配利润，给其他股东造成损失的，公司仍应分配利润。换言之，不分配是原则，分配是例外，但要求分配利润的股东应当就大股东滥用权利的情形承担举证责任。

《公司法司法解释四》第十五条之"股东未提交载明具体分配方案的股东会或者股东大会决议"的情形主要有：（1）未提交股东会决议，也未提交股东一致同意利润分配方案的决定文件；（2）提交的决议仅决定分配利润，但未制作具体分配方案；（3）决议批准的分配方案粗略简单，不具有可操作性；（4）甚至提交的是关于不分配利润的决议。

《公司法司法解释四》第十五条之"股东滥用股东权利导致公司不分配利润"的情形主要有：（1）给在公司任职的股东或者其指派的人发放与公司规模、营业业绩、同行业薪酬水平明显不符的过高薪酬，变相给该股东分配利润；（2）购买与经营不相关的服务或者财产供股东消费或者使用，变相给该股东分配利润；（3）为了不分配利润隐瞒或者转移公司利润；（4）滥用股东权利不分配利润的其他行为。

第二百一十三条　公司以超过股票票面金额的发行价格发行股份所得的溢价款、发行无面额股所得股款未计入注册资本的金额以及国务院财政部门规定列入资本公积金的其他项目，应当列为公司资本公积金。

【原法条文】

第一百六十七条　股份有限公司以超过股票票面金额的发行价格发行股份所得的溢价款以及国务院财政部门规定列入资本公积金的其他收入，应当列为公司资本公积金。

【条文主旨】

本条是关于公司资本公积金构成的规定。

【重点解读】

本条相比于原《公司法》第一百六十七条，将适用主体由"股份有限公司"修改为"公司"，扩大了主体范围，并增加了公司发行无面额股所得股款未计入注册资本的金额列入资本公积金的规定。

公司资本公积金是指从公司的利润以外的收入中提取的一种公积金。按照新《公司法》，资本公积金的构成是：（1）股份溢价款。

即公司以超过股票票面价值发行股份时，其超过部分为股份溢价。对于这一部分本法规定列入资本公积金。（2）发行无面额股所得股款未计入注册资本的金额。（3）有限责任公司融资时，可以参照适用《公司法》本条规定，在融资协议中约定，部分投资款计入注册资本，超出注册资本部分为资本溢价列入资本公积金。（4）国务院财政部门规定的列入资本公积金的其他项目。如按照财政部发布的《企业财务通则》规定，企业合并后，净资产超出注册资本的部分应列入资本公积金。

第二百一十四条　公司的公积金用于弥补公司的亏损、扩大公司生产经营或者转为增加公司注册资本。

公积金弥补公司亏损，应当先使用任意公积金和法定公积金；仍不能弥补的，可以按照规定使用资本公积金。

法定公积金转为增加注册资本时，所留存的该项公积金不得少于转增前公司注册资本的百分之二十五。

【原法条文】

第一百六十八条　公司的公积金用于弥补公司的亏损、扩大公司生产经营或者转为增加公司资本。但是，资本公积金不得用于弥补公司的亏损。

法定公积金转为资本时，所留存的该项公积金不得少于转增前公司注册资本的百分之二十五。

【条文主旨】

本条是关于资本公积金用途的规定。

【重点解读】

本条相比于原《公司法》第一百六十八条，（1）文字上，将"转为增加公司资本"改为"转为增加公司注册资本"，将"转为资本"改为"转为增加注册资本"，表达更准确；（2）内容上删除"资本公积金不得用于弥补公司的亏损"的规定，增加"公积金弥补公司亏损，应当先使用任意公积金和法定公积金；仍不能弥补的，可以按照规定使用资本公积金"的规定，使资本公积金的使用规定发生了重大变化，原《公司法》规定资本公积金不得用于弥补公司的亏损，而新《公司法》规定可以按照规定使用资本公积金弥补公司亏损。

按照本条第一款的规定，公司的公积金即法定公积金、任意公积金和资本公积金有以下用途：（1）弥补公司亏损。公司有了亏损，且必须弥补以后，才能维持公司正常的生产经营活动和稳定健康的发展。因此，公积金的用途之一是弥补亏损。本条第二款规定了弥补亏损时公积金的使用顺序：先使用任意公积金和法定公积金，仍不能弥补时才可以按照规定使用资本公积金。（2）扩大公司生产经营。公司要发展就需要不断扩大经营范围和规模，在不增加公司资本的前提下，用公司的公积金扩大生产经营，是一条重要途径。（3）增加公司的注册资本。公司可以通过股东会会议的特别决议或者全体股东的决定将公积金的一部分扩充为公司的注册资本。需要说明的是，根据本条第三款规定，法定公积金转为注册资本时，所留存的该项公积金不得少于转增前公司注册资本的百分之二十五。

【实务问题】

需要注意的是，使用资本公积金弥补亏损可以在短期内改善公司的财务状况，但可能导致长期的财务和税务问题。在财务方面，这种做法可能损害财务报表的透明度、可靠性和一致性，进而误导投资者。尽管它能为陷入困境的公司提供一个重新开始的机会，但如果未能实质性地改善经营能力，根本问题依旧存在，还可能在资本市场留下粉饰财务报表的负面印象，限制公司未来的增资或融资能力。在税务方面，利用资本公积金弥补亏损会使税收规划更为复杂，尤其是在公司经历过多次增资和股权转让后，这些活动将改变资本结构和资本公积的性质，增加了会计和税务处理的复杂度。此外，递延税务资产和负债的计算可能受到影响，从而引起税务机关的关注，并可能影响分红政策和税负，从而增加税务合规风险。

第二百一十五条　公司聘用、解聘承办公司审计业务的会计师事务所，按照公司章程的规定，由股东会、董事会或者监事会决定。

公司股东会、董事会或者监事会就解聘会计师事务所进行表决时，应当允许会计师事务所陈述意见。

【原法条文】

第一百六十九条　公司聘用、解聘承办公司审计业务的会计师事务所，依照公司章程的规定，由股东会、股东大会或者董事会决定。

公司股东会、股东大会或者董事会就解聘会计师事务所进行表决时，应当允许会计师事务所陈述意见。

【条文主旨】

本条是关于聘用、解聘会计师事务所的规定。

【重点解读】

本条新《公司法》相比于原《公司法》第一百六十九条，有三处修改：（1）删除"股东大会"。因新《公司法》中股份有限公司的权力机构由股东大会改为股东会，所以本处文字删减不改变规定的实质内容。（2）"依照"改为"按照"。《立法技术规范》对立法实践中一些存在混用或者使用不一致的法律常用词语进行了规范。此处是对公司章程的表述，所以用"按照"更规范。（3）新增了公司章程中可规定监事会为聘用、解聘承办公司审计业务的会计师事务所的决策机构的内容。

公司聘用、解聘承办公司审计业务的会计师事务所的职责是在本法股东会、董事会、监事会职权条款中规定的"公司章程规定的其他职权"。公司为明确此项决定权由哪个机构行使，应当在章程中对此作出规定。

本条第二款规定了解聘会计师事务所的程序：首先，要召开股东会、董事会或者监事会进行商讨；其次，要听取会计师事务所的陈述；最后，是股东会、董事会或者监事会进行表决。公司经理或者其他高级管理人员不得自行决定聘用或者解聘承办公司审计业务的会计师事务所。本条规定只适用于承办公司审计业务，即接受公司委托，对公司的财务会计报告进行独立审计，出具审计意见的会计师事务所，不适用于仅为公司提供咨询业务的会计师事务所。

第二百一十六条　公司应当向聘用的会计师事务所提供真实、完整的会计凭证、会计账簿、财务会计报告及其他会计资料，不得拒绝、隐匿、谎报。

【条文主旨】

本条是关于公司有义务向会计师事务所提供会计资料的规定。

【重点解读】

本条沿用了原《公司法》第一百七十条规定，未修改。

公司向会计师事务所提供会计凭证、会计账簿、财务会计报告及其他会计资料是公司应当履行的法定义务。根据本条规定，公司应主动履行法定义务。公司所提供的会计资料应当真实、完整，不得拒绝提供会计资料，或者隐匿会计资料，或者提供虚假的会计资料，否则将依法承担相应的法律责任。如依照本法第二百五十四条规定，提供存在虚假记载或者隐瞒重要事实的财会计报告，将由县级以上人民政府财政部门依照《会计法》等法律、行政法规的规定进行处罚。

第二百一十七条　公司除法定的会计账簿外，不得另立会计账簿。

对公司资金，不得以任何个人名义开立账户存储。

【原法条文】

第一百七十一条　公司除法定的会计账簿外，不得另立会计账簿。

对公司资产，不得以任何个人名义开立账户存储。

【条文主旨】

本条是关于会计账簿设立和公司账户开立的禁止性规定。

【重点解读】

本条沿用了原《公司法》第一百七十一条规定，只将"资产"改为"资金"，用词更严谨准确，实质内容没有变化。

会计账簿是按照国家法律、法规建立的，全面记载和反映公司财产状况和营业状况的各种账簿、文书的总称。根据本条第一款规定，不允许公司在法定的会计账簿外，违反国家会计制度，另立账簿。在法定会计账簿之外另立会计账簿，是私设会计账簿，就是造假账。《会计法》明确规定，各单位发生的各项经济业务事项应当在依法设置的会计账簿、文书上统一登记、核算，不得违反《会计法》及国家统一会计制度的规定私设会计账簿登记、核算。本法第二百五十四条规定，在法定的会计账簿以外另立会计账簿，将由县级以上人民政府财政部门依照《会计法》等法律、行政法规的规定进行处罚。

根据本条第二款规定，对公司资金，任何人都不得以个人名义开立账户存储。将公司资金以个人名义存储于银行，不仅逃避了有关机关对公司经济往来的监管，也给一些人侵吞公司财产提供了机会。

第十一章

公司合并、分立、增资、减资

第二百一十八条　公司合并可以采取吸收合并或者新设合并。

一个公司吸收其他公司为吸收合并，被吸收的公司解散。两个以上公司合并设立一个新的公司为新设合并，合并各方解散。

【条文主旨】

本条是关于公司合并形式的规定。

【重点解读】

本条沿用了原《公司法》第一百七十二条规定。

公司合并，是指两个或者两个以上的公司通过订立合并协议，依照《公司法》等有关法律、行政法规的规定，合并为一个公司的法律行为。公司的合并有两种形式：一种是吸收合并，是指两个或者两个以上的公司合并时，其中一个公司存续，其他公司解散，存续的公司吸收解散的公司的法律行为；公司合并以后，存续的公司应当到市场监督管理部门办理变更登记手续，继续享有法人资格；被合并的公司成为存续公司的一部分，应当到市场监督管理部门办理注销手续。另一种是新设合并，是指两个或者两个以上的公司合并时，各个公司均解散，另组成一个新的公司的法律行为。这种合并是以原来的公司法人资格均消灭为前提，合并以后，原来的公司应当到市场监督管理部门办理注销手续。新设立的公司应当到市场监督管理部门办理设立登记手续，取得法人资格。

【实务问题】

公司合并涉及公司主体的变更，直接关系到公司股东的权益，所以公司合并的决定权在股东会，参与合并的公司应当经各自股东会以通过特别决议所需要的多数赞成票同意合并协议。依照本法的规定，一般情况下，有限责任公司合并，应当经代表三分之二以上表决权的股东通过决议；股份有限公司合并，应当经出席股东会议的股东所持表决权的三分之二以上通过决议。国有独资公司不设股东会，其合并时，应当由履行出资人职责的机构决定。

第二百一十九条　公司与其持股超过百分之九十以上的公司合并，被合并的公司不需经股东会决议，但应当通知其他股东，其他股东有权请求公司按照合理的价格收购其股权或者股份。

公司合并支付的价款不超过本公司净资产百分之十的，可以不经股东会决议；但是，公司章程另有规定的除外。

公司依照前两款规定合并不经股东会决议的，应当经董事会决议。

【条文主旨】

本条是关于公司简易合并制度的规定。

【重点解读】

本条是新增条款。

本条在我国《公司法》中引入了简易合并制度。简易合并是指无需通过股东会的表决即可进行的合并。简易合并包括两种情况，母子公司之间的简易合并和小规模合并。

与美国公司法规定可省略母子双方公司的股东大会决议不同，我国《公司法》规定只可省略子公司一方股东大会决议。比如，甲公司是乙公司股东，甲公司与乙公司可以合并。这时如果甲公司对乙公司持股超过 90%，乙公司在合并时就不需要经过股东会决议，但应当通知其他持股不足 10% 的股东。为保护中小股东利益，本条第一款规定，其他股东有权请求乙公司按照合理的价格收购其股权或者股份。本条第二款规定了小规模简易合并：存续公司在并购时支付的价款不超过本公司净资产 10% 的，可以不经股东会决议。此种合并为非对称合并，即被吸收公司规模较小，合并结果对存续公司的影响不大，因此，一般不需经存续公司股东会决议即可进行，但章程另有规定的除外。一种特例是小规模合并也是本条第一款规定的母子公司之间的简易合并，则存续公司和被吸收合并的公司都可以不经股东会决议，除非存续公司章程另有规定。

根据本条第三款规定，在合并中不经股东会决议的公司应当经董事会决议。

【实务问题】

公司合并时，股东有权请求公司按照合理的价格收购其股权的相关规定还有本法第八十九条。根据该规定及本条规定，公司合并由股东会作出决议时，于股东会决议作出之日起六十日内，股东与公司不能达成股权收购协议的，股东可以自股东会决议作出之日起九十日内向人民法院提起诉讼；在公司简易合并不经股东会决议的情况下，应当于董事会决议作出之日起六十日内，股东与公司不能达成股权收购协议的，股东可以自董事会决议作出之日起九十日内向人民法院提起诉讼。

第二百二十条　公司合并，应当由合并各方签订合并协议，并编制资产负债表及财产清单。公司应当自作出合并决议之日起十日内通知债权人，并于三十日内在报纸上或者国家企业信用信息公示系统公告。债权人自接到通知之日起三十日内，未接到通

知的自公告之日起四十五日内，可以要求公司清偿债务或者提供相应的担保。

【原法条文】

第一百七十三条　公司合并，应当由合并各方签订合并协议，并编制资产负债表及财产清单。公司应当自作出合并决议之日起十日内通知债权人，并于三十日内在报纸上公告。债权人自接到通知书之日起三十日内，未接到通知书的自公告之日起四十五日内，可以要求公司清偿债务或者提供相应的担保。

【条文主旨】

本条是关于公司合并程序和债权人异议权的规定。

【重点解读】

本条与原《公司法》第一百七十三条相比，有两处修改：（1）增加国家企业信用信息公示系统为公告介质。（2）将"通知书"改为"通知"。都不再拘泥于纸质形式。

公司合并涉及公司主体资格的变化，资产的重新配置，关系公司、股东和债权人等相关人的合法权益，因此公司合并必须依法进行。

根据本条规定，公司合并的程序通常如下：（1）签订合并协议。合并协议是指由合并各公司就公司合并的有关事项订立的书面协议。（2）编制资产负债表和财产清单。资产负债表是反映公司资产及负债状况、股东权益的公司主要的会计报表；财产清单应当翔实、准确，以明确各自的资产和债权债务情况。（3）依法形成合并决议。根据本法第六十六条、第一百一十六条、第一百七十二条和第二百一十九条规定，就公司合并，有限责任公司应当由股东会作出特别决议，须经代表三分之二以上表决权的股东通过；股份有限公司应当由股东会作出特别决议，须经出席会议的股东所持表决权三分之二以上决议通过；国有独资公司，其合并应当由履行出资人职责的机构决定。根据本法第二百一十九条规定，不经股东会决议的公司，应当经董事会决议。（4）向债权人通知和公告。公司应当自作出合并决议之日起十日内通知债权人，并于三十日内在报纸上或者国家企业信用信息公示系统公告。一般来说，对所有的已知债权人应当采用通知的方式告知，公告则为告知其他未知的债权人。（5）债权人异议。债权人自接到通知书之日起三十日内，未接到通知书的自公告之日起四十五日内，可以要求公司清偿债务或者提供相应的担保。债权人于法定期间内不提出异议时，视为对公司合并默认；债权人如果在法定期间内提出异议，公司应清偿已到期债权，或为未到期的债权提供担保。（6）公司登记。公司合并后，各公司应当到登记机关办理相关登记：解散的公司办理注销登记；存续的公司办理变更登记；新成立的公司办理设立登记。公司办理完登记，公司合并完成。

【实务问题】

公司合并协议一般来说，应当包括以下内容：（1）公司的名称与住所。这包括合并前的各公司的名称与住所和合并后存续公司或者新设公司的名称与住所。公司名称应当与公司登记时的名称相一致，并且应当是公司的全称；公司的住所应当是公司的实际住所。（2）存续或者新设公司因合并而发行的股份总数、种类和数量，或者投资总额、每个出资人所占投资总额的比例等。（3）合并各方现有的资本及对现有资本的处理方法。（4）合并各方所有的债权、债务的处理方法。（5）存续公司的公司章程是否变更，公司章程变更后的内容，新设公司的章程如何订立及其主要内容。（6）公司合并各方认为应当载明的其他事项。

第二百二十一条　公司合并时，合并各方的债权、债务，应当由合并后存续的公司或者新设的公司承继。

【条文主旨】

本条是关于公司合并各方债权、债务承继的规定。

【重点解读】

本条沿用了原《公司法》第一百七十四条规定，未修改。

公司合并时，必有公司因合并而导致法人资格消灭，可能有公司存续，也可能新设公司。根据本条规定，合并中存续的公司或新设的公司应承继消灭公司的债权、债务。公司因合并解散与一般公司的解散不同，无须经过清算程序，其资产、债权和债务全部由存续公司或新设公司承继，变为存续公司或新设公司的资产、债权和债务。公司合并后，由存续公司或新设公司行使承继资产的所有权，承继债权，并负责清偿承继的债务。

第二百二十二条　公司分立，其财产作相应的分割。

公司分立，应当编制资产负债表及财产清单。公司应当自作出分立决议之日起十日内通知债权人，并于三十日内在报纸上或者国家企业信用信息公示系统公告。

【原法条文】

第一百七十五条　公司分立，其财产作相应的分割。

公司分立，应当编制资产负债表及财产清单。公司应当自作出分立决议之日起十日内通知债权人，并于三十日内在报纸上公告。

【条文主旨】

本条是关于公司分立程序的规定。

【重点解读】

本条与原《公司法》第一百七十五条相比，变化是增加"国家企业信用信息公示系统"为公告介质。

公司分立，是指一个公司依据法律、法规的规定，分成两个或者两个以上公司的法律行为。公司分立涉及财产分割，应当就财产分割问题达成一致协议。本条第一款只规定了财产要作相应的分割，如何做到"相应分割"，这个问题主要由股东会讨论，通过分立决议，签订分立协议。需要说明的是，这里所说的"财产"是指广义的财产，既包括积极财产，如债权，也包括消极财产，如债务；既包括有形财产，如设备，也包括无形财产，如商誉。

本条第二款规定了公司分立的程序，其和公司合并的程序基本相同。公司作出分立决议后，公司应当自作出分立决议之日起十日内通知债权人，并于三十日内在报纸上或国家企业信用信息系统公告，并应当编制资产负债表及财产清单，明晰公司的资产状况；订立分立协议，明确各方权利义务和资产分配等事项；进行分立公司登记程序。新《公司法》跟原《公司法》规定一样，在公司分立与公司合并时对债权人的保护方式也不同，公司合并时债权人享有异议权，可以要求公司清偿债务或者提供相应的担保，而公司分立时法律只是强调了公司的通知义务，并没有赋予债权人同样的权利。

【实务问题】

公司分立协议，是指公司分立各方就公司分立过程中的有关事项而达成的一致约定。各方应当依据资产负债表及财产清单订立分立协议。在实践中，分立协议应由被分立公司分立前所有股东签署，当然也可以将被分立公司作为协议的一方当事人。《公司法》未对公司分立协议的内容作出原则性规定。一般来讲，公司分立协议应当包括以下内容：分立各方基本情况、分立方式（模式）、分立后存续公司和分立公司基本情况、业务和财产分割、员工安置、交割条款等。

第二百二十三条　公司分立前的债务由分立后的公司承担连带责任。但是，公司在分立前与债权人就债务清偿达成的书面协

议另有约定的除外。

【条文主旨】

本条是关于公司分立前债务承担的规定。

【重点解读】

本条沿用了原《公司法》第一百七十六条规定，未修改。

公司分立时，公司财产按分立协议分割，而公司债务由分立后的公司分别承担。按分立协议将原公司债务分配给分立后的公司承担，直接关系债权人的利益，其性质为债务承担。所以，为了更好地保护债权人的利益，同时又不因保护债权人的利益而剥夺公司分立行为的自由，根据本条规定，分立后的公司对分立前的公司债务承担连带责任，债权人可以在诉讼时效内向任一公司主张权利，请求偿还债务。同时，根据意思自治原则，如果债权人同意并与公司在分立前就债务清偿达成书面协议，确定了分立后承担债务的公司，就只能按照协议的约定来行使权利，其他分立后的公司不再承担责任。

【实务问题】

最高人民法院《关于审理与企业改制相关的民事纠纷案件若干问题的规定》第十三条规定："分立的企业在承担连带责任后，各分立的企业间对原企业债务承担有约定的，按照约定处理；没有约定或者约定不明的，根据企业分立时的资产比例分担。"

第二百二十四条　公司减少注册资本，应当编制资产负债表及财产清单。

公司应当自股东会作出减少注册资本决议之日起十日内通知债权人，并于三十日内在报纸上或者国家企业信用信息公示系统公告。债权人自接到通知之日起三十日内，未接到通知的自公告之日起四十五日内，有权要求公司清偿债务或者提供相应的担保。

公司减少注册资本，应当按照股东出资或者持有股份的比例相应减少出资额或者股份，法律另有规定、有限责任公司全体股东另有约定或者股份有限公司章程另有规定的除外。

【原法条文】

第一百七十七条　公司需要减少注册资本时，必须编制资产负债表及财产清单。

公司应当自作出减少注册资本决议之日起十日内通知债权人，并于三十日内在报纸上公告。债权人自接到通知书之日起三十日内，未接到通知书的自公告之日起四十五日内，有权要求公司清偿债务或者提供相应的担保。

【条文主旨】

本条是关于公司实质减少注册资本的规定。

【重点解读】

本条与原《公司法》第一百七十七条相比，有六处修改：（1）删除"需要""时"三字，文本更简练，实质内容没有变化。（2）将"必须"改为"应当"，用词更规范，实质内容没有变化。（3）增加"股东会"三字，规定明确了公司减少注册资本的决策机构是"股东会"。（4）增加国家企业信用信息公示系统为公告介质。（5）将"通知书"改为"通知"。（6）新增第三款，在公司减资时保护中小股东利益。

减少注册资本是指公司依法对已经注册的资本通过一定的程序进行削减的法律行为，简称减资。减资依公司净资产流出与否，分为实质性减资和形式性减资。实质性减资是指减少注册资本的同时，将一定金额返还给股东，从而也减少了净资产的减资形式，实际上使股东优先于债权人获得了保护；形式减资是指只减少注册资本额注销部分股份，不将公司净资产流出的减资形式，这种减资不产生资金的流动，往往是亏损企业的行为，旨在使公司的注册资本与公司净资产水准接近。根据资本维持原则，一般不允许公司减少注册资本，但也不是说绝对禁止。本条规定针对的是公司实质减资，公司实质减资的合理性在于，公司运营进程中可能存在预定资本过多的情况，从而造成资本过剩，闲置过多的资本显然有悖于效率的原则，因此，允许减少注册资本，使投资者有机会将有限的资源转入生产更多利润的领域，从而能够避免资源的浪费。

根据本条第一款、第二款及本法相关规定，公司需要减少注册资本时有以下几个程序：（1）作出减资决议。根据本法第六十六、第一百一十六和第一百七十二条的规定，就公司减少注册资本，应由公司股东会通过特别决议：有限责任公司应当由公司股东会经代表三分之二以上的表决权的股东通过决议；股份有限公司应当由公司的股东会经出席会议的股东所持表决权三分之二以上决议通过；国有独资公司，必须由履行出资人职责的机构决定。（2）编制资产负债表和财产清单。这是为了明晰公司的经营状况尤其是财务状况。（3）向债权人通知和公告。公司应当自作出减少注册资本决议之日起十日内通知债权人，并于三十日内在报纸上或者国家企业信用信息公示系统公告。根据本法第二百五十四条的规定，公司在减资时，不依照《公司法》规定通知或者公告债权人的，公司将面临行政处罚，由公司登记机关责令改正，对公司处以一万元以上十万元以下的罚款。（4）处理债权人异议。公司减资对债权人的影响非常大：公司的实质性减资，导致公司净资产减少，等同于股东优先于债权人收回所投入的资本，因此公司减资时一定要注重保护债权人的利益。根据本条第二款规定，债权人自接到通知之日起三十日内，未接到通知的自公告之日起四十五日内，有权要求公司清偿债务或者提供相应的担保。如果债权人没有在此期间内对公司主张权利，公司可以将其视为没有提出要求。（5）修订公司章程。减少注册资本涉及公司章程的修改，公司股东会应根据公司注册资本与股东认缴出资变更情况相应修订公司章程。(6)办理变更登记，更换营业执照。注册资本是公司登记事项和营业执照应当载明事项，公司减少注册资本的，应当办理变更登记并由公司登记机关换发营业执照。

实质减资可以使股东获得收益退出公司。尽管减资需要由股东会特别决议作出，但是在股权集中的公司，控股股东可能利用该决议规则，作出对自己有利而损害小股东利益的决议，如对自己定向减资，优先于小股东获得收益，或者对小股东定向减资，稀释其股份或者将其逐出公司。此种定向减资的方式违反股东平等原则，应当认定减资决议无效。因此，为保护中小股东权益，本条第三款增加规定，公司减少注册资本，应当按照股东出资或者持有股份的比例相应减少出资额或者股份，法律另有规定、有限责任公司全体股东另有约定或者股份有限公司章程另有规定的除外。

【实务问题】

公司减资应当遵守等比例减资原则，但是法律另有规定，如本法第八十九条规定，公司因为符合法定条件的股东请求公司收购其股权或者股份需要注销而减资的，可以适用非等比例减资。为了尊重股东意思自治，《公司法》还允许股东通过意思自治方式对非等比例减资作出约定，如有限责任公司全体股东一致约定或股份有限公司章程中另有规定的，可以适用非等比例减资。

第二百二十五条　公司依照本法第二百一十四条第二款的规定弥补亏损后，仍有亏损的，可以减少注册资本弥补亏损。减少注册资本弥补亏损的，公司不得向股东分配，也不得免除股东缴纳出资或者股款的义务。

依照前款规定减少注册资本的，不适用前条第二款的规定，但应当自股东会作出减少注册资本决议之日起三十日内在报纸上

或者国家企业信用信息公示系统公告。

公司依照前两款的规定减少注册资本后，在法定公积金和任意公积金累计额达到公司注册资本百分之五十前，不得分配利润。

【条文主旨】

本条是关于公司简易减资的规定。

【重点解读】

本条是本次修订的新增条款。

本条是对公司简易减资的规定，是本次修订的亮点之一。

根据本条第一款规定公司的经营出现严重亏损，先后使用任意公积金、法定公积金和资本公积金弥补亏损后仍有亏损时，可以适用形式减资以弥补亏损。在适用形式减资弥补亏损时，公司不得向股东分配，也不得免除股东缴纳出资或者股款的义务。如果公司违反以上规定，向股东分配或免除股东缴纳出资或者股款的义务的，则造成公司资产的实质流出，将构成抽逃出资。

简易减资需要有以下几个程序：（1）作出减资决议。（2）编制资产负债表和财产清单。（3）发布公告。只减少注册资本额注销部分股份，公司净资产不流出，因此根据本条第二款规定，公司不需要通知债权人，债权人也无权要求公司清偿债务或者提供担保，但公司应当自股东会作出减少注册资本决议之日起三十日内在报纸上或者国家企业信用信息公示系统公告。此为简易减资与普通减资、实质减资重要的区别所在。（4）修订公司章程。减少注册资本涉及公司章程的修改，公司股东会应根据公司注册资本与股东认缴出资变更情况相应修订公司章程。（5）办理变更登记，更换营业执照。注册资本是公司登记事项和营业执照应当载明事项，公司减少注册资本的，应当办理变更登记并由公司登记机关换发营业执照。

根据本条第三款规定，公司形式性减少注册资本后，便对利润分配条件有要求，即在法定公积金和任意公积金累计额达到公司注册资本百分之五十前，不得分配利润。

第二百二十六条　违反本法规定减少注册资本的，股东应当退还其收到的资金，减免股东出资的应当恢复原状；给公司造成损失的，股东及负有责任的董事、监事、高级管理人员应当承担赔偿责任。

【条文主旨】

本条是关于公司违法减少注册资本法律后果的规定。

【重点解读】

本条是新增条文。

根据《公司法司法解释三》第十二条、第十四条的相关规定，在公司办理减资的过程中，公司是否通知到位，是否依据法定程序进行减资，股东应当进行核查和督促，否则视同股东抽逃出资，股东应返还出资本息，协助抽逃出资的其他股东、董事、高级管理人员或者实际控制人应在公司减资数额范围内，对股东应当返还公司的投资本息承担连带责任；股东要对公司债务承担在减资范围内的补充赔偿责任。若公司的董事、高级管理人员或者实际控制人有协助抽逃出资的行为，也应对公司债务承担在减资范围内的连带补充责任。本条在吸收《公司法司法解释三》第十四条抽逃出资责任的基础上，明确规定了违法减资的两方面法律后果：其一，"股东应当退还其收到的资金"；"减免股东出资的应当恢复原状"，此文义表明《公司法》否定了违法减资的效力，并明确责任承担方式为"恢复原状"。其二，给公司造成损失的，股东及负有责任的董事、监事、高级管理人员应当承担赔偿责任。

此外，根据本法第二百五十五条的规定，公司在减资时，不依照《公司法》规定通知或者公告债权人的，公司将面临行政处罚，由公司登记机关责令改正，对公司处以一万元以上十万元以下的罚款。对公司的损失，股东及负有责任的董事、监事、高级管理人员应当承担赔偿责任。

第二百二十七条　有限责任公司增加注册资本时，股东在同等条件下有权优先按照实缴的出资比例认缴出资。但是，全体股东约定不按照出资比例优先认缴出资的除外。

股份有限公司为增加注册资本发行新股时，股东不享有优先认购权，公司章程另有规定或者股东会决议决定股东享有优先认购权的除外。

【原法条文】

第三十四条　股东按照实缴的出资比例分取红利；公司新增资本时，股东有权优先按照实缴的出资比例认缴出资。但是，全体股东约定不按照出资比例分取红利或者不按照出资比例优先认缴出资的除外。

【条文主旨】

本条是关于公司增资时股东优先认购权的规定。

【重点解读】

本条第一款的内容，在原《公司法》中规定在第三十四条，在法条中写入"有限责任"是原《公司法》的原意，和原《公司法》内容相同；在法条中对有限责任公司股东行使优先购买权增加限定词"在同等条件下"，明确了优先购买权的行使条件。本条第二款是新增内容，明确规定股份有限公司的股东原则上不享有优先认购权。

根据本条第一款规定，有限责任公司增加注册资本时，股东在同等条件下有权优先按照实缴出资比例认缴出资是原则，不按实缴出资比例认缴是例外，允许全体股东约定不按照出资比例优先认缴出资。股份有限公司则不同，根据本条第二款规定，股东不享有优先认购权是原则，公司章程有规定或者经股东会决议决定股东享有优先认购权，股东才享有优先认购权，是例外。

需要注意的是，有限责任公司股东依法有权优先按"实缴"的出资比例认缴出资，其中优先权的行使比例不是按"认缴"的出资比例。股东优先认缴公司新增注册资本的权利属于形成权，该权利应当在一定合理期间内行使，并且由于这一权利的行使属于典型的商事行为，对于合理期间的认定应当比通常的民事行为更加严格。

第二百二十八条　有限责任公司增加注册资本时，股东认缴新增资本的出资，依照本法设立有限责任公司缴纳出资的有关规定执行。

股份有限公司为增加注册资本发行新股时，股东认购新股，依照本法设立股份有限公司缴纳股款的有关规定执行。

【条文主旨】

本条是关于公司增加注册资本时股东缴纳出资和股款的规定。

【重点解读】

本条沿用了原《公司法》第一百七十八条规定，未修改。

公司增加注册资本是指经过股东会作出决议后使公司的注册资本在原来的基础上予以增加的法律行为。公司增加注册资本主要有两种途径：一是吸收新资本，包括增加新股东或者原股东追加投资；二是用公积金增加注册资本或者用利润转增注册资本。本条所称的增加注册资本是前一种方式。增加公司注册资本能够增强公司实力，提高公司信用。但是，资本增加涉及股东的利益和公司本身财产的变化，因此，增资必须经过股东会作出特别决议才能进行，根据本法第六十六条、第一百一十六条和第一百七十二条的规定，就公司增资，有限责任公司应当由公司股东会经代表三分之二以上的表决权的股东通过决议；股份有限公司应当由公司的股东会经出席会议的股东所持表决权三分之二以上通过决议；对于国有独资公司而言，必须由履行出资人职责的机构决定。

根据本条规定，对于新增注册资本的出资与股款的缴纳，有限责任公司股东认缴新增资本的出资，按照本法设立有限责任公司缴纳出资的有关规定执行；股份有限公司股东认购新股依照本法设立股份有限公司缴纳股款的有关规定进行。

增加注册资本后要相应地修改公司章程并进行公司的变更登记和更换公司营业执照。

第十二章

公司解散和清算

第二百二十九条　公司因下列原因解散：

（一）公司章程规定的营业期限届满或者公司章程规定的其他解散事由出现；

（二）股东会决议解散；

（三）因公司合并或者分立需要解散；

（四）依法被吊销营业执照、责令关闭或者被撤销；

（五）人民法院依照本法第二百三十一条的规定予以解散。

公司出现前款规定的解散事由，应当在十日内将解散事由通过国家企业信用信息公示系统予以公示。

【原法条文】

第一百八十条　公司因下列原因解散：

（一）公司章程规定的营业期限届满或者公司章程规定的其他解散事由出现；

（二）股东会或者股东大会决议解散；

（三）因公司合并或者分立需要解散；

（四）依法被吊销营业执照、责令关闭或者被撤销；

（五）人民法院依照本法第一百八十二条的规定予以解散。

【条文主旨】

本条是关于公司解散事由的规定。

【重点解读】

本条第一款沿用了原《公司法》第一百八十条规定，内容没有实质变化；本条第二款是新增内容。

公司解散，是指已经成立的公司，因公司章程或者法定事由出现而停止公司的经营活动，并开始公司清算，使公司法人资格消灭的法律行为。根据是否自愿解散，可以将公司解散分为自行解散和强制解散两种情况。自行解散是指公司依公司章程或股东会决议而解散。强制解散是指公司因政府有关机关的决定或法院判决而发生的解散，又可以分为行政解散和司法解散。

1. 由本条第一款第（一）项引发的解散属于自行解散。公司章程是"公司宪章"，它对公司、股东、董事、监事、高级管理人员都具有约束力。根据本法的相关规定，经营期限是我国公司章程任意规定的事项，如果公司章程中规定了经营期限，在此期限届满前，股东会可以形成延长经营期限的决议。如果没有形成此决议，公司即进入解散程序。股东在制定公司章程时，可以在章程中预先约定公司的各种解散事由。如果在公司经营中，规定的解散事由出现，公司应停止生产经营活动，进入解散程序。

2. 由本条第一款第（二）项引发的解散属于自行解散。股东会是公司的权力机构，有权对公司的解散事项作出决议。有限责任公司经代表三分之二以上表决权的股东通过，股份有限公司经能出席股东会的股东所持表决权的三分之二以上通过，股东会可以作出解散公司的决议。股东会决议解散公司不受公司章程规定的解散事由的约束，可以在公司章程规定的解散事由出现前，根据意愿解散公司，也可以修改公司章程，改变事先约定的解散事由。

3. 由本条第一款第（三）项引发的解散属于自行解散。当公司吸收合并时，被吸收方解散；当公司新设合并时，合并各方均解散。当公司分立时，如果原公司存续，则不存在解散问题；如果原公司分立后不再存在，则原公司解散。

4. 本条第一款第（四）项引发的公司解散属于行政解散。吊销营业执照书，是指收回被处罚公司已取得的营业执照，使其丧失继续从事经营活动的资格；责令关闭，是指因行为人违反了有关法律规定，由行政机关作出停止经营的处罚决定，使公司停止其经营活动；被撤销，是指由行政机关撤销有瑕疵的行政登记。在上述行为发生后，公司应解散并进入清算程序。

5. 由本条第一款第（五）项引发的公司解散属于司法解散。当公司出现本法第二百三十一条规定的情况，即公司经营管理发生严重困难，继续存续会使股东利益受到重大损失，通过其他途径不能解决的，持有公司百分之十以上表决权的股东，可以请求人民法院解散公司。人民法院作出解散公司的裁判的，公司应当解散。

新《公司法》增加了公司出现解散事由后，公司应当在十日内通过国家企业信用信息公示系统进行公示的规定。

【实务问题】

对于保险、银行等特殊行业公司的解散，应优先适用《保险法》《商业银行法》及有关行政法规的特别规定。如《保险法》第八十九条规定：保险公司因分立、合并需要解散，或者股东会、股东大会决议解散，或者公司章程规定的解散事由出现，经国务院保险监督管理机构批准后解散。经营有人寿保险业务的保险公司，除因分立、合并或者被依法撤销外，不得解散。

第二百三十条　公司有前条第一款第一项、第二项情形，且尚未向股东分配财产的，可以通过修改公司章程或者经股东会决议而存续。

依照前款规定修改公司章程或者经股东会决议，有限责任公司须经持有三分之二以上表决权的股东通过，股份有限公司须经出席股东会会议的股东所持表决权的三分之二以上通过。

【原法条文】

第一百八十一条 公司有本法第一百八十条第（一）项情形的，可以通过修改公司章程而存续。

依照前款规定修改公司章程，有限责任公司须经持有三分之二以上表决权的股东通过，股份有限公司须经出席股东大会会议的股东所持表决权的三分之二以上通过。

【条文主旨】

本条是关于通过修改公司章程或者经股东会决议而使公司存续的规定。

【重点解读】

本条来自原《公司法》第一百八十一条，本条新增规定，"股东会决议解散公司，且尚未向股东分配财产的"，可以通过修改公司章程或者经股东会重新决议而使公司存续；公司章程规定的营业期限届满或者公司章程规定的其他解散事由出现时，也增加规定，"尚未向股东分配财产的"，可以通过修改公司章程或者经股东会决议而使公司存续。

如果公司的章程规定了公司的营业期限，公司的营业期限届满，公司应当停止生产经营活动解散。同样，如果公司章程规定了公司解散的事由，当出现这些事由时，公司也应当停止生产经营活动解散。但是，如果公司不想解散，希望继续生产经营，且尚未向股东分配财产的，可以通过修改公司章程规定的营业期限或者修改公司章程规定的解散事由，使公司继续存在。如果公司股东会决议解散公司，且尚未向股东分配财产的，股东会可以通过修改公司章程或者重新作出决议而使公司存续。无论是通过修改公司章程或者通过股东会决议将拟解散的公司得以存续，均属于公司股东会重大表决事项，因此，有限责任公司必须经过持有三分之二以上表决权的股东通过，股份有限公司必须经过出席股东会会议的股东所持表决权的三分之二以上通过。

第二百三十一条　公司经营管理发生严重困难，继续存续会使股东利益受到重大损失，通过其他途径不能解决的，持有公司百分之十以上表决权的股东，可以请求人民法院解散公司。

【原法条文】

第一百八十二条　公司经营管理发生严重困难，继续存续会使股东利益受到重大损失，通过其他途径不能解决的，持有公司全部股东表决权百分之十以上的股东，可以请求人民法院解散公司。

【条文主旨】

本条是关于公司僵局时人民法院强制解散公司的规定。

【重点解读】

本条删除了原《公司法》第一百八十二条中的"全部股东"，将"表决权百分之十以上"改为"百分之十以上表决权"，无实质性修改。

"公司经营管理出现严重困难"，是指因股东或者公司管理人员之间的利益冲突和矛盾导致公司无法有效运行，股东会或者董事会因人员拒绝参加而无法有效召集，任何一方的提议都不被对方接受和认可，即使能够举行会议也无法通过任何议案，即学理上所谓的"公司僵局"。依据《公司法司法解释二》第一条的规定，公司经营管理发生严重困难主要包括以下情形：公司持续两年以上无法召开股东会或者股东大会，公司经营管理发生严重困难的；股东表决时无法达到法定或者公司章程规定的比例，持续两年以上不能作出有效的股东会或者股东大会决议，公司经营管理发生严重困难的；公司董事长期冲突，且无法通过股东会或者股东大会解决，公司经营管理发生严重困难的；经营管理发生其他严重困难，公司继续存续会使股东利益受到重大损失的情形。可见，公司是否盈利，不是公司是否应当通过人民法院强制解散公司的理由。

公司的经营管理出现严重困难，如果公司及其股东的利益受到的损害不严重，解散公司将是一种不利益的行为，不得解散公司。如果通过自力救济、行政管理、仲裁等手段能够解决公司经营管理出现的严重困难，公司无须解散。只有在公司及其股东会受到重大损失，并且通过其他途径不能解决，才可以诉请人民法院解散公司，保护公司及其股东的利益。

本条规定，可以提出解散公司请求的应当是单独或者合计持有公司百分之十以上表决权的股东。有管辖权的法院收到请求，应当受理，并根据公司的实际情况作出是否解散公司的裁决。

第二百三十二条　公司因本法第二百二十九条第一款第一项、第二项、第四项、第五项规定而解散的，应当清算。董事为公司清算义务人，应当在解散事由出现之日起十五日内组成清算组进行清算。

清算组由董事组成，但是公司章程另有规定或者股东会决议另选他人的除外。

清算义务人未及时履行清算义务，给公司或者债权人造成损失的，应当承担赔偿责任。

【原法条文】

第一百八十三条　公司因本法第一百八十条第（一）项、第（二）项、第（四）项、第（五）项规定而解散的，应当在解散事由出现之日起十五日内成立清算组，开始清算。有限责任公司的清算组由股东组成，股份有限公司的清算组由董事或者股东大会确定的人员组成。逾期不成立清算组进行清算的，债权人可以申请人民法院指定有关人员组成清算组进行清算。人民法院应当受理该申请，并及时组织清算组进行清算。

【条文主旨】

本条是关于清算义务人及其责任以及清算组组成的规定。

【重点解读】

本条源自原《公司法》第一百八十三条的前半部分，有三处修改：（1）第一款明确规定董事为清算义务人；（2）第二款修改规定清算组由董事组成，但允许公司章程另有规定或者股东会决议另选他人；（3）第三款新增规定清算义务人未及时履行清算义务，给公司或者债权人造成损失的，应当承担赔偿责任。

公司清算也称公司清盘，是指公司解散后，依照法定程序清理公司债权债务，处理公司剩余财产，了结公司各种法律关系，向公司登记机关申请注销登记，使公司法人资格消灭的行为。公司清算的目的是保护股东和债权人的利益。公司除因合并或者分立解散，其债权债务已全部由合并或者分立后存续或者新设的公司承继，不需要进行清算外，公司解散必须依法清算，清算是公司终止的必经程序。根据本条第一款规定，公司章程规定的营业期限届满或者公司章程规定的其他解散事由出现、股东会决议解散、依法被吊销营业执照、责令关闭或者被撤销、人民法院依照本法第二百三十一条的规定裁决解散时，公司即进入清算阶段。

民法典第七十一条规定："法人的董事、理事等执行机构或者决策机构的成员为清算义务人。法律、行政法规另有规定的，依照其规定。"原公司法没有清算义务人的概念，也未区分清算义务人与清算组、清算组成员在法律上的不同义务和职责。与民法典规定相一致，本条第一款明确规定董事为公司清算义务人。本条第一款规定，有如下含义：其一，董事是法定的公司清算义务人，公司章程或者股东会决议不得予以改变。其二，董事作为公司清算义务人，其主要义务和职责是在公司解散事由出现之日起十五日内组成清算组进行清算，意即董事负有在法定期限内组成清算组的义务，而清算事务的职责和履行由清算组负责。由此，本次修订的公司法，对清算义务人、清算组、清算组成员进行了明晰的区分。

清算组是负责公司清算事务的组织，是在公司清算过程中依法成立的执行清算事务，并对外代表清算中公司的机构。原《公司法》分别规定了有限责任公司和股份有限公司的清算组组成：有限责任公司的清算组由股东组成，股份有限公司的清算组由董事或者股东大会确定的人员组成。根据本条第二款规定，不论有限责任公司还是股份有限公司，原则上清算组都由董事组成，但是公司章程另有规定或者股东会决议另选他人的可以除外。

本条第三款规定了清算义务人的责任承担，与本条第一款规定的清算义务人的义务相呼应。清算义务人未及时履行清算义务，给公司或者债权人造成损失的，应当承担赔偿责任。需要注意的是，所称的"清算义务人未及时履行清算义务"，主要是指公司董事未履行本条第一款规定的义务，并且，清算义务人承担赔偿责任应当以其违反义务的行为给公司或者债权人造成损失为要件。

此外，根据《公司法司法解释二》第十八条规定，有限责任公司的股东、股份有限公司的董事和控股股东未及时履行清算义务的，应当在其造成损失的范围内对公司债务承担赔偿责任；无法清算的，承担连带清偿责任。显然，立法机关未采纳上述责任承担规定，从清算义务人的义务与责任承担相平衡，以本条第三款规定了过错赔偿责任，此为不同之处。

第二百三十三条　公司依照前条第一款的规定应当清算，逾期不成立清算组进行清算或者成立清算组后不清算的，利害关系人可以申请人民法院指定有关人员组成清算组进行清算。人民法院应当受理该申请，并及时组织清算组进行清算。

公司因本法第二百二十九条第一款第四项的规定而解散的，作出吊销营业执照、责令关闭或者撤销决定的部门或者公司登记机关，可以申请人民法院指定有关人员组成清算组进行清算。

【原法条文】

第一百八十三条　公司因本法第一百八十条第（一）项、第（二）项、第（四）项、第（五）项规定而解散的，应当在解散事由出现之日起十五日内成立清算组，开始清算。有限责任公司的清算组由股东组成，股份有限公司的清算组由董事或者股东大会确定的人员组成。逾期不成立清算组进行清算的，债权人可以申请人民法院指定有关人员组成清算组进行清算。人民法院应当受理该申请，并及时组织清算组进行清算。

【条文主旨】

本条是关于申请人民法院指定清算组的规定。

【重点解读】

本条是原《公司法》第一百八十三条的后半部分，内容上有三处修改：（1）新增规定成立清算组后不清算的，可以申请人民法院组织清算；（2）申请人民法院进行清算的主体由"债权人"修改为"利害关系人"扩大了申请人的主体范围；（3）增加第二款规定作出吊销营业执照、责令关闭或者撤销决定的部门或者公司登记机关，可以申请人民法院指定有关人员组成清算组进行清算。前两处修改吸收借鉴了公司法司法解释二第七条的规定。

根据本条第一款规定，依照本法第二百二十九条第一款第

（一）（二）（四）（五）项规定解散的，董事作为清算义务人应当在解散事由出现之日起十五日内组成清算组，逾期不成立清算组或者成立清算组后不清算的，债权人和公司股东等利害关系人可以申请人民法院指定有关人员成立清算组进行清算；根据本条第二款的规定，因本法第二百二十九条第一款第（四）项的规定而解散的，作出吊销营业执照、责令关闭或者撤销决定的部门或者公司登记机关，也可以申请人民法院指定有关人员成立清算组进行清算。《最高人民法院关于审理公司强制清算案件工作座谈会纪要》对审理公司强制清算案件应当遵循的原则，对强制清算案件的管辖，案号管理，强制清算申请的受理、撤回，强制清算组的议事机制，强制清算中的财产保全等问题进行了规范。

本条规定利害关系人、相关部门或者公司登记机关可以申请人民法院指定"有关人员"组成清算组进行清算。《公司法司法解释二》第八条规定，人民法院受理公司清算案件，应当及时指定有关人员组成清算组。清算组成员可以从下列人员或者机构中产生：公司股东、董事、监事、高级管理人员；依法设立的律师事务所、会计师事务所、破产清算事务所等社会中介机构；依法设立的律师事务所、会计师事务所、破产清算事务所等社会中介机构中具备相关专业知识并取得执业资格的人员。《公司法司法解释二》第九条规定，人民法院指定的清算组成员有下列情形之一的，人民法院可以根据债权人、公司股东、董事或其他利害关系人的申请，或者依职权更换清算组成员：有违反法律或者行政法规的行为；丧失执业能力或者民事行为能力；有严重损害公司或者债权人利益的行为。

第二百三十四条　清算组在清算期间行使下列职权：

（一）清理公司财产，分别编制资产负债表和财产清单；

（二）通知、公告债权人；

（三）处理与清算有关的公司未了结的业务；

（四）清缴所欠税款以及清算过程中产生的税款；

（五）清理债权、债务；

（六）分配公司清偿债务后的剩余财产；

（七）代表公司参与民事诉讼活动。

【原法条文】

第一百八十四条　清算组清算期间行使下列职权：

（一）清理公司财产，分别编制资产负债表和财产清单；

（二）通知、公告债权人；

（三）处理与清算有关的公司未了结的业务；

（四）清缴所欠税款以及清算过程中产生的税款；

（五）清理债权、债务；

（六）处理公司清偿债务后的剩余财产；

（七）代表公司参与民事诉讼活动。

【条文主旨】

本条是关于清算组职权的规定。

【重点解读】

本条沿用了原《公司法》第一百八十四条规定，只将"处理"，修订为"分配"，用词更准确。

清算组的职权如下：

（1）清理公司财产，分别编制资产负债表和财产清单。清算组要全面清理公司的全部财产，包括固定资产、流动资产、有形资产、无形资产、债权债务等现有的自有资产，并列出财产清单，同时编制公司的资产负债表，明晰公司的资产情况。

（2）通知、公告债权人。清算组接管公司事务后，应在法定期限内直接通知已知债权人并通过报纸或者国家企业信用信息公示系统公告通知未知的债权人，以便债权人能在法定期限内向清算组申报债权。

（3）处理与清算有关的公司未了结的业务。公司未了结的业务主要指公司解散前已经订立，解散时尚在履行中的合同事项等。对公司尚在履行中的合同是继续履行或者终止履行，清算组有权根据清算工作的需要，作出决定。但是无权进行与清算无关的新业务活动。清算组在处理未了结业务时应当坚持三项基本原则：第一，作出的处理必须合法；第二，有利于保护公司和债权人的合法权益；第三，有利于尽快了结公司未了结的业务。

（4）清缴所欠税款以及清算过程中产生的税款。在公司解散时，清算组应当对公司的纳税事宜进行清查，发现有欠缴税款的情况，或者有在清算进程中产生的税款，都有责任报请国家有关税务机关逐一查实，以清算公司的财产缴纳。

（5）清理债权、债务。清算组接管公司后应立即着手清理公司依法享有的债权和承担的债务，包括按照合同约定产生的债权、债务和依照法律法规的规定产生的债权、债务。公司解散前和为清算的目的产生的各项债权、债务均由清算组进行清理。

（6）分配公司清偿债务后的剩余财产。原《公司法》的规定是"处理"公司清偿债务后的剩余财产，而新《公司法》改为"分配"公司清偿债务后的剩余财产。这一修改使清算人的职权更准确。公司清偿债务后的剩余财产是指公司的财产在支付清算费用、职工工资、劳动保险费和法定补偿金，清缴税款，清偿所欠债务后公司剩余的财产。这部分财产属于股东权益，有限责任公司应按照股东的出资比例或公司章程相关规定分配；股份有限公司应按照股东持有的股份比例或公司章程相关规定分配。

（7）代表公司参与民事诉讼活动。公司清算组成立后办理注销登记前，由清算组负责人代表公司，以公司的名义参加有关公司的民事诉讼。公司已解散，尚未成立清算组的，由原法定代表人代表公司参加诉讼。

第二百三十五条　清算组应当自成立之日起十日内通知债权人，并于六十日内在报纸上或者国家企业信用信息公示系统公告。债权人应当自接到通知之日起三十日内，未接到通知的自公告之日起四十五日内，向清算组申报其债权。

债权人申报债权，应当说明债权的有关事项，并提供证明材料。清算组应当对债权进行登记。

在申报债权期间，清算组不得对债权人进行清偿。

【原法条文】

第一百八十五条　清算组应当自成立之日起十日内通知债权人，并于六十日内在报纸上公告。债权人应当自接到通知书之日起三十日内，未接到通知书的自公告之日起四十五日内，向清算组申报其债权。

债权人申报债权，应当说明债权的有关事项，并提供证明材料。清算组应当对债权进行登记。

在申报债权期间，清算组不得对债权人进行清偿。

【条文主旨】

本条是关于清算组通知公告义务及债权人债权申报的规定。

【重点解读】

本条与原《公司法》第一百八十五条相比有两处修订：（1）将"通知书"修改为"通知"，不再强调通知的书面形式；（2）清算组发布公告时，新增规定可以选择在"国家企业信用信息公示系统"进行公告。

本条第一款规定，对于明确且可以联系的债权人，可以用直接通知的方式通知其申报债权；对于无法取得联系的债权人，清算组应自成立之日起六十日内在报纸上或者国家企业信用信息公示系统公告，催促其申报债权。关于债权人申报债权的时限规定，具体来说，收到通知的债权人应自收到通知之日起三十日内，向清算组申报债权；未收到通知的债权人应自公告之日起四十五日内向清算组申报债权。

根据本条第二款规定，结合公司法司法解释二相关规定债权人申报债权时，应说明债权的有关事项，主要包括债权内容、数额、债权成立的时间、地点、有无担保等，并提供相关证明材料，清算组对债权人申报的债权应当一一核定，并作出准确翔实的登记。债权人对清算组核定的债权有异议的，可以要求清算组重新核定。清算组不予重新核定，或者债权人对重新核定的债权仍有异议，债权人以公司为被告向人民法院提起诉讼请求确认的，人民法院应予受理。

本条第三款规定，在债权申报期间内，清算组不能对个别债权人进行清偿，如果允许清算组在申报债权期间清偿债权，是对其他申报债权人权利的严重侵害，这是法律所不允许的。

【实务问题】

逾期未申报债权的债权人享有补充申报的权利。

我国《企业破产法》第五十六条规定："在人民法院确定的债权申报期限内，债权人未申报债权的，可以在破产财产最后分配前补充申报；但是，此前已进行的分配，不再对其补充分配。为审查和确认补充申报债权的费用，由补充申报人承担。"《公司法司法解释二》在公司清算中参考《企业破产法》的规定，确立了补充申报制度，即对已经超过申报期限的债权，允许其在公司清算程序终结前补充申报并获清偿。

全体债权人享有补充申报权，既包括有过错的债权人又包括无过错的债权人，既包括已知债权人又包括未知债权人。补充申报是对债权人权利的优先保护，但权利的行使都是有界限的，在补充申报中这一界限体现在两个方面：在程序方面，补充申报必须在法定期限内提出；在实体方面，补充申报的受偿范围受到一定的限制。解散清算中债权人补充申报的法定期限是"公司清算程序终结前"。公司清算程序终结是指清算报告经股东会或者人民法院确认完毕。公司清算程序终结后，未申报债权的债权人丧失其补充申报的权利和机会，但这并不意味着其权利无法得到救济，如其未及时申报债权系因清算组未依法通知或者公告造成的，其可以在程序终结后，根据《公司法》第二百三十八条和《公司法司法解释二》第十一条的规定要求清算组成员承担相应的赔偿责任。

第二百三十六条　清算组在清理公司财产、编制资产负债表和财产清单后，应当制订清算方案，并报股东会或者人民法院确认。

公司财产在分别支付清算费用、职工的工资、社会保险费用和法定补偿金，缴纳所欠税款，清偿公司债务后的剩余财产，有限责任公司按照股东的出资比例分配，股份有限公司按照股东持有的股份比例分配。

清算期间，公司存续，但不得开展与清算无关的经营活动。公司财产在未依照前款规定清偿前，不得分配给股东。

【原法条文】

第一百八十六条　清算组在清理公司财产、编制资产负债表和财产清单后，应当制定清算方案，并报股东会、股东大会或者人民法院确认。

公司财产在分别支付清算费用、职工的工资、社会保险费用和法定补偿金，缴纳所欠税款，清偿公司债务后的剩余财产，有限责任公司按照股东的出资比例分配，股份有限公司按照股东持有的股份比例分配。

清算期间，公司存续，但不得开展与清算无关的经营活动。公司财产在未依照前款规定清偿前，不得分配给股东。

【条文主旨】

本条是关于清算程序的规定。

【重点解读】

本条与原《公司法》第一百八十六条相比有两处修订：（1）将"制定"修改为"制订"，用词更准确。（2）删除"股东大会"。

本条第一款规定了清算方案的制订与确认。清算方案是如何清偿债务、如何分配公司剩余财产的一整套计划。制订清算方案、清偿公司债务、分配公司剩余财产，是清算组的主要职责。因此，清算组在清理公司财产，编制资产负债表和财产清单后，应尽快制订清算方案。清算组制订的清算方案，应报股东会或者人民法院确认后才可执行。公司自行清算的，清算方案应当报股东会确认；人民法院组织清算的，清算方案应当报人民法院确认。未经确认的清算方案，清算组不得执行。执行未经确认的清算方案给公司或者债权人造成损失，公司、股东或者债权人主张清算组成员承担赔偿责任的，人民法院依法予以支持。

公司财产的支付应按照支付清算费用、职工工资、社会保险费用和法定补偿金，缴纳所欠税款，清偿公司债务，剩余财产分配给股东的法定顺序进行。清算组必须按照先债权后股权的原则，在清偿公司全部债权后再向股东分配公司的剩余财产。一般情况下，公司进入清算程序时所剩财产已不多，很多时候不能全额清偿债务，在清偿债务之前向股东分配财产，等于把债权人的财产分配给股东。因此，本条第三款强调，清算组不得在清偿公司债务前向股东分配公司的财产。清算组在处分公司剩余财产时，应按照风险与收益统一的原则，即有限责任公司按照股东的出资比例进行分配，股份有限公司按照持股比例进行分配。本条第三款规定了清算期间公司法人地位与行为能力限制。公司进入清算程序，清算组接管公司之后，其法人资格仍然存在，即使进入破产程序，公司仍然可能通过重整得以重生。所以，公司在清算期间仍然可以法人的名义活动，但是，清算期间与公司的正常经营期间还是具有显著不同的，公司的行为能力在清算期间受到很大限制，公司不得在清算期间开展与清算无关的经营活动。

第二百三十七条　清算组在清理公司财产、编制资产负债表和财产清单后，发现公司财产不足清偿债务的，应当依法向人民法院申请破产清算。

人民法院受理破产申请后，清算组应当将清算事务移交给人民法院指定的破产管理人。

【原法条文】

第一百八十七条　清算组在清理公司财产、编制资产负债表和财产清单后，发现公司财产不足清偿债务的，应当依法向人民法院申请宣告破产。

公司经人民法院裁定宣告破产后，清算组应当将清算事务移交给人民法院。

【条文主旨】

本条是关于公司解散清算转化为破产清算的规定。

【重点解读】

本条与原《公司法》第一百八十七条相比有三处修订：（1）将向人民法院申请"宣告破产"修改为"破产清算"。（2）由"公司经人民法院裁定宣告破产后"清算组移交清算事务，改为"人民法院受理破产申请后"清算组移交清算事务。（3）由"将清算事务移交给人民法院"改为"将清算事务移交给人民法院指定的破产管理人"。

本条第一款规定了清算组发现公司资不抵债时应向人民法院申请破产清算。破产清算，是指公司被宣告破产时，依破产程序进行的清算。依据本条第一款规定，解散清算以公司能够清偿其债务为前提，当清算组在清查公司财产、考察业务状况、编制资产负债表和财产清单后，发现公司财产不足以清偿债务时，应当依法向法院申请破产清算。但清算组并不是对所有资不抵债的公司都一定申请破产清算。依据《公司法司法解释二》第十七条规定，人民法院指定的清算组在清理公司财产、编制资产负债表和财产清单时，发现公司财产不足以清偿债务的，可以与债权人协商制作有关债务清偿方案。债务清偿方案经全体债权人确认且不损害其他利害关系人利益的，人民法院可依清算组的申请裁定予以认可。清算组依据该清偿方案清偿债务后，应当向人民法院申请终结清算程序。债权人对债务清偿方案不予确认或者人民法院不予认可的，清算组应当依法向人民法院申请破产清算。

本条第二款规定，人民法院受理破产申请后，清算组应当将清算事务移交给人民法院指定的破产管理人。根据《企业破产法》的规定，破产管理人可以由有关部门、机构的人员组成的清算组或者依法设立的律师事务所、会计师事务所、破产清算事务所等社会中介机构担任。人民法院根据债务人的实际情况，可以在征询有关社会中介机构的意见后，指定该机构中具备相关专业知识并取得执业资格的人员担任管理人。

被依法宣告破产的公司，由破产管理人对公司资产进行清理，将破产财产公平地分配给债权人，并最终消灭公司法人资格。破产清算始终在法院的严格监督下进行。人民法院处理公司破产案件应当依照我国《企业破产法》的有关规定实施破产清算。原《公司法》以"宣告破产"定义规定公司解散清算转化"破产清算"事项，不甚严谨，本条中以"申请破产清算""受理破产申请"等进行定义，予以厘清。

第二百三十八条　清算组成员履行清算职责，负有忠实义务和勤勉义务。

清算组成员怠于履行清算职责，给公司造成损失的，应当承担赔偿责任；因故意或者重大过失给债权人造成损失的，应当承担赔偿责任。

【原法条文】

第一百八十九条　清算组成员应当忠于职守，依法履行清算义务。

清算组成员不得利用职权收受贿赂或者其他非法收入，不得侵占公司财产。

清算组成员因故意或者重大过失给公司或者债权人造成损失的，应当承担赔偿责任。

【条文主旨】

本条是关于清算组成员义务和责任的规定。

【重点解读】

本条与原《公司法》第一百八十九条相比有三处修订：（1）增加规定了清算组成员的勤勉义务。（2）删除了第二款"清算组成员不得利用职权收受贿赂或者其他非法收入，不得侵占公司财产"的规定。（3）与本条第一款规定勤勉义务相呼应，新增本条第二款"清算组成员怠于履行清算职责，给公司造成损失的，应当承担赔偿责任"的规定。

新《公司法》增加规定了清算组成员的勤勉义务，对清算组成员履行清算职责提出了更高要求。之前在公司成立清算组后，清算组完成清算工作时间不一，少则一两个月，多则三五年，导致债权人申报债权后，是否可以获得清偿悬而未定。并且，由于清算时间过长，也存在公司资产价值减损、公司债权回收困难加剧等风险，新《公司法》中对勤勉义务进行了明确，有利于从立法层面督促清算组成员积极履行清算义务。

针对本次修订增加的清算组成员的勤勉义务，增加规定清算组成员怠于履行清算职责，给公司造成损失的，应当承担赔偿责任。所谓"怠于"履行清算职责，指的是能够履行清算职责而不履行。清算组成员因故意或者重大过错对债权人造成损失的，应当承担赔偿责任。所谓"故意"是指清算组成员明知自己的行为会产生损害债权人利益的后果，而希望或放任这种结果的发生。所谓"重大过失"，是指清算组成员处理清算事务，法律有要求其特别注意的规定，而因为疏忽大意没有对该法律规定引起注意，或者虽然注意到了，但是，轻信可以避免以致发生不该发生的法律后果。如法律规定清算组应当自成立之日起十日内通知债权人申报债权，并于六十日内在报纸上或者国家企业信用信息公示系统公告，而办理此事的清算组成员因疏忽大意，没有办理公告，致使部分债权人未能如期申报债权，由此给债权人造成的损失，清算组成员应当承担赔偿责任。

第二百三十九条　公司清算结束后，清算组应当制作清算报告，报股东会或者人民法院确认，并报送公司登记机关，申请注销公司登记。

【原法条文】

第一百八十八条　公司清算结束后，清算组应当制作清算报告，报股东会、股东大会或者人民法院确认，并报送公司登记机关，申请注销公司登记，公告公司终止。

【条文主旨】

本条是关于公司注销的规定。

【重点解读】

本条与原《公司法》第一百八十八条相比有两处修订：（1）删除"股东大会"。（2）删除"公告公司终止"。

公司经过清算，收回债权，偿还债务，有剩余财产的，依法按照股东的出资比例或者持股比例分配给股东，公司清算即结束。清算结束后，根据本条规定，在公司自行清算的情况下，公司清算组应当将清算报告报股东会确认；在人民法院指定清算组进行公司强制清算的情况下，清算组应当将清算报告报人民法院确认。股东会或者人民法院经审查未发现问题的，应当予以确认，清算组不再对清算事务承担责任。如果在审查时发现清算过程中存在违法行为的，有权要求清算组作出解释。如果是在清算过程中，因不可抗力等特别原因确实无法收回的债权，清算组决议放弃的，依法经确认后，清算组对该项放弃的债权不再承担追收的责任。但如果不是因为不可抗力等个别原因，而是因清算组成员故意或者重大过失造成他人损失或放弃公司债权的，应对由此给公司造成的损害承担赔偿责任。

根据本条规定，清算组制作的清算报告经股东会或者人民法院确认后，清算组应向公司登记机关申请注销公司登记。公司登记机关核准注销登记后，公司终止，清算组工作即已完成。

第二百四十条　公司在存续期间未产生债务，或者已清偿全部债务的，经全体股东承诺，可以按照规定通过简易程序注销公司登记。

通过简易程序注销公司登记，应当通过国家企业信用信息公示系统予以公告，公告期限不少于二十日。公告期限届满后，未有异议的，公司可以在二十日内向公司登记机关申请注销公司登记。

公司通过简易程序注销公司登记，股东对第一款规定的内容

承诺不实的，应当对注销登记前的债务承担连带责任。

【条文主旨】

本条是关于公司简易注销的规定。

【重点解读】

本条是新增条款。

公司简易注销，即为达到加快公司退市的目的，适用比公司普通的注销程序更简化的程序对公司进行注销。

适用简易注销的主体为在存续期间未产生债务或者虽产生债务但已全部清偿的公司，即没有残余负债的公司。《市场主体登记管理条例》规定，公司在申请简易注销登记时，不应存在未结清清偿费用、职工工资、社会保险费用、法定补偿金、应缴纳税款（滞纳金、罚款）等债权债务。对于公司没有残余负债，需要经过全体股东作出承诺。

根据本条及《市场主体登记管理条例》的规定申请简易注销公司的流程一般应为：（1）符合适用条件的公司登录国家企业信用信息公示系统"简易注销公告"专栏，主动向社会公告拟申请简易注销登记及全体股东承诺等信息，公示期为二十日。（2）公示期内，有关利害关系人及相关政府部门可以通过国家企业信用信息公示系统"简易注销公告"专栏"异议留言区"功能提出异议并简要陈述理由。超过公示期，公示系统不再接受异议。（3）税务部门通过信息共享获取市场监管部门推送的拟申请简易注销登记信息后，应按照规定的程序和要求，查询税务信息系统，核实相关涉税情况，对经查询系统显示为以下情形的纳税人，税务部门不提出异议：一是未办理过涉税事宜的纳税人；二是办理过涉税事宜但未领用发票（含代开发票）、无欠税（滞纳金）及罚款且没有其他未办结涉税事项的纳税人；三是查询时已办结缴销发票、结清应纳税款等清税手续的纳税人。（4）公示期届满后，在公示期内无异议的，公司应当自公示期满之日起二十日内向登记机关办理简易注销登记。期满未办理的，登记机关可根据实际情况予以延长时限，宽展期最长不超过三十日。

公司简易注销在程序、时限上均得以简化。适用简易注销程序的公司无须在报纸上发布清算公告，可以直接通过国家企业信用信息公示平台公示申请简易注销登记的信息。

《全体股东承诺书》具有法律约束力，是实施监督管理的依据。承诺的内容包括三方面，一是确认债权债务已处理完毕且清算工作已全面完结；二是承诺无依规不能申请简易注销的情形；三是承诺真实性、法律后果及自愿性义务。承诺书必须全体投资人签署方为有效，缺一不可。本条第三款规定，简易注销过程中股东对债务情况有不实承诺的，应对注销登记前债务承担连带责任，以避免股东通过简易注销程序逃避债务，损害公司或者债权人的利益。

【实务问题】

办理公司简易注销时，除非公司从未办理过涉税事宜；或者办理过涉税事宜但未领用发票（含代开发票）、无欠税（滞纳金）及罚款且没有其他未办结的涉税事项，一般需要到税务部门办理清税证明。

第二百四十一条　公司被吊销营业执照、责令关闭或者被撤销，满三年未向公司登记机关申请注销公司登记的，公司登记机关可以通过国家企业信用信息公示系统予以公告，公告期限不少于六十日。公告期限届满后，未有异议的，公司登记机关可以注销公司登记。

依照前款规定注销公司登记的，原公司股东、清算义务人的责任不受影响。

【条文主旨】

本条是关于强制注销公司登记制度的规定。

【重点解读】

本条是新增条款。

"强制注销"又名"依职权注销",显著特征是行政权力主动介入并占据支配地位。由于目前开立公司的成本较低,而注销难度较大,大量商事主体缺乏主动申请的动力,市场上有很多空壳公司没有依法办理清算、注销手续,给市场监督管理部门、税务部门造成很大管理压力。因此,以市场自治为核心的依申请注销制度亟待与以行政权力为核心的强制注销制度协同助力。

本次《公司法》修订,新增关于强制注销公司的规定,为强制注销制度增加了上位法支撑,完善了商事主体终止制度。

根据本条第一款规定,可以被强制注销的公司包括:(1)被吊销执照满三年仍未清算完毕。所谓吊销营业执照,是指剥夺人单位已经取得的营业执照,使其丧失继续从事生产或者经营的资格。(2)责令关闭满三年仍未清算完毕。所谓责令关闭,是指行为人违反了法律、行政法规的规定,被行政机关作出了停止生产或者经营的处罚决定,从而停止生产或者经营。(3)被撤销满三年仍未清算完毕。所谓被撤销,是指由行政机关撤销有瑕疵的公司登记。公司被依法吊销营业执照、责令关闭或者被撤销,已经不能进行生产或者经营,应当解散,并且应当依据法律法规进行清算注销。需要注意的是,撤销是指市场监管部门或者其上级行政机关根据利害关系人的请求或者依据职权,作出的撤销公司登记的行政处理,注销是企业合法退出市场的唯一方式,因此即使是被撤销后也需要进行注销手续,公司注销后还需要及时到银行办理公司账户的注销手续。

本条第一款还规定了强制注销公司的程序,具体为:(1)确定公司被吊销营业执照、责令关闭或者被撤销,满三年未向公司登记机关申请注销公司登记，符合强制注销条件；（2）公司登记机关通过国家企业信用信息公示系统对强制注销事项进行公告，公告期限不少于六十日；（3）公告期限届满后，没有异议的，公司登记机关就可以注销公司登记。

本条第二款规定，公司登记机关依职权注销的公司，其股东、清算义务人的责任不因公司被注销而免除，仍负有清算的责任和义务。

第二百四十二条　公司被依法宣告破产的，依照有关企业破产的法律实施破产清算。

【条文主旨】

本条是公司破产清算法律适用的规定。

【重点解读】

本条沿用了原《公司法》第一百九十条规定，未修改。

本条是破产清算的法律适用的规定。公司破产清算不属于《公司法》的调整内容，我国现行的破产清算法律制度主要规定在《企业破产法》中。依据我国法律规定，有权宣告公司破产的机关为人民法院。债权人、债务人和依法负有清算责任的人可以向人民法院申请破产清算。公司破产案件由破产公司所在地人民法院管辖。

第十三章

外国公司的分支机构

第二百四十三条　本法所称外国公司，是指依照外国法律在中华人民共和国境外设立的公司。

【原法条文】

第一百九十一条　本法所称外国公司是指依照外国法律在中国境外设立的公司。

【条文主旨】

本条是关于外国公司的概念的规定。

【重点解读】

本条将原《公司法》中的"中国"改为"中华人民共和国"。显示法律的严肃性。

外国公司是相对于本国公司而言的，两者的区别主要是国籍不同。根据本条规定，只要是依外国法律在中国境外登记成立的公司即为外国公司，和公司的股东国籍无关，和资金来源无关。因此，我国《公司法》以公司设立时所依据的法律和登记注册地标准来确定公司的国籍，而不论股东国籍和住所地。

外国公司具有以下特点：（1）外国公司是依据外国公司法规定的条件、程序、责任形式、经营范围等设立的公司。外国公司可能为有限责任公司、股份有限公司、无限公司、两合公司等，只要其在本国被视为公司，无论采用何种公司形式，中国都认可其为外国公司。（2）外国公司是一种在中国境外登记成立的公司。在我国香港、澳门、台湾地区依当地公司法设立的公司，在管理上视同外国公司。

第二百四十四条　外国公司在中华人民共和国境内设立分支机构，应当向中国主管机关提出申请，并提交其公司章程、所属国的公司登记证书等有关文件，经批准后，向公司登记机关依法办理登记，领取营业执照。

外国公司分支机构的审批办法由国务院另行规定。

【原法条文】

第一百九十二条　外国公司在中国境内设立分支机构，必须向中国主管机关提出申请，并提交其公司章程、所属国的公司登记证书等有关文件，经批准后，向公司登记机关依法办理登记，领取营业执照。

外国公司分支机构的审批办法由国务院另行规定。

【条文主旨】

本条是关于外国公司分支机构设立程序的规定。

【重点解读】

本条将原《公司法》中的"中国"改为"中华人民共和国"。

外国公司依照本法规定在中国境内设立的从事生产经营等业务活动的场所或者办事机构为外国公司的分支机构。

根据本条规定，外国公司在中国境内设立分支机构应当按照以下程序办理：

（1）外国公司在中国境内设立分支机构必须向中国主管机关提出申请。外国公司向我国有关主管部门提出设立分支机构的申请时，应当提交的文件和证件主要包括：由外国公司董事长或总经理签署的设立分支机构申请书；外国公司的公司章程；外国公司的合法开业证明；分支机构负责人委派书；分支机构运营资金的拨付证明或验资报告；主管机关要求的其他文件。

（2）审批。本条第二款授权国务院另行规定外国公司分支机构的审批办法。根据我国有关法律法规的规定，对外国公司设立分支机构的申请，主管机关应当在规定的一定期限内作出批准或者不批准的决定。对于申请文件符合审批机关报送文件的要求，明确指定了分支机构的代表人或代理，分支机构的最低运营资金不少于国家规定的最低数额，分支机构的生产经营符合我国国家产业政策的要求，分支机构的生产经营符合国家有关法律、法规的规定的申请，审批机关将批准设立。对于目的或业务违背中国法律、法规和社会公共利益的，损害中国国家主权和国家安全的，其生产经营活动可能造成环境污染或破坏资源的，设立分支机构的地区限制外国人居住或者营业范围限制外国人经营的，申请批准事项中虚假情形的，外国公司所属国对我国公司不认可的，审批机关将作出不予批准的决定。

（3）办理登记手续，领取营业执照。外国公司在中国境内设立分支机构的申请经中国政府有关主管部门批准后，申请设立分支机构的外国公司应当持有关证件到中国的市场监督管理机关办理登记手续。所持证件应当包括：外国公司的公司章程、外国的公司登记证书、外国公司的法定代表人签署的申请书、中国政府有关主管部门审批证明、所设分支机构负责人的任职文件、资金拨付证明（或担保文件）等。经中国政府的市场监督管理机关审查后，如认为符合法律法规规定条件的，给予注册登记，即可领取营业执照。营业执照签发之日，为外国公司分支机构成立之日。外国公司分支机构自此取得在中国境内从事生产经营活动的资格，可以刻制公章，开设银行账户，开展核准经营范围内的经营活动。

第二百四十五条　外国公司在中华人民共和国境内设立分支机构，应当在中华人民共和国境内指定负责该分支机构的代表人或者代理人，并向该分支机构拨付与其所从事的经营活动相适应的资金。

对外国公司分支机构的经营资金需要规定最低限额的，由国务院另行规定。

【原法条文】

第一百九十三条　外国公司在中国境内设立分支机构，必须在中国境内指定负责该分支机构的代表人或者代理人，并向该分支机构拨付与其所从事的经营活动相适应的资金。

对外国公司分支机构的经营资金需要规定最低限额的，由国务院另行规定。

【条文主旨】

本条是关于外国公司分支机构设立条件的规定。

【重点解读】

本条将原《公司法》中的"中国"均改为"中华人民共和国"，"必须"改为"应当"。

根据本条规定，外国公司在我国设立分支机构要符合以下两个条件：其一，外国公司必须在中国境内指定负责该分支机构的代表人或者代理人。代表人或者代理人是分支机构的负责人，代表外国公司在中国境内从事各项生产经营活动，如对外签订合同、到法院起诉或者应诉等，其行为的法律后果由外国公司承担。其二，外国公司必须向该分支机构拨付与其所从事经营活动相适应的资金。资金是外国公司分支机构开展和维护正常生产经营活动的基础和物质保障，也是外国公司分支机构承担法律责任的保证。国务院对外国分支机构的经营资金规定最低限额的，外国公司必须执行。需要注意的是，外国公司分支机构承担民事责任并不以本条中的外国公司向分支机构拨付的资金为限。外国公司分支机构不具有法人资格，当其需要依法承担民事责任时，应由设立该分支机构的外国公司承担。

第二百四十六条　外国公司的分支机构应当在其名称中标明该外国公司的国籍及责任形式。

外国公司的分支机构应当在本机构中置备该外国公司章程。

【条文主旨】

本条是关于外国公司分支机构的名称和章程置备的规定。

【重点解读】

本条沿用了原《公司法》第一百九十四条规定，未修改。

根据本条第一款规定，外国公司分支机构的名称中首先应当标明外国公司的国籍，以区别于中国公司。外国公司分支机构的名称中还要标明外国公司的责任形式，意在使人们对外国公司责任承担形式一目了然，维护交易活动的安全。另外，外国公司分支机构的名称中还应当标明设立分支机构的外国公司的名称。分支机构的相关责任需要所属公司来承担，故在分支机构的名称中标明所属公司的名称，便于确定责任主体。

根据本条第二款规定，外国公司的分支机构应当在本机构中置备该外国公司的章程，便于债权人和公司主管机关查阅，以保护外国公司分支机构债权人的利益，也有利于公司主管机关对外国公司的分支机构进行监督和管理。

第二百四十七条　外国公司在中华人民共和国境内设立的分支机构不具有中国法人资格。

外国公司对其分支机构在中华人民共和国境内进行经营活动承担民事责任。

【原法条文】

第一百九十五条　外国公司在中国境内设立的分支机构不具有中国法人资格。

外国公司对其分支机构在中国境内进行经营活动承担民事责任。

【条文主旨】

本条是关于外国公司分支机构的法律地位的规定。

【重点解读】

本条沿用了原《公司法》第一百九十五条规定。

对于法人分支机构，国际通行的一项法律原则为分支机构是法人的组成部分，直属于设置它的法人，不具有独立法人资格。外国公司的分支机构，直属于设置它的外国公司，不具有法人资格。

根据本条第二款规定，外国公司的分支机构作为外国公司的一个组成部分在中国境内从事经营活动，所产生的民事责任由所属外国公司承担。《民法典》第七十四条规定，分支机构以自己的名义从事民事活动，产生的民事责任由法人承担；也可以先以该分支机构管理的财产承担，不足以承担的，由法人承担。据此，外国公司分支机构在中华人民共和国境内从事经营活动产生债务具体清偿时，可以先以该分支机构管理的财产进行清偿，不足以清偿时再由所属外国公司承担。

第二百四十八条　经批准设立的外国公司分支机构，在中华人民共和国境内从事业务活动，应当遵守中国的法律，不得损害

中国的社会公共利益，其合法权益受中国法律保护。

【原法条文】

第一百九十六条　经批准设立的外国公司分支机构，在中国境内从事业务活动，必须遵守中国的法律，不得损害中国的社会公共利益，其合法权益受中国法律保护。

【条文主旨】

本条是关于外国公司分支机构活动原则的规定。

【重点解读】

本条将原《公司法》第一百九十六条中的"中国"改为"中华人民共和国"。"必须"改为"应当"。

外国公司的分支机构在中国经工商登记并领取营业执照后，既享有在中国境内从事业务活动的权利，又应当履行中国法律规定的义务。

根据本条规定，外国公司分支机构的权利有：（1）依法从事业务活动。但应当注意，我国对外国公司分支机构从事业务活动的范围有所限制，一些与关系国计民生特定的行业，如国防工业是禁止外国公司进入的。（2）合法权益受中国法律保护。外国公司分支机构在中国境内从事业务活动，其合法权益受中国法律保护，如财产所有权、承租权、结汇权等。外国公司的合法权益受到侵害时，其有权向中国法院提起诉讼，维护其合法权益。

根据本条规定，外国公司分支机构的义务有：（1）遵守中华人民共和国法律。外国公司在中国设立分支机构从事经营活动属于法律规范的对象，同中国的单位和个人一样，也应当遵守中国的法律，否则要受到法律的制裁。这里的法律包括本法在内的所有现行有效的中国法律。（2）不得损害中国的社会公共利益。维护社会公共利益是我国《宪法》和有关法律规定的一项基本原则。这项基本原则对任何在中国的境内的单位和个人都有约束力，外国公司在中国境内设立的分支机构的行为也应当受这一基本原则的约束，不得扰乱中国正常的经济秩序，不得损害中国的社会公共利益。

第二百四十九条　外国公司撤销其在中华人民共和国境内的分支机构时，应当依法清偿债务，依照本法有关公司清算程序的规定进行清算。未清偿债务之前，不得将其分支机构的财产转移至中华人民共和国境外。

【原法条文】

第一百九十七条　外国公司撤销其在中国境内的分支机构时，必须依法清偿债务，依照本法有关公司清算程序的规定进行清算。未清偿债务之前，不得将其分支机构的财产移至中国境外。

【条文主旨】

本条是关于外国公司分支机构的撤销与清算的规定。

【重点解读】

本条有四处修改：（1）两处"中国"改为"中华人民共和国"。（2）"必须"改为"应当"。（3）"移"改为"转移"。条文内容没有实质性修改。

外国公司分支机构的撤销是指外国公司依法终结其在中国境内设立的分支机构的业务活动，使该分支机构归于消灭的法律行为。根据本条规定，外国公司的分支机构的撤销与清算应当依照中国的法律进行。外国公司撤销在中国境内设立的分支机构分为两种情况：一种是主动撤销，即外国公司自愿撤销其设立的分支机构，把分支机构主动关闭；另一种是被动撤销，即外国公司在中国境内的分支机构违反了中国法律的相关规定，公司登记机关责令其停止营业，吊销其营业执照，强令外国公司分支机构撤销。外国公司撤销其中国境内的分支机构时，应当依照本法有关公司清算程序的规定进行清算。其清算的程序为：第一，成立清算组，出现了撤销情形后，应当在十五日内成立清算组，逾期不成立清算组的，债权人可以申请人民法院指定有关人员组成清算组，进行清算。第二，通知并公告债权人。清算组应当自成立之日起十日内通知债权人，并于六十日内依法进行公告。第三，财产清理与分配，清算组在清理分支机构财产、编制资产负债表和财产清单后，应当制定清算方案，进行债务清偿。经清理，财产不足清偿债务的，由设立该分支机构的外国公司承担相应清偿责任。未清偿债务之前，不得将其分支机构的财产转移至中国境外。第四，办理注销登记。清算结束后，清算组应当制作清算报告，报有关主管机关确认，并报送原公司登记机关，在法定期限内申请注销登记，由公司登记机关依法对其注销登记并注销其营业执照。

第十四章
法律责任

　　第二百五十条　违反本法规定，虚报注册资本、提交虚假材料或者采取其他欺诈手段隐瞒重要事实取得公司登记的，由公司登记机关责令改正，对虚报注册资本的公司，处以虚报注册资本金额百分之五以上百分之十五以下的罚款；对提交虚假材料或者采取其他欺诈手段隐瞒重要事实的公司，处以五万元以上二百万元以下的罚款；情节严重的，吊销营业执照；对直接负责的主管人员和其他直接责任人员处以三万元以上三十万元以下的罚款。

【原法条文】

　　第一百九十八条　违反本法规定，虚报注册资本、提交虚假材料或者采取其他欺诈手段隐瞒重要事实取得公司登记的，由公司登记机关责令改正，对虚报注册资本的公司，处以虚报注册资本金额百分之五以上百分之十五以下的罚款；对提交虚假材料或者采取其他欺诈手段隐瞒重要事实的公司，处以五万元以上五十万元以下的罚款；情节严重的，撤销公司登记或者吊销营业执照。

【条文主旨】

　　本条是关于欺诈取得公司登记的法律责任的规定。

【重点解读】

　　本条主要沿用了原《公司法》第一百九十八条，其中有三处修改：

（1）将虚假登记的罚款上限从五十万元调整为二百万元；（2）删除"撤销公司登记"。但撤销公司登记的内容在《公司法》中并未删除，而是规定在第三十九条；（3）新增对直接责任人员处以三万元以上三十万元以下罚款的规定。

这里的"公司登记"不仅包括设立登记还包括变更登记、注销登记以及设立分公司的登记等公司登记。

本条涉及的违法行为有以下三种：（1）虚报注册资本。主要指为骗取公司登记而故意夸大资本数额，实际上根本就没有出资或者没有全部出资。这里的"注册资本"是指在公司登记机关登记的资本数额，包括设立时股东认缴的出资额，也包括成立后增加的资本额。（2）提交虚假材料。这里的"虚假材料"主要是指设立（变更、注销）登记申请书、公司章程、验资证明等文件和从事法律、行政法规规定须报经有关部门审批的业务所提交的有关部门的批准文件是虚假的，如有关股东出资的验资证明是虚构的，或者从事特种行业所提交有关部门的批准文件是伪造的等。（3）采取其他欺诈手段隐瞒重要事实。这里的"其他欺诈手段"是指采用其他隐瞒事实真相的方法欺骗公司登记机关的行为。

实施本条规定的行政处罚的主体为公司登记机关。按照本条规定，采取欺骗手段取得公司登记的，由公司登记机关责令改正，根据违法情况处以罚款和吊销营业执照。（1）责令改正。对任何一种违法行为，均应当予以改正。（2）对公司处以罚款。公司登记机关对虚报注册资本的公司，处以虚报注册资本金额百分之五以上百分之十五以下的罚款；对提交虚假材料或者采取其他欺诈手段隐瞒重要事实的公司，处以五万元以上二百万元以下的罚款。和原《公司法》相比，新《公司法》提高了罚款数额上限，加大了处罚力度。（3）吊销营业执照。吊销营业执照是公司登记机关强行收回违法当事人营业执照并予以注销的一种行政处罚。由于吊销营业执照会使企业的民事主体资格归于消灭，因此只能适用于违法行为特别严重，已不能行使营业执照所赋予权利的违法者。什么样的违法行为算情节严重，本条没有明确，由公司登记机关具体规定。本法第三十九条已就撤销公司设立登记作出单独规定，且撤销公司登记不属于行政处罚，本条是对法律责任的规定，撤销登记不属于该范围，故删去了撤销登记的规定。（4）对直接责任人员处以罚款。公司虚假登记实际是由公司内部人员主导实施的，在处罚公司时也要强调行为人的个人责任，因此新增了对虚假登记直接责任人的处罚。对直接负责主管人员和其他直接责任人员的处罚为：处以三万元以上三十万元以下的罚款。

第二百五十一条　公司未依照本法第四十条规定公示有关信息或者不如实公示有关信息的，由公司登记机关责令改正，可以处以一万元以上五万元以下的罚款。情节严重的，处以五万元以上二十万元以下的罚款；对直接负责的主管人员和其他直接责任人员处以一万元以上十万元以下的罚款。

【条文主旨】

本条是关于公司未按规定公示或不如实公示有关信息的法律责任的规定。

【重点解读】

本条是新增条文。

通过企业信息公示，市场主体可以方便地了解企业的经营信息，从而对其信用作出评估，对交易风险作出判断，进而使交易安全得到保障。根据本法第四十条规定，需要公司公示的有关信息包括：有限责任公司股东认缴和实缴的出资额、出资方式和出资日期，股份有限公司发起人认购的股份数；有限责任公司股东、股份有限公司发起人的股权、股份变更信息；行政许可取得、变更、注销等信息；法律、行政法规规定的其他信息。其中，法律、行政法规规定的其他信息，如根据《企业信息公示暂行条例》的规定，包括股权出质登记信息、行政处罚信息、上一年度年度报告等。为确保公司及相关主管人员履行本法第四十条的义务性规定，本法特设本条规定未公示或者不如实公示相关企业信息的法律责任。违法情节轻微的，处以数额较低的罚款：一万元以上五万元以下；情节严重的，处以高额罚款：五万元以上二十万元以下；同时，根据情节轻重，直接的责任人也会被处以一万元以上十万元以下的罚款。

【实务问题】

根据《企业信息公示暂行条例》的相关规定，公司应当于每年1月1日至6月30日，通过企业信用信息公示系统向工商行政管理部门报送上一年度年度报告，并向社会公示。当年设立登记的公司，自下一年起报送并公示年度报告。公司年度报告内容包括：（1）公司通信地址、邮政编码、联系电话、电子邮箱等信息；（2）公司开业、歇业、清算等存续状态信息；（3）公司投资设立企业、购买股权信息；（4）有限责任公司或者股份有限公司其股东或者发起人认缴和实缴的出资额、出资时间、出资方式等信息；（5）有限责任公司股东股权转让等股权变更信息；（6）公司网站以及从事网络经营的网店的名称、网址等信息；（7）公司从业人数、资产总额、负债总额、对外提供保证担保、所有者权益合计、营业总收入、主营业务收入、利润总额、净利润、纳税总额信息。其中第（1）至（6）项应当向社会公示，是强制公示信息，第（7）项由公司选择是否向社会公示，是自愿公示信息。经公司同意，公民、法人或者其他组织可以查询公司选择不公示的信息。对于强制公示信息，应当依法如实公示；对于自愿公示信息，可以选择不进行公示，但如果公示，也应当如实公示，否则应当承担不如实公示的法律责任。

第二百五十二条 公司的发起人、股东虚假出资，未交付或者未按期交付作为出资的货币或者非货币财产的，由公司登记机关责令改正，可以处以五万元以上二十万元以下的罚款；情节严重的，处以虚假出资或者未出资金额百分之五以上百分之十五以下的罚款；对直接负责的主管人员和其他直接责任人员处以一万元以上十万元以下的罚款。

【原法条文】

第一百九十九条 公司的发起人、股东虚假出资，未交付或者未按期交付作为出资的货币或者非货币财产的，由公司登记机关责令改正，处以虚假出资金额百分之五以上百分之十五以下的罚款。

【条文主旨】

本条是关于虚假出资法律责任的规定。

【重点解读】

本条对虚假出资的法律责任进行了梯度设计，即情节不严重的，处以五万元以上二十万元以下的罚款。情节严重的，处以虚假出资或者未出资金额百分之五以上百分之十五以下的罚款；新增对直接负责的主管人员和其他直接责任人员处以一万元以上十万元以下的罚款的规定。

公司的经营运转需要一定的资金，股东或者发起人的出资是公司的最初资金来源。根据本法的规定，设立公司时，公司的股东、发起人需要按照公司章程的规定足额缴纳出资。公司成立后，董事会应当对股东的出资情况进行核查，发现股东未按期足额缴纳公司章程规定的出资的，应当向该股东发出书面催缴书，催缴出资。全体股东认缴的出资额由股东按照公司章程的规定自公司成立之日起五年内缴足。在这个过程中，公司的发起人、股东的出资是否真实和按期足额缴纳非常重要。如果有的公司发起人、股东虚假出资，既危及公司的稳健发展，也影响其他发起人或者股东的利益。因此本法要求公司的股东、发起人必须按期足额缴纳出资。公司的股东、发起人故意违反本法关于缴纳出资的规定，未交付或者未按期交付作为出资的货币或者非货币财产的，即构成虚假出资行为，应当承担相应的责任。

依据本条追究虚假出资行为的法律责任主要包括：（1）责令改正。公司登记机关应当及时责令虚假出资的公司股东、发起人履行其出资义务，交纳未交付或者未按期交付货币出资或者非货币财产。（2）对股东、发起人罚款。公司股东、发起人虚假出资，是为追求一定的经济利益。因此，公司登记机关对行为人除责令改正外，同时要处以罚款，以使行为人承受经济上的惩罚，受到教育。根据本条规定，公司的股东、发起人虚假出资的，未交付或者未按期交付作为出资的货币或者非货币财产的，对于情节不严重的，处以五万元以上二十万元以下的罚款；情节严重的，处以虚假出资或者未出资金额百分之五以上百分之十五以下的罚款。本条对法律责任配置进行梯度设计，可实现罚过相当的责任配置原则。（3）对直接责任人员处以罚款。根据本法第五十一条和第一百零七条的规定，有限责任公司和股份有限公司成立后，董事会应当对股东或者发起人的出资情况有核查和催缴责任，股东和发起人虚假出资，在处罚股东和发起人时也要追究董事等其他直接责任人员的责任，因此新增了对虚假出资直接责任人的处罚：对直接负责的主管人员和其他直接责任人员处以一万元以上十万元以下的罚款。

第二百五十三条　公司的发起人、股东在公司成立后，抽逃其出资的，由公司登记机关责令改正，处以所抽逃出资金额百分之五以上百分之十五以下的罚款；对直接负责的主管人员和其他直接责任人员处以三万元以上三十万元以下的罚款。

【原法条文】

第二百条　公司的发起人、股东在公司成立后，抽逃其出资的，由公司登记机关责令改正，处以所抽逃出资金额百分之五以上百分之十五以下的罚款。

【条文主旨】

本条是关于抽逃出资法律责任的规定。

【重点解读】

本条在原《公司法》第二百条的基础上增加了对直接主管人员和其他直接责任人员罚款的规定。

注册资本出资形成的公司资本是公司信誉及其承担责任的物质基础。为了保证公司资本的真实可靠，保护债权人权益，维护社会经济秩序的稳定发展，本条规定公司发起人、股东出资后，不得抽回出资。对于何为抽逃出资，《公司法司法解释三》第十二条规定，公司成立后，公司、股东或者公司债权人以相关股东的行为符合下列情形之一且损害公司权益为由，请求认定该股东抽逃出资的，人民法院应予支持：（1）制作虚假财务会计报表虚增利润进行分配；（2）通过虚构债权债务关系将其出资转出；（3）利用关联交易将出资转出；（4）其他未经法定程序将出资抽回的行为。公司发起人、股东在公司成立后，抽逃出资，是对公司债权人、社会公众的欺骗，应当承担相应的法律责任。

根据本条规定，抽逃出资行为的主体为公司发起人和股东，其抽逃出资是一种故意的行为。对抽逃出资行为客观方面，可以从行为的时间及方式两方面进行把握：（1）抽逃出资行为只发生在公司成立之后，这与虚报注册资本、虚假出资等行为在时间上有所区别；（2）抽逃出资，是指公司发起人、股东非法抽回自己的出资，减少公司资本总额的行为，其具体手段可以多种多样。

依据本条，承担抽逃出资行为法律责任的主体有两类：一类为实施抽逃出资行为的公司发起人和股东。法律责任包括责令改正和罚款。公司的发起人、股东在公司成立后，抽逃其出资的，由公司登记机关责令改正，处以所抽逃出资金额百分之五以上百分之十五以下的罚款。另一类是对抽逃出资直接负责的主管人员和其他直接责任人员，这是新《公司法》新增规定。行政法律责任为罚款。对直接负责的主管人员和其他直接责任人员处以三万元以上三十万元以下的罚款。

抽逃出资的过程中通常会出现其他股东、董事、高级管理人员或者实际控制人协助股东抽逃出资的情况。《公司法司法解释三》第十四条明确了协助抽逃出资的其他股东、董事、高级管理人员或者实际控制人的连带责任，旨在提升从事抽逃出资行为的违法成本。本条进一步明确了直接负责的主管人员和其他直接责任人员的法律责任，进一步完善了抽逃出资法律责任体系。

第二百五十四条　有下列行为之一的，由县级以上人民政府财政部门依照《中华人民共和国会计法》等法律、行政法规的规定处罚：

（一）在法定的会计账簿以外另立会计账簿；

（二）提供存在虚假记载或者隐瞒重要事实的财务会计报告。

【原法条文】

第二百零一条　公司违反本法规定，在法定的会计账簿以外另立会计账簿的，由县级以上人民政府财政部门责令改正，处以五万元以上五十万元以下的罚款。

第二百零二条　公司在依法向有关主管部门提供的财务会计报告等材料上作虚假记载或者隐瞒重要事实的，由有关主管部门对直接负责的主管人员和其他直接责任人员处以三万元以上三十万元以下的罚款。

【条文主旨】

　　本条是关于公司另立会计账簿和提供虚假记载或者隐瞒重要事实的财务会计报告的法律责任的规定。

【重点解读】

　　本条整合了原《公司法》第二百零一条和第二百零二条的内容，删除了具体的责任设定，修改后处罚权统一交由县级以上人民政府财政部门，并依照《会计法》等法律、行政法规的规定处罚。

　　《会计法》第六章为"法律责任"规定。"在法定的会计账簿以外另立会计账簿"的法律责任，参见《会计法》第四十二条规定；"提供虚假记载或者隐瞒重要事实的财务会计报告"的法律责任，参见《会计法》第四十三条、第四十四条、第四十五条规定。与原《公司法》相比，《会计法》规定的承担法律责任的主体、处罚的方式、处罚的力度都发生了变化。承担法律责任的主体由直接负责的主管人员和其他直接责任人员扩展为单位、直接负责的主管人员和其他直接责任人员和授意、指使、强令会计机构、会计人员及其他人员伪造、变造会计凭证、会计账簿，编制虚假财务会计报告或者隐匿、故意销毁依法应当保存的会计凭证、会计账簿、财务会计报告人员，对其中的会计人员和国家工作人员的处罚还作了特别规定；处罚的方式由原《公司法》中的单一罚款增加为通报、罚款、不得从业、降级、撤职直至开除等；在处罚力度方面，大大降低了对直接负责的主管人员和其他直接责任人员罚款数额，由罚款三万元以上三十万元以下，降为三千元以上五万元以下，但增加了对单位和授意、指使、强令会计机构、会计人员及其他人员伪造、变造会计凭证、会计账簿，编制虚假财务会计报告或者隐匿、故意销毁依法应当保存的会计凭证、会计账簿、财务会计报告人员的罚款规定；还规定其中的会计人员，五年内不得从事会计工作；其中的国家工作人员由其所在单位或者有关单位依法给予降级、撤职直至开除的行政处分。

第二百五十五条 公司在合并、分立、减少注册资本或者进行清算时，不依照本法规定通知或者公告债权人的，由公司登记机关责令改正，对公司处以一万元以上十万元以下的罚款。

【原法条文】

第二百零四条第一款 公司在合并、分立、减少注册资本或者进行清算时，不依照本法规定通知或者公告债权人的，由公司登记机关责令改正，对公司处以一万元以上十万元以下的罚款。

【条文主旨】

本条是关于公司在合并、分立、减少注册资本或者清算时不依法告知债权人的法律责任的规定。

【重点解读】

本条沿用了原《公司法》第二百零四条第一款的规定，无其他修改。

根据本法规定，公司应当自作出合并、分立决议之日起十日内通知债权人，并于三十日内在报纸上或者国家企业信用信息公示系统公告；公司应当自作出减少注册资本决议之日起十日内通知债权人，并于三十日内在报纸上或者国家企业信用信息公示系统公告；清算组应当自成立之日起十日内通知债权人，并于六十日内在报纸上或者国家企业信用信息公示系统公告。本法规定公司在合并、分立、减少注册资本或者清算时通知或者公告债权人，主要是为了防止公司逃避债务，保护债权人的利益，如果公司不按照本法规定通知或者公告债权人，债权人会因无法获得相关信息而使利益受到损害的，公司应当承担相应的法律责任。

根据本条规定，公司不按照本法规定通知或者公告债权人的，应承担的法律责任为：（1）责令改正，由公司登记机关责令改正，即要求公司尽快将公司合并、分立、减少注册资本或者进行清算的情况通知债权人；（2）罚款，由公司登记机关对公司处以一万元以上十万元以下的罚款。

第二百五十六条　公司在进行清算时，隐匿财产，对资产负债表或者财产清单作虚假记载，或者在未清偿债务前分配公司财产的，由公司登记机关责令改正，对公司处以隐匿财产或者未清偿债务前分配公司财产金额百分之五以上百分之十以下的罚款；对直接负责的主管人员和其他直接责任人员处以一万元以上十万元以下的罚款。

【原法条文】

第二百零四条第二款　公司在进行清算时，隐匿财产，对资产负债表或者财产清单作虚假记载或者在未清偿债务前分配公司财产的，由公司登记机关责令改正，对公司处以隐匿财产或者未清偿债务前分配公司财产金额百分之五以上百分之十以下的罚款；对直接负责的主管人员和其他直接责任人员处以一万元以上十万元以下的罚款。

【条文主旨】

本条是关于公司违反本法有关规定进行清算的法律责任的规定。

【重点解读】

本条沿用了原《公司法》第二百零四条第二款的规定，未修改。

根据本条规定，违法清算行为主要有：隐匿财产；对资产负债表或者财产清单作虚假记载；未清偿债务前分配公司财产。"隐匿财产"，是指公司未将有的财产反映在账面上，清算时故意隐瞒不报。"对资产负债表或者财产清单作虚假记载"，是指多记负债少记资产，逃避公司的债务，损害债权人的利益。"未清偿债务前分配公司财产"，是指在清算过程中，违反法律规定，在清偿债务之前，就将财产分配给股东，这样会造成对公司所欠债务不能履行，损害债权人利益。

公司在进行清算时有上述违法行为的，由公司登记机关责令改正，对公司处以隐匿财产或者未清偿债务前分配公司财产金额百分之五以上百分之十以下的罚款；对直接负责的主管人员和其他直接责任人员处以一万元以上十万元以下的罚款。对清算中的严重违法行为，根据《刑法》的相关规定，公司、企业进行清算时，隐匿财产，对资产负债表或者财产清单作虚假记载，或者在未清偿债务前分配公司、企业财产，严重损害债权人或者其他人利益的，对其直接负责的主管人员和其他直接责任人员，处五年以下有期徒刑或者拘役，并处或者单处二万元以上二十万元以下罚金。

第二百五十七条　承担资产评估、验资或者验证的机构提供虚假材料或者提供有重大遗漏的报告的，由有关部门依照《中华人民共和国资产评估法》、《中华人民共和国注册会计师法》等法律、行政法规的规定处罚。

承担资产评估、验资或者验证的机构因其出具的评估结果、验资或者验证证明不实，给公司债权人造成损失的，除能够证明自己没有过错的外，在其评估或者证明不实的金额范围内承担赔偿责任。

【原法条文】

第二百零七条　承担资产评估、验资或者验证的机构提供虚假材料的，由公司登记机关没收违法所得，处以违法所得一倍以上五倍以下的罚款，并可以由有关主管部门依法责令该机构停业、吊销直接责任人员的资格证书，吊销营业执照。

承担资产评估、验资或者验证的机构因过失提供有重大遗漏的报告的，由公司登记机关责令改正，情节较重的，处以所得收入一倍以上五倍以下的罚款，并可以由有关主管部门依法责令该机构停业、吊销直接责任人员的资格证书，吊销营业执照。

承担资产评估、验资或者验证的机构因其出具的评估结果、验资或者验证证明不实，给公司债权人造成损失的，除能够证明自己没有过错的外，在其评估或者证明不实的金额范围内承担赔偿责任。

【条文主旨】

本条是关于承担资产评估、验资或者验证的机构提供虚假材料或出具报告重大失实法律责任的规定。

【重点解读】

本条删除了原《公司法》具体法律责任规定，交由有关部门依照《中华人民共和国资产评估法》（以下简称《资产评估法》）、《中华人民共和国注册会计师法》（以下简称《注册会计师法》）等法律、行政法规的规定处罚。

承担资产评估、验资或者验证的机构提供虚假材料或者提供有重大遗漏的报告是指承担资产评估、验资、验证、会计、审计等职责的中介机构及人员提供虚假材料或者提供有重大遗漏的报告；所谓承担资产评估、验资或者验证的机构，是指资产评估机构、会计师事务所等中介机构。

中介机构作为违法主体，提供虚假材料或者提供有重大遗漏的报告的判断很多时候涉及更加专业的学科知识。各公司之间的经营业务不同，那么它们所接触的承担资产评估、验资或者验证的机构所提供的服务也自然会有所不同，所提交的材料和报告的要求同样不具有完全一致性的标准，因此在《公司法》中不宜千篇一律地规定相同的处罚，交由《资产评估法》《注册会计师法》等法律、行政法规处理违法行为将更为效率。

《资产评估法》相关条款为第四十四条、第四十五条、第四十七条、第四十八条、第四十九条等。《注册会计师法》的相关条款为第二十条、第二十一条、第三十九条。承担资产评估、验资或者验证的机构因为自己的过错，出具了不实的评估结果、验资或者验证证明，公司债权人因为信任其评估结果、验资或者验证证明，而遭受损失的，债权人有理由要求承担资产评估、验资或者验证的机构予以赔偿。承担资产评估、验资或者验证的机构除能够证明自己没有过错的外，在其评估或者证明不实的金额范围内承担赔偿责任。

中介机构承担民事责任有以下几个方面应当注意：

（1）举证责任倒置。根据我国《民事诉讼法》第六十四条的规定，当事人对自己提出的主张，有责任提供证据。在关于中介机构是否承担民事责任的诉讼中，遭受损失的债权人只需证明自己因为信任中介机构提供的不实的评估结果、验资或者验证证明，从而遭受了损失即可，不需要证明中介机构是否存在过失。相反，中介机构要证明自己在提供评估结果、验资或者验证证明时没有过错，即通常所说的举证责任倒置。

（2）中介机构承担赔偿责任的范围。由于中介机构所出具的评估结果、验资或者验证证明不光是提供给有关部门，往往还要为广大社会公众、股民提供信息，因此，如果给他人造成损失，其损失往往是中介机构所不能预见的，如果让中介机构承担所有的损失而不加以限制的话，对中介机构也是不公平的。因此，本条规定，中介机构在其评估或者证明不实的金额范围内承担赔偿责任。

第二百五十八条　公司登记机关违反法律、行政法规规定未履行职责或者履行职责不当的，对负有责任的领导人员和直接责任人员依法给予政务处分。

【原法条文】

第二百零八条　公司登记机关对不符合本法规定条件的登记申请予以登记，或者对符合本法规定条件的登记申请不予登记的，对直接负责的主管人员和其他直接责任人员，依法给予行政处分。

第二百零九条　公司登记机关的上级部门强令公司登记机关对不符合本法规定条件的登记申请予以登记，或者对符合本法规定条件的登记申请不予登记的，或者对违法登记进行包庇的，对直接负责的主管人员和其他直接责任人员依法给予行政处分。

【条文主旨】

本条是关于公司登记机关未履行职责或者履行职责不当的法律责任的规定。

【重点解读】

本条与原《公司法》相比，主要变化为：（1）整合原《公司法》第二百零八条与二百零九条的相关规定。新规定统一地以"公司登记机关违反法律、行政法规规定未履行职责或者履行职责不当"整合概述公司登记机关的典型违法行为。（2）将"行政处分"改为"政务处分"，适用于更广泛的公职人员群体。

根据本法的有关规定，设立公司，应当依法向公司登记机关申请设立登记，符合本法规定的设立条件的，由公司登记机关分别登记为有限责任公司或者股份有限公司；不符合本法规定的设立条件的，不得登记为有限责任公司或者股份有限公司。法律、行政法规规定设立公司必须报经批准的，应当在公司登记前依法办理批准手续。公司登记机关在办理公司设立登记事项时，一是审查申请人向公司登记机关提交的设立申请文件，包括设立申请书、公司章程、验资证明等文件是否齐备、真实、合法；二是审查公司拟从事的经营业务是否为法律、行政法规所禁止经营的业务，或者是不是法律、行政法规规定须报经有关部门审批的业务。对设立公司的申请，登记机关应当在法定期限内作出是否登记的决定，对不予登记的，还应当作出书面答复并说明理由。如果登记机关违法履行职责，对符合本法规定条件的企业不予登记，则侵害了当事人的合法权益，损害了登记机关的威信。如果登记机关违法履行职责，对不符合本法规定条件的企业予以登记，特别是对从事法律、行政法规禁止经营的业务的设立申请予以登记的，或者对所从事的业务有严格条件限制，需要有关部门审查批准的设立申请审查不严，对不符合条件予以登记的，就可能会损害国家、个人和其他组织的合法权益，破坏社会经济秩序。

原《公司法》的规范模式过于具体，无法涵盖实务中公司登记机关的多类违法行为样态。本条规定"违反法律、行政法规规定未履行职责或者履行职责不当"则概括式地规定了公司登记机关大部分的违法行为方式。本法第四十一条要求公司登记机关优化登记流程，提高登记效率和便利化水平，而本条也是对于第四十一条落实的重要保障。

第二百五十九条　未依法登记为有限责任公司或者股份有限公司，而冒用有限责任公司或者股份有限公司名义的，或者未依法登记为有限责任公司或者股份有限公司的分公司，而冒用有限责任公司或者股份有限公司的分公司名义的，由公司登记机关责令改正或者予以取缔，可以并处十万元以下的罚款。

【条文主旨】

本条是关于冒用公司或者分公司名义的法律责任的规定。

【重点解读】

本条沿用了原《公司法》第二百一十条规定，未修改。

根据本法规定，依法登记是公司取得民事主体资格的形式条件。依法登记后公司才能得到法律的承认，进而才可以开始以公司的名义从事经营活动。未依法登记为公司或者分公司，而以公司或分公司名义对外活动，是一种欺诈行为，有扰乱市场经济秩序的可能，会对与其进行交易的善意第三人利益造成损害，应当禁止。本条规定的法律责任，行为主体具有多样性，可能是自然人、法人，也可能是其他企业；可能是有限责任公司，也可能是股份有限公司。只要违反了上述规定，公司登记机关都应当依法责令改正或者予以取缔，并可以处以十万元以下的罚款。

第二百六十条　公司成立后无正当理由超过六个月未开业的，或者开业后自行停业连续六个月以上的，公司登记机关可以吊销营业执照，但公司依法办理歇业的除外。

公司登记事项发生变更时，未依照本法规定办理有关变更登记的，由公司登记机关责令限期登记；逾期不登记的，处以一万元以上十万元以下的罚款。

【原法条文】

第二百一十一条　公司成立后无正当理由超过六个月未开业的，或者开业后自行停业连续六个月以上的，可以由公司登记机关吊销营业执照。

公司登记事项发生变更时，未依照本法规定办理有关变更登记的，由公司登记机关责令限期登记；逾期不登记的，处以一万元以上十万元以下的罚款。

【条文主旨】

本条是关于公司逾期开业、擅自停业、不依法办理变更登记的法律责任的规定。

【重点解读】

本条主要沿用了原《公司法》第二百一十一条规定，增加"公司依法办理歇业"作为除外情形。

依照本法规定，公司非依法登记不得成立，且公司营业执照的签发日期，为公司成立日期。公司成立后，随之就应该开业，着手开展各项生产经营活动。如果公司成立后无正当理由超过六个月未开业或者开业后自行停业连续六个月以上的，依法可以给予吊销营业执照的行政处罚，即由公司登记机关收回公司营业执照并予以注销，依法取消其民事主体资格。其中需要指出的是，"未开业"是指没有正式对外营业；"无正当理由"是一种原则性表述，至于何为正当理由，要靠公司登记机关根据具体情况来认定，由于现实生活中公司成立后未开业或者开业后自行停业的情况十分复杂，而吊销营业执照又是一种最为严厉的行政处罚，所以公司登记机关在执法过程中应非常慎重，要通过深入细致的调查了解掌握公司成立后未开业或者开业后自行停业的真实原因，在实践中不断总结经验，做到不纵不枉，保护和规范并重。歇业登记是《市场主体登记管理条例》新增的制度，其是指依法成立的公司，因为不可抗力或其他困难无法继续经营，但又不想彻底退出市场，因而向登记机关申请维持其企业法人的主体资格，这种情况不作为自行停业来进行处理，待情况好转后，再恢复营业时登记。

根据本法和有关法律法规的规定，公司登记事项发生变更时，应依法办理变更登记。所谓公司登记事项是指向公司登记机关登记的有关公司的主要事项。根据本法第三十二条的规定，公司登记事项包括：公司名称、公司住所、公司注册资本、公司经营范围、公司法定代表人姓名、有限责任公司股东和股份有限公司发起人姓名或者名称等事项。一般来说，公司一经公司登记机关核准登记，领取了营业执照以后，公司的各个重要事项——名称、住所、注册资本、经营范围和法定代表人等都不得随意改动变更，以保证企业的稳定性和法律的严肃性，维护正常的社会秩序。但是社会经济情况总是在不断发展变化，为了适应这种变化，便于公司生产经营活动的顺利进行，应当允许公司登记事项能够通过一定的法律程序进行变更。

本法第三十四条规定，公司登记事项发生变更的，应当依法办理变更登记。变更登记与设立登记一样是公司登记法律制度的重要组成部分，它一方面适应了公司变化的需要，有利于保护与变更公司有关的其他当事人的合法权益；另一方面也便于国家对公司实行监督管理，及时掌握公司的各种变化动态。如果公司登记事项发生变更时，不按照本法的规定办理有关的变更登记，显然就违反了法律的义务性规范，公司登记机关应责令限期登记；对于逾期仍不登记的，处以一万元以上十万元以下的罚款。责令限期登记实际上是责令改正的一种形式，针对不依法申请办理变更登记的行为，首先就是应责令当事人限期改正不办理有关变更登记的违法行为，如果公司在限期内办理了变更登记，也就不再给予行政处罚；如果公司逾期仍不办理有关变更登记的，公司登记机关在继续责令其限期登记的同时，应给予必要的经济处罚，即处以一万元以上十万元以下的罚款。

第二百六十一条 外国公司违反本法规定，擅自在中华人民共和国境内设立分支机构的，由公司登记机关责令改正或者关闭，可以并处五万元以上二十万元以下的罚款。

【原法条文】

第二百一十二条 外国公司违反本法规定，擅自在中国境内设立分支机构的，由公司登记关责令改正或者关闭，可以并处五万元以上二十万元以下的罚款。

【条文主旨】

本条是关于外国公司擅自在中国境内设立分支机构的法律责任的规定。

【重点解读】

本条除将中国改用全称外，沿用了原《公司法》第二百一十二条规定。

外国公司在中国境内设立分支机构，要经我国有关主管机关批准，并依法办理核准登记手续，领取营业执照后方可开始营业，否则将损害我国对外国公司的管理秩序。故本条规定，外国公司违反本法规定，擅自在中国境内设立分支机构的，由公司登记机关责令改正或者关闭，并可以处以五万元以上二十万元以下的罚款。对于情节不太严重的外国公司违法在中国境内设立分支机构的，公司登记机关可以责令改正，改正的形式可以是要求其依法补办有关设立分支机构的手续，也可以要求自行停止设立的分支机构。对于不符合设立分支机构条件或者主观恶性较大的，公司登记机关有权关闭外国公司违法设立的分支机构。对于外国公司违法在中国境内设立分支机构的行为，公司登记机关在作出上述任一处理后，还可以并处罚款，罚款的幅度为五万元以上二十万元以下。

第二百六十二条 利用公司名义从事危害国家安全、社会公共利益的严重的违法行为的，吊销营业执照。

【条文主旨】

本条是关于利用公司名义从事严重违法行为的法律责任的规定。

【重点解读】

本条沿用了原《公司法》第二百一十三条规定，未修改。

公司应当合法经营，不得从事危害国家安全、社会公共利益的违法活动。如果成立公司不进行正常的市场经济活动，而利用公司的外壳掩护进行危害国家安全、社会公共利益的违法活动，逃避有关部门的监管和法律的制裁，如成立公司洗钱等，则公司不能作为合法实体存在，应当吊销其营业执照。对从事犯罪活动的相关责任主体，还应依法追究刑事责任。

第二百六十三条　公司违反本法规定，应当承担民事赔偿责任和缴纳罚款、罚金的，其财产不足以支付时，先承担民事赔偿责任。

【条文主旨】

本条是关于公司违法承担民事赔偿责任优先原则的规定。

【重点解读】

本条沿用了原《公司法》第二百一十四条规定，未修改。

公司违反本法规定，需要承担的经济责任主要有民事赔偿责任、缴纳罚款、罚金。民事赔偿责任是指当事人因违法或违约给他人造成损失，为消除损害后果，用财物弥补损失的民事责任形式；罚款是指国家行政管理机关对违法者依法强制其缴纳一定数量货币归国家所有的一种行政处罚；罚金是法院判决强制罪犯向国家缴纳一定数量货币的刑事处罚。对于同一责任主体可能存在民事赔偿责任、行政责任、刑事责任的竞合。在这种情况下，如果先执行罚款或罚金，很可能支付民事赔偿的财产就很少或没有了，这不利于债权人利益的保护。为此，本法规定，在违法的公司既应承担民事赔偿责任，又要承担行政责任和刑事责任，缴纳罚款或罚金的情况下，如果财产不足以同时支付的，应当先承担民事赔偿责任，有剩余时再承担缴纳罚款、罚金的行政责任和刑事责任。

第二百六十四条　违反本法规定，构成犯罪的，依法追究刑事责任。

【条文主旨】

本条是关于违反本法规定，构成犯罪时承担刑事责任的规定。

【重点解读】

本条沿用了原《公司法》第二百一十五条规定，未修改。

违反本法规定，构成犯罪，涉及的罪名主要包括：虚报注册资本罪，虚假出资罪，抽逃出资罪，违规披露、不披露重要信息罪，妨害清算罪，提供虚假证明文件罪，出具证明文件重大失实罪，职务侵占罪，非国家工作人员受贿罪，挪用资金罪，背信损害上市公司利益罪，非法经营同类营业罪，为亲友非法牟利罪，徇私舞弊低价折股、出售国有资产罪，徇私舞弊低价折股、出售企业资产罪等，应依照刑法追究刑事责任。

【实务问题】

2023 年 12 月 29 日，十四届全国人大常委会第七次会议通过 2024 年 3 月 1 日起施行的《中华人民共和国刑法修正案（十二）》（以下简称《刑法修正案（十二）》）第 1 条至第 3 条分别修改了《刑法》第一百六十五条非法经营同类营业罪、第一百六十六条为亲友非法牟利罪，以及第一百六十九条徇私舞弊低价折股、出售国有资产罪。《刑法修正案（十二）》第一条修改了《刑法》第一百六十五条，在该条中增加一款作为第二款，该款规定："其他公司、企业的董事、监事、高级管理人员违反法律、行政法规规定，实施前款行为，致使公司、企业利益遭受重大损失的，依照前款的规定处罚"，将非法经营同类营业罪的主体由原来只适用于国有企业人员扩展到其他企业人员，并规定了不同的构成要件。第二款中非法经营同类营业罪的犯罪主体是公司、企业的"董事、监事、高级管理人员"，第一款关于国有公司、企业中非法经营同类营业罪的主体也由原来的"董事、经理"修改为"董事、监事、高级管理人员"，两款犯罪主体保持一致。《公司法》将禁止非法经营同类营业由"董事、高级管理人员"修改为"董事、监事、高级管理人员"，《刑法》修改与《公司法》等法律规定总体上衔接起来了。1997 年

《刑法》第一百六十六条规定了国有公司、企业、事业单位的工作人员为亲友非法牟利罪，列举了非法牟利的三种具体行为方式，包括：将本单位的盈利业务交由亲友经营；通过明显高价采购或者明显低价销售商品的方式为亲友牟利；从亲友经营管理的单位采购不合格商品。调研中了解到，这类犯罪是典型的背信行为，是实践中反映突出的损害公司、企业利益的行为手段，民营企业中时有发生。因此，《刑法修正案（十二）》第二条对该条作了修改，主要是增加第二款，规定了民营企业工作人员为亲友非法牟利犯罪，即"其他公司、企业的工作人员违反法律、行政法规规定，实施前款行为，致使公司、企业利益遭受重大损失的，依照前款的规定处罚"。1997 年《刑法》第一百六十九条规定了徇私舞弊低价折股、出售国有资产罪，犯罪主体是国有公司、企业或者其上级主管部门直接负责的主管人员。随着实践发展变化，民营企业相关人员也出现类似犯罪行为，有的民营企业主管人员在企业资产折股、重组、收购等工作中，徇私舞弊，压低企业资产价格、作虚假评估等。这类犯罪给公司、企业造成了重大损失。考虑到实践中对以这种方式损害民营企业财产的情况反映也较为强烈，《刑法修正案（十二）》第三条对第一百六十九条作了修改，增加第二款，规定了民营企业直接负责的主管人员徇私舞弊，低价折股、出售企业资产罪。

第十五章

附　　则

第二百六十五条　本法下列用语的含义：

（一）高级管理人员，是指公司的经理、副经理、财务负责人，上市公司董事会秘书和公司章程规定的其他人员。

（二）控股股东，是指其出资额占有限责任公司资本总额超过百分之五十或者其持有的股份占股份有限公司股本总额超过百分之五十的股东；出资额或者持有股份的比例虽然低于百分之五十，但依其出资额或者持有的股份所享有的表决权已足以对股东会的决议产生重大影响的股东。

（三）实际控制人，是指通过投资关系、协议或者其他安排，能够实际支配公司行为的人。

（四）关联关系，是指公司控股股东、实际控制人、董事、监事、高级管理人员与其直接或者间接控制的企业之间的关系，以及可能导致公司利益转移的其他关系。但是，国家控股的企业之间不仅因为同受国家控股而具有关联关系。

【原法条文】

第二百一十六条　本法下列用语的含义：

（一）高级管理人员，是指公司的经理、副经理、财务负责人，上市公司董事会秘书和公司章程规定的其他人员。

（二）控股股东，是指其出资额占有限责任公司资本总额百分之五十以上或者其持有的股份占股份有限公司股本总额百分之五十以上的股东；出资额或者持有股份的比例虽然不足百分之五十，但依其出资额或者持有的股份所享有的表决权已足以对股东会、股东大会的决议产生重大影响的股东。

（三）实际控制人，是指虽不是公司的股东，但通过投资关系、协议或者其他安排，能够实际支配公司行为的人。

（四）关联关系，是指公司控股股东、实际控制人、董事、监事、高级管理人员与其直接或者间接控制的企业之间的关系，以及可能导致公司利益转移的其他关系。但是，国家控股的企业之间不仅因为同受国家控股而具有关联关系。

【条文主旨】

本条是关于《公司法》中高级管理人员、控股股东、实际控制人和关联关系等用语含义的规定。

【重点解读】

本条由原《公司法》第二百一十六条修改而来，对第（二）项规定的控股股东，将持股比例由"百分之五十以上""不足百分之五十"改为"超过百分之五十""低于百分之五十"；对实际控制人的含义做了修订，删除了"虽不是公司的股东"的限定。

一、高级管理人员

本法中的高级管理人员，指的是在公司管理层中担任重要职务、负责公司经营管理、掌握公司重要信息的人员，主要包括经理、副经理、财务负责人、上市公司董事会秘书和公司章程规定的其他人员。本条中的经理、副经理，指的是本法第七十四条和第一百二十六条规定的经理。经理由董事会决定聘任或者解聘，对董事会负责；副经理由经理提请董事会决定聘任或者解聘。本条中的财务负责人是指董事会决定聘任或者解聘的财务负责人员。本条中的上市公司董事会秘书是本法第一百三十八条规定的上市公司必设的机构，负责上市公司股东会和董事会会议的筹备、文件保管以及公司股东资料的管理，办理信息披露等事宜。"公司章程规定的其他人员"，是本法赋予公司自治的权利，允许公司自己选择聘任高级管理人员，但是，这些人员（职位）应当在公司章程中明确规定。

二、控股股东

控股股东是指能够控制公司重大决策的公司股东。表决权是公司股东对公司影响力的主要表现，因此，股东控制一定比例的表决权，就能控制公司重大决策。根据本条规定，依据控股股东直接控股的比例，控股股东可分为绝对控股股东和相对控股股东。绝对控股股东是指其出资额占有限责任公司资本总额超过50%或者其持有的股份占股份有限公司股本总额超过50%的股东。相对控股股东是指其出资额或者持有股份的比例虽然低于50%，但依其出资额或者持有的股份所享有的表决权已足以对股东会的决议产生重大影响的股东。根据资本简单多数决的原则，当公司中股东所持有的股份或者股权占公司有表决权的股份或者股权总数超过50%时，便可以在公司的股东会或者股东大会上作出各种有利于自己的决议，从而享有绝对的控制权。在现代大规模的股份公司中，由于股份分散，使得许多股东并不拥有公司超过50%的股份，却依然可以对公司经营决策产生支配性影响。因此，判断某个股东是否对公司具有控制权，是不是公司控股股东的标准，并非完全以其所持股份是否达到某一比例为绝对标准，而事实上是以股东是否具有对公司经营决策产生支配性影响而定的。不论是绝对控股股东还是相对控股股东，都必须遵守法律、行政法规和公司章程，不得滥用股东权利损害公司或者其他股东的利益。

三、实际控制人

本条对实际控制人在《公司法》中的含义作了修改，删除了"虽不是公司的股东"这一限定。根据原《公司法》，很多人认为，既然称为实际控制人，规定中又有"虽不是公司的股东"这一限定，其控制公司的手段必然比较隐蔽，不易被直接察觉。公司的股东单独或者联合起来通过表决权控制公司一般是比较明显的，所以实际控制人不是公司的股东。公司股东不能是实际控制人，把股东排除在实际控制人之外。但有时能够实际支配公司行为的人正是公司的某一小股东。比如：甲公司有三个股东，分别为张三（占股35%）、A公司（占股35%）、李四（占股30%），其中李四又是A公司的股东，占股95%。在甲公司中李四是最小的股东，但作为股东又通过投资关系，李四共拥有甲公司 30% + 35% × 95% = 63.25% 的控制权，是能够实际支配甲公司行为的人，李四是甲公司的股东，但对李四是不是甲公司的实际控制人有争议。新《公司法》删除"虽不是公司的股东"这一限定后，以上争议就得以解决，李四毫无疑问就是甲公司的实际控制人。

根据本条规定，实际控制人一般通过投资关系、协议或者其他安排，来实现实际支配公司行为的目的。通过投资关系控制公司，是指实际控制人通过对目标公司采取直接投资方式，或者通过多层的投资方式来直接或者间接地控制目标公司。通过协议来控制目标公司，如目标公司的部分股东通过签订一致行动人协议，共同控制目标公司；通过其他安排来控制目标公司的手段比较复杂，如人事关系、亲属关系等。

四、关联关系

本法中所称的关联关系，主要是指可能导致公司利益转移的各种关系，包括公司控股股东、实际控制人、董事、监事、高级管理人员与其直接或者间接控制的企业之间的关系，以及可能导致公司利益转移的其他关系。根据本项规定，关联关系的主要形式有：公司控股股东与其直接或者间接控制的企业之间的关系；公司实际控制人与其直接或者间接控制的企业之间的关系；公司董事、监事、高级管理人员与其直接或者间接控制的企业之间的关系；可能导致公司利益转移的其他关系，如董事、监事、高级管理人员的近亲属和公司之间的关系，公司控股股东、实际控制人或者其近亲属直接控制的其他企业和公司之间的关系，等等。同时，考虑到我国的实际情况，本条特别增加了但书规定，即"国家控股的企业之间不仅因为同受国家控股而具有关联关系"。

第二百六十六条　本法自 2024 年 7 月 1 日起施行。

本法施行前已登记设立的公司，出资期限超过本法规定的期限的，除法律、行政法规或者国务院另有规定外，应当逐步调整至本法规定的期限以内；对于出资期限、出资额明显异常的，公司登记机关可以依法要求其及时调整。具体实施办法由国务院规定。

【原法条文】

第二百一十六条　本法自 2006 年 1 月 1 日起施行。

【条文主旨】

本条是关于本法生效时间和存量公司调整出资的规定。

【重点解读】

本条修改了《公司法》的生效日期，增加存量公司法律适用规定。

修改法律主要有两种形式：一种是对法律进行修订，即对法律作全面修改，成为一部新的法律；另一种是对法律的部分条文通过修改决定的方式予以修正。属于修订法律的，作为新的法律对待，一般重新公布法律的生效日期；属于对法律作修正的，一般不修改法律的生效日期，只是规定法律的修改决定的公布日期，修改部分执行修改决定的生效日期，未修改的部分执行原来法律规定的生效日期。本次对《公司法》作了全面修改，即通过修订方式产生了一部新的《公司法》，因而本条修改了《公司法》的生效日期，本法的生效日期为 2024 年 7 月 1 日。

本条第二款是新增条款，规定了存量公司的法律适用。原《公司法》对于设立公司的股东和发起人的出资期限没有明确的限定，本次《公司法》修订，对有限责任公司，要求全体股东认缴的出资额由股东按照公司章程的规定自公司成立之日起五年内缴足；对于股份有限公司，要求发起人在公司成立前按照其认购的股份全额缴纳股款。因此，根据原《公司法》登记设立的公司，很多出资期限超过本法规定的期限。对于这种情况，根据本条第二款规定，除法律、行政法规或者国务院另有规定外，一方面，对于出资人，应当逐步将出资期限调整至本法规定的期限以内；另一方面，公司登记机关，对于出资期限、出资额明显异常的公司，也可以依法要求其及时调整，以使其符合《公司法》的要求。具体实施办法由国务院规定。

国家市场监管总局 2023 年 12 月 30 日发文《完善认缴登记制度营造诚信有序的营商环境》对新《公司法》进行政策解读，指出对存量公司避免适用注册资本法律制度不一致，强化法律适用的统一性，同时减少对绝大多数正常经营的存量公司的影响，充分考虑经营主体类型、行业领域等复杂情形，研究为存量公司设定一定年限、较为充裕的过渡期，按照新《公司法》要求，分类分步、稳妥有序地将存量公司出资期限调整至新《公司法》规定的期限以内。对于公司具有法律、行政法规或者国务院决定另有规定的特殊情形的，可以不适用五年认缴期限规定。

对于出资期限、出资数额明显异常的公司，公司登记机关可以依法要求其及时调整。对于"明显异常"的界定，将根据公司登记数据客观分析和实际工作情况作出科学规定，受到影响的将是明显违反真实性原则、有悖于客观常识的极少数公司。在国务院制定具体实施办法时，有关方面还要深入调研论证，充分分析经营主体可能存在的问题困难，有针对性地出台政策措施，简化优化减资、文书等办理手续，引导存量公司修改章程合理调整出资期限、出资数额，稳妥审慎推进相关工作。特别是在判断对存量公司注册资本出资期限、出资数额明显异常时，公司登记机关要充分听取当事人说明情况，综合研判，避免一刀切，科学有序地引导公司诚信履行出资义务。

【实务问题】

针对新《公司法》的"五年缴足"认缴注册资本的要求，存量公司应如何调整股东出资期限？

最高人民法院在 2021 年公报案例"姚锦城与鸿大（上海）投资管理有限公司、章歌等公司决议纠纷案"的裁判要旨中提出："有限责任公司章程或股东出资协议确定的公司注册资本出资期限系股东之间达成的合意。除法律规定或存在其他合理性、紧迫性事由需要修改出资期限的情形外，股东会会议作出修改出资期限的决议应经全体股东一致通过。公司股东滥用控股地位，以多数决方式通过修改出资期限决议，损害其他股东期限权益，其他股东请求确认该项决议无效的，人民法院应予支持。"由此可推知，在法律有规定或者存在其他合理性、紧迫性事由需要修改出资期限的，股东会应该可以通过多数决定的方式作出，不须经股东本人同意，新《公司法》的"五年缴足"要求应在此列。即如不考虑过渡期，将出资期限调整为 2029 年 6 月 30 日，是执行《公司法》的强制性规定，完全没有额外限制股东的期限利益，股东会决议多数通过即可；将出资期限调整为 2029 年 6 月 30 日之前的某个具体时间点，一方面系执行《公司法》的强制性规定，另一方面也涉及对股东出资期限利益的私法限制、剥夺，须格外谨慎。根据国家市场监管总局 2023 年 12 月 30 日发文《完善认缴登记制度 营造诚信有序的营商环境》对新《公司法》的解读，对存量公司出资期限的调整，会设定一定年限、较为充裕的过渡期，因此，"过渡期限加上五年"是章程可以调整的最长期限，股东会决议多数通过即可；如果所调整的期限少于"过渡期限加上五年"，则需要全体股东一致通过。